beck'sche reihe

bsr

Dieses glänzend geschriebene Buch beschreibt den langen Weg der Astrologie von den ersten Anfängen sternkundlichen Nachdenkens im Alten Orient bis zur psychologischen Astrologie der Gegenwart. Es stellt die Grundlagen der Horoskoperstellung dar, geht den Ursprüngen der Sternbilder nach und erklärt die Rolle der Astrologie in unterschiedlichen philosophischen Systemen, in den großen Religionen sowie in Politik und Alltag. Ein «Muß» für alle, die sich für die Geheimnisse der Sterndeutung interessieren.

Kocku von Stuckrad, geb. 1966, lehrt am Institut für die Geschichte der hermetischen Philosophie an der Universität von Amsterdam und war zuvor Professor für Religionswissenschaft an der Universität Bayreuth. Bei C.H. Beck erschien von ihm u. a. «Was ist Esoterik?» (2004)

Kocku von Stuckrad

Geschichte der Astrologie

Von den Anfängen bis zur Gegenwart

Verlag C.H. Beck

Dieses Buch erschien zuerst 2003 in gebundener Form im Verlag C.H. Beck.
Für die Neuausgabe in der Beck'schen Reihe wurde es durchgesehen
und aktualisiert.

Mit 11 Abbildungen und 1 Karte

1. Auflage in der Beck'schen Reihe. 2007

Satz: Fotosatz Janß, Pfungstadt
Druck und Bindung: Druckerei C.H. Beck, Nördlingen
Umschlagentwurf: +malsy, Willich
Umschlagabbildung: Die vier Elemente der Erde mit den zwölf Zeichen
des Zodiak. Miniatur aus dem Werk «Des Proprietez des Choses»
von Bartolomeus Anglicus, 1445–1450. Bibliothèque Nationale, Paris,
Ms Fr 135 Fol. 285. © Archives Charmet/Bridgeman Art Library
ISBN 978 3 406 54777 5

www.beck.de

Für Heike,

den Schützen in meinem Leben

Inhalt

Vorwort

> In irgendeiner Weise muß der Historiker sowohl dem Beharrungsvermögen als auch der Anpassungsfähigkeit dieser Tradition gerecht werden, er muß ein Gefühl für die zähe Langlebigkeit der Astrologie als eines einzigen und über die Zeiten hinweg wiedererkennbaren Wesens mit einem wachen Sinn für den ständigen Transformationsprozeß verbinden, dem die je besonderen sozialen Umwelten, aber auch die Techniken und Ideen dieser Kunst unterworfen sind.
> Die Kontinuität der astrologischen Tradition ist wohl einmalig in der Geistesgeschichte der westlichen Welt.
>
> *Anthony Grafton*

Eine Geschichte der westlichen Astrologie zu schreiben, ist kein leichtes Unterfangen. Sehr groß ist die Gefahr, dass man entweder aus Liebe zur historischen Genauigkeit in endlose Einzelbeschreibungen verfällt oder aber aus Gründen der systematischen Engführung wichtige Details übersieht und die Veränderungen schlicht einebnet, welche die Astrologie im Laufe ihrer langen Geschichte durchgemacht hat. Mir war sehr schnell klar, dass es nur so funktionieren kann, wie Anthony Grafton es fordert: Man muss sowohl den Blick für die erstaunliche Kontinuität astrologischer Traditionen in der westlichen Kulturgeschichte bewahren als auch auf die vielen Veränderungen achten, die sich aus sozialen, politischen und kulturellen Transformationen ergeben. Da das Faszinierende an der Astrologie ihre kulturprägende Kraft ist, die sich in je anderen Kontexten immer wieder neu zeigt, ist dieses Buch als eine Kulturgeschichte konzipiert, die nicht nur die technischen und inhaltlichen Entwicklungen darstellt, sondern immer auch nach dem spezifischen Ort solcher Entwicklungen fragt, nach ihren politischen Rhetoriken, den religiösen Implikationen, den philosophischen Debatten und dem sozialen Umfeld derer, die diese Kunst praktizieren.

Will man die Geschichte der westlichen Astrologie in einem einzigen Buch darstellen, so gilt es, bei der Auswahl und Präsentation des

Materials für jede Epoche wichtige Vertreterinnen und Vertreter in den Blick zu nehmen, die stellvertretend für die astrologischen Debatten und Entwicklungslinien jener Zeit stehen. Nicht die Vollständigkeit der Darstellung kann demnach ein Kriterium sein, sondern die Signifikanz der ausgewählten Beispiele. Zugleich ist es wichtig, die Zusammenhänge zwischen den Epochen sichtbar zu machen. Wenn ich also aus Gründen der Übersichtlichkeit einer mehr oder weniger üblichen Einteilung der Epochen gefolgt bin, so sollte dies nicht zu ernst genommen werden; im «Mittelalter» wurden bereits Argumente entwickelt, die man häufig erst der «Renaissance» zuschreibt, die «Neuzeit» ist keineswegs so «neu», wie sie sich selbst verstanden hat, und die «Moderne» wiederholt in vielen Fällen Rhetoriken, die sich auch in der «Antike» finden. Diese Zusammenhänge erkennt man, wenn man nach den Gegenständen astrologischer Deutung und ihren Argumentationslinien fragt, die in den letzten dreitausend Jahren immer wieder neu aufgeknüpft worden sind.

Jede historische Darstellung muss Schwerpunkte setzen und Reduktionen vornehmen. Die wichtigste Reduktion besteht darin, dass ich die außereuropäische Astrologie gänzlich ausgeklammert habe, insbesondere die indischen und lateinamerikanischen Traditionen, die eine überaus komplexe eigene Geschichte besitzen. Schwerpunkte habe ich einerseits dort gesetzt, wo die charakteristischen Eigenschaften der westlichen Astrologie sichtbar werden, und andererseits bei Sachverhalten, die in historischen Darstellungen oft eine zu geringe Rolle spielen. Aus diesem Grunde habe ich über die Antike, das Mittelalter und vor allem auch die Gegenwart gleichsam ein historisches Vergrößerungsglas gelegt.

Vielen Wissenschaftlerinnen und Wissenschaftlern bin ich zu Dank verpflichtet, da sie mich auf Ungenauigkeiten meiner Argumentation hinwiesen oder mich mit neueren Fachdiskussionen vertraut machten. Ausdrücklich erwähnen möchte ich an dieser Stelle Christoph Auffarth, Harun Behr, Ulrich Berner, Anna Caiozzo, Markus Dressler, Nils P. Heeßel, Hans G. Kippenberg, Gerhard Mayer, Günther Oestmann und Jörg Petrasch. Selbstverständlich liegt die Verantwortung für etwaige Fehler in der Darstellung allein bei mir. Den Studierenden in Bremen und Bayreuth, wo ich in den letzten Jahren Veranstaltungen zur Astrologie durchgeführt habe, danke ich für viele Anregungen und Diskussionen; Nadja Paprotzki war mir bei der Beschaffung von Literatur und beim Korrekturlesen eine große Hilfe. Ein besonderer Dank geht an den Verlag C. H. Beck und vor allem an Ulrich Nolte, der das Projekt anregte und mit großem Interesse und professioneller Betreuung begleitete. Last but not least danke ich meiner Frau Heike für wunderbare Gespräche über Sinn und Unsinn der Astrologie sowie für das Glück eines aufregenden Lebens. Ihr sei dieses Buch deshalb gewidmet.

Bremen, im März 2003 *Kocku von Stuckrad*

Vorwort zur Neuausgabe

Ich bin dem Verlag C. H. Beck sehr dankbar dafür, dass er, nachdem die erste Ausgabe der *Geschichte der Astrologie* vergriffen war, das Buch nicht einfach nachdrucken, sondern eine durchgesehene Neuausgabe in der Beck'schen Reihe vorlegen wollte. Dies gab mir die Möglichkeit, kleinere Fehler zu korrigieren und die Literatur an der einen oder anderen Stelle zu aktualisieren. Für entsprechende Hinweise möchte ich Nils P. Heeßel, Peer Höcker und Joachim Friedrich Quack danken. Die vielen positiven Rückmeldungen zur ersten Ausgabe haben mich darin bestärkt, an der grundsätzlichen Struktur der Darstellung festzuhalten, also nicht eine (ohnehin unerreichbare) Vollständigkeit von Material und Literatur anzustreben, sondern zentrale Entwicklungen beispielhaft genauer zu betrachten. Dadurch soll auch Leserinnen und Lesern, die ohne Vorkenntnisse zu diesem Buch greifen, ein Verständnis der komplexen Materie ermöglicht werden. Fachkollegen, die den einen oder anderen Astrologen vermissen oder die manche Diskussionszusammenhänge gern ausführlicher behandelt haben möchten, muss ich auf die inzwischen stark angewachsene Fachliteratur verweisen.

Die einzige grundsätzliche Veränderung, die ich in die Neuausgabe eingearbeitet habe, betrifft den Status der Astrologie im Kontext der westlichen Kulturgeschichte (Kapitel I). Neuere Forschungen zur Esoterik haben mich in den letzten Jahren davon überzeugt, dass die Astrologie nur indirekt mit «Esoterik» in Verbindung gebracht werden sollte, während ihre Verbindung zu Naturwissenschaft, Philosophie, Mathematik und Medizin deutlicher zu betonen ist. Ich danke H. Darrel Rutkin für wichtige diesbezügliche Anregungen.

Amsterdam, im Oktober 2006 *Kocku von Stuckrad*

I

Einführung

> Da die Kunst unendlich ist, kann man sie nicht als vollständiges System lehren, sondern nur, indem man die Urteilskraft ausbildet. *Girolamo Cardano*

Dieses Buch behandelt die Astrologie in ihrer kulturgeschichtlichen Entwicklung von den ersten Anfängen sternkundlichen Nachdenkens bis zur psychologischen Astrologie der Gegenwart. Bei einer solchen Breite der Kontexte und Epochen ist es von vornherein klar, dass der Gegenstand sich im Laufe der Geschichte immer wieder in seiner begrifflichen Bestimmung und konkreten Ausformulierung veränderte. Auf der anderen Seite gehört es zu den historisch bemerkenswerten Sachverhalten, dass sich in der Astrologie ein Traditionskern bereits in der Antike herausgebildet hatte, der auch die nachfolgenden Jahrhunderte prägte und ein hohes Maß an Kontinuität aufweist. Um die Beziehung zwischen jenen durchlaufenden Traditionsbeständen einerseits und ihrem sich verändernden kulturellen Ort, ihrer Rezeption und Transformation andererseits zu verstehen, muss man zunächst einmal klären, was die Astrologie ist und was sie von anderen Disziplinen unterscheidet. Darum soll es in diesem einleitenden Kapitel gehen. Ich werde in einem ersten Schritt die Astrologie in die Geschichte der westlichen Esoterik insgesamt einordnen, um dann die wichtigsten «Bausteine» astrologischer Deutung zu erläutern.

1. Die gedeutete Zeit: Was ist Astrologie?

Ganz allgemein gesprochen, fragt die *Astrologie* (griech. für die «Lehre von den Sternen») nach dem Zusammenhang zwischen Himmelserscheinungen und Ereignissen auf der Erde. Bis vor kurzem war die Erforschung solcher Zusammenhänge keineswegs von der rechnenden Sternkunde – die wir heute *Astronomie* nennen – getrennt, auch wenn man sich schon in der Antike darüber im Klaren war, dass Astronomie und Astrologie zwei unterschiedliche Zugriffe auf die Himmelsereignisse darstellen. Begrifflich getrennt waren die Zugriffe aber nicht und oft sprach man schlicht von «Mathematik», wenn man die Astrologie meinte. Die rechnende Sternkunde war das Handwerkszeug, das die Daten für die deutende Sternkunde bereitzustellen hatte.

Wenn ich im Folgenden von Astrologie spreche, so ist damit in erster Linie jener deutende Zweig der Sternkunde gemeint. Indem die Astrologie nach der *Bedeutung* von Himmelsereignissen für die irdische Sphäre fragt, geht es ihr um die Bestimmung der *Zeitqualität* im Unterschied zur reinen Zeitquantität, also dem Messen von Dauer und der Berechnung von planetarischen Bezugsgrößen. Um die Bedeutung astraler Ereignisse zu eruieren, postuliert die Astrologie eine *Entsprechung* zwischen planetarischer Ebene und irdischer Ebene, eine Entsprechung, die im Grunde über symbolhafte Analogien hergestellt wird. *Wie* die Entsprechung zu Stande kommt – ob es eine geheimnisvolle Synchronizität gibt, eine allgemeine Vernetzung alles Seienden, oder ob die Sterne kausal auf die Erde wirken –, ist von Astrologen nicht einheitlich beurteilt worden. Doch selbst jene Sterndeuter, die eine kausale Verknüpfung annehmen, entwickeln ihre Deutungen mithilfe symbolhafter Interpretationen.

Die «Zeichen des Himmels» zu lesen oder die «Zeichen der Zeit» zu erkennen, ist ein Interesse, das eng mit religiösen und politischen Fragen in Zusammenhang steht. Deshalb ist es nicht verwunderlich, dass die Astrologie seit der Antike von Spezialisten betrieben wurde, die ihren Einfluss auf Religion und Politik ausübten. Auch die Astrologen des Mittelalters und der Neuzeit standen im Brennpunkt öffentlichen Interesses und gerieten nicht selten in einen Konflikt zwischen den Ansprüchen religiöser und politischer Machthaber einerseits und astrologischen Positionen andererseits. Im Laufe meiner Darstellung werde ich immer wieder auf diesen Konflikt zu sprechen kommen, den viele Astrologen mit einem hohen Maß an Kreativität und Anpassungsvermögen zu lösen suchten.

Die Astrologie war für die Religions- und Kulturgeschichte Europas überaus bedeutsam. Dennoch führt die historische Forschung zur

Astrologie noch immer ein Schattendasein an westlichen Universitäten, da die Astrologie meist von «echter Naturwissenschaft» einerseits und von «monotheistischer Religion» andererseits abgetrennt wird. Deshalb ist es wichtig, an dieser Stelle ein paar Bemerkungen zur Stellung der Astrologie in der westlichen Kulturgeschichte zu machen.

Die Stellung der Astrologie in der westlichen Kulturgeschichte

Viele Historiker, die im neunzehnten und zwanzigsten Jahrhundert die Astrologie zum Thema ihrer Forschung machten, scheinen das Gefühl zu haben, sich für ihre Wahl rechtfertigen zu müssen. Auguste Bouché-Leclercq (1842–1924) zum Beispiel beginnt sein monumentales Werk über *L'astrologie grecque* («Griechische Astrologie», 1899) mit der launigen Bemerkung, es sei schließlich keine reine Zeitverschwendung, sich damit zu befassen, womit andere Leute ihre Zeit verschwendet hätten. Am Ende des neunzehnten Jahrhunderts galt es als ausgemacht, dass die europäische Neuzeit und insbesondere die Aufklärung den astrologischen «Aberglauben» endgültig hinter sich gelassen habe und diese Disziplin nurmehr als Kuriosum beschreiben könne. Dies änderte sich im Grunde erst mit Aby Warburg (1866–1929), dessen legendärer Vortrag aus dem Jahre 1912 über den Freskenzyklus des italienischen Palazzo Schifanoia und seine astrologische Bildtradition die Astrologie plötzlich in den Mittelpunkt akademischer Forschung rückte. Mit seiner Studie *Heidnisch-antike Weissagung in Wort und Bild zu Luthers Zeit* (1920) machte Warburg – so wie nach ihm viele Vertreter der «Warburg-Schule» – auf die wichtige Rolle der Astrologie in der Renaissance aufmerksam, die er als bewusste Rückbesinnung auf antike Traditionen las.

Die Erforschung der antiken Astrologie erlebte einen ähnlichen Aufschwung. Franz Cumont (1868–1947) und Franz Boll (1867–1923) sammelten und edierten das schier unüberschaubare astrologische Material in einem vielbändigen *Corpus codicum astrologorum Graecorum*. Wilhelm Gundel und sein Sohn Hans Georg legten etliche Studien zur antiken Geschichte der Astrologie vor. Schließlich ist auch Lynn Thorndike zu nennen, der in seiner enzyklopädischen *History of Magic and Experimental Science* (1923–1958) nicht weniger als siebzehn Jahrhunderte abdeckte. Thorndike und die anderen Historiker machten damit eine Vielzahl von Originalschriften zugänglich, die zuvor unbekannt oder unbeachtet gewesen waren. Dennoch hatten viele Wissenschaftshistoriker (einschließlich Thorndike) Mühe mit der angemessenen Einordnung und Interpretation astrologischer Quellen, ein Umstand, der George Sarton im Jahre 1951 dazu veranlasste, all diese Quellen als «abergläubiges Strandgut des Nahen Ostens» abzutun. Trotz der berühmten Erwiderung Otto Neugebauers (1889–1990), die unter dem Titel «The Study of Wretched Subjects» («Das Studium von jämmerlichen Themen») im Fachblatt *Isis* erschien und in der er die Wichtigkeit der Astrologie für ein Verständnis der Geschichte der Naturwissenschaft betonte, haftet dem Thema auch heute noch etwas Anrüchiges an.

Die Zurückhaltung moderner Historiker, sich der Astrologie als wichtigem Element europäischer Kulturgeschichte zuzuwenden, und die oftmals erbittert und polemisch geführten Kämpfe zwischen Naturwissenschaftlern und Astrologen über Sinn und Unsinn der Astrologie machen eines deutlich: Es geht hier nicht nur um historische Sachverhalte, sondern auch um Identitäten. Durch die Abdrängung der Astrologie an den Rand von Naturwissenschaft, Rationalität und christlicher Religion werden moderne Identitäten untermauert, die den Westen als aufgeklärt, rational und der «heidnischen Vergangenheit» abhold betrachten.

Jene Prozesse von Inklusion und Exklusion schlagen sich auch in wissenschaftlichen Begriffen nieder. Neben Zuschreibungen wie «Pseudowissenschaft» oder «Aberglauben» verwendeten viele seit den 1970er Jahren auch die Bezeichnung «okkulte Wissenschaft», wenn sie von der Astrologie sprachen. Dieser Begriff lässt sich bis ins siebzehnte Jahrhundert zurückverfolgen, als auch das Konzept der *occulta philosophia* (der «verborgenen Philosophie») aufkam. «Okkult» bezieht sich in diesem Zusammenhang auf verborgene oder geheime Kräfte, die nicht nur für die Astrologie, sondern auch für die Alchemie und die Magie (vor allem die sogenannte *magia naturalis*) eine besondere theoretische Funktion hatten. Der Einfachheit halber fasste man diese Disziplinen nun auch in der Analyse als «okkulte Wissenschaften» zusammen und unterstellte damit eine Einheit, die eigentlich nie bestand. Wissenschaftler wie Keith Thomas und Brian Vickers argumentierten, dass es geradezu eine «okkulte Mentalität» in der Renaissance gegeben habe, die mit dem Aufkommen von kritischer und empirischer Forschung zwangsläufig zum Untergang verurteilt war.

Diese Einschätzung ist in mehreren Hinsichten problematisch. Erstens haben diese Wissenschaften – trotz Überschneidungen und gegenseitigen Beeinflussungen – eine je eigene Geschichte, in deren Verlauf sich ganz unterschiedliche Zweige von Astrologie, Magie und Alchemie ausbildeten. Zweitens gibt es eine Reihe anderer Disziplinen, die ihrerseits in engem Verhältnis zur Astrologie standen und direkten Einfluss auf sie ausübten. Dazu zählen vor allem Mathematik, Philosophie, Medizin, Geschichtsschreibung, Theologie und Politik. Bindet man die Astrologie zu einseitig an die «okkulten Wissenschaften», übersieht man von vornherein die engen Beziehungen zwischen der Astrologie und diesen Wissenskulturen, die im Allgemeinen unter Historikern nicht so anrüchig sind wie die Astrologie. Drittens muss man daran erinnern, dass «okkulte Kräfte» auch in der sich etablierenden Naturwissenschaft der Neuzeit ein festes Element geblieben sind – vom Magnetismus über die Kategorie «Äther» (mit der noch Einstein seine Ausbildung begann) bis hin zur Quantenmechanik.

Dass man dennoch die Astrologie zu einer künstlich eingeführten Kategorie «okkulte Wissenschaften» zählte, hat erneut mit Prozessen moderner Identitätsbildung zu tun, die sich von solchen Disziplinen distanzieren möchte. Erst in jüngeren Beiträgen hat man begonnen, diese Identitätsbildung selber zum Thema wissenschaftlicher Analyse zu machen. Gleichzeitig betont man nun stärker die Verbindung zwischen Astrologie einerseits und Mathematik, Naturphilosophie und Medizin andererseits. Es sind gerade die Übergänge zwischen Wissenschaft, Religion und anderen kulturellen Systemen, in denen sich die Stellung der Astrologie in der Geschichte Europas bestimmen lässt. In diesem Sinne ist die Sternkunde auch ein wichtiger Faktor von «esoterischen Diskursfeldern», wie ich sie an anderer Stelle beschrieben habe (s. von Stuckrad 2004).

2. Die Elemente der astrologischen Deutung

Nach dieser allgemeinen Bestimmung der Astrologie möchte ich nun etwas genauer ausführen, mit welchen Instrumenten Astrologen versuchen, die «Zeitqualität» zu analysieren. Dabei geht es zunächst um das grundlegende Handwerkszeug, anschließend dann um die unterschiedlichen Tätigkeitsbereiche und Fragestellungen, auf die sich dieses Handwerkszeug anwenden lässt. Vielleicht sollte ich vorausschicken, dass ich nur darstelle, *was* Astrologen machen, wenn sie Horoskope deuten; *wie* sie im Einzelnen zu ihren Deutungen gelangen, steht hier nicht zur Debatte. Manches wird sich zwar im Laufe des Buches weiter klären, doch wenn man sich wirklich in die Praxis der Horoskopdeutung einarbeiten will, sollte man zu den einschlägigen Einführungswerken greifen: Die Vorgehensweise der antiken Astrologen ist sehr schön erläutert bei Tamsyn Barton (1994, 114–178), die das Ganze am Beispiel des Horoskops von Prinz Charles vorführt. Über die mittelalterliche islamische Astrologie – allerdings aus Sicht heutiger Astrologen – informiert Rafael Gil Brand (2000). Gute Einführungen in die moderne (psychologische) Astrologie sind die Werke von Gertrud I. Hürlimann (1990), J. Claude Weiss (1992) und Peter Niehenke (1994). Für die Techniken der Dynamisierung sei schließlich das Lehrbuch von Marion D. March und Joan McEvers (1998) erwähnt.

Grundbegriffe und Handwerkszeug

Astrologische Deutungen beruhen auf der immer neuen Kombination von einer überschaubaren Anzahl von Einzelelementen. Die Himmelseinteilung in zwölf gleich große Abschnitte ergibt die schon genannten zwölf «Urprinzipien», die durch die zwölf *Tierkreiszeichen* repräsentiert werden. Hinzu kommen die *Planeten,* die, wie der griechische Begriff sagt, «Wandelsterne» sind. Bis zur Erfindung des Fernrohres waren sieben Wandelsterne (einschließlich Sonne und Mond) mit bloßem Auge erkennbar, deren Bahn am Himmel man zu berechnen und zu deuten suchte. Tierkreiszeichen und Planeten braucht man, um ein Horoskop zu erstellen, also eine Momentaufnahme des Himmels; im Horoskop kommt jedoch noch ein drittes Element der Deutung zum Tragen, nämlich die so genannten *Häuser,* die das Horoskop noch einmal in zwölf Abschnitte einteilen.

Da diese drei Deutungsinstrumente für jede astrologische Arbeit unentbehrlich sind, sollen sie hier – wenn auch in aller Kürze – erläutert werden.

Sternbilder, Zeichen und Planeten Jeder weiß, dass es Fixsterne gibt und dass man seit jeher bestimmte Fixsternkonstellationen als Sternbilder benannt hat (Kassiopeia, Großer Wagen, Wassermann etc.). Viele dieser Sternbilder sind in Mythen und Sternsagen eingegangen, doch für die Geschichte der Astrologie sind nur jene Bilder relevant geworden, in deren Nähe die Sonne ihren Jahreslauf absolviert. Projiziert man die scheinbare Bahn der Sonne auf die Himmelskugel, so erhält man die *Ekliptik*, einen Großkreis, der zugleich auch die Mittellinie des so genannten *Zodiak* bezeichnet. Innerhalb des Zodiaks befinden sich die zwölf Sternbilder, nach denen die Tierkreiszeichen benannt wurden. *Zôdia* ist das griechische Wort für «Lebewesen», ein Begriff, der besser trifft als das gebräuchliche Wort «Tierkreis», da mehrere «Tierkreisbilder» bekanntlich keine Tiere darstellen (Wassermann, Zwillinge, Jungfrau und Schütze, die Waage wurde oft mit einer Trägerin dargestellt).

Abbildungen 1 und 2 zeigen antike Darstellungen des Zodiakalbandes auf einem Globus. Die zweite Abbildung lässt schon erkennen, dass es einen Unterschied zwischen den eigentlichen Stern*bildern* und den in der Astrologie verwendeten Stern*zeichen* gibt: Die Sternbilder, die man am Himmel beobachten kann, sind unterschiedlich groß; doch schon früh begann man, die Ekliptik in zwölf gleich große Abschnitte einzuteilen und diesen die Namen zu geben, die mehr oder weniger dem Lauf der Sonne durch das Jahr entsprachen. Wie ich in Kapitel II.2 ausführlicher darstellen werde, ergab sich diese Vereinfachung im Grunde aus dem Bedürfnis nach verlässlichen und einheitlichen Rechengrundlagen (denn eine Einigung, wo ein Sternbild beginnt und endet, wurde nie erreicht). Der Fachausdruck für diese auf die Jahreszeiten bezogene Einteilung ist *tropischer Tierkreis*, während die aus Fixsternen bestehenden Sternbilder als *siderischer Tierkreis* bezeichnet werden. Die Abtrennung der Zeichen von den Bildern ist deshalb wichtig, weil die tatsächliche Position der Sonne im Verhältnis zu den Sternbildern seitdem keine Rolle mehr für die astrologische Deutung spielt; worauf es allein ankommt, ist der Zodiakalabschnitt, in dem sich die Sonne aufhält und den man im Grunde beliebig benennen kann. In der Tat ist es so, dass sich im Laufe der Zeit die Sternzeichen gegen die Sternbilder verschieben (die so genannte *Präzession*), ein Phänomen, das bereits von Hipparch berechnet worden ist (s. dazu Kapitel III.1).

Die Bewegung der Sonne durch die Ekliptik ist selbstverständlich nur der Eindruck, den man von der Erde aus bekommt. In Wirklichkeit

Abb. 1 Zodiakalglobus, Stich von 1779 nach einem inzwischen zerstörten Fresko in der Villa di Diomede in Pompeji, vor 79 u. Z. Die stehende Muse zeigt mit einem Stab auf einen Zodiakalglobus, dessen Zodia von links oben nach rechts unten von Widder bis Jungfrau zu sehen waren.

ist es, wie man seit den wissenschaftlichen Revolutionen der Neuzeit weiß, die Erde, welche sich um die Sonne bewegt. Dennoch behielten Astrologen die *geozentrische* Sichtweise bis heute bei, weil sie der Meinung sind, dass eine Deutung für auf der Erde lebende Menschen auf das bezogen sein muss, was ihre Erfahrungswelt ausmacht; außerdem sei die traditionelle Sichtweise in der Deutung erfolgreicher als eine Umstellung auf heliozentrische Systeme.

Die geozentrische Perspektive gilt auch für die Bewegung der Planeten, neben dem Tierkreis das zweite wichtige Element astrologischer Deutung. Neben Sonne und Mond interessierte man sich seit der Antike insbesondere für die Bewegungen der «Wandelsterne» Merkur, Venus, Mars, Jupiter und Saturn. Da ihre Bahnen – von der

Abb. 2 Atlas mit einem Himmelsglobus, der sog. Atlas Farnese, Kopie aus dem 2. Jahrhundert u. Z. nach einem Original aus der 2. Hälfte des 1. Jahrhunderts v. u. Z. Der Zodiak ist durch drei parallele Kreise, durch Koluren und gelegentliche Querstege zur Abgrenzung von «Zeichen» gegliedert. Die Bilder überragen das Band zum Teil erheblich und sind von links nach rechts in der üblichen Reihenfolge dargestellt.

Erde aus betrachtet – mitunter eigenwillige Formen annehmen, waren sie in besonderer Weise geeignet, die Fantasie der Menschen zu beflügeln. Sie wurden zu Repräsentanten von Gottheiten und symbolisierten deren Willen oder die Veränderung der mit ihnen verbundenen Eigenschaften. Schon früh war man in der Lage, ihre Bahnen zu berechnen, wobei ein besonderes Augenmerk den Phasen ihrer scheinbaren Rückläufigkeit galt. Bis heute werden «rechtläufige» und «rückläufige» Zeitabschnitte mit einer Erstarkung und Zurücknahme des jeweiligen Prinzips in Verbindung gebracht.

Die Zuordnung der Planeten zu den Tierkreiszeichen nahm man ganz einfach vor: Man machte einen Schnitt zwischen den Zeichen Krebs und Löwe (also am Punkt der Sommersonnenwende), verband Krebs mit Mond und Löwe mit Sonne, um anschließend die restlichen fünf Planeten symmetrisch auf die Zeichen zu verteilen. Außer Sonne und Mond haben also alle Planeten zwei «Domizile», zumindest bis man (seit dem achtzehnten Jahrhundert) neue Planeten entdeckte und sie dem Schema zuordnete (s. Tabelle).

Zuordnung der Planeten zu den Tierkreiszeichen

Planet	*Domizil*
Sonne	Löwe
Mond	Krebs
Merkur	Zwilling und Jungfrau
Venus	Stier und Waage
Mars	Widder und Skorpion
Jupiter	Fische und Schütze
Saturn	Wassermann und Steinbock
Heute verwendete Planeten	
Uranus	Wassermann
Neptun	Fische
Pluto	Skorpion

Die Kombination von sieben Planeten (zu denen man der Einfachheit halber auch Sonne und Mond rechnet) mit den Tierkreiszeichen ergibt bereits eine Vielfalt unterschiedlicher Deutungsmöglichkeiten. Noch komplexer wird die Sache, wenn man die Winkelbeziehungen der Planeten untereinander in Rechnung stellt, also die so genannten *Aspekte* (lat. für «Anschauen»). Aus geozentrischer Sicht können Planeten am Himmel zusammenstehen (man spricht dann von Konjunktion), sich genau gegenüberstehen (Opposition, 180°) oder einen rechten Winkel bilden (das Quadrat, 90°). Neben den Aspekten der 45°-Reihe wurden jene der 60°-Reihe bedeutsam, vor allem das Trigon (120°). In der astrologischen Tradition gelten Opposition und Quadrat meist als «schwierige» oder «herausfordernde» Aspekte, während Trigon und Sextil (60°) gewöhnlich «leichte» oder «fördernde» Aspekte darstellen.

Zeichen, Planeten und Aspekte bilden das Grundgerüst, das zur Erstellung eines Horoskops notwendig ist.

Das Horoskop Das Horoskop, die grafische Umsetzung des Himmels zu einem konkreten Moment, stellt das wichtigste Arbeitsmittel der Astrologie dar. Der Begriff ist abgeleitet vom griechischen *hôroskopos*, mit dem man in der Antike den am Osthimmel aufgehenden Tierkreisgrad bezeichnete (*hôra* «die Stunde» und *skopein* «schauen»). Heute nennt man diesen Ekliptikgrad den «Aszendenten» (von lat. *ascendere* «aufsteigen»).

Mit dem Aszendenten (AC) ist bereits ein wichtiges Element des Horoskops benannt. Wie er zustande kommt, kann man sich sehr leicht klar machen: Wenn ein Horoskop die Momentaufnahme des Sternenhimmels ist, so gibt es auch einen Horizont, der die sichtbare von der unsichtbaren Hälfte des Gesamthimmels trennt. Durch die Eigendrehung der Erde vollziehen alle zwölf Sternzeichen wie auch alle Planeten innerhalb von 24 Stunden eine komplette Drehung um den Betrachter. Das Zeichen, welches gerade im Osten «aufgeht», ist das Aszendentenzeichen; zur Mittagszeit erleben Zeichen und Planeten ihre so genannte Kulmination, sie stehen also in der Himmelsmitte (die sich nördlich des Äquators freilich nicht senkrecht zum Betrachter befindet), um abends im Westen wieder zu verschwinden. Die Himmelsmitte wird in der Astrologie *Medium coeli* (MC) genannt, der westliche, untergehende Horizont ist der *Deszendent* (DC). So wie AC und DC sich gegenüberliegen, gibt es gegenüber dem MC auch noch das *Immum coeli* (lat. für «Himmelstiefe»).

Setzt man diese vier Punkte des Himmels aus Sicht des jeweiligen Betrachters grafisch um, so ergeben sich zwei Hauptachsen des Horoskops, die wiederum vier Quadranten bilden. Heute wählt man gewöhnlich eine kreisförmige Darstellung, in der die waagerechte Linie den Horizont bezeichnet (links AC, rechts DC), die vertikale Einteilung (MC oben, DC unten) dagegen wird entsprechend des Breitengrades des jeweiligen Ortes angepasst. In diese Grafik trägt man nun die Planeten

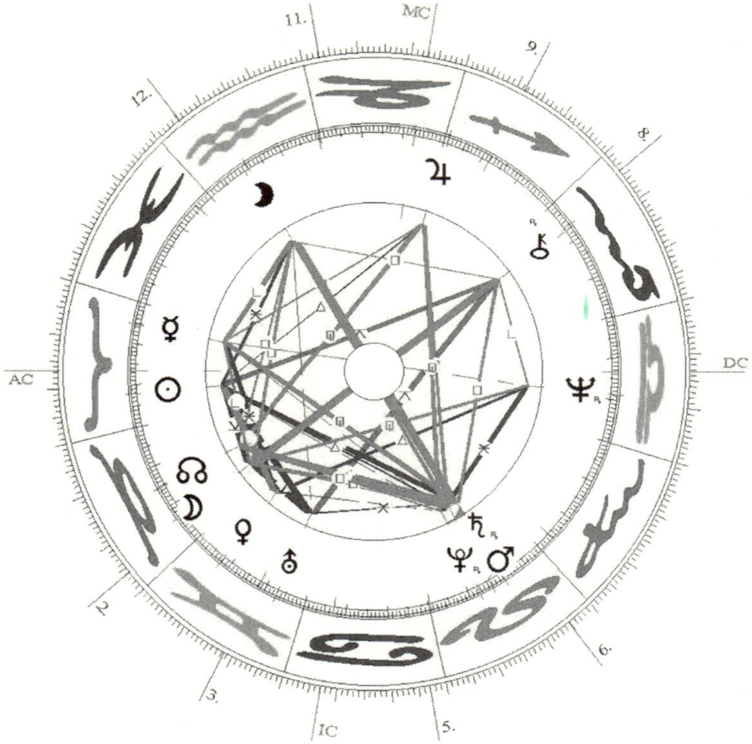

Abb. 3 Horoskop von Joschka Fischer. Ein Horoskop ist die grafische Umsetzung der Planetenkonstellationen zu einem gegebenen Zeitpunkt an einem bestimmten Ort, hier vom 12. April 1948, 5:30 Uhr, in Gerabronn.

ein und macht die etwaigen Aspekte zwischen ihnen durch Verbindungslinien sichtbar (oft in unterschiedlichen Farben). Eine zeitgenössische Form der Darstellung zeigt Abbildung 3. Es handelt sich dabei um das Geburtshoroskop Joschka Fischers mit der Sonne im Widder und dem Aszendenten ebenfalls in diesem Zeichen; da Fischer kurz vor Sonnenaufgang geboren wurde, steht die Sonne im ersten Haus knapp unter dem Aszendenten.

Neben den bereits beschriebenen Elementen zeigt die Grafik noch eine weitere wichtige Einteilung: die so genannten *Häuser*. Darunter versteht man die Einteilung der vier Quadranten in je drei Abschnitte, die, ausgehend vom Aszendenten, gegen den Uhrzeigersinn durchgezählt werden (s. auch u. S. 179 f.). Seit der Antike hat man der Häuserstellung eines Planeten besondere Aufmerksamkeit geschenkt, bot sie doch Hinweise auf die lebensweltlichen Bezüge des Deutungsfaktors: Das siebte Haus hatte mit Partnerschaft und Ehe zu tun, das zehnte mit gesellschaftlichem Erfolg, das fünfte mit den Kindern, das zweite mit materiellem Besitz usw. Auch wenn die moderne Astrologie mit solch stereotypen Zuschreibungen vorsichtiger ist, hat sich an der Grundbedeutung der einzelnen Häuser bis heute wenig geändert.

Die Kunst der Horoskopdeutung besteht darin, aus dem überaus komplexen Gesamtbild eine Interpretation zu gewinnen, die sowohl der Komplexität Rechnung trägt als auch eine Reduktion von Komplexität vornimmt, indem Hauptthemen isoliert werden und eine Art Hierarchie von Deutungselementen entsteht. Außerdem gilt es, die abstrakte Symbolsprache in die konkrete Alltagssprache zu «übersetzen». Die meisten Astrologen gingen und gehen so vor, dass sie zunächst einen Gesamteindruck beschreiben (beginnend mit Sonnenstand, Aszendent und Hauptachsen), um sich dann einzelnen Planetenstellungen zuzuwenden, die in diesen Gesamteindruck eingepasst werden und ihn ergänzen. Man schaut dabei auf die Zeichenstellung eines Planeten, dann auf seine Häuserstellung und das Aspektgefüge, in das er möglicherweise eingebunden ist. Daraus ergeben sich sehr detaillierte, bisweilen auch sich widersprechende Deutungen, die der Astrologe im Blick behalten muss, um die Gesamtpersönlichkeit des Nativen zu erfassen (wenn es um die Deutung eines Geburtshoroskops geht).

Dynamisierungen: Die Zeitachse Hat man sich einmal auf diese Weise die Deutung eines Horoskops erarbeitet, so sind die Möglichkeiten der Astrologie damit keineswegs erschöpft. Nicht nur, dass man mehrere Horoskope miteinander vergleichen und die Aspekte zwischen ihnen interpretieren kann, auch für die Einbeziehung der zeitlichen Dimension hat die astrologische Tradition eine Reihe von Techniken entwickelt. Dahinter steht die Annahme, dass nicht alle Faktoren eines Geburtshoroskops – man spricht auch von *Radixhoroskop*, also «Wurzelhoroskop» – zur selben Zeit mit derselben Intensität gelebt werden, sondern dass zu bestimmten Zeiten bestimmte Konstellationen «ausgelöst» werden. Das Horoskop wird also gewissermaßen «dynamisiert».

Die einfachste Art der Dynamisierung besteht in der Untersuchung der zu einem konkreten Zeitpunkt stattfindenden *Transite* (von lat. «Übergang»). In unterschiedlichen Umlaufgeschwindigkeiten durchqueren die Planeten den Zodiak und berühren dabei jene Punkte, die im Geburtshoroskop entweder durch Achsen oder durch Planeten gekennzeichnet sind. Zu diesen Zeiten «lösen sie den Faktor aus», und zwar auf die Art und Weise, wie es ihrem Charakter entspricht.

Eine andere Technik der Dynamisierung, ebenfalls schon seit der Antike bekannt, ist das langsame «Vorschieben» des gesamten Radixhoroskops. Dafür gibt es mehrere Möglichkeiten: Die *Direktionen* schieben pro Jahr das Radixhoroskop im täglichen Bogen *eines* Planeten weiter (meist der Sonne, weshalb man dann von Sonnenbogendirektion spricht); im Falle der Sonne werden alle Faktoren um etwa 1° pro Jahr «vorgeschoben» (dem täglichen Sonnenbogen), was sehr langsame Übergänge der vorgeschobenen Faktoren über die Radixfaktoren nach sich zieht. Eine alternative Methode besteht in den so genannten *Progressionen;* dabei wird ebenfalls die Gleichung «ein Jahr = ein Tag» angewandt, doch diesmal betrachtet man die Bewegung *aller* Planeten. Will man beispielsweise das Progressionshoroskop für das 25. Lebensjahr erhalten, übernimmt man die Planetenstellungen für den 25. Tag nach der Geburt und setzt sie mit dem Radixhoroskop in Beziehung.

Auch *Solare* wurden seit jeher zur Dynamisierung eines Horoskops herangezogen: Für ein bestimmtes Lebensjahr berechnet man die exakte Wiederkehr der Sonne auf ihren Radixstand und erstellt für diesen Moment des «astronomischen Geburtstages» und den jetzigen Wohnort ein eigenes Horoskop, das nun für das entsprechende Lebensjahr gedeutet wird. *Lunare* wiederum – entweder Horoskope für die Wiederkehr des Mondes auf seine Radixstellung oder schlichte Neumondhoroskope – werden für die «Feinabstimmung» verwendet. Da sie nur einen Monat Gültigkeit haben, kommt ihnen naturgemäß eine geringere Bedeutung zu als den Solaren.

Im Laufe der Zeit wurden immer neue Techniken entwickelt und ausprobiert, um die astrologischen Prognosen exakter zu machen. Außerdem verbesserte man die rechnerischen Grundlagen der Direktions- und Progressionsmethoden. Was heutige Astrologen dem Computer überlassen, musste man früher in aufwändiger Arbeit mithilfe von Rechentafeln oder allein durch die Beobachtung herausfinden. Es liegt auf der Hand, dass die Astrologie – zumindest in ihrer anspruchsvollen Ausführung, die alle genannten Techniken zu beherrschen hatte – eine Disziplin ist, die hohe Anforderungen stellt.

Praxisfelder und Fragestellungen

Astrologische Deutungen und Instrumente können auf ganz unterschiedliche Fragestellungen angewandt werden. Zwar ist meist das Horoskop der Ausgangspunkt der Interpretation, doch Horoskope lassen sich natürlich nicht nur für Personen erstellen, sondern auch für historische Ereignisse, für Staaten, für Firmen und anderes mehr. Daraus ergeben sich unterschiedliche Praxisfelder der Astrologie, die man vereinfachend in zwei Bereiche teilen kann: ein öffentliches und ein privates Anliegen.

Mundanastrologie Das Hauptaugenmerk der Astrologie – und das mag angesichts der heutigen Situation verwundern – lag bis in die Neuzeit hinein weniger auf privaten Fragestellungen als vielmehr auf öffentlichen. Die Sternkunde beschrieb die Zeitqualität in Bezug auf politische und wirtschaftliche Ereignisse, und wenn man das Horoskop eines Königs analysierte, so nicht aus Interesse für dessen individuelle Persönlichkeit, sondern weil der König die Geschicke des Landes repräsentierte und lenkte. Der Fachausdruck für diese Fragestellungen ist seit der Antike *Mundanastrologie* (von lat. *mundus* «Welt»).

Die Mundanastrologie fächert sich wiederum in unterschiedliche Zweige auf. Von großer Bedeutung waren früher die landwirtschaftlichen Prognosen, die mit einer Vorhersage von Witterungsbedingungen und Ernteerträge einhergingen. Mit dem Aufkommen von wissenschaftlicher Meteorologie war man natürlich auf solche Prognosen nicht mehr angewiesen, und die astrologischen Traditionen überlebten lediglich in einfachen Bauernweisheiten oder den heute populären «Mondkalendern», aus denen man die vermeintlich besten Tage für Aussaaten, Frisörtermine oder Sonstiges ablesen kann. Nur der anthroposophisch geprägte bio-dynamische Landbau versucht auch heute noch, mit detaillierten Analysen der Sternbewegungen die Landwirtschaft in Einklang mit «kosmischen Rhythmen» zu bringen.

Auf einer breiteren wirtschaftlichen Ebene jedoch kommt nach wie vor der Astrologie eine gewisse Rolle zu. Waren es früher Hungersnöte, Überschwemmungen, Krankheiten oder Preise für Wirtschaftsgüter, die Astrologen vorherzusagen hatten, so interessiert man sich heute mehr für Börsengewinne und die Entwicklung einzelner Unternehmen. Eine Reihe von Techniken bieten sich zur Analyse an: Wirtschaftsastrologen untersuchen beispielsweise die Gründungshoroskope von Unternehmen (erstellt auf die Gewerbeanmeldung oder die gedankliche «Geburt» der Firma), vergleichen diese mit den Geburtshoroskopen ihrer Manager und Mitarbeiter, setzen sie ins Verhältnis zu Horoskopen einzelner Staaten oder Orte, um die bestmöglichen Standorte zu eruieren, oder beobachten die Transite und sonstigen Auslösungen, um Empfehlungen für Investitionen zu geben. Es gibt eine Reihe großer Unternehmen, die Astrologen beschäftigen. Neben den genannten Aufgaben erwartet man von ihnen, bei Neueinstellungen die Horoskope der Bewerber daraufhin zu untersuchen, ob sie zur Vision der Firma, zu den Mitarbeitern und zur geforderten Arbeit passen.

Im Mittelpunkt der «Astrologie des Weltgeschehens» stand und steht jedoch die Analyse politischer Vorgänge. Vielfältige Techniken wurden ersonnen, um die Entwicklung von Gemeinwesen zu verstehen und zu prognostizieren (s. Baigent et al. 1989). Dazu gehört die Untersuchung der Gründungshoroskope von Städten, Ländern und Staaten ebenso wie die Deutung der Geburtshoroskope ihrer Herrscher. Da der König oder Kaiser das ganze Land repräsentierte, wurde sein Horoskop auch für die Untertanen als wichtig erachtet. Mit einer solchen Hierarchisierung löste man nebenbei das Problem, dass in einer Schlacht oder einer Hungersnot viele Menschen dasselbe Schicksal erleiden, obwohl ihre Horoskope alle unterschiedlich sind: verantwortlich dafür war das Staats- oder das Herrscherhoroskop (ich komme darauf wiederholt zurück).

An dieser Stelle sei eine Technik erwähnt, die nicht nur für die Mundanastrologie verwendet wird, sondern auch für individuelle Fragestellungen: die so genannte *Astro-Carto-Graphy.* In Erweiterung der seit jeher gängigen, doch wegen ihres statischen Charakters oft kritisierten Astrogeografie entwickelte Jim Lewis eine Methode, die sich der modernen Computertechnik bedient. Für einen konkreten Moment wird untersucht, *wo* auf der Welt zu diesem Zeitpunkt

Deutungsfaktoren an Hauptachsen des Horoskops zu stehen kommen (also beispielsweise Saturn am Aszendenten). Die errechneten Punkte werden auf einer Weltkarte durch Linien verbunden. Wenn sich solche Linien schneiden, entstehen Brennpunkte, an denen – so die Theorie – die Aspektfiguren des jeweiligen Horoskops in besonderer Weise in Erscheinung treten (dort steht dann z. B. nicht nur Saturn am Aszendenten, sondern zusätzlich Jupiter an der Himmelsmitte). Mithilfe der Astro-Carto-Graphy kann man nun entweder mundanastrologische Ereignisse (z. B. Eklipsen oder Ingresse [also «Eintritte»] von Planeten in Zeichen) räumlich abbilden oder die Horoskope von Staaten und Personen auf ihre etwaigen Bezüge zu anderen Orten auf der Welt hin befragen.

Vom öffentlichen zum privaten Anliegen Die Kulturgeschichte der Neuzeit ist auch eine Geschichte der Individualität und sich ändernder Personenkonzepte. In der Astrologie fand dies insofern seinen Niederschlag, als seit der Renaissance das Augenmerk verstärkt auf individuelle Fragestellungen gelegt wurde. Erst im fünfzehnten Jahrhundert wurde es allgemein üblich, dass Astrologen eine eigene Praxis betrieben, in der sie eine größere Klientel (hauptsächlich aus den oberen Schichten) betreuten. Im zwanzigsten Jahrhundert, nach dem «Siegeszug» der psychologischen Astrologie, ist die Deutung von Geburtshoroskopen einzelner Personen zum Hauptarbeitsgebiet der Astrologen geworden.

Alle von mir bereits erläuterten Techniken können auf das individuelle Horoskop angewandt werden, das in der Regel auf den Moment der Geburt erstellt wird, weil dieser – im Gegensatz zum Moment der Empfängnis – genau bestimmt werden kann und weil die Abtrennung der Nabelschnur bzw. der erste Atemzug als Beginn des selbstbestimmten Lebens betrachtet wird. Im Mittelpunkt der individuellen Geburtshoroskopie (auch *Genethlialogie* genannt) steht selbstverständlich die Analyse der Charaktereigenschaften des Nativen sowie die zeitliche Dynamisierung der Persönlichkeit, welche früher meist eine konkrete Prognose des Lebensverlaufs beinhaltete, während man heute gewöhnlich von einem «Entfaltungsprozess» spricht und Auslösungen symbolisch als Chance zur Weiterentwicklung interpretiert.

Daneben gibt es eine Vielzahl von Fragestellungen, die auf das Horoskop bezogen werden, beispielsweise die *medizinische Astrologie,* die seit jeher zum Repertoire der Sternkunde zählte und nach Entsprechungen zwischen astrologischen Konstellationen und körperlichen Merkmalen fragt sowie Krankheiten diagnostiziert und deren Verlauf prognostiziert; mithilfe eines *Horoskopvergleichs* können Beziehungen zwischen zwei (oder mehr) Personen analysiert werden (die Partnerschaftsastrologie hat ihrerseits neue Techniken hervorgebracht, um hier zu differenzierten Aussagen zu gelangen); seit dem neunzehnten Jahrhundert bildete sich im Kielwasser der theosophischen Astrologie die *karmische Horoskopanalyse* heraus, die nach Prägungen durch frühere Leben fragt; schließlich sei noch die *Astrologie des Ortes* erwähnt, die Aussagen darüber trifft, wo die Persönlichkeit des Nativen sich am besten entfalten kann und wo sie gehemmt wird. Dafür kann man sowohl eine Astro-Carto-Graphy verwenden als auch ein so genanntes «Relokationshoroskop» erstellen, in dem für den Moment der Geburt einfach ein anderer Ort gewählt wird und das daraus resultierende Horoskop mit dem «echten» Radixhoroskop in Beziehung gesetzt wird. Außerdem kann man das individuelle Horoskop mit dem Horoskop der Stadt oder des Landes vergleichen, in dem der Native lebt.

Man erkennt leicht, dass den Möglichkeiten astrologischer Deutungen und der Kombination ihrer Techniken kaum Grenzen gesetzt sind. Das Grundgerüst der Astrologie besteht zwar nur aus einem Dutzend «Urprinzipien», die Kombination dieser Prinzipien indes und die Einbeziehung weiterer Instrumente führen zu einer exponentiellen Erweiterung der Aussagefähigkeit. Die astrologische Arbeit ist im wahrsten Sinne ein kreativer Prozess, in dem Deutungen geschaffen und mitunter überraschende Zusammenhänge gestiftet werden.

II

Von den Anfängen zum komplexen Deutungssystem

> In diesem Buch werden keine Preise verliehen für wissenschaftliche Errungenschaften einzelner Personen oder Gruppen, auch gibt es keinen Tadel für jene, welche die modernen Ideale von Wissenschaft verfehlen. Ich glaube, dass die frühere Tendenz, die Astrologie als Pseudo-Wissenschaft zu betrachten, eine anachronistische Ablenkung von der weitaus fruchtbareren Frage ist, wie die Astrologie in der Antike funktionierte. [...] Die Zuschreibung intellektueller Überlegenheit einer Kultur über eine andere ist ein Vorgang, der massive ideologische Voraussetzungen hat. *Tamsyn Barton*

Die Frage, wann und in welchem Kulturraum die Astrologie ihren Anfang nahm, ist leichter gestellt als beantwortet. Viel hängt davon ab, was im Einzelnen unter «Astrologie» verstanden wird, ob eine schlichte Analogiebildung zwischen Himmelsphänomenen und irdischen Ereignissen genügt oder ob erst die spekulative und rechnerische Bewältigung der Korrespondenzen es uns erlaubt, von Astrologie zu sprechen. Hinzu kommt eine Auseinandersetzung, die zwischen einzelnen Disziplinen immer wieder aufbricht. Neigen nämlich Altorientalisten dazu, die gesamte klassische Astrologie aus dem mesopotamischen Raum herzuleiten, betonen Kenner der griechischen Kulturgeschichte, dass ohne das systematisch-wissenschaftliche Denken der Griechen die Astrologie niemals eine solche Blüte in der Antike erreicht hätte. Ägyptologen schließlich möchten ihrerseits den starken Einfluss der ägyptischen Kultur auf die Geschichte der Astrologie beweisen, was von vielen anderen nur belächelt wird. Und dann gibt es natürlich noch die Vor- und Frühgeschichtler, die darauf aufmerksam machen, dass schon in der europäischen Steinzeit astronomische Kenntnisse von beachtlichem Niveau nachzuweisen sind.

Um in dieser Auseinandersetzung den Überblick zu behalten, ist es notwendig, von einer klaren Vorstellung darüber auszugehen, was eine ausgebildete Astrologie von ihren Vorstufen einerseits und von astralmythologischen Interpretationslinien andererseits unterscheidet. Will man jede Spekulation über Sonne, Mond und Sterne als einen Teil der Astrologiegeschichte betrachten, so verliert man angesichts der unbegrenzten kulturellen Beispiele dafür schnell den Boden unter den Füßen. Und es bleibt fraglich, welcher Einfluss derartiger Traditionslinien auf die westliche Astrologie tatsächlich nachgewiesen werden kann. Deswegen sollte man umgekehrt vorgehen und fragen, wann und von woher jene Charakteristika astrologischer Deutungs- und Rechenpraxis eingebracht wurden, die sich im weiteren Verlauf der Geschichte als entscheidend und kulturell prägend erwiesen haben. Tut man dies, so stellt man schnell fest, dass die «klassische» Astrologie der römischen Zeit eine Verbindung heterogener Elemente darstellt, die sowohl aus Mesopotamien als auch aus Griechenland und Ägypten stammen dürften. Diese Elemente sind in ihrer Bedeutung einzeln zu untersuchen, und zwar – im Rahmen dieses Buches – mit Blick auf die spätere Gesamtentwicklung.

Da die entscheidende Rolle der mesopotamischen Kulturgeschichte für die Astrologie außer Zweifel steht, werde ich mich im Folgenden besonders mit diesem Gebiet beschäftigen. Ägyptische Beiträge sind vor allem in römischer Zeit wirksam geworden, als die so genannte Hermetik ab dem dritten vorchristlichen Jahrhundert ihren Einfluss auch auf die Astrologie auszuüben begann. Die Rolle der griechischen Philosophie, Religion und Wissenschaft bei der Herausbildung des astrologischen Gesamtsystems wiederum wird in Kapitel III erörtert werden, da die römische Haltung zur Astrologie wesentlich von hierher zu erklären ist. Doch als Erstes sei in aller Kürze auf eine Frage eingegangen, welche die schon erwähnte Vor- und Frühgeschichte betrifft: Zeigen frühgeschichtliche Steinkreise, steinzeitliche Wallanlagen und bronzezeitliche Artefakte nicht bereits ein solch hohes Maß an astronomischer Kompetenz, dass wir die Ursprünge der Sternkunde eigentlich dort zu suchen haben?

1. Kalender, Kult und Kosmos: Astrologie in der Steinzeit?

Die Forschungen der Vor- und Frühgeschichte sind mit dem großen Problem konfrontiert, dass sie es mit archäologischen Zeugnissen zu tun haben, die nicht in Kombination mit Textdokumenten interpretiert werden können. Anders als in Ägypten oder Mesopotamien, wo schriftliche Quellen die Deutung von Monumenten wesentlich erleichtern, müssen frühgeschichtliche Zeugnisse in ihrem Fundkontext – dem Ensemble – und vor dem Hintergrund allgemeiner kultureller Charakteristika einer Epoche und eines Siedlungsgebietes interpretiert werden. Es liegt auf der Hand, dass viele Leerstellen mit mehr oder weniger begründeten Analogieschlüssen oder auch mit spekulativen Theorien aufgefüllt werden müssen, will man überhaupt zu generalisierenden Aussagen über einen Kulturraum gelangen. Dabei gilt: Je mehr Fundkontexte bekannt sind, desto geringer die Spekulation, und je mehr Vergleichsfunde vorliegen, desto größer die Sicherheit in der Deutung.

Astrale Religionen in Alteuropa

Im Hinblick auf die Frage nach den religiösen und kosmologischen Anschauungen Alteuropas, die eng mit der Frage nach einer astronomischen Kompetenz der damaligen Kulturen zusammenhängt, ist in den letzten Jahrzehnten einiges in Bewegung geraten. Aufgrund einer ganzen Reihe von Funden, die eine astrale Symbolik auf Schmuck- wie Gebrauchsgegenständen zeigen, neigen viele Wissenschaftler heute zu der Annahme, das neolithische und bronzezeitliche Europa sei von einer Art «Sonnenkult» geprägt gewesen (vgl. Kaul 1998, I, 11–54). Natürlich möchte man gerne wissen, was im Einzelnen unter diesem Schlagwort verstanden wird, denn eine religiöse Bedeutung von Sonne und Mond kann völlig unterschiedliche mythologische, rituelle und soziale Konsequenzen nach sich ziehen, und eine Häufung von Strahlenkreisen auf Schalen oder Ringen sagt noch nichts über die religiöse Funktion solcher Funde oder gar die Rolle von Priestern in der Gemeinschaft aus. Dazu müssen weitere Informationen aus dem Fundensemble beigebracht werden. Von übereilten Verallgemeinerungen ist deswegen abzusehen, vielmehr gelten die erreichten Befunde und Interpretationen zunächst lediglich für das entsprechende Fundgebiet, um von dort in aller Vorsicht auf benachbarte Siedlungsräume vergleichend erweitert zu werden.

Trotz dieser Einschränkung ist die Erforschung solcher Kulturen zweifellos zu erstaunlichen Ergebnissen gelangt, insbesondere dort, wo eine Vielzahl von Fundgegenständen ein differenziertes Bild mit guten Vergleichsmöglichkeiten ergibt. Ein Beispiel hierfür ist das bronzezeitliche Skandinavien. Es kann heute als plausible Theorie betrachtet werden, dass dänische und südschwedische Kulturen der Bronzezeit der Sonne und ihrer Bewegung am Himmel eine überaus hohe religiöse Bedeutung beimaßen, die auch durch rituelle Handlungen unterstrichen worden ist. Eine große Anzahl von Schiffsdarstellungen zeigen eine ikonografische Konstanz, indem bestimmte Symbolensembles nur auf dem Weg der Schiffe von Ost nach West, andere dagegen von West nach Ost zu finden sind – eine zufällige Regelhaftigkeit kann dabei wohl ausgeschlossen werden. Wie Flemming Kaul zeigt, müssen wir mit einer großen Verbreitung bestimmter mythologischer und kultischer Eigenheiten im südskandinavischen Raum rechnen, die alle um die hohe Bedeutung der Sonne und die ikonografische Aufladung des Schiffssymbols zentriert sind (Kaul 1998, I, 258–272).

Dass die Bewegung der Sonne in der Bronzezeit religiöse Bedeutung besaß, lässt sich nicht nur an den Schiffsdarstellungen erkennen, sondern auch am wohl berühmtesten Fund aus jener Zeit, dem so genannten «Sonnenwagen von Trundholm». Auf diesem 1902 im nordwestlichen Sjaelland gefundenen Wagen befindet sich ein Pferd, das einen Anhänger zieht, auf dem eine verzierte Scheibe zu sehen ist. Eine Seite der Scheibe ist golden, die andere silbern. Nun kann man sich leicht ausmalen, dass im Rahmen eines rituellen Geschehens der Wagen entweder nach Westen oder nach Osten gezogen wurde, um auf diese Weise den Weg der Sonne am Tag (golden) und während der Nacht (silbern) zu veranschaulichen (Kaul 1998, I, 30–35).

Nimmt man einmal die religiöse Bedeutung des Zentralgestirns für die europäische Frühzeit als gegeben an, so schließt sich die interessante und zugleich kontrovers diskutierte Frage an, ob man über eine astralmythologische Beschäftigung mit der Sonne hinaus auch astronomische Kompetenzen jener Kulturen vermuten darf. Um hier zu einem besseren Verständnis zu gelangen, ist es unumgänglich, die religiöse Bedeutung des *Kalenders* zu bedenken.

Steinkreise, Buckel und Hüte: Die religiöse Aufladung von Kalendern

Ein Kalender – das wird in der Astrologiegeschichte immer wieder deutlich – ist in den meisten Fällen keineswegs ein simples Instrument zur Messung von Zeitintervallen, sondern dient der *qualitativen Bestimmung* von Zeit in einem religiösen Kontext. Astronomische Regelmäßigkeiten wie der Jahreslauf der Sonne durch die vier Kardinalpunkte oder die Mondphasen, die zur Einteilung der Zeit dienten, fanden deshalb in allen Schriftkulturen der alten Welt eine besondere Beachtung, und es steht zu vermuten, dass dies auch in den schriftlosen Kulturen Europas der Fall gewesen ist. Während man diesbezügliche Fragestellungen früher vor allem anhand der neolithischen Steinkreise diskutierte – Stonehenge ist dabei das berühmteste Monument –, so hat sich in den letzten Jahren eine lebhafte Debatte um die Existenz von frühgeschichtlichen Kalendern entwickelt, die manche Wissenschaftler in bronzezeitlichen Artefakten und Goldkegeln erkennen möchten. Ein kleiner Überblick soll dies verdeutlichen.

Kreisanlagen Beginnen wir mit den Kreisbauten. Stonehenge und verwandte Monumente haben schon immer eine besondere Anziehungskraft ausgeübt, und zwar sowohl aufgrund der enormen logistischen und handwerklichen Leistung, die zur Errichtung solcher Anlagen notwendig war, als auch aufgrund der Tatsache, dass man mit ihrer Hilfe die Bewegungen der Sonne durch die vier Kardinalpunkte und den Aufgang von Sternbildern exakt abzubilden vermochte. Weit reichende Interpretationen – auf wissenschaftlicher wie auf esoterischer Seite – ließen nicht lange auf sich warten, und es gab viele, die in Stonehenge ein Observatorium, ein Kultzentrum für ganz England oder einen Kalender vermuteten. Zweifellos deutet die exakte Ausrichtung der Steinkreise und der langen sie umgebenden Wälle darauf hin, dass man sich hier um die Abbildung eines kosmologischen Szenarios bemühte, und zwar nicht auf einer allgemeinen symbolischen Ebene, sondern mit hohem Anspruch an die genaue Widerspiegelung astraler Vorgänge.

John North hat in einer neuen Studie dargelegt, wie selbst die geringen Abweichungen vom idealen Maß verschwinden, wenn man in Rechnung stellt, dass die genialen Baumeister künstliche Horizonte errichteten, um zu astronomisch exakten Messungen zu gelangen (die tatsächliche Existenz jener Wallhorizonte ist allerdings schwer zu beweisen). Darüber hinaus ist er sich sicher, dass die Architektur und ihre künstlerische Ausgestaltung nicht allein als Kalender erklärt werden können, wie dies andere Wissenschaftler vermuteten, sondern als eine in Stein materialisierte Kosmologie. Durch (allerdings vage) Vergleiche mit den Schriftkulturen des dritten und zweiten vorchristlichen Jahrtausends sei es naheliegend, so North, dass «zentrale astronomische Ereignisse [...] in religiöse Erklärungen eingeflossen sind» (1996, 519; s. auch North 1994, xxv). Das schließt selbstverständlich eine zusätzliche Bedeutung der Bauten für Kalenderzwecke nicht aus, besonders wenn man im Kalender eine religiös signifikante Errungenschaft sieht.

Eine Interpretation von Stonehenge ist insofern schwierig, als man nicht vergessen darf, dass wir es hier keineswegs mit einem einzigen Monument, sondern mit einer ganzen Reihe von Bauten zu tun haben, die über einen langen Zeitraum (etwa von 3000–1700 v. u. Z.) errichtet und erweitert worden sind. Hinzu kommt die Schwierigkeit, dass es etliche Vergleichsobjekte gibt, bei denen eine eindeutige astronomische Ausrichtung nicht nachgewiesen werden kann. Dass aber dennoch die Rolle derartiger Bauten in einem astral konnotierten religiösen Kult zu vermuten ist, wird klar, wenn man eine andere Gruppe von Bauten betrachtet, nämlich die mittelneolithischen Kreisgrabenanlagen in Mitteleuropa, die teilweise erheblich älter sind als Stonehenge. Seit den 1990er Jahren – vor allem durch die Entwicklung der systematischen Luftbildprospektion – wurden etliche große Erdwerke entdeckt, die zu solchen Anlagen des Neolithikums gehören, deren Öffnungen in vielen Fällen nach den Himmelsrichtungen orientiert zu sein scheinen.

Was die Funktion der Kreisgrabenanlagen angeht, so neigt man heute gewöhnlich dazu, die reine Befestigungsaufgabe (Fortifikation) zugunsten einer Versammlungs- und Kultstätte aufzugeben. Für die Lengyel-Kultur (Anfang des dritten Jahrtausends) zieht Jörg Petrasch den Schluss, «daß ihre hauptsächliche Funktion im religiösen Bereich zu suchen ist» (1990, 518). Ohne allzu große Spekulation lässt sich etwas Ähnliches auch für die in das fünfte Jahrtausend zu datierenden bayerischen Rondell-Anlagen sagen, von denen die «Ellipse» von Meisternthal die sicherlich eindrucksvollste ist, stellt sie doch eines der seltenen frühen Beispiele für diese Form dar. Mehr noch: mit ihrer Konstruktion erhielt man über die Fixierung von Sonnenorientierungen hinaus genaue Angaben zu weiteren kalendarischen Einschnitten. Bei einer Anlage dieser Größe – mit weiteren Palisadengräben, Pfostensetzungen und möglicherweise sogar einer Überdachung – hat es sich aller Wahrscheinlichkeit nach um einen bedeutenden Versammlungsort gehandelt, sodass manche sogar die These wagen, der Bau habe vermutlich neben seiner Kalenderfunktion auch eine kultische Bedeutung als Sonnentempel gehabt.

Man wird mit solchen Vermutungen vorsichtig sein müssen, solange keine klaren Belege für religiöses Handeln vorliegen. Wovon man allerdings ausgehen kann, ist die religiöse Aufladung kosmologisch inspirierter Architektur und die hohe Bedeutung, die Angehörige jener Kulturen den Zyklen von Sonne und Mond beimaßen. Auch die Herausbildung einer Gruppe von Spezialisten, welche über die zur Errichtung derartiger Bauten notwendigen Kenntnisse verfügten und die beachtliche Zahl von Arbeitern anleiten konnten, dürfte heute als wahrscheinlich gelten. Ob dies eine «Priesterkaste» war oder ob astronomische Spezialisten dafür verantwortlich zeichneten, steht freilich auf einem ganz anderen Blatt.

Bronzezeitliche Kalender? Wie leicht archäologische Befunde und moderne Spekulationen gerade bei dieser Frage ineinander übergehen können, sei anhand der Diskussion um die bronzezeitlichen «Kalender» in Mitteleuropa erläutert. Nachdem Wilfried Menghin, der Leiter des Berliner Museums für Vor- und Frühgeschichte, die Verzierungen auf so genannten Goldblechkegeln der Bronzezeit als hochkomplexe Chiffrierungen astronomisch-kalendarischer Daten interpretiert hat, ist eine erhitzte Diskussion darüber in Gang gekommen, ob die Menschen der europäischen Bronzezeit tatsächlich über ein solches Wissen verfügen konnten und warum sie es in dieser Weise haben kodieren sollen. Für Menghin lässt sich dies unschwer durch die Herausbildung von Priesterkasten erklären, die ihr geheimes Wissen zu hüten wussten und dadurch als «Herren über die Zeit» agierten. Anhand eines eigenwilligen Vergleiches mit vorderasiatischen Symbolen und Gottheiten versucht Menghin zu belegen, dass wesentliche religiöse Elemente im zweiten vorchristlichen Jahrtausend von dort nach Mitteleuropa gelangten.

Wie in den Kulturen Mesopotamiens spielte die Astrologie offensichtlich auch in den Religionen der europäischen Bronzezeit eine gewichtige Rolle. Sie ist wohl nicht zur Gänze aus dem Vorderen Orient übernommen, sondern beruhte gleichermaßen auf den Naturbeobachtungen einheimischer Generationen seit dem Neolithikum mit seinen «Kalenderwerken». Allerdings ist in Folge der epochalen Umwälzungen im östlichen Mittelmeerraum und in Vorderasien seit dem 14. vorchristlichen Jahrhundert auch in Europa ein Kulturwandel nachzuweisen, der viele Bereiche des geistigen und wirtschaftlichen Lebens erfasste und zu tiefgreifenden gesellschaftlichen Umschichtungen führte. (Menghin 2000, 101–103)

Menghin stellt es sich so vor, dass die «Herren der Zeit» jene Goldblechkegel als «Hüte» aufsetzten, um ihre Autorität magisch zu festigen. Auch wenn die meisten Wissenschaftler dieser Theorie überaus skeptisch gegenüber stehen, besahen sich doch viele ihre vermeintlich nur mit Buckeln (Erhebungen), Punzen (Vertiefungen) und Linien verzierten Fundstücke genauer und suchten wie Menghin nach Regelhaftigkeiten, die auf einen kalendarischen Hintergrund verweisen könnten. Einige wurden dabei fündig und vermuten nun bisher ungeahnte mathematische Fähigkeiten der bronzezeitlichen Kulturen, die Sonnen- und Mondlauf in einem lunisolaren Kalendersystem zu integrieren verstanden.

Wie immer dieser Streit sich entwickeln wird, eines lässt sich schon jetzt mit Bestimmtheit festhalten: Es erscheint ausgeschlossen, dass eine schriftlose Kultur komplexe Rechenschritte, wie sie zur Gewinnung eines astronomisch abgesicherten Kalendersystems notwendig sind, über Generationen hinweg hätte weitergeben können, wenn sie tatsächlich einmal darauf gekommen sein sollte. Die von Menghin und anderen vorgeschlagenen Rechenwege sind so komplex, dass sie jeder praktischen Handhabung in einer schriftlosen Kultur entzogen wären.

Die Himmelsscheibe von Nebra Im Jahre 2002 fand man im sachsen-anhaltinischen Nebra eine Scheibe mit einer Himmelsdarstellung, die schon bald als einer der spektakulärsten Funde der letzten hundert Jahre diskutiert wurde. Das Ensemble – Bronzeschwerter mit goldenen Griffklammern u. a. – deutet auf die Frühbronzezeit hin, also auf die Zeit um 1600 v. u. Z. Sensationell ist die zwei Kilogramm schwere «Himmelsscheibe» deshalb, weil sie mit ihren Darstellungen von Sternen, Sonne und Mond der bislang älteste Beleg für eine früheuropäische Kosmologie ist (s. Abbildung 4). Nimmt man die Bedingungen

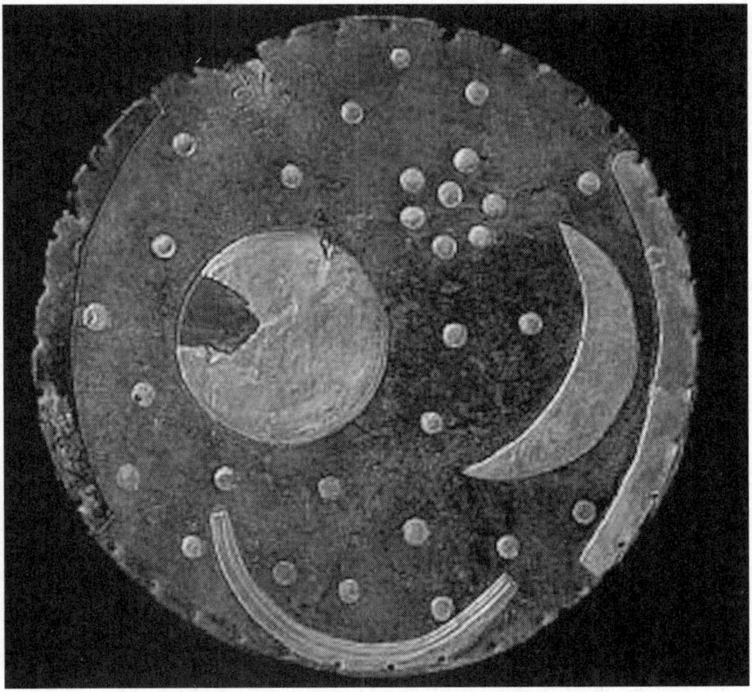

Abb. 4 Die Himmelsscheibe von Nebra. Die 3600 Jahre alte Scheibe mit einem Gewicht von 2,1 kg ist mit 32 Sternen aus Gold verziert sowie mit sichel- und kreisförmigen Darstellungen, deren astronomische Bedeutung Gegenstand wissenschaftlicher Diskussion ist.

am Fundort hinzu – vom Mittelberg bei Nebra aus schaut man auf den höchsten Berg des Harzes, den Brocken –, dann ist es nicht ausgeschlossen, dass die dargestellten astronomischen Gegebenheiten mit den beobachteten Himmelserscheinungen korrespondieren – so jedenfalls euphorisch die Forscher vom Landesamt für Archäologie in Halle.

Trotz der zweifellos erstaunlichen Scheibe ist eine Interpretation schwierig. Stellt die volle Goldscheibe die Sonne oder den Vollmond dar? Stehen die sieben Goldpunkte, die der Künstler als Gruppe zusammenfasste, für die Plejaden? Sind die Sicheln als Mondscheibe zu verstehen (warum dann zwei?) oder als «Himmelsbarke», auf der die Sonne des Nachts fährt? Ist eine der Sicheln vielleicht mit der Milchstraße identisch? Bilden die Randstreifen der Scheibe tatsächlich Horizontbegrenzungen für astronomische Beobachtungen ab, wie es eine andere Theorie möchte? Und stimmen die dargestellten Begebenheiten wirklich mit dem Untergang der Sonne zur Sommersonnenwende über dem Brocken und zum 1. Mai – viel später (!) im paganen Festkalender als Beltane bekannt – über dem benachbarten Kulpenberg überein, sodass man von einem «Observatorium» sprechen kann? – All dies ist bislang völlig unklar, auch wenn weit reichende Spekulationen über religiöse Verbindungen der europäischen «Zentralreligion» zum Alten Orient und Ägypten allenthalben grassieren. *Der Spiegel* machte die Himmelsscheibe sogar zur Titelstory, und zwar unter der Überschrift «Der Sternenkult der Urgermanen: Die Entdeckung einer versunkenen Hochkultur» (Heft 48 [25. 11. 2002]). Ausschließen kann man derartige Verbindungen selbstverständlich nicht, nur erwiesen sind sie durch die Himmelsscheibe von Nebra eben auch nicht.

Wie schon bei den Kreisbauten und Goldblechkegeln werden wir uns deshalb noch immer damit begnügen müssen, in Teilen Alteuropas ein astronomisches Interesse sowie hohe architektonische Fähigkeiten – die ja stets im Laufe der Erbauung durch Messungen korrigiert werden konnten – zu unterstellen, die wiederum in einem religiösen Kontext standen. Astrale Religionstypen sind für die ersten vorchristlichen Jahrtausende sehr wahrscheinlich, wobei Einflüsse aus Vorderasien möglich, aber keineswegs notwendig sind. Zwar wird man sich der Aussage John Norths anschließen können, dass «wir allen Grund haben, diese frühe astronomische Beschäftigung Europas in unseren Bericht aufzunehmen: *Sie war im wahrsten Sinne wissenschaftlich, indem sie das Beobachtete auf eine Anzahl von Regeln reduzierte*» (North 1994, xxv [Hervorhebung im Original]). Im Hinblick auf die europäische Astrologiegeschichte muss man allerdings auch konstatieren, dass außer einer Neigung zur Ineinssetzung von astralen und irdischen Gegebenheiten, die sich außerdem weitaus besser in Mesopotamien nachweisen lässt, ein Fortleben der vermuteten astrologischen Kompetenz des Neolithikums über das erste vorchristliche Jahrtausend hinaus nicht feststellbar ist.

2. Mesopotamien

Mesopotamien, das «Land zwischen den Flüssen» Euphrat und Tigris, hat bis heute wenig von seiner Faszination als «Wiege der Astrologie» eingebüßt. War den antiken römischen Autoren Ägypten als Mutterland der Magie bekannt, so wurde die Bezeichnung *Chaldäer* zur Chiffre für die sternkundigen Babylonier, von denen man sich bald die abenteuerlichsten Legenden erzählte. Heute weiß man, dass in jenen Legenden vielfach ein historischer Kern steckt und die rechnende und deutende Astrologie Mesopotamiens in der Tat schon früh ein hohes Niveau erreicht hatte. Spekulationen aber über astrologische Errungenschaften des dritten oder vierten vorchristlichen Jahrtausends, wie sie immer wieder angestellt werden, gehen zumeist auf vage Textinterpretationen und die Verallgemeinerung von Einzeldokumenten zurück. Erst im zweiten Jahrtausend kam es – vor allem durch den Vereinigungsprozess unter Hammurapi – zu einer Systematisierung astrologischer Wissensbestände, die eine differenzierte Beschäftigung mit den Planeten ermöglichte.

Doch bevor ich auf die Dynastie Hammurapis und die folgenden Entwicklungen eingehe, sei zunächst der religiöse und politische Hintergrund skizziert. «Mesopotamien» ist nämlich ein Sammelbegriff für unterschiedliche Kulturen, die durch Kriege und Handelsbeziehungen nach und nach zu einem Gesamtgebilde verschmolzen. Im vierten Jahrtausend wohnten im Süden des Landes die Sumerer, die bereits über eine hoch entwickelte Kultur mit Städten, Kanälen und Tempeln verfügten. Nördlich davon waren die Akkader beheimatet, die unter ihrem König Sargon I. (der 2276 den Thron bestiegen hatte) die sumerischen Stadtstaaten eroberten und zugleich die dort entwickelte Keilschrift übernahmen. Auch religiöse Traditionen wurden der akkadischen Kultur assimiliert. Als um 2000 noch die Amoriter dem großen Reich einverleibt wurden, wuchs nach und nach eine mehr oder weniger homogene Kultur heran, die im Altbabylonischen Reich zu einer großen Blüte geführt wurde, besonders auch im Hinblick auf die Astrologie.

Um zu verstehen, warum man in Babylonien so großen Wert auf astrologische Zusammenhänge legte, muss man sich vergegenwärtigen, dass wir es hier mit einer Religion zu tun haben, der ein dynamisches

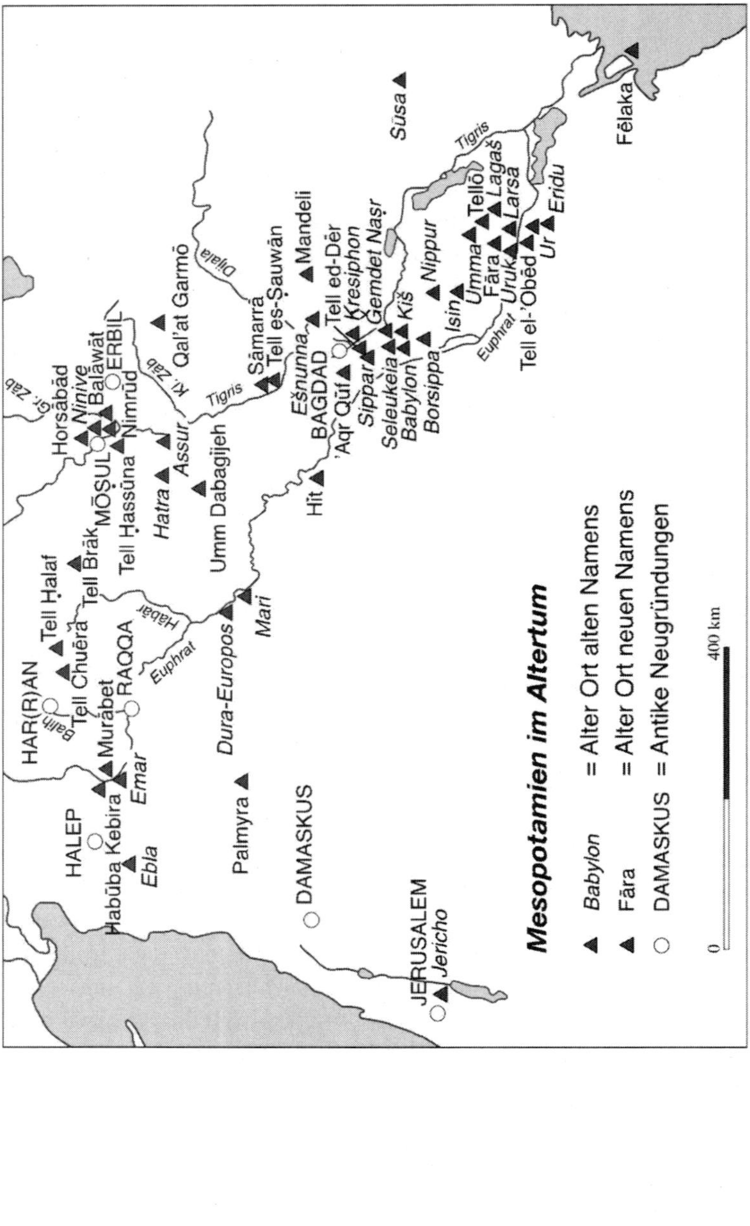
Mesopotamien im Altertum
▲ Babylon = Alter Ort alten Namens
▲ Fāra = Alter Ort neuen Namens
○ DAMASKUS = Antike Neugründungen
0
400 km
HALEP
Habūba Kebira
Ebla
Emar
Murābet
RAQQA
HAR(R)AN
Baliḫ
Tell Chuēra
Tell Ḥalaf
Tell Brāk
Euphrat
Ḫābūr
Dura-Europos
Mari
Palmyra
DAMASKUS
JERUSALEM
Jericho
MŌṢUL
Tell Ḥassūna
Hatra
Umm Dabagijeh
Assur
Horsābād
Ninive
Balāwāt
Nimrūd
ERBIL
Gr. Zāb
Kl. Zāb
Qal'at Garmō
Tigris
Sāmarrā
Tell eṣ-Ṣauwān
Dijala
Ešnunna
Mandeli
BAGDAD
Tell ed-Dēr
Kresiphon
'Aqr Qūf
Hīt
Sippar
Seleukeia
Ğemdet Naṣr
Kiš
Babylon
Borsippa
Nippur
Isin
Umma
Fāra
Uruk
Tellō
Lagaš
Larsa
Tell el-'Obēd
Ur
Eridu
Euphrat
Tigris
Sūsa
Fēlaka

polytheistisches System zu Grunde liegt, das in starkem Maße auf die *Kommunikation* zwischen Gottheiten und Menschen angewiesen ist, und zwar in doppelter Hinsicht: Einerseits wenden sich die Gläubigen mit Gebeten, Ritualen oder Opferungen an die göttlichen Mächte, um Beistand und Schutz zu erlangen, andererseits dokumentieren die Gottheiten ihren Willen gegenüber den Menschen durch *Zeichen*. Solche Zeichen wurden von religiösen Spezialisten gelesen, sei es in außergewöhnlichen Vorgängen in der Natur – Donner, Unwetter, Missernten und dergleichen –, sei es durch das Aussehen der Innereien von Opfertieren, sei es durch die Bewegungen der Gestirne, deren Regelmäßigkeit im Laufe der Zeit zunehmend erkannt wurde, was wiederum die Prognose des zu erwartenden göttlichen Einflusses erleichterte (vgl. Oppenheim 1977, 206–227). Doch eine vollständige Ergründbarkeit des göttlichen Willens wurde niemals erreicht, zu groß war die Bandbreite möglicher Interpretationen von Gestirnsbewegungen.

Daraus wird ersichtlich, dass es in Mesopotamien die *Priester* waren, die für die Entwicklung von Astronomie und Astrologie verantwortlich zeichneten. Und es wird verständlich, warum die Astronomie als rechnende Sternkunde als Hilfsmittel für die deutende Astrologie entstand. Indem man den Himmel ordnete, verstand man auch die Welt der Göttinnen und Götter besser. Die Planeten – der Einfachheit halber rechne ich auch die Gestirne Sonne und Mond dazu – waren die Repräsentanten der Gottheiten. Anders als bisweilen vermutet, verehrten die Babylonier die Planeten also nicht als Götter, sondern als deren Sterne (s. Aveni 1992, 115). Dabei kam der Sonne – dem Stern des Sonnengottes Schamasch –, dem Mond als Repräsentanten des Mondgottes Sin und der Venus, welche die Göttin Ischtar verkörperte, besondere Bedeutung zu. Nachdem Marduk zum obersten Gott Babyloniens aufgestiegen war, wurde auch sein Planet, der Jupiter, zum viel beachteten Zeugnis göttlicher Kraft. Marduks Sohn war Nabu, der sich im Planeten Merkur offenbarte. Der Planet Mars vertrat den Unheil bringenden und kriegerischen Unterweltgott Nergal, während der langsamste der sichtbaren Planeten, Saturn, von den Babyloniern als eine müde gewordene Sonne betrachtet wurde, oft auch als Stern des Sturm- und Jagdgottes Ninurta. Saturn repräsentierte für sie Gerechtigkeit, Beständigkeit und Ordnung, eine Eigenschaft, die dieser Planet in der späteren Astrologie zu Gunsten eher negativer Charakteristika verlieren sollte.

Die Astrologie in Mesopotamien war demnach ein komplexes und dynamisches System, das hohe religiöse, öffentliche und politische Brisanz besaß. Den Spezialisten, die über die Deutungshoheit verfügten, kam eine nicht zu unterschätzende Macht im öffentlichen Bereich zu. Gleichzeitig waren sie oftmals in der prekären Situation, dass sie ihre Deutungen dem Willen des Herrschers anpassen mussten, um nicht in Ungnade zu fallen.

Die Verfestigung der Tradition im zweiten Jahrtausend

Auch wenn man davon ausgehen kann, dass gewisse astronomische Kenntnisse und Traditionen in der Deutung von himmlischen und irdischen Zeichen schon früher vorhanden waren, lassen die heute bekannten Dokumente doch keinen Zweifel daran, dass erst im zweiten Jahrtausend eine zunehmende Systematisierung und ein Ausbau der mesopotamischen Astrologie stattgefunden hat (zu Spekulationen hinsichtlich älterer Vorstufen s. Koch-Westenholz 1995, 32–36). Und die Tatsache, dass noch im siebten und sechsten vorchristlichen Jahrhundert erhebliche Schwierigkeiten bestanden, eine exakte Berechnung von Kalendern und Planetenstellungen durchzuführen, zeigt die Inkonsistenz des astrologischen Systems zu jener Zeit.

Ein wichtiger Einschnitt in der Geschichte der Astrologie war die Dynastie des *Hammurapi,* der das Altbabylonische Reich gründete und zwischen 1728 und 1689 v. u. Z. regierte. Er vereinte die zahlreichen Stadtstaaten von Sumer und Akkad zu einem Königreich und führte eine ganze Reihe von Zentralisierungen durch. Von besonderer Bedeutung aus kulturgeschichtlicher Sicht war seine Etablierung einer einheitlichen Sprache, des Akkadischen, und eines einheitlichen Rechtssystems. Auf diese Weise wurde es möglich, zuvor recht disparate Traditionslinien zusammenzufassen, und wichtige religiöse Dokumente wie das Weltschöpfungsepos und das Gilgameschepos wurden nun gemeinsam mit Hymnen, Psalmen und Gebeten zu einer gesamtmesopotamischen Identität aufgewertet (was vor Hammurapi schon die Ur III-Könige und die Akkader versucht hatten). Dies galt auch für die Astrologie. Hammurapi war es nämlich, der eine Kalenderreform durchführte und dafür sorgte, dass die Namen der zwölf babylonischen Monate im ganzen Reich eingeführt wurden. In unregelmäßigen Abständen wurde ein Schaltmonat eingeschoben, um den

Mondkalender mit den Frühjahrs- und Herbstäquinoktien in Einklang zu bringen (erst ab 527 v.u.Z. wurden die Schaltungen regelmäßig durchgeführt).

Wie bereits angedeutet, ging es bei der Erstellung einheitlicher Kalender nicht nur um die Vereinfachung wirtschaftlicher und politischer Vorgänge, sondern auch um die korrekte Abbildung religiöser Zusammenhänge. So konnte nur ein richtiger Kalender die Einhaltung der großen Feste «zur richtigen Zeit» gewährleisten, und nur so war es möglich, die Zeichen der Göttinnen und Götter angemessen zu interpretieren. Die religiösen Spezialisten mussten also zweierlei in Angriff nehmen: Sie mussten die astronomischen Phänomene, die Mondphasen und die Planetenbewegungen, erforschen, und sie mussten Zeichen, besonders wenn sie an ausgewiesenen Tagen auftraten, in einen astrologischen Zusammenhang bringen. Dass in altbabylonischer Zeit in dieser Hinsicht intensive Aktivitäten erfolgten, kann man zum Beispiel an einem Text der ersten babylonischen Dynastie erkennen, der den Verlauf eines Jahres aufgrund der Beobachtung des Himmels am Neujahrstag prognostiziert. Auch die Neumondphasen zwischen den anderen Monaten wurden daraufhin befragt, ob bestimmte außergewöhnliche Ereignisse zu beobachten seien, die Rückschlüsse auf irdische – mundane – Entwicklungen erlauben würden. Hier verbindet sich also die Omendivination mit einer kalendarischen Einordnung der Zeichen. Ein ganzer Zweig der Astrologie widmet sich diesen Zusammenhängen: die Tagewählerei oder auch «Hemerologie».

Tagewählerei Erste Ansätze zur qualitativen Bestimmung von Tagen und Monaten lassen sich bereits im dritten vorchristlichen Jahrtausend nachweisen. In Sumer gab es ein Sprichwort, das sich auf das Tragen von neuen Hüten im sechsten und das Schlachten von Schweinen im siebten Monat bezog, und Bauberichte des Königs Gudea von Lagasch zeugen davon, dass man sich für die Grundsteinlegung günstige Tage aussuchte, um das ganze Projekt nicht von vornherein zu gefährden, sondern gerade positiv zu beeinflussen. Aus der Zeit um 1500 v.u.Z. liegt sodann ein Text vor, der bald zu einem der wichtigsten Nachschlagewerke für die astrologische Priesterzunft werden sollte und um 1300 auch in der hethitischen Hauptstadt Hattuscha und in der Stadt Ugarit bekannt war. Es handelt sich dabei um den so genannten «Babylonischen Almanach». Der Almanach teilt das Sonnenjahr in zwölf Monate zu jeweils 30 Tagen, verfährt also nach einer anderen Einteilung, als dies im kultischen Kontext des Mondkalenders die Regel war. Für jeden der 360 Tage des Jahres wird eine Bewertung angegeben, die sich von ganz allgemeinen Angaben wie «günstig», «ungünstig» oder «zur Hälfte günstig» bis zu konkreten Hinweisen praktischer Art erstrecken kann. Für den Frühlingsmonat Nisannu etwa heißt es:

> Monat Nisannu, 13. Tag: Er soll nicht heiraten; 14. Tag: Vor Gericht günstig; 15. Tag: Ein Bann wird ihn packen; 16. Tag: Erreiche ein Ziel!; 17. Tag: Ein Arzt soll keinen Kranken berühren. (Labat 1941, 23)

Die Prognosen betreffen alle Bereiche des privaten und öffentlichen Lebens. Auch wenn sich unter ihnen Hinweise auf militärische Fragen wie die Eroberung einer Stadt finden, so dient der Almanach doch in erster Linie der Organisation des Alltags. Übrigens ist es bis heute noch nicht gelungen, die hinter den Prognosen stehenden Rationalitäten einem geschlossenen System zuzuordnen.

Die Wirkung des Babylonischen Almanachs war groß. Er wurde abgeschrieben, erweitert und auf andere Fragestellungen übertragen, vor allem auch auf den religiösen Bereich. Die so genannte «Assur-Hemerologie», die den Almanach ergänzte, enthält Hinweise auf das Durchführen von Kulthandlungen, Gebeten und Riten, das Einhalten von Tabus und darauf, welcher Gottheit an welchem Tag ein Brotopfer dargebracht werden solle. Eine weitere Ergänzung betrifft Angaben zu Konsequenzen, die das Nichteinhalten der genannten Empfehlungen nach sich ziehen würden. Nils Heeßel nimmt aufgrund dieser Entwicklungen an, dass sich im Laufe der Zeit ein zunehmendes Interesse an den divinatorischen Möglichkeiten der Tagewählerei bildete, während frühere Phasen sich vorwiegend auf die Normierung sozialen Verhaltens konzentrierten. Damit wurde diese diagnostische Tradition auch für andere Bereiche interessant. Ein Text aus dem elften Jahrhundert v. u. Z. etwa gibt Prognosen über den Verlauf einer fiebrigen Erkrankung ab, indem er die Zukunft des Kranken anhand des Monats, des Tages und der Tageszeit interpretiert, als das Fieber begann (Heeßel 2000, 104–110 und 237–239). Ein anderes Beispiel wäre die Serie «Wenn eine Stadt auf der Anhöhe liegt», in der die Interpretation von auftretenden Zeichen vom Beobachtungsmonat abhängig gemacht wird, in manchen Fällen – wie bei der Anlage eines Grabmals – wird zudem auch der Tag der Erbauung in die Deutung mit einbezogen (Freedman 1998, 240–242).

Nun kann man zu Recht fragen, welchen Stellenwert solche mitunter überaus peniblen Strukturierungen von guten und schlechten Tagen im täglichen Leben hatten. Wie wir aus datierten Opferschauprotokollen, aus Rechtsurkunden und einer ganzen Reihe von erhaltenen Briefen folgern können, war die Tagewählerei fest im öffentlichen Raum verankert. Assyrische Dokumente aus Assur, Ninive und Kalhu zeigen eindeutig, dass man für Vertragsabschlüsse, aber auch für die Durchführung von Ritualen, peinlichst darauf achtete, ungünstige Tage zu vermeiden. Marduk-schakin-schumi, der Hauptbeschwörer des Königs, schreibt an seinen Herrn, dass er das Königsritual *bīt rimki*, welches sich über mehrere Tage erstreckt, am morgigen Tag aussetzen werde, und gibt folgende Begründung:

Der König, mein Herr, weiß, dass ein Beschwörer an einem gefährlichen Tag kein «Handerhebungsgebet» sprechen soll. Daher werde ich nun zahlreiche – nämlich 20–30 – kanonische und außerkanonische Tafeln nachschauen, zusammenstellen und kopieren, (die Gebete aber erst) morgen Abend und in der Nacht des fünfzehnten Tages rezitieren. [...] Nichtsdestotrotz, wenn es der König, mein Herr, wünscht, möge er an Calah schreiben und das «Handerhebungsgebet» vor dem Mondgott sowie das apotropäische Ritual gegen jegliches Böse für den Kronprinzen und den Prinz von Babylon durchführen lassen. Was (sollte das) schaden? (Parpola 1993, 191)

Auf die schwierige Situation der Priester, die nicht selten zwischen ihren eigenen Prognosen und den Verpflichtungen gegenüber dem König hin- und hergerissen waren, werde ich unten näher eingehen. Hier interessiert zunächst die Tatsache, dass Marduk-schakin-schumi ein königliches Ritual aussetzt, weil – und dabei richtet er sich nach der Assur-Hemerologie und verwandten Texten – der vierzehnte Tag des Monats als gefährlich eingestuft wurde. Wie stark das öffentliche Leben von solchen Entscheidungen beeinflusst werden konnte, erkennt man auch an einer anderen Episode: Als die Trankopferabflussrohre im Adad-Tempel zu Assur einer Reparatur bedurften, schrieb man eigens an den Palast und fragte, wann die Arbeiten durchgeführt werden sollten. Die Verantwortlichen wiesen an, dass dies am ersten Tag des elften Monats geschehen solle, eine Angabe, die vermutlich dem Babylonischen Almanach entnommen worden war.

Natürlich stellt eine solche Praxis der Tagewählerei noch keine Astrologie im eigentlichen Sinne dar. Sie teilt mit ihr allerdings die qualitative Bestimmung von Zeit und stellt durch ihre Position zwischen kalendarischen Interpretationen und der Beachtung astraler Phänomene einen wichtigen Vorläufer der späteren Astrologie dar. Der nächste Schritt auf diesem Weg bestand in der Zusammenstellung von Himmelsphänomenen und Omina, die in großen Sammlungen redigiert und nachfolgenden Generationen gleichsam als Referenzhandbücher zur Verfügung gestellt wurden.

Die großen Omensammlungen Als man im neunzehnten Jahrhundert in Ninive die riesige Bibliothek Assurbanipals entdeckte, stieß man auch auf eine Sammlung von tönernen Keilschrifttafeln, die heute als das erste große Werk der Astrologiegeschichte angesehen werden. Nach seinen Anfangsworten wird es *Enuma Anu Enlil* («Als Anu [und] Enlil», abgekürzt EAE) genannt. Betrachtet man diese handlichen Tafeln, die heute im Britischen Museum aufbewahrt werden, so kann man sich gut vorstellen, dass derartige Texte das wichtigste Nachschlagewerk für professionelle Sterndeuter am königlichen Hof gewesen sind (Rochberg-Halton 1988, 8). Tausende Omina, verteilt auf 70 «Bücher», also Tafeln, sind hier verzeichnet, die in einer relativ einheitlichen Form Auskunft darüber geben, welche irdischen Ereignisse zu erwarten sind, wenn bestimmte Himmelserscheinungen beobachtet werden. Ein Beispiel ist das Folgende: «Wenn im Monat abatu am 15. Tage Venus im Westen verschwand, drei Tage unsichtbar blieb und am 18. abatu wieder erschien, (so gibt es) Katastrophen von Königen; Adad wird Regen bringen, Ea unterirdische Wasser; Könige werden Königen Grüße senden» (vgl. van der Waerden 1968, 35). Diese Vorhersage ist der berühmten 63. Tafel der Serie EAE entnommen, über die viel diskutiert worden ist, gilt sie doch als Beleg dafür, dass schon in altbabylonischer Zeit Venusprognosen angestellt und gesammelt worden sind. Durch Rekonstruktionen verschiedener Abschriften dieser Tafel weiß man nämlich, dass sie ursprünglich eine vollständige Liste aller heliakischen Auf- und Untergänge der Venus über einen Zeitraum von 21 Jahren enthalten haben muss. Und weil der Text explizit auf das achte Jahr der Regierungszeit des Ammizaduga Bezug nimmt, der in der Mitte des siebzehnten vorchristlichen Jahrhunderts herrschte, bezeichnet man diese Tafel als die «Venustafel des Ammizaduga». Übrigens lässt sich der zitierten Passage *en passant* auch entnehmen, dass die Babylonier schon in dieser frühen Zeit die Identität von Morgenstern und Abendstern kannten – Venus geht abends im Westen unter und erscheint morgens im Osten –, eine Kenntnis, die griechische Autoren später als eine neue Entdeckung durch Parmenides oder Pythagoras betrachteten. Beide Erscheinungen der Venus wurden mit dem Götternamen ^{d}NIN.DAR.AN.NA bezeichnet, was soviel heißt wie «bunte Herrin des Himmels».

Die in EAE versammelten Omina gehen mehrheitlich auf schlichte Beobachtungen zurück. Auffällig ist jedoch, dass manche Omina in Wirklichkeit niemals haben stattfinden können, beispielsweise eine Mondfinsternis, die sich am 21. Tag des Mondzyklus ereignet haben soll. Solche Ungereimtheiten deuten darauf hin, dass man versuchte, Schemata zu entwickeln, die dann auch unabhängig von der empirischen Beobachtbarkeit weiter tradiert wurden. Auf einen solchen schon im zweiten Jahrtausend einsetzenden Systematisierungsprozess der Omina gibt es auch indirekte Hinweise. Denn nicht nur in den großen Bibliotheken von Babylonien und Assyrien sind entsprechende Dokumente gefunden worden, sondern auch im angrenzenden Königreich der Hittiter im heutigen Anatolien. In der hethitischen Hauptstadt Hattuscha, die im Jahre 1907 entdeckt wurde, fand man neben den schon genannten Almanachen auch Tafeln der Omenserie, die aus dem Babylonischen ins Hethitische übersetzt waren. Eine jener Tafeln scheint eine Einleitung in EAE enthalten zu haben. Auch in der elamitischen Hauptstadt Susa, östlich von Babylonien gelegen, wurden Abschriften der Omenserie gefunden. Schließlich deuten Fragmente aus EAE in der syrischen Stadt Katna, die offensichtlich eine Bibliothek beherbergte und um 1300 v. u. Z. zerstört wurde, darauf hin, dass die babylonische Astrologie bereits in ihrer Formationsphase einen erstklassigen Ruf in der ganzen Region besessen haben muss.

Insgesamt kann man heute mit großer Sicherheit davon ausgehen, dass die Omenserie EAE in der zweiten Hälfte des zweiten Jahrtausends zusammengestellt wurde und sich sehr rasch zum beinah kanonischen Referenzhandbuch für die astrologischen Spezialisten entwickelte. Die komplette Serie dürfte bereits um 1000 v. u. Z. vorgelegen haben, als assyrische Gelehrte die überkommenen Omina systematisch organisierten. Während am Hof der Könige mehr oder weniger vollständige Abschriften vorhanden waren, deuten andere Funde darauf hin, dass auch wohlhabende Privatgelehrte Kopien und Exzerpte der Serie anfertigen ließen, teilweise in einer zusammenfassenden Kompilation, um eine schnelle und praktikable Konsultation der Daten zu ermöglichen. Fast alle Astrologen in Assyrien und Babylonien dürften über kleine persönliche Sammlungen aus EAE verfügt haben. Daneben gab es auch alternative Deutungstraditionen, wie der Brief eines Astrologen namens Issar-schumu-eresch (siebtes Jahrhundert v. u. Z.) an seinen König in Ninive zeigt. Seine Omendeutung, so erklärt er dem Asarhaddon, stamme «nicht aus der Serie, sondern aus der mündlichen Tradition der Meister. [...] Sie ist nicht aus der Serie, vielmehr ist sie außerkanonisch» (Parpola 1993, 9).

Die Suche nach verlässlichen Berechnungen Die Systematisierung der tradierten Omendeutungen erfüllte den Wunsch von Politik und Religion, möglichst exakt über die zu erwartenden Ereignisse und die Zeichen der Gottheiten informiert zu werden. Die Venustafel des Ammizaduga, ebenso wie andere in EAE überlieferte Vorhersagen, waren jedoch noch in starkem Maße auf die Beobachtung der Gestirnsbewegungen angewiesen. Erst *nachdem* man den heliakischen Aufgang oder das Verschwinden eines Gestirns beobachtet hatte, konnte man in den entsprechenden Tafeln die Bedeutung des Ereignisses identifizieren. Das konnte auf Dauer natürlich nicht befriedigen, und so suchte man Berechnungsmethoden, die Auf- und Untergänge, Wendepunkte und dergleichen im Voraus zu eruieren erlaubten.

Ein erstes Ergebnis dieser Suche stellen die so genannten *Astrolabien* dar, die gegen Ende des zweiten Jahrtausends aufkamen. Dabei handelt es sich zunächst um kreisförmige Darstellungen der Sterne, die während des Jahres heliakisch aufgehen. Der Kreis ist dabei in zwölf Sektoren (stellvertretend für die Monate) unterteilt, die sich ihrerseits wiederum durch konzentrische Kreise in drei Bereiche aufgliedern. Die so entstandenen 36 Sektoren wurden mit einem Sternnamen und einer Zahl gekennzeichnet, wobei man drei Gruppen unterschied: Die Sterne des Ea befanden sich im äußeren, die des Anu im mittleren und die des Enlil im inneren Ring.

Neben den kreisförmigen Astrolabien wurden später auch solche in Textform verwendet. Auch hierin werden die Zeiten angegeben, zu denen die einzelnen Sterne zum ersten Mal in der Morgendämmerung sichtbar werden (also ihr heliakischer Aufgang). Zusätzlich zu diesen Angaben finden sich nun erstmals Berechnungsgrundlagen für das Sichtbarwerden der Planeten, der Dauer von Tag und Nacht sowie der Auf- und Untergänge des Mondes. Damit ist die recht einfache Vorhersage der Venusphasen, wie sie im zweiten Jahrtausend praktiziert worden war, in einigen Punkten verbessert worden. Mithilfe der Astrolabien konnte man also die Bewegung der Gestirne über ein ganzes Jahr verfolgen und auch in die Zukunft hinein prognostizieren.

Stellten die Astrolabien noch eine recht primitive Form wissenschaftlicher Astronomie dar, so gelang mit der Serie *Mul.Apin* ein Durchbruch in der babylonischen Sternkunde. Diese nach ihren Anfangsbuchstaben bezeichnete Serie besteht aus zwei Tafeln, deren älteste erhaltene Kopie aus dem Jahre 686 v. u. Z. stammt. Während manche Wissenschaftler «Vorläufer» von Mul.Apin schon im dritten Jahrtausend zu finden meinen, sind die meisten heute vorsichtiger und argumentieren, dass die Serie irgendwann zwischen etwa 800 und 686 kompiliert worden ist, und zwar unter Verwendung von Material aus altbabylonischer Zeit und solchem jüngeren Datums. Was die Ausarbeitung der dahinter stehenden Theorie der Planetenbewegung anbelangt, so dürften die Grundlagen bereits im zweiten Jahrtausend geschaffen worden sein, möglicherweise schon in altbabylonischer Zeit (so Brown 2000, 113–122). Wie so oft ist ein klarer Beweis hierzu schwer beizubringen.

Worum geht es aber nun in Mul.Apin? Die erste der beiden Tafeln beschäftigt sich vor allem mit den Fixsternen, welche in «drei Wegen» am Himmel angeordnet sind, ausgehend vom so genannten mittleren Weg, der einem Äquatorialstreifen von 30 Grad entspricht. Die drei Wege lassen sich sehr gut mit den schon genannten Astrolabien in Verbindung bringen, die eine ähnliche Einteilung des Himmels aufweisen. Darüber hinaus findet sich auf der Tafel eine Liste mit 33 Sternen Enlils, 23 Sternen Anus und 15 Sternen Eas sowie eine Liste von 14 so genannten *ziqpu*-Sternen. Bei diesen Sternen handelt es sich eigentlich um Sternpositionen, nämlich um die Kulmination (also den höchsten Stand) der entsprechenden Gestirne. Schließlich listet die Tafel noch Sterne auf, die sich an der Laufbahn des Mondes befinden.

Die zweite Tafel behandelt die Planeten, Sonne und Mond, Sirius, Äquinoktien und Solstitien, Auf- und Untergänge der Planeten, die vier so genannten «Eckpunkte» des Himmels, die astronomischen Jahreszeiten, die babylonische Praxis des Interkalierens, Gnomontafeln (ein Gnomon ist ein senkrechter Stab, der über die Länge seines Schattens die Zeitmessung erlaubt) sowie Fixstern- und Kometenomina – ein umfangreiches Kompendium also des sternkundlichen und kalendarischen Wissens, wie es zu Beginn des ersten Jahrtausend ausgebildet war. Das wertvollste, weil vollständigste Exemplar dieser Tafel wurde in Assur gefunden, doch aufgrund der Existenz von mindestens sieben Duplikaten (drei aus Assur, drei aus der Bibliothek des Assurbanipal und eines aus neubabylonischer Zeit) steht die hohe Bedeutung und Verbreitung von Mul.Apin außer Frage.

Erst mit der systematischen Zusammenfassung älteren Wissens und der zunehmenden rechnerischen Beherrschung von Kalenderschaltregeln sowie von Auf- und Untergängen der Planeten war im siebten Jahrhundert eine wesentliche Voraussetzung dafür geschaffen, überhaupt eine anspruchsvolle Astrologie etablieren zu können. Dass Mul.Apin in dieser Hinsicht eine wichtige Vorreiterrolle zukommt, möchte ich am Beispiel des so genannten *Zodiakalschemas* erläutern, also der Einteilung des Himmels in zwölf gleich große Abschnitte, die in späterer Zeit mit dem Begriff des Zodiaks oder Tierkreises bezeichnet wurden. Mul.Apin erwähnt den Tierkreis zwar an keiner Stelle, doch zeigen genaue Untersuchungen, dass dieser Text die letzte Stufe vor der Einführung des Zodiaks darstellen muss. Man kann das der Beschreibung jener Sternbilder entnehmen, die sich im Wege des Mondes befinden. In Tafel II, Abschnitt 8, werden 17 oder (je nach Lesart) 18 Sternbilder genannt, die in der Nähe der Mondbahn liegen. Streicht man aus dieser Liste sechs Konstellationen heraus, so bleiben genau die babylonischen Namen der späteren Tierkreiszeichen übrig, und zwar vom Zeichen Stier bis zum Zeichen Widder. (Manche möchten aus der Tatsache, dass die Reihe mit dem Stier beginnt, auf einen Ursprung des Textes während des Stierzeitalters, also im dritten vorchristlichen Jahrtausend schließen, doch diese These ist nicht beweisbar und wird heute mehrheitlich abgelehnt.) Die spätere Namensgebung der Tierkreiszeichen ist übrigens, wie man an diesem Text erkennen kann, ganz einfach vorgenommen worden. Man wählte schlicht den Namen einer in der Nähe der Mondbahn stehenden Konstellation und nannte den Abschnitt nach diesem Sternbild, wobei zunächst noch unterschiedliche Praktiken der Benennung anzutreffen sind.

Dass Mul.Apin tatsächlich die Einführung der Tierkreiszeichen vorbereitet, lässt sich ferner am Abschnitt 14 der Tafel II zeigen. Dort heißt es:

> Von XII 1 bis II 30 steht die Sonne im Weg des Anu: Wind und Sturm.
>
> Von III 1 bis V 30 steht die Sonne im Weg des Enlil: Ernte und Hitze.
>
> Von VI 1 bis VIII 30 steht die Sonne im Weg des Anu: Wind und Sturm.
>
> Von IX 1 bis XI 30 steht die Sonne im Weg des Ea: Kälte.

Hier werden also die astronomischen Jahreszeiten benannt, die das Sonnenjahr in zwölf gleich lange Abschnitte (Monate) einteilen. Interessant an diesem Passus ist aber nicht nur die Nennung des Zodiakalschemas, sondern die Korrespondenz von Sonnenbahn und entsprechenden Sternbildern. Legt man nämlich die Sonnenbahn auf die genannten Zonen des Anu, Enlil und Ea, so funktioniert das Schema nur, wenn die Sonne einen schiefen Kreis durch die Tierkreisbilder beschreibt. Nur dann fallen die Sonnenwenden – Äquinoktien und Solstitien – in die Mitte der Monate I, IV, VII und X, wie es in Mul.Apin auch tatsächlich behauptet wird (vgl. van der Waerden 1968, 78 f.). Die Babylonier des achten Jahrhunderts kannten also die so genannte «Schiefe der Ekliptik» und entwickelten daraus das Zodiakalschema, eine Kenntnis, die manche Wissenschaftler früher lieber den Griechen des sechsten und siebten vorchristlichen Jahrhunderts zusprechen wollten, beispielsweise dem Kleostratos von Tenedos (um 520 v. u. Z.), der als erster den vollständigen Zodiak – ohne die Waage – nennt.

Ich werde auf den eigentlichen Tierkreis unten näher eingehen. Doch schon jetzt sei festgehalten, dass die Voraussetzung dafür bereits in der Astronomie von Mul.Apin ausformuliert gewesen ist. Darüber hinaus zeigen diese Quellen des frühen ersten vorchristlichen Jahrtausends, dass die Einführung des Zodiak nichts mit mythischen Spekulationen zu tun hatte, sondern sich einer rein pragmatischen Überlegung verdankt. In den Worten Otto Neugebauers: «Tatsächlich war der Zodiak kaum mehr als eine mathematische Idealisierung, die man für Rechenvorgänge brauchte und benutzte» (1951, 97 f.).

Die Astrologen Es ist oben bereits angeklungen, dass den sternkundlichen Spezialisten in Mesopotamien eine ganz besondere Rolle in Religion und Politik zukam. Wir sind heute in der glücklichen Lage, detaillierte Kenntnisse über die berufliche und persönliche Situation der Astrologen der neuassyrischen und neubabylonischen Zeit zu besitzen. Die erhaltenen Briefe, Berichte und anderen Dokumente erlauben einen Blick in den Alltag und das am Königshof herrschende intellektuelle Klima.

Im ersten vorchristlichen Jahrtausend – in etwas anderer Form auch schon zuvor – beschäftigte der König eine ganze Schar von Beratern und Fachleuten, die sowohl für die theoretische Erarbeitung von Gutachten als auch für die Durchführung von Ritualen, Beschwörungen und Divinationspraktiken zuständig waren (s. dazu Parpola 1993; Maul 1994; Brown 2000, 33–52). Ein neuassyrischer Sammelbegriff für diese Spezialisten ist *ummânu*, was gewöhnlich mit «Wissenschaftler», «Forscher» (engl. *scholar*) übersetzt wird. Dies gibt die Bandbreite der Disziplinen und Anforderungen besser wieder als die Bezeichnung «Magier» oder «Astrologe», denn die Fachleute mussten in jener Zeit auf mehreren Gebieten bewandert sein. Man unterschied dabei folgende Spezialisten: «Schreiber» und «Himmelskundige» hatten die Aufgabe, die himmlischen (und irdischen) Zeichen zu interpretieren; Haruspices waren Fachleute für Eingeweideschau, die die dort vorgefundenen Zeichen mit anderen in Beziehung setzen mussten; «Exorzisten» (das christlich überprägte Wort ist eigentlich irreführend) waren für magische Rituale zuständig, mit denen gefundene Omina noch in ihrer Bedeutung abgeschwächt, verstärkt oder, wie Stefan Maul (1994) nachweist, auch ganz aufgehoben werden konnten; dann wurden natürlich Ärzte am Hof beschäftigt; und schließlich gab es Beschwörer, die mithilfe von Ritualgesängen die Götter zu beschwichtigen suchten, wenn sie in Rage geraten waren. Neben diesen Hauptdisziplinen gab es weitere Spezialisten, etwa «Prophetinnen und Propheten» oder – was ein interessantes Licht auf die damaligen kulturellen Beziehungen wirft – auch ägyptische und aramäische Schreiber und Magier (*hartibi*).

Die Astrologen, wie ich sie der Einfachheit halber einmal nennen möchte, mussten eine intensive Ausbildung durchlaufen, die in der Regel in enger Verbindung mit den Tempeln des Landes stand. Sie gehörten der obersten intellektuellen und religiösen Schicht des Reiches an, und in neuassyrischer Zeit finden sich ganze Dynastien von Astrologen, die ihre Stellung am Hof über mehrere hundert Jahre halten konnten. Zwar gab es auch privat arbeitende Astrologen, doch es waren jene hoch angesehenen Spezialisten im direkten Umfeld des Königs, denen die wichtige Aufgabe der Erforschung der Himmelsphänomene, der Beratung des Königs und der Durchführung geeigneter Rituale zukam. Während ältere Forschung oftmals von der großen Macht der «hinter dem Thron» agierenden mesopotamischen Astrologen sprach, zeigen doch ihre Berichte und Briefe an den König ein ganz anderes Bild. Sie waren wirtschaftlich und politisch abhängig von der Gunst des Herrschers. «Schick mir bitte einen Esel», schreibt der babylonische Astrologe Nergal-itir an seinen König, «damit er meine Füße entlaste» (Thompson 1900, II, lxi); ein anderer erbittet medizinische Hilfe: «Bil-ipusch, der babylonische Magier, ist krank. Lass den König anordnen, dass ein Arzt komme und nach ihm sehe» (Thompson 1900, II, xxxiv-xxxv). Besonders, wenn die Astrologen die vom König gewünschten Berichte nicht zur Zufriedenheit ablieferten, zeigte sich ihre prekäre Abhängigkeit vom Hof:

Bezüglich der Frage, die der König, mein Herr, an mich schrieb: «Du musst ganz sicher etwas am Himmel beobachtet haben»; ich habe genau beobachtet, (doch) muss ich sagen, dass ich nichts und niemanden sah, (weshalb) ich nicht an den König schrieb. Nichts ist aufgestiegen; ich habe nichts beobachten können. [...] Der König, mein Herr, muss mich aufgegeben haben! (Ich bin) in tiefer Furcht, (denn) ich habe nichts zu berichten. (Parpola 1993, 34 f.)

Konkret bestand die Arbeit der Astrologen also darin, jede Nacht aufmerksam den Himmel zu beobachten und etwaige Zeichen, seien es nun im Voraus zu erwartende Phänomene wie Planetenbewegungen und Mondphasen oder aber außergewöhnliche wie Kometenerscheinungen, Verfärbungen des Himmels etc., zu interpretieren. Dies geschah, indem sie die in den Archiven vorhandenen Kopien der großen Omenserie Enuma Anu Enlil konsultierten und daraus ableiteten, was zu tun sei. Ein schönes Beispiel ist folgender Report an den König:

Was den Regen betrifft, der in diesem Jahr so gering ausfiel, dass keine Ernte eingebracht werden konnte: Dies ist ein gutes Omen im Hinblick auf das Leben und die Stärke des Königs, meines Herrn. Vielleicht wird der König, mein Herr, erwidern: «Wo siehst du denn so etwas? Erkläre mir das!» In einem Bericht, den Ea-muschallim an seinen Herrn Marduk-nadin-ahhe sandte, heißt es: «Wenn ein Zeichen am Himmel begegnet, das nicht verhindert werden kann, und es dir passiert, dass der Regen gering ausfällt, veranlasse den König, den Kriegsweg gegen den Feind zu beschreiten: Er wird jedes Land, das er betritt, besiegen und die Tage seines Lebens werden zahlreich sein.» (Parpola 1993, 77)

Der Rat, bei Missernten einen Krieg anzuzetteln, dürfte vermutlich durchaus pragmatische Gründe haben, denn was liegt näher, als bei Hungersnot im eigenen Land sich aus den Beständen des Nachbarn zu bedienen?

Die Rede von einem Omen, «das nicht verhindert werden kann», bezieht sich auf die Tatsache, dass die gedeuteten Zeichen in direkte Handlungsoptionen vonseiten des Königs und der Tempelfunktionäre mündeten. Da die Himmelsphänomene den Willen der Gottheiten darstellten, konnte man negative Omina in vielen Fällen mithilfe angemessener Rituale noch positiv beeinflussen. Diese Aufgabe kam den astrologisch gebildeten Spezialisten zu, die vielfach auch priesterliche Ämter innehatten (vgl. das Beispiel des Marduk-schakin-schumi oben S. 49). Das Entsprechungsdenken der mesopotamischen Astrologie war demnach nicht ein streng «synchronistisches», sondern ein auf die Kommunikation mit den göttlichen Mächten ausgerichtetes Unterfangen.

Um das Entsprechungsdenken mesopotamischer Provenienz und seine Auswirkung auf die Arbeit der Astrologen zu Beginn des ersten vorchristlichen Jahrtausends zu verstehen, ist ein Blick auf das so genannte *Diviner's Manual* überaus ergiebig. Dort heißt es explizit:

> Die Zeichen am Himmel geben uns ebenso Hinweise wie jene auf der Erde. Himmel und Erde bringen gleichermaßen Omina hervor. Auch wenn sie getrennt auftreten, sind sie doch nicht unabhängig voneinander, (denn) Himmel und Erde sind verbunden. Ein schlechtes Zeichen am Himmel ist (auch) auf Erden schlecht, und ein schlechtes Zeichen auf Erden ist schlecht am Himmel. (Oppenheim 1974, 204)

Im Anschluss daran fordert der Text den Gelehrten auf, bei Auftreten eines himmlischen Omens in den einschlägigen Handbüchern (also vor allem EAE) die Bedeutung des Zeichens zu eruieren und *zugleich* nach parallel dazu auftretenden irdischen Omina zu suchen, die entweder die gefundene Interpretation unterstützen oder auch widerlegen könnten. Erst durch diese Art Gegenkontrolle kann Sicherheit in der Deutung erlangt werden. Aber selbst dann lässt der Text keinen Zweifel an der schwierigen Situation des Astrologen:

> (Wenn) du das Zeichen identifiziert hast und sie dich auffordern, die Stadt, den König und seine Untertanen vom Feind zu erretten, von Seuche und Hungersnot, was wirst du sagen? Wenn sie sich bei dir beschweren, wie willst du (die schlechten Konsequenzen) verhindern? (Oppenheim 1974, 205)

An derartigen Texten kann man erkennen, welche Verantwortung den damaligen Astrologen – Astrologinnen tauchen erst in römischer Zeit auf – im Geflecht von Religion und Politik zukam. Sie waren sowohl Wissenschaftler als auch religiöse Spezialisten, die stets auf die Konsequenzen ihrer Befunde reflektieren mussten. Dass sie bisweilen vor ihrer Verantwortung zurückschreckten, zeigt schon der oben genannte Brief, der von Furcht spricht, weil es nichts zu berichten gab. Eine Möglichkeit, sich bei unklaren Befunden aus der Affäre zu ziehen, war natürlich die folgende: «Bezüglich dessen, was der König, mein Herr, geschrieben hat [...] werde ich morgen [einen Bericht] schicken. Es ist nicht gut, an diesem Tag über diese Sache nachzudenken» (Waterman 1930, I, 245).

Von astralen Omina zur Astrologie

Im Laufe des ersten vorchristlichen Jahrtausends sind einige nicht unbedeutende Veränderungen zu beobachten, welche die Entwicklung der Sternkunde maßgeblich beeinflussten. Eine dieser Veränderungen betrifft die Rolle des Königs: Während die Omina des zweiten Jahrtausends zwar auch den König in Person immer wieder zum Gegenstand der Prognosen gemacht hatten, waren sie doch in erster Linie mit dem Wohlergehen des ganzen Landes beschäftigt. Erst in neuassyrischer und neubabylonischer Zeit – besonders unter Asarhaddon und Assurbanipal – rückte der König vollends ins Zentrum des Interesses. Er war der Hauptadressat göttlicher Zeichen; ihm galten die Botschaften der Göttinnen und Götter, und alles was ihm widerfuhr, wurde aufmerksam gedeutet, hing doch von seinem Wohlergehen das Geschick des ganzen Landes ab. Dieser Umstand sollte später im Rahmen der eigentlichen Horoskopierkunst eine starke Wirkung entfalten.

Eine andere Veränderung betrifft die Geschichte der Astrologie im engeren Sinne. Im ersten Jahrtausend vollzog sich ein Prozess der zunehmenden Lösung von bloßer Omendeutung und der Etablierung von rechnend-prognostischer Astrologie. David Brown spricht hier geradezu von einem Paradigmenwechsel. Seiner Auffassung nach war das «EAE-Paradigma» seit etwa 2000 von der reinen Zeicheninterpretation *ex post* (also im Nachhinein) geprägt, das im achten und siebten Jahrhundert v. u. Z. von jenem Modell abgelöst wurde, welches er

«PCP-Paradigma» (*Prediction of Celestial Phenomena*, «Vorhersage himmlischer Phänomene») nennt. «Während dieser Zeit», so Brown, «wurde dem Repertoire der divinatorischen Weisheitstradition eine Kernhypothese hinzugefügt, die mit astronomischen Voraussagen zu tun hatte, und dieses Axiom des prognostischen Paradigmas behielt seine Gültigkeit bis zum Ende der Keilschriftliteratur» (Brown 2000, 211; s. auch Pingree 1997).

Auch wenn der Begriff des Paradigmenwechsels möglicherweise etwas zu stark ist, kann doch kein Zweifel daran bestehen, dass erst zwischen der neuassyrischen Periode und der Seleukidenzeit das entstand, was wir heute als «klassische Astrologie» bezeichnen. Diese Entwicklung möchte ich im Folgenden nachzeichnen. Zunächst muss man sich dabei vergegenwärtigen, dass die äußeren Bedingungen für eine wissenschaftlich-kulturelle Entwicklung günstig waren, denn es gab kaum repressive Maßnahmen gegen Religion und Astronomie, im Gegenteil: Nach dem Zusammenbruch der assyrischen Herrschaft erlebte die babylonische Kultur eine erstaunliche Wiederbelebung. Mit den militärischen Erfolgen Nabopolassars (626 v. u. Z.) und Nebukadnezars II. (605 v. u. Z.) ging eine Blüte sowohl der Wirtschaft als auch der wissenschaftlichen Forschung einher.

Als Kyros 539 Babylonien eroberte, profitierte das kulturelle Leben von der religiösen Toleranz der Perserkönige (selbst in der Bibel wird Kyros als «Gesalbter» [*maschiach*] bezeichnet, da er den Wiederaufbau des Jerusalemer Tempels anordnete, den Nebukadnezar zerstört hatte). Mithin lässt sich eine weit gehend ungestörte Entwicklung unterstellen. Dies umso mehr, als die Überlagerung der sumerischen und akkadischen Keilschrift durch das Aramäische in späterer Zeit, nämlich mit Beginn des ersten vorchristlichen Jahrhunderts, auf den wissenschaftlich-astronomischen, aber auch auf den «esoterischen» Sektor einen weitaus geringeren Einfluss hatte als auf andere kulturelle Bereiche. Astronomische Texte wurden noch bis ins erste nachchristliche Jahrhundert in Keilschrift verfasst.

Die Seleukidenzeit schließlich kann als die Blüteperiode astrologischer Forschungstätigkeit angesehen werden; hier kam es zur Ausgestaltung von Horoskopie und fortgeschrittenen astronomischen Berechnungsmöglichkeiten, was nicht zuletzt durch den fruchtbaren Austausch mit der hellenistischen Gedankenwelt möglich wurde.

Astronomische Tagebücher Eine interessante Frage der antiken Astrologiegeschichte ist der Zusammenhang zwischen *Beobachtung* und *Berechnung* von astronomischen Phänomenen. Eine wissenschaftliche Beschäftigung mit der Sternenwelt, so wie wir sie heute verstehen, ist untrennbar mit einer empirischen Analyse von beobachteten Ereignissen und der Suche nach standardisierten allgemeinen Gesetzen verbunden. Die mesopotamischen Dokumente des zweiten Jahrtausends waren, wie gesagt, auf die Beobachtung und die Übertragung ähnlich gelagerter früherer Ereignisse auf die Gegenwart konzentriert, während erst ab dem sechsten Jahrhundert eine rechnende Astronomie auch die Planetenbewegungen prognostisch in den Griff bekam. Dennoch – und das sollte man nicht vergessen – ist die gründliche Sammlung von Daten über einen längeren Zeitraum unabdingbare Voraussetzung für jede systematische empirische Wissenschaft. Eine rechnerische Bewältigung von Planetenbewegungen wäre ohne die fleißige Dokumentation auch scheinbar unbedeutender Ereignisse nicht denkbar gewesen. Das gilt übrigens auch für die *inhaltliche* Ausgestaltung der Prognosen, ein Umstand, über den Wissenschaftler wenig nachgedacht haben, wenn sie die Astrologie insgesamt gegenüber der Astronomie als zweitrangig betrachteten. Kulturgeschichtlich aber ist gerade die Frage nach jener bemerkenswerten Konstanz astrologischer Deutungsansätze relevant. Wie gelangte man beispielsweise zu einer Interpretation von Saturn-Mars-Konjunktionen? Und warum deuten Lehrbücher unserer Zeit solche Konjunktionen noch immer fast genauso wie ihre Kollegen vor 2500 Jahren?

Fragen wie diese drängen sich bei einer Auseinandersetzung mit der Astrologiegeschichte immer wieder auf. An dieser Stelle möchte ich die so genannten «astronomischen Tagebücher» herausstellen, da sie einen wichtigen Hinweis auf die empirische Vorgehensweise einer am Entsprechungsdenken orientierten Sternkunde veranschaulichen. Diese Tagebücher gehören zu einer größeren Gruppe von Beobachtungstexten, die dezidiert alles festhalten, was im Laufe eines Jahres so geschieht. Die aus den Archiven der Königshäuser stammenden Tagebücher zeichnen meteorologische und astronomische Beobachtungen, Wasserstände, Naturkatastrophen und anderes auf; bekannt sind Texte aus den Jahren 652, 568, 454, 441, 419 und 418. Seit 385 sind Tagebücher für fast jedes zweite Jahr bis ins erste Jahrhundert v. u. Z. erhalten, was einen riesigen Datenbestand ergibt für die Suche nach Regelmäßigkeiten, Wiederholungen und allgemeinen Prinzipien.

Um einen Eindruck von derartigen Texten zu vermitteln, sei eines der ältesten erhaltenen Tagebücher, aus dem 37. Jahr Nebukadnezars II. (568/567), angeführt. Dort heißt es:

Saturn gegenüber ŠIM (= ŠIM.MAH, südwestlicher Teil der Fische). Am Morgen des 2. «versperrte» ein Regenbogen im Westen. In der Nacht des 3. der Mond 2 Ellen (1 Elle = 2°) vor [...]. Bei Beginn der Nacht des 9. der Mond 1 Elle vor dem Stern am hinteren Fuß des Löwen (= β virginis). Am 9. war die Sonne im Westen von einem Halo umgeben. <Am 11.> oder 12. hatte Jupiter seinen Abendaufgang. Am 14. war der Gott mit dem Gotte sichtbar (d. h. Sonne und Mond standen sich am Abend genau gegenüber, die Sonne am Westhorizont, der Vollmond am Osthorizont). 4 UŠ (= 16 Minuten) vergingen zwischen Sonnenaufgang und Monduntergang am nächsten Morgen. Am 15. war es bewölkt. Am 16. Venus [...]. Am Morgen des 20. war die Sonne von einem Halo umgeben. Von Mittag bis Abend Regengüsse. Ein Regenbogen «versperrte» im Osten. Vom 8. Schaltadaru bis zum 28. stieg die Flut 3 Ellen 8 Finger (1 Elle = 24 Finger ≈ 50 cm). 2/3 Ellen zu einer Flut [...]. Auf Befehl des Königs (wurden) Opfer (dargebracht). In diesem Monat drang ein Fuchs in die Stadt ein. Husten und [...]. (VAT 4956; vgl. van der Waerden 1968, 99)

Dieses Tagebuch ist ein reiner Beobachtungstext, der die Wege der Gestirne beschreibt und aus allen erdenklichen Lebensbereichen Ereignisse hinzufügt, die einerseits selber als Zeichen gewertet wurden, andererseits sich auch dafür eigneten, Analogien zwischen planetarischen und irdischen Omina herzustellen. So zufällig auf den ersten Blick die Gleichzeitigkeit des Fuchses in der Stadt, von Hustenerkrankungen, einer Flut und bestimmter Himmelsereignisse erscheinen mag – es ist genau diese Zusammenstellung, die in einem «senkrechten Denken» wertvolle Einsichten in verborgene Synchronizitäten erlaubt. Man verwahrte die Texte im Archiv, und beim nächsten Auftreten der beschriebenen Zeichen recherchierten Experten die früheren Ereignisse und suchten nach Analogien für die Gegenwart. Man kann eine solche Forschungs- und Systematisierungsarbeit mit vollem Recht «empirisch» nennen.

Übrigens zeugt dieses frühe Tagebuch auch bereits von der Existenz prognostischer Berechnungen, denn unter dem 15. Simanu findet sich der Vermerk «Mondfinsternis, welche ausfiel». Gemeint ist die Mondfinsternis vom 4. Juli 568 v. u. Z., die in Babylon nicht beobachtet werden konnte, da der Vollmond kurz nach Mittag eintrat.

Man hatte die Eklipse aber offensichtlich auf den richtigen Tag berechnet.

Durch die Analyse dieses Textes gewinnt man ein sehr klares Bild von der Beobachtungspraxis der Babylonier, die sich in den jüngeren Tagebüchern analog fortsetzte und die Grundlage auch der seleukidischen Astrologie bildete. Dabei achtete man besonders auf die folgenden Aspekte: Zunächst wurde der Mondlauf peinlich genau studiert. Hierbei waren insbesondere das Datum des Neumondes, Vollmondes und Altlichtes (also die letzte Sichtbarkeit des Mondes und die zugehörige Zeitdifferenz zwischen Mondaufgang und Sonnenuntergang) sowie der Lauf des Mondes durch die Ekliptik von Bedeutung. Wurden die Positionen im sechsten Jahrhundert noch anhand der Stern*bilder* gekennzeichnet, so hatten sich in seleukidischer Zeit die Stern*zeichen* (d. h. die Einteilung der Ekliptik in zwölf gleich große Abschnitte) als Bezugssystem durchgesetzt. Hinzu traten ausführliche Beobachtungen von Mondfinsternissen mit exakten Beschreibungen des zeitlichen Verlaufs, der Positionen anderer Planeten in Relation zum Mond usw. Die Dokumentation der Äquinoktien und Solstitien sowie der Phasen des Sirius komplettierten die Angaben.

Ein weiterer wichtiger Punkt betraf den Lauf der Planeten Merkur, Venus, Mars, Jupiter und Saturn, wobei alle «Eckdaten» wie Auf- und Untergänge oder Kulminationen beachtet wurden. Darüber hinaus finden sich Beschreibungen von Konjunktionen einzelner Planeten miteinander bzw. mit anderen Sternen des Tierkreises. Diese Daten waren von erstaunlicher Gründlichkeit, sodass selbst Ptolemaios, der berühmte Astrologe des zweiten Jahrhunderts u. Z., auf sie zurückgriff. Ptolemaios wählte als Ausgangspunkt seiner Untersuchungen der Planetenbewegungen das Jahr 748 v. u. Z., weil «uns von dieser Zeit an auch die alten Beobachtungen im Großen und Ganzen bis auf den heutigen Tag erhalten geblieben sind» (*Syntaxis* III, 7).

Periodenrechnungen Von Anfang an ist das Denken in zyklischen Perioden für die Astrologie konstitutiv gewesen. Das ist bis heute so geblieben, denn nach wie vor versuchen Astrologen hinter die verborgenen Dynamiken der Geschichte zu schauen, die mithilfe planetarischer Zyklen abgebildet werden. Auch im religiösen Kontext ist das Denken in großen Abschnitten seit der Antike immer wieder zum entscheidenden Faktor geworden, um den gegenwärtigen «Ort auf der

Zeitachse» der Weltgeschichte zu bestimmen, einer Weltgeschichte, die, zumindest im jüdisch-christlich-muslimischen Milieu, immer auch als Heilsgeschichte verstanden wurde. In Mesopotamien – das machte das Beispiel der Venustafel des Ammizaduga und der Wiederkehr der Planeten deutlich, wie sie in Mul.Apin beschrieben wurde – hatte man sich ebenfalls für die periodische Systematisierung der Sternbewegungen interessiert, doch von einer rechnerischen Bewältigung derartiger Zusammenhänge kann bis in die Perserzeit keine Rede sein.

Einer der ältesten diesbezüglichen Texte ist das schon seit fast hundert Jahren bekannte Dokument SH 135. Man datiert es gewöhnlich auf das Ende des sechsten vorchristlichen Jahrhunderts. Neben der bloßen Aufzählung der Perioden gibt dieser Text explizit die Berechnungsregeln für die Planeten an. Für Venus beispielsweise wird ausgeführt, man müsse nach acht Jahren vier Tage vom errechneten Datum der Rückkehr der Venus abziehen. Damit entsprechen fünf synodische Perioden (eine synodische Periode umfasst die Zeitspanne von einer Konjunktion mit der Sonne bis zur nächsten, bei Venus im Mittel 584 Tage) 99 babylonischen Monaten minus vier Tagen. Im vorliegenden Text wird in Bezug auf Merkur, Mars, Saturn und Sirius ebenso verfahren (vgl. van der Waerden 1968, 105–109).

Nun kann man natürlich Perioden auch potenzieren oder mit den Perioden anderer Planeten in Relation setzen. Ein solches Rechnen in «großen Perioden» ist für heilsgeschichtliche Spekulationen in Judentum und Christentum, wie ich noch zeigen werde, von überragender Bedeutung. Dass dieses Denken in Mesopotamien ebenfalls zunehmend an Einfluss gewann (von wo es vermutlich ins Judentum überging), zeigt der Text Sp. II 985, der vermutlich fast so alt ist wie SH 35. Dort werden folgende Perioden genannt:

Saturn	589 Jahre
Jupiter	344 Jahre
Mars	284 Jahre
Venus	6400 Jahre
Mond	684 Jahre

Man kommt auf solche Periodisierungen, indem man die Umlaufzeiten der Planeten multipliziert und dann nachrechnet, nach wie vielen Jahren ein Planet exakt auf seinen Ausgangspunkt zurückkehrt. Saturn zum Beispiel vollführt in 59 Jahren zwei Umläufe und einen kleinen

Zusatzbogen von etwa 1°. In einem Jahr legt Saturn durchschnittlich 12 bis 13 Grade zurück; multipliziert man den Zusatzbogen von 1°20′, wie es die Babylonier taten, mit 10, so stellt sich heraus, dass Saturn in $10 \times 59 - 1 = 589$ Jahren genau 20 Umläufe vollführt. Indem man eine ähnliche Rechnung mit den anderen Planeten anstellte, offenbarten sich für die antiken Astrologen geheimnisvolle Korrelationen, welche die gegenwärtige Zeit in einen großen Zusammenhang einband. Natürlich waren solche Zeitrechnungen nicht mehr durch Beobachtung abgesichert, sondern gingen auf rechnerische Spekulationen zurück. Mit derlei Spekulationen wurde zweierlei angestoßen: Einerseits sind solche Rechnungen unabdingbare Grundlage zur Schaffung von wissenschaftlichen Modellen in der Astronomie, die man dann genauer zu formulieren und den neu gefundenen empirischen Daten anzupassen versucht. Andererseits führen sie direkt in das große Gebiet der Zahlenmystik hinein, denn es gibt unendlich viele Möglichkeiten der Zusammenstellung von Planetenzyklen, synodischen Perioden und anderen Faktoren, die jede auf ihre Weise bedeutsam sein könnten. Genau diese Vielfalt ist es, welche Astrologie und Esoterik seit der Antike beschäftigt hat. Sie bindet die Sternkunde in ein Geflecht von religiöser Argumentation ein, aber auch von politischer Legitimierung und öffentlicher Rhetorik, in der jede Partei sich im Recht fühlen kann, wenn sie nur die «richtige» Periode für sich entdeckt.

Von den Bildern zu den Zeichen Auf der Suche nach einer wissenschaftlich abgesicherten Astrologie sahen sich die antiken Mesopotamier mit dem Problem konfrontiert, dass es im traditionellen System ungemein schwierig war, den Ort der Planeten am Himmel eindeutig zu definieren. Wenn man sagte, Jupiter stehe am Fuß des Widders oder am Kopf der Hydra, was war damit gemeint? Wo fängt ein Sternbild an, und wo hört es auf? Dies war nicht nur für Astrologen eine wichtige Frage, sondern auch für die Schifffahrt, die auf exakte Angaben angewiesen war. Die vorherrschende Methode bestand darin, dass man den Ort der Planeten in ihrem Abstand zu bekannten hellen Fixsternen definierte. Obwohl dies leidlich funktionierte und sogar noch in griechischen Horoskopen der Römerzeit praktiziert wurde, konnte das System auf Dauer nicht befriedigen.

In diesem einfachen astronomischen Problem liegt der Ursprung des uns allen bekannten Tierkreises. Man ging nämlich im fünften vorchristlichen Jahrhundert dazu über, die Ekliptik, also den Streifen, auf dem die Sonne im Laufe des Jahres wandert, in zwölf gleich große Abschnitte zu teilen, jeden dieser Abschnitte wiederum in 30 Einzelgrade, was einen Gesamtumfang der Ekliptik von 360 Grad ergibt. Obwohl die Tierkreis*bilder*, die sich entlang der Sonnenbahn finden, natürlich ganz unterschiedlich groß sind, gewöhnte man sich an, von gleich großen Tierkreis*zeichen* zu sprechen und die Position der Planeten entsprechend zu definieren. Die ersten 30 Grad des Tierkreises, ausgehend vom Frühjahrspunkt (also dem Ort, an dem die Sonne am Frühjahrsäquinoktium steht), nannte man «Widder», die Grade 31 bis 60 nannte man «Stier» usw., unabhängig von der tatsächlichen Größe der einzelnen Bilder. Der Unterschied zwischen Bildern und Zeichen kann nicht oft genug betont werden, denn er sorgt seit der Antike für Verwirrung. So findet man noch heute (in eher uninformierten Kreisen) die Kritik an der Astrologie, sie gehe von völlig falschen Voraussetzungen aus, da die Tierkreisbilder erstens gar nicht alle 30 Grad groß seien und zweitens sich im Laufe der Zeit verschoben hätten. Solche Kritik geht natürlich völlig ins Leere, weil die Astrologie seit dem fünften Jahrhundert v. u. Z. gar nicht mehr mit den Bildern arbeitet, sondern mit den fiktiven Zeichen als Abschnitten der Ekliptik. (Übrigens gab es bis heute immer wieder einzelne Astrologen, die ebenfalls verwirrt wurden und die Forderung aufstellten, man müsse an Stelle der Zeichen die Bilder zur Deutung verwenden.)

Francesca Rochberg machte 1984 eine Keilschrifttafel bekannt, die ein Zwischenstadium zwischen EAE und der klassischen Astrologie späterer Zeit repräsentiert. Der Text BM 36746 behandelt Mondfinsternisse, die in bestimmten Zodiakalzeichen stattfinden. In der anschließenden Deutung wird sodann Bezug genommen auf den zur Zeit der Eklipse herrschenden Wind, welcher mit den Ländern der bewohnten Welt in Zusammenhang gebracht wird. Eine Untersuchung des Textes ergibt, dass er zum einen in der Tradition der Serien EAE und Mul.Apin steht, zum anderen jedoch bereits Elemente späterer (hellenistischer) Astrologie aufweist. Quellen dieser Art waren bislang lediglich aus der Seleukidenzeit belegt, sodass das nun vorliegende Dokument diesbezüglich eine Lücke schließt.

Die in EAE enthaltenen Finsternis-Omina bilden auch die Grundlage von BM 36746, doch mit dem wesentlichen Unterschied, dass nunmehr ausdrücklich die Namen der zwölf Tierkreiszeichen verwendet werden. Anhand eines einheitlichen Deutungsschemas werden alle möglichen Positionen der Mondfinsternis durchgespielt, unter Hinzunahme der Planeten Jupiter, Venus, Saturn und Mars. Außerdem geht die Windrichtung zur Zeit des Endes der Nachtwache in die Deutung mit ein. Der Text, der von Rochberg in achämenidische Zeit datiert wird, ist in zweierlei Hinsicht aufschlussreich:

> Die Wichtigkeit von BM 36746 für die Geschichte der Astrologie liegt in der Tatsache, dass der Text erstmalig in der Keilschriftliteratur Vorläufer zeigt für eine Reihe von astrologischen Theorien, die bislang nur aus hellenistischen griechischen Quellen bekannt waren, und die außerdem Parallelen aufweisen zur indischen Astrologie des dritten Jahrhunderts. Der Text dient deshalb als ein verbindendes Glied zwischen den Omina von EAE und späterer griechischer Astrologie [...]. Trotz einer großen Nähe zur griechischen Astrologie kann der Inhalt der Tafel in ältere babylonische Literatur und wissenschaftliche Tradition zurückverfolgt werden. (Rochberg-Halton 1984, 118)

Der zweite Bereich, auf den die vorliegende Quelle ein neues Licht wirft, findet sich in der Theorie der Aspekte. Der Text teilt nämlich die Zodiakalzeichen schematisch in vier Gruppen mit je drei Zeichen ein, was mit der späteren griechischen Einteilung übereinstimmt. Hieraus wird bereits eine rudimentäre Aspektlehre entwickelt, wobei insbesondere der (später so genannte) Trigonalaspekt bedeutungsvoll war. Ging man bisher davon aus, dass der älteste Beleg für die Aspektlehre die griechische *Isagoge* des Geminos gewesen sei (erstes Jahrhundert v. u. Z., der übrigens ausdrücklich die Trennung von Zeichen und Bildern betont), so sind wir nun auf der Spur einer älteren babylonischen Tradition. In griechischer Zeit wurde zweierlei beigetragen: erstens die geometrische Erforschung aller möglichen Teilungen des Kreises – in der babylonischen Mathematik und Astronomie spielte die Geometrie eine geringere Rolle –, zweitens die Lehre der Polaritäten und Temperamente der einzelnen Zodiakalzeichen (s. u.).

Alle Überlegungen der Tafel BM 36746 haben den vollständigen Tierkreis zur notwendigen Voraussetzung, sodass vieles dafür spricht, die Entstehung des Zodiaks in Mesopotamien zu lokalisieren.

Ephemeriden In seleukidischer Zeit hatte die astronomische Kompetenz eine beachtliche Größe erreicht. Dies zeigt sich nicht zuletzt daran, dass nun detaillierte Berechnungen der täglichen Bewegung von Mond, Sonne und Planeten, so genannten «Ephemeriden», niedergeschrieben wurden. Das Ziel solcher Berechnungen bestand nicht allein in Darstellungen der regelmäßigen Laufbahn eines Himmelskörpers, sondern vor allem in der Vorhersage von Neumonden, Finsternissen und Konjunktionen. Die Erforschung der Berechnungsgrundlagen der Ephemeriden ist durch Otto Neugebauer und seine Edition der *Astronomical Cuneiform Texts* im Jahre 1955 einen großen Schritt voran gebracht worden. Etwa einhundert Texte der Sammlung entstammen einem Archiv in Uruk, während die verbleibenden ca. zweihundert Texte babylonischer Herkunft sind, wie Neugebauer annimmt. Das Datum der Abfassung der Ephemeriden geht aus den Kolophonen hervor, die jedoch – da sie sich am Rand befinden – nicht selten zerstört sind. Dennoch lässt sich mit großer Sicherheit der Nachweis führen, dass die Texte aus Uruk mehrheitlich zwischen 90 und 150 seleukidischer Ära niedergeschrieben wurden (also 222–162 v.u.Z.), während die babylonischen Ephemeriden, nach einer kurzen Periode 0–100 s.Ä. (312–212 v.u.Z.), fast alle zwischen 140 und 300 s.Ä. (172–12 v.u.Z.) datieren.

Die Aufstellung und Berechnung von Ephemeriden war ein Höhepunkt der babylonischen Astronomie und hatte direkte Auswirkungen auf die astrologische Weiterentwicklung bzw. Ablösung älterer Omentechniken. Denn jetzt war es möglich, Planetenpositionen für einen konkreten Zeitpunkt zu berechnen, sowohl nach vorne als auch nach hinten. Diese Fähigkeit ist die Voraussetzung dafür, Horoskope zu erstellen und Prognosen im Hinblick auf persönliche oder mundane Ereignisse zu ermitteln, worin das Hauptinteresse späterer Phasen der Astrologie bestehen sollte.

Die ältesten Horoskope Unter «Horoskopen» versteht man gewöhnlich die Darstellung von Planetenstellungen zu einem gegebenen Zeitpunkt, vor allem der Geburt eines Kindes (dann spricht man auch von «Genethlialogie»). Die ältesten bekannten Horoskope aus dem babylonischen Umfeld gehören exakt in ein solches astrologisches Genre hinein, allerdings sollte man diesen Befund nicht für die gesamte antike Literatur verallgemeinern. Im Griechischen versteht man nämlich unter *hôroskopos* (lat. *horoscopus*), was «Stundenschau» bedeutet, häufig nicht das gesamte Geburtsbild, sondern lediglich den Aszendenten, also das im Osten aufgehende Zeichen (vgl. Ptolemaios *Tetrabiblos* III,2). Auch was Technik und Ausdeutung betrifft, sind die babylonischen

Horoskope deutlich unterschieden von den griechischen, auch wenn man davon ausgehen muss, dass in seleukidischer Zeit ein intensiver Austausch von Wissensbeständen stattgefunden hat. Zeitlich gehen die babylonischen Horoskope den griechischen und ägyptischen voran. Der älteste erhaltene Vertreter des Genres stammt aus dem Jahr 410 v. u. Z., das letzte Keilschrifthoroskop datiert auf 69 v. u. Z., während die ersten griechischen Horoskope aus dem ersten vorchristlichen Jahrhundert stammen. Ein interessanter – und durchaus repräsentativer – Vertreter babylonischer Deutungstechnik ist das Horoskop für Anu-bēlšunu, das auf das Datum X.2 des Jahres 63 s. Ä., also den 29. Dezember 249 v. u. Z., ausgestellt wurde (s. Rochberg 1998, 79–81):

1 Jahr 63 Tebētu, Abend des (?) zweiten Tages
2 Anu-bēlšunu wurde geboren.
3 An diesem Tag war die Sonne auf 9,30° Steinbock,
4 der Mond war auf 12° Wassermann: Seine Tage werden zahlreich sein.
5 [Jupiter] war am Beginn des Skorpion: Jemand wird dem Prinzen helfen.
6 [Das Kind (?)] wurde [i]m (?) Wassermann geboren mit/oder in der Region von (?) Venus: Er wird Söhne haben.
7 [Merk]ur war im Steinbock; Saturn im Steinbock;
8 [Mars] im Krebs

Bei dem hier genannten Anu-bēlšunu handelt es sich um den Nachkommen eines bekannten «Schreibers von Enuma Anu Enlil», der selber als Autor astrologischer Texte hervorgetreten ist. Man kann daraus schließen, dass in seleukidischer Zeit Horoskope nicht nur für den König erstellt wurden, sondern auch für Individuen der gehobenen Schichten. In vielen Fällen beschränken sich die Angaben auf die Nennung der Planetenpositionen oder – wie hier geschehen – auf sehr rudimentäre Deutungen der entsprechenden Konstellationen. Darüber hinaus sind oftmals zusätzliche Hinweise aufgeführt, die sich aus den möglicherweise während der Geburtszeit auftretenden «Zeichen» ergeben. Überhaupt muss man festhalten, dass die babylonischen Astrologen ihre Horoskope ganz ähnlich interpretierten, wie sie zuvor die Geburtsomina anhand der großen Serien ausgelegt hatten. Die Intention war vergleichbar, nur die Technik zur Gewinnung der Informationen war nun wesentlich präziser. Francesca Rochberg resümiert dazu:

Babylonische Horoskope waren vermutlich die Erweiterung und Verbesserung von Geburtsomina. […] Babylonische Horoskope und Geburtsomina mögen das

Ende der Entwicklung mesopotamischer Genethlialogie repräsentieren, doch sie bilden die Quelle des genethlialogischen Zweiges jener Astrologie, die in der hellenistisch-griechischen Welt in Erscheinung trat. (Rochberg-Halton 1998, 16)

Diesen Eindruck gewinnt man nicht nur anhand der Geburtshoroskopie, sondern auch bei astronomisch-mathematischen Fähigkeiten der Seleukiden, wie ich sie oben skizziert habe. Insofern muss man heute davon ausgehen, dass frühere Vermutungen, die anspruchsvolle Sternkunde sei allein das gelehrte Produkt griechischer «Wissenschaft», während von Mesopotamien lediglich ein diffuser Astralkult und die mythische Aufladung der Gestirne beigesteuert worden seien, unhaltbar geworden sind. Das bedeutet freilich nicht, einer «panbabylonischen» Geschichtsinterpretation das Wort zu reden, die zu Beginn des zwanzigsten Jahrhunderts schon einmal für Furore gesorgt hatte, indem sie praktisch die gesamte antike Religions- und Geistesgeschichte von Mesopotamien her verstehen wollte und damit kläglich gescheitert ist. Tatsache ist aber, dass die griechisch-römischen Astrologen gleichsam auf den Schultern ihrer assyrischen und babylonischen Kollegen gestanden haben und das tradierte Material in eigener Weise fortentwickelten. Dabei flossen hellenistische Philosophie, Mythologie und Geometrie zu einem großen Teil in die nun entstehende «klassische» Astrologie ein und bildeten fortan eine untrennbare Einheit. Auf diese Beiträge werde ich unten (Kapitel III) ausführlicher zu sprechen kommen. Zuvor gilt es, sich einen Überblick über die Astrologie des ägyptischen Kulturraums zu verschaffen, die mindestens so viel wissenschaftlichen Konfliktstoff birgt wie die mesopotamische Sternkunde.

3. Der Einfluss Ägyptens

Schon für die antiken griechischen und römischen Schriftsteller war Ägypten das Land der Magie und der okkulten Wissenschaften. In einer Zeit, in der nur noch wenige Spezialisten die Hieroglyphen verstanden – es hatte sich das Demotische (zu deutsch: die Sprache des «Volkes»), ein Derivat des Ägyptischen, durchgesetzt –, wurden die eindrucksvollen Denkmale ägyptischer Frühzeit zu Zeugnissen einer geheimen und überlegenen Kultur. Dieser Mythos ägyptischer Geheimlehren ist bekanntlich bis heute immer wieder reaktiviert worden. Besonders in modernen Esoterikkreisen erfreut sich Ägypten nach wie vor einer ungebrochenen Faszination, die häufig ans Fantastische grenzt. Erik Hornung hat in seinem Buch *Das esoterische Ägypten* die Faszinationsgeschichte Ägyptens wunderschön dargestellt, sodass ich hier nicht ausführlich darauf einzugehen brauche.

Bemerkenswert ist es angesichts dieses großartigen Rufes, dass die tatsächlichen Befunde für eine ägyptische Astrologie überaus spärlich sind und fast ausnahmslos aus einer Zeit stammen, in der Ägypten sich in einem *melting pot* mit hellenistischer und römischer Kultur befand, also aus der Zeit nach dem dritten vorchristlichen Jahrhundert. Genuin Ägyptisches ist da nur noch schwer auszumachen, sodass viele Forscher heute davon ausgehen, dass astrologische Wissensbestände nur von außen, von Mesopotamien und von Griechenland, nach Ägypten eingesickert sind. Neuere ägyptologische Forschung weist jedoch zu Recht darauf hin, dass ein Großteil ägyptischer Astrologie älteren Datums schlicht noch gar nicht erforscht oder ediert ist. Hier sind zukünftig noch wichtige neue Erkenntnisse zu erwarten.

Immerhin hätte die Ausrichtung auf das himmlische Jenseits in den Pyramidentexten des dritten Jahrtausends und überhaupt die herausgehobene Rolle der Sonne in altägyptischen Texten es nahegelegt, sich auch intensiv mit der Sternenwelt zu beschäftigen. Doch die Sonne war für die Ägypter in erster Linie eine göttliche Kraft, die für die Reise in der Unterwelt und im Jenseits als Helfer verehrt wurde, und Darstellungen des gestirnten Himmels waren selten (vgl. Koch 1993, 519–538; Hornung 1999, 33–39). Eine Ausnahme bildet die so genannte «Astronomische Decke» im Grab des Senenmut, des engsten Vertrauten der Königin Hatschepsut, auf der die Monate und wichtigsten Gestirne abgebildet waren. Im Ramesseum findet sich eine ähnliche Decke, auf der Thot als Herr des Kalenders und der Zeitmessung dargestellt ist, indem er in Affenform auf einem *Djed*-Pfeiler sitzt, dem Zeichen für «Dauer». Thot ist in anderen frühen Darstellungen auch als Mondgott belegt. Auf seine besondere Rolle für die Astrologie werde ich später zu sprechen kommen, wurde doch Thot in der Verbindung mit Hermes gleichsam zum «Stifter» der spätantiken Esoterik. Trotz eines gewissen Interesses für die Sternenwelt muss man also mit Hornung festhalten:

> Was in pharaonischer Zeit [...] offensichtlich fehlt, ist der Glaube an einen Einfluß der Planeten und ihrer Konstellationen. Die Planeten werden zwar mit Götternamen (die äußeren mit dem des Horus) bezeichnet, aber sie erscheinen praktisch nur in Listen und spielen für die religiösen Vorstellungen keinerlei Rolle, im Gegensatz zu Mesopotamien. (1999, 34)

Im Hinblick auf Kalenderfragen sieht die Sache etwas anders aus. So gibt es schon aus der ersten Dynastie eine Elfenbeintafel, die in einem Grabmal in Abydos gefunden wurde. Auf dieser Tafel wird Sothis (also Sirius) als «Bringer des neuen Jahres und der Überschwemmung» verehrt. Damit wird der Tatsache Rechnung getragen, dass das spätsommerliche Nilhochwasser durch die erste Sichtbarkeit des Sirius am Morgenhimmel angekündigt wird (der heliakische Aufgang des Sirius fand im Alten Ägypten immer um den 20. Juli herum statt). In dieser Zeit begann auch das ägyptische Sonnenjahr, bestehend aus 360 Tagen und 5 «Zusatztagen», den so genannten Epagomenen, die aus Sicht der Tagewählerei als besonders gefährlich betrachtet wurden.

Auch in den Zeugnissen des Mittleren Reiches zeigen sich astronomische Wissensbestände lediglich im Zusammenhang mit Kalendern, die freilich mythisch aufgeladen waren. Aus dieser Zeit sind Sargdeckel erhalten, auf deren Innenseite so genannte Diagonalkalender angebracht waren. Ursprünglich bestanden diese Kalender aus 36 Spalten, wobei zwischen der 18. und 19. Spalte ein Querbild eingefügt war mit der Himmelsgöttin, einem Siebengestirn, Orion und Sirius, nebst Darstellungen des Sah und der Sept. Dadurch wurden die beiden Halbjahre des Kalenders miteinander verknüpft. Jeder Spalte sind eine Überschrift sowie zwölf Sternnamen (sechs über und sechs unter dem Mittelstreifen) beigefügt, wobei die Überschriften Monatsdrittel angeben. Die Funktion der Sternnamen ist nicht eindeutig erkennbar, doch alles spricht dafür, dass mit ihrer Hilfe eine relativ genaue Zeitbestimmung vorgenommen wurde; die einzelnen Sternnamen korrespondieren nämlich mit den Aufgängen der jeweiligen Dekane (s. u.) während der Nacht. Alle zehn Tage rücken die Dekane in der Liste einen Platz nach oben und ein neuer Dekan erscheint unten – hierdurch kommt man zu der charakteristischen Diagonaldarstellung. Dies macht die Annahme plausibel, es handele sich nicht um eigentliche Kalender, sondern vielmehr um «Sternuhren» (Leitz 1995).

Mit den Dekanen ist bereits das Stichwort gefallen, das immer wieder ins Spiel gebracht wird, wenn es um den Einfluss ägyptischer Religion und Wissenschaft auf die Geschichte der Astrologie geht. In der Tat stellt die damit verbundene Lehre einen festen Bestandteil der astrologischen Theorie in der Antike (und eigentlich bis heute) dar, wenn auch in einer durch hellenistischen Einfluss transformierten Gestalt. Ein zweites Themenfeld gehört ebenfalls in die Geschichte der Astrologie: die bereits angedeutete Rolle des Hermes-Thot als «Gründungsvater» der antiken Esoterik. Beides möchte ich im Folgenden näher erläutern.

Dekanlehren

Die auf den Sargdeckeln erstmals begegnende Dekanlehre wurde im Mittleren und vor allem im Neuen Reich weiter ausgebaut. Die Dekane sind dabei nicht bloß bestimmte Sterne oder Sternbilder, die in der Nähe der Ekliptik liegen, vielmehr wurden sie bald selber als göttliche Mächte betrachtet, deren Einfluss fördernd oder schädlich für die Menschen sein konnte. Die Entwicklung bis hin zu einer ausgestalteten Lehre lässt sich anhand von vielen Inschriften und Bildern nachvollziehen. Wilhelm Gundels Studie von 1936 ist dafür noch immer ein Standardwerk, das heute durch die vorbildliche Sammlung der *Egyptian Astronomical Texts* (EAT) von Neugebauer und Parker ergänzt werden kann.

Waren die Dekane in der Theologie des Mittleren Reiches vielfach als gefährliche Wesen in Erscheinung getreten, gegen die man sich mithilfe von Amuletten und dergleichen zu schützen suchte, so trat ab etwa 850 v.u.Z. eine positive Einschätzung in den Vordergrund. Im Grab Osorkons II. in Tanis (EAT III pl. 17) fanden sich Darstellungen und Armbänder, auf denen die Dekane (zusammen mit Osiris, Horus, Thot, Isis und Nephthys) schlangengestaltig oder mit Löwenköpfen dargestellt wurden. Vermutlich betrachtete man sie als Schutzgötter des Verstorbenen. Hornung (1999, 35) macht auf den wichtigen Umstand aufmerksam, dass hier die Dekane offenbar bereits mit dem Begriff *schai*, «Schicksal», verbunden waren, eine Verbindung, die in griechisch-römischer Zeit philosophisch mit dem Konzept der Heimarmene in Einklang gebracht wurde (s. u. S. 91).

Der Begriff der «Dekane» setzte sich erst in hellenistischer Zeit durch. Davor wurden sie als «Weltenherrscher», «Weltelemente» oder göttliche Wesen bezeichnet, ursprünglich hatten sie auch die Bedeutung von «Stundenschauern», was durchaus dem griechischen Wort «Horoskop» entspricht. Der griechische Begriff «Dekan» bezeichnete als Terminus technicus die Teilung eines Zodiakalabschnittes von 30 Grad in drei Dekane zu jeweils 10 Grad. Man geht davon aus, dass hier die Übertragung des militärischen Ranges des «Dekanos» vorliegt, eines Befehlshabers über zehn Soldaten auf Polizeischiffen des Nil. Dass man die Dekane in römischer Zeit mit Himmelsgöttern identifizierte, wird durch das so genannte Rundbild von Dendera nahegelegt. Im Innern des Bildes sind die Tierkreiszeichen neben anderen Sternbildern und Himmelsmächten dargestellt; die 36 Dekane sind zusammen mit ihren Götternamen im Kreis darum angeordnet. Einige Dekannamen stimmen mit den älteren Texten überein, während auch neue Namen und Gestalten erscheinen.

Was die Herkunft der Dekannamen anbelangt, so hat J. F. Quack kürzlich zu zeigen vermocht, dass viele von ihnen altägyptischen Ursprungs gewesen sind. Er untersuchte ein christliches Dokument des zweiten Jahrhunderts u. Z., das im ägyptischen Nag-Hammadi gefunden wurde und als Apokryphon Johannis bekannt ist. Dort ist von einer Entsprechung bestimmter Himmelsmächte mit den Teilen des menschlichen Körpers die Rede, wobei Namen gebraucht werden, deren Bedeutung sich uns in vielen Fällen völlig entzieht, in manchen jedoch aufgrund älterer ägyptischer Texte rekonstruiert werden kann. Die Lehre einer Entsprechung von Körperteilen und himmlischen Mächten findet sich auch in vielen anderen Dokumenten aus römischer Zeit, beispielsweise im jüdischen Testamentum Salomonis. Die ägyptische Dekanlehre verband sich hier mit griechischen Traditionen eines Entsprechungsdenkens, das die Verbindung zwischen Planeten, Zodiakalzeichen und Körperteilen thematisierte. Man bezeichnet diese Lehre mit dem Fachbegriff *Melothesie* und spricht dann jeweils von Dekanmelothesie oder eben Zodiakal- und Planetarmelothesie. Erstere geht zweifellos auf ägyptische Einflüsse zurück, wobei sie später organisch in der hermetischen Lehre einer universellen Verbindung alles Seienden aufgehen konnte. In griechisch-römischer Zeit führte dies dazu, dass man die Dekane auch einzelnen Mineralien und Metallen zuordnete, womit eine wichtige Brücke zwischen Astrologie und Alchemie geschaffen wurde.

Hermes Trismegistos

In hellenistischer Zeit verbanden sich alte ägyptische Traditionsbestände mit griechischer Religion und Mythologie. Die für die Geschichte der Esoterik im Allgemeinen und der Astrologie im Besonderen wirkungsmächtigste Verbindung war jene zwischen dem ägyptischen Thot und dem griechischen Hermes, eine Verbindung, die damals nahe lag, weil beide mit der (priesterlich bedeutsamen) Kunst des Schreibens und der Offenbarung okkulter Wahrheiten zu tun hatten. Hermes-Thot machte ab dem dritten Jahrhundert v. u. Z. auch unter einem anderen griechischen Namen von sich reden: Hermes Trismegistos, der «dreimalgrößte Hermes» (vgl. Koch 1993, 610–622). Quer durch die Literatur der Antike galt Hermes Trismegistos als Gott, der jedwede esoterisch oder magisch-okkulte Tradition seinen eingeweihten Priestern offenbarte. Dazu gehörten Lehren der Wissenschaft, der Schrift und vor allem auch der Astronomie und Astrologie. Zu unterscheiden ist dabei die Gattung der so genannten *Hermetika*, eines Genres, in dem Hermes in herausgehobener Stellung auftaucht, von einer spezifischen Sammlung von Texten aus nachchristlicher Zeit, dem *Corpus Hermeticum*, welches auch in der christlich-gnostischen Gemeinde von Nag-Hammadi in Oberägypten gefunden worden ist (sehr guter Überblick bei Copenhaver 1998, xiii-lxi).

Was die Hermetika angeht, so ist das Material überaus disparat. Schon für die Art der göttlichen Offenbarungen sind unterschiedliche Varianten in Umlauf gewesen. «Pseudo-Manethon» (V bzw. VI, 1 ff.), eine wohl in ptolemäische Zeit zurück reichende Schrift, spricht davon, der Gott habe seine Lehren über die Wirkungen der Sterne auf Säulen und Wänden im Allerheiligsten ägyptischer Tempel eingemeißelt. Clemens Alexandrinus (um 150–211 u. Z.) beruft sich auf eine umfangreiche Literatur unter dem Namen des Gottes Hermes und berichtet, es habe 42 «ganz unentbehrliche Bücher» des Hermes gegeben, von denen vier der Sternkunde gewidmet gewesen seien. Diese Bücher hätten die Priester «auswendig kennen und stets im Munde führen müssen» (*stromateis* VI, 4, 35, 2–37,1). Inhaltlich deckten die dem Hermes Trismegistos zugeschriebenen Werke praktisch das gesamte frühe magisch-alchemistisch-astrologische, aber auch naturphilosophische Wissen des hellenistischen Ägypten ab, wobei ältere Traditionen, vor allem die Dekanlehren, mit griechischer Philosophie verschmolzen wurden. Folgende Gebiete sind hier besonders interessant:

Die so genannten *Genika* behandeln das große Gebiet der Universalastrologie, also der Untersuchung mundaner Entwicklungen im Zusammenhang mit kosmischen Ereignissen. Hierhin gehört die Lehre von den Herrschern über bestimmte Weltalter und Spekulationen über das zu erwartende Weltende, wie sie in Griechenland schon früher angestellt worden waren. Zugleich wurde auch das *Thema mundi,* also das Horoskop der Weltgeburt, erörtert. Aussagen über Finsternisse, meteorologische Erscheinungen (Blitze, Donner, Winde, die so genannten «Brontologien»), über Kometen und Erdbeben bildeten vermutlich einen Teil der «Urform» hermetischer Schriften.

Eine wissenschaftlich umstrittene Schrift, die gewöhnlich *Salmeschiniaka* genannt wird und auf frühe ägyptische Traditionen verweist, scheint eine Art Bindeglied zwischen Mundan- und Individualastrologie zu bilden, denn sie enthält neben detaillierten Angaben über die Lage der Dekane auch eine Zusammenstellung von Heilmitteln, Amuletten und verschiedenen Techniken zur Abwendung von kosmischen Einflüssen. Überhaupt hatte die Heilastrologie in hermetischen Schriften eine wichtige Position inne. Das erkennt man beispielsweise an dem Werk *Iatromathematika,* das medizinische Korrespondenzen thematisiert, und an der Tatsache, dass man in hellenistischer Zeit den griechischen Heilgott Asklepios als Astrologen bezeichnete und mit Hermes-Thot in Verbindung brachte. Dieser Aspekt des Asklepios lässt sich ohne Schwierigkeiten auf sehr alte ägyptische Anschauungen zurückführen, z. B. auf die «Mahnworte des Ipuwer» des Mittleren Reiches oder auf das «Töpferorakel» aus ptolemäischer Zeit. In Asklepios lebt auch der vergöttlichte ägyptische Weise Imhotep (um 2650 v. u. Z.) weiter, was die große Nähe der hermetisch-griechischen Philosophie zu ägyptischen Weisheitslehren deutlich macht (Hornung 1999, 54–58).

Allen diesen Schriften ist gemeinsam, dass sie von einer *Sympathie* (wie es dann in der griechisch-römischen Philosophie heißen sollte) ausgehen, welche die Entsprechung zwischen Makrokosmos und Mikrokosmos in ein theosophisches Denkgebäude integriert. Diese Idee ist ein wiederkehrendes Motiv in der Esoterik der Folgezeit. Ein solches Denken ist auch in den Schriften des Corpus Hermeticum überaus dominant. Hinzu tritt nun – im zweiten Jahrhundert

u. Z. – eine neuplatonische Komponente, die vom Aufstieg des Adepten durch die Planetensphären berichtet, gemäß den Weisheiten, die Hermes Trismegistos seinem Sohn Tat (= Thot) in einem Offenbarungsgeschehen mitgeteilt hat. Die platonische «Lichtheimat» der Seele ist zugleich der Ort der christlichen Erlösung von den Leiden der Welt. Man erkennt hier sehr gut, wie dynamisch sich die überlieferte Tradition an die unterschiedlichsten religiösen und sozialen Kontexte anpassen ließ. Für die Christen in Nag-Hammadi war Hermes Trismegistos ein ägyptischer Weiser, der die Erlösung durch Jesus in seinen Lehren bereits angekündigt hatte. Deshalb war für sie auch die Astrologie eine «heilige» Disziplin, die der christlichen Lehre keineswegs entgegenstand.

Formal und inhaltlich den Hermetika verwandt sind Schriften, die in hellenistisch-römischer Zeit den Namen *Nechepso* und *Petosiris* zugeschrieben wurden. Die Autorität des «Königs Nechepso» könnte auf Necho II. zurückgehen, der in der 26. Dynastie (677–672) herrschte, doch etwas Genaues lässt sich darüber nicht sagen. Ähnlich verhält es sich mit dem «Hohepriester Petosiris», dessen tatsächliche Existenz in ptolemäischer Zeit nicht erwiesen ist. Man geht deshalb gewöhnlich davon aus, dass die ägyptisch-hellenistischen Verfasser jener Bücher diese Namen wählten, um ihren Schriften ein ehrwürdiges Alter und damit höhere Autorität zu verleihen. Die inhaltlichen Parallelen zu den Hermetika sind unübersehbar; «Petosiris» scheint aber in Bezug auf Individualhoroskope dem Mond eine größere Bedeutung eingeräumt zu haben als der Sonne; auch suchte er seine Gutachten durch gesammelte Geburtshoroskope zu stützen. «Dadurch», so Gundel, «ist er der Vorläufer der empirisch-statistischen Methode geworden» (Gundel & Gundel 1966, 33). Auf jeden Fall sind diese Bücher Grundlagenwerke der Astrologie des zweiten vorchristlichen Jahrhunderts, die nicht nur die babylonisch-griechische Sternkunde assimilierten, sondern darüber hinaus auch die ägyptischen Traditionen geschickt in ein astrologisches Gesamtsystem einzubauen wussten. Dieses System war allerdings stärker mythologisch und philosophisch ausgerichtet und wusste weniger um die rechnerischen Grundlagen der Astrologie. Es war den hellenistischen Autoren vorbehalten, die mathematische und geometrische Sternkunde mit den philosophisch-religiösen Anschauungen der Antike zu vereinen und das zu schaffen, was wir heute die «klassische Astrologie» nennen.

III

Die Astrologie der Antike

> Wenn die Dinge sich nun auch so verhalten, und wenngleich zuweilen Irrtümer sich nicht vermeiden lassen bei der Voraussage, so darf deswegen dennoch nicht die ganze Wissenschaft verächtlich gemacht werden. Wie wir weder die Kunst des Schiffers abfällig beurteilen dürfen, auch wenn sich oft Schiffbrüche ereignen, so ziemt es uns, in einem so würdigen und göttlichen Berufe mit dankbarem Herzen alles aufzunehmen, was wir erreichen können; nicht stets von allen Aussagen eine unverrückbare Zuverlässigkeit zu verlangen, gleichsam als hätten wir mit unserer Wissenschaft gänzlich die menschliche Weisheit gepachtet, sondern sie weiter auszubauen und sie durch diejenigen Schlüsse wieder zu vervollkommnen, die von anderer Seite angezogen werden müssen. *Klaudios Ptolemaios*

> Du wirst keinen jüdischen Gelehrten und keinen christlichen Presbyter finden, der nicht ein Astrologe oder Wahrsager wäre.
> *Bemerkung, Kaiser Hadrian zugeschrieben*

Wenn man von der «klassischen Astrologie» spricht, so meint man in der Regel die Weiterentwicklung babylonischer Sternkunde in hellenistisch-römischer Zeit, die es in den ersten Jahrhunderten christlicher Zeitrechnung zur zentralen Disziplin der Wirklichkeitsdeutung brachte. Sie wurde nicht nur im römischen Wissenschaftskanon als *ars mathematica* in die sieben *artes*, also die «Künste», eingereiht, sondern entwickelte sich zu einer Art *lingua franca* der damaligen Zeit, in der sich unterschiedlichste Kulturbereiche und Religionen mühelos verständigen konnten. Dass es so weit kam, liegt am Zusammenspiel einer Vielzahl von sozialen, politischen, religiösen und wissenschaftlichen Bedingungen, von denen in diesem Kapitel nur das Wichtigste dargestellt werden kann.

Dabei muss man sich klar machen, dass die römische Kultur ihr zunächst fremde astrologische Traditionen assimilierte und in ein eigenes System integrierte. Vor der Expansion der Römer in die gesamte Mittelmeerwelt war, wenn man den spärlichen Quellen trauen darf, die Astrologie in Italien alles andere als beliebt, sofern sie überhaupt bekannt war. Der erste Beleg für den Begriff der *astrologi* im Sinne von «Sternbeschauer» findet sich bei Ennius (230–169 v. u. Z.), der auch die Zodiakalzeichen nennt, doch eine ausgestaltete Astrologie lässt sich daraus kaum ableiten (zitiert bei Cicero *Res publica* I,18,30). Im zweiten Jahrhundert finden sich Hinweise auf Tätigkeiten von Astrologen, interessanterweise aber noch bezogen auf untere Bevölkerungsschichten; so berichtet der römische Historiker Valerius Maximus (I,3,3) um 31 v. u. Z. von Astrologen, die im Jahre 139 gemeinsam mit Anhängern des auswärtigen Kultes des Zeus Sabazios aus Rom und Italien vertrieben worden seien. Wir werden noch feststellen, dass derartige Aktionen immer in Zeiten sozialer und politischer Unruhen durchgeführt wurden, weil man davon ausging, dass die Astrologen mit ihren Prognosen das Volk aufwiegeln könnten. Eine solche Haltung zeigt auch Cato, ein konservativer Aristokrat, wenn er 160 v. u. Z. die Aufseher (die selber Sklaven waren) der landwirtschaftlichen Betriebe auffordert, auf keinen Fall die «Chaldäer», also die Astrologen, zu befragen (*De agricultura* I,5,4). Dass die Gefahr keineswegs aus der Luft gegriffen war, sollte sich um 100 v. u. Z. zeigen, als einer dieser Aufseher, ein gewisser Athenio, den Erfolg einer Sklavenrevolte voraussagte und sich selber als König von Sizilien prognostizierte. Nach zwischenzeitlichem Erfolg wurde er allerdings hingerichtet. Der Historiker Diodor beschrieb Athenio als einen «Experten der Astrologie» (*Historia* XXXVI,5,1–4).

Noch hundert Jahre später bezeugt Cicero die Verbreitung der Astrologie in den unterprivilegierten Schichten, indem er seinen Bruder Quintus jene verspotten lässt (wobei er sich auf Ennius beruft), die unwissend sind und sich an den noch Unwissenderen bereichern:

Jetzt möchte ich noch dies bezeugen: weder die Loszieher erkenne ich an noch die, die für Geld weissagen, nicht einmal die Totenbeschwörungen, wie sie dein Freund Appius vorzunehmen pflegte; schließlich halte ich auch nichts von einem marsischen Augur, nichts von den Beschauern aus dem Dorf, nichts von den Astrologen beim Zirkus, nichts von den Propheten der Isis, nichts von den Traumdeutern: denn diese alle sind nicht echte Wahrsager dank einer Wissenschaft oder Kunst, sondern abergläubische Seher und unverschämte Gaukler: entweder ohne Können, ohne Verstand oder unter der Herrschaft der Armut: Sie kennen für sich selbst den Pfad nicht und zeigen doch dem andern den Weg; denen sie Reichtum verheißen, die bitten sie selbst um ein Scherflein. (*De divinatione* I,132)

Hier spricht der erfahrene Philosoph und Priester – Cicero war selber als Augur, also als Zeichendeuter tätig –, der die hohe Kunst der Zukunftsdeutung vor dem Zugriff von Scharlatanen bewahren möchte. Auf die dahinter stehende philosophische Diskussion werde ich noch zu sprechen kommen (s. u. S. 90–98); hier genügt zunächst der Hinweis, dass sich offensichtlich zu Zeiten Ciceros Astrologen unter den zahlreichen Wahrsagern fanden, die im lebendigen Jahrmarkttreiben um den Circus Maximus herum ihren Lebensunterhalt zu verdienen suchten. Dass hier auch die Eliten mitunter Rat holten, bezeugt Horaz um 35 v. u. Z. von sich selber, während sich Juvenal um 112 u. Z. sicher ist, dass dies nur Frauen der Unterschicht tun würden (*Satiren* VI,582 ff.).

Die Präsenz einer solchen eher undifferenzierten und pragmatisch orientierten Astrologie lässt sich anhand von vielen Dokumenten auch in den folgenden Jahrhunderten nachweisen. Dass die Astrologie aber auch in den gebildeten Kreisen des Römischen Reiches mehr und mehr zu großem Ansehen gelangte, kann man nur erklären, wenn man den Einfluss griechischer Gelehrter in Rechnung stellt. Vom dritten vorchristlichen Jahrhundert an zeigten einige römische Intellektuelle ein ernsthaftes Interesse an griechischer Philosophie und Literatur. Als die Römer dann zwischen 229 und 146 v. u. Z. Griechenland eroberten, kam es nicht zur Marginalisierung der besiegten Kultur, sondern zu jenem Assimilierungsprozess, der für die ganze römische Geschichte so charakteristisch ist. Man begann, von den Griechen zu lernen. Aristokraten ließen sich von Griechen unterweisen, die nicht selten ganze Schulen gründeten und als «Botschafter» ihrer Philosophie nach Rom gelangten. Im Hinblick auf die Astrologie kam dabei der Stoa eine zentrale Rolle zu. Manche vermuten sogar, dass die stoische Philosophie des Panaitios (ca. 185–109 v. u. Z.) und seines Nachfolgers im Amt des Schulleiters, Poseidonius (ca. 135–50 v. u. Z.), ein wesentlicher Faktor bei der Etablierung der Astrologie gewesen ist.

Letzterer ließ sich in Rhodos nieder, von wo er wiederholt nach Rom reiste. Cicero selbst hörte im Jahr 78 seine Vorträge auf Rhodos, und Poseidonius wurde zum engen Freund des Pompeius, dessen Politik er nachdrücklich verteidigte und begleitete. Diese Beziehung ist nur ein Beispiel dafür, wie eine philosophisch reflektierte Astrologie zunehmend das Interesse der römischen Gelehrten und Politiker fand, bis sie sich als wissenschaftliche Disziplin in der römischen Kaiserzeit höchster Reputation erfreute. Die römischen Philosophenschulen, die später auch ganze Astrologendynastien hervorbrachten, gingen auf ihre griechischen Vorläufer zurück und vereinigten deren Wissen mit anderen Traditionen innerhalb des Römischen Reiches.

Weil die Astrologie, wie sie in Rom betrieben wurde, also ohne eine feste Verwurzelung in griechischer Philosophie und Wissenschaft nicht verstanden werden kann, werde ich zunächst jene Vorläufer skizzieren, um dann die Weiterentwicklung hellenistischen Denkens im Römischen Reich zu verfolgen.

1. Griechische Astrologie bis Hipparch

Die Frage, wann es in Griechenland zu einer ernsthaften Auseinandersetzung mit astralen oder astrologischen Ideen kam, lässt sich kaum eindeutig beantworten. Erst im vierten vorchristlichen Jahrhundert wurden grundlegende Vorstellungen bezüglich einer astralen Deutung des Kosmos und des Menschen entwickelt. Ältere Belege, die bisweilen als Frühformen griechischer Astrologie herangezogen werden, können wir hier als irrelevant übergehen. Unentbehrlich ist hingegen eine kurze Darstellung der von Platon und seinen Kollegen ausgehenden spekulativen Grundlagen, sollten sie doch für die europäische Kulturgeschichte von nicht zu überschätzender Bedeutung werden. Eine regelrechte Astrologie ist damit zwar noch nicht verbunden, jene Philosophen lieferten aber das mythologische wie auch das weltanschauliche Material, ohne welches es nicht zur Bildung der späteren Astrologie hätte kommen können.

Die Philosophen

Platon Platon (427–347) ist der erste uns bekannte Grieche, der die Beschaffenheit des Sternenhimmels in einen mythologischen Zusammenhang mit dem Erdenschicksal bringt. In seinem Spätwerk *Timaios* spricht er von den Fixsternen als «lebende Wesen göttlicher Art und unvergänglich» (*Timaios* 40b). Die Planeten wiederum setzt Platon in direkte Verbindung zur Zeit, die Gott – der Demiurg – mit ihnen zusammen geschaffen habe. Und weiter:

> Nachdem nun jeder Himmelskörper, dessen es zur Hervorbringung der Zeit bedurfte, in die ihm zukommende Bahn gelangt war und diese Körper, durch seelische Bande zusammengehalten, zu lebenden Wesen wurden und das ihnen Gebotene vernommen hatten, beschrieb der eine auf der schiefen Bahn des Verschiedenen, welche die des Selben, von dieser abhängig, durchschnitt, einen größeren, der andere einen kleineren Kreis, der den kleineren beschreibende in schnellerem, der den größeren in langsamerem Umschwung. (*Timaios* 38e)

An einer solchen Kosmologie erkennt man, dass Platon in der Tat die gesamte westliche Esoterik auf den Weg gebracht hat; bis heute steht für die Astrologie die symbolische Entsprechung – in Platons Worten: die seelischen Bande – zwischen den Planeten im Vordergrund. Auch die Konzeption des Kosmos als ein lebendes Wesen, in dem alle Teile miteinander verbunden sind, ist für die Esoterik und Naturphilosophie nach Platon eine unerschütterliche Überzeugung.

Im *Timaios* erhalten die Sterne vom Demiurgen den Auftrag, gemeinsam mit den anderen Göttern Lebewesen zu erschaffen, indem sie Sterbliches mit Unsterblichem verbinden, und die Lebewesen gemäß ihrer Beschaffenheit schicksalhaft zu führen (41e-42e). Bei dieser Astralmythologie handelt es sich ebenso wenig um Astrologie im klassischen Sinne wie bei der wichtigen Theorie des Großen Jahres (wie es dann bei Aristoteles heißt), die bei Platon ausgestaltet vorliegt und die ebenfalls eine starke Wirkung entfaltete. Dahinter verbirgt sich die Ansicht, dass die Umlaufzeiten der Planeten – jener «lebenden Wesen» – miteinander in Beziehung gesetzt werden können. Bisher habe man, so Platon, nur die Zyklen von Sonne und Mond beachtet, doch

> die Umläufe der übrigen Planeten haben die Menschen, mit Ausnahme weniger unter vielen, nicht begriffen und geben weder ihnen Namen, noch messen sie, angestellten Beobachtungen zufolge, ihre Bahnen nach Zahlen gegeneinander ab. […] Dessen ungeachtet lässt es nichtsdestoweniger sich begreifen, dass die

vollkommene Zeitenzahl das vollkommene Jahr dann abschließt, wenn die gegeneinander abgelaufene Schnelligkeit der sämtlichen acht Umläufe, abgemessen nach dem Kreis des Selben und des gleichförmigen Fortschreitens, ihre Ausgangspunkte erreicht. (*Timaios* 39c–e)

Wenn ein solches Großes Jahr abgeschlossen ist und alle Planeten wieder ihre Ausgangskonstellation erreicht haben, kommt es zu einer «Vernichtung des auf der Erde Befindlichen durch mächtiges Feuer» (*Timaios* 22d). Dieser Mythos der Erneuerung der Erde durch einen «Weltenbrand» war in Griechenland sehr verbreitet. Viel spricht dafür, dass die Lehre aus Persien stammt und über babylonische Periodenberechnungen nach dem Westen vermittelt worden war.

Erste Ansätze zu einer rudimentären Aspektlehre lassen sich ebenfalls dem *Timaios* entnehmen. Mythologisch überhöht spricht Platon nämlich vom «Reigentanz» der Götter; bei diesem Tanz können manche «bei ihrem Zusammentreffen in Vereinigung treten und manche in Gegenschein» (40c). Die rechnerische Bewältigung des «Tanzes» war nicht das Anliegen Platons und entzog sich im fünften Jahrhundert auch noch der Kenntnis der Griechen. Ähnliches lässt sich für den Tierkreis sagen. Wenn man nicht die wiederholte Erwähnung der «zwölf Götter» (z.B. *Phaidros* 246e–247a) oder die Aufteilung des Reiches in zwölf Regionen (*Nomoi* 745b) überbewertend mit der Aufteilung der Ekliptik in Verbindung bringen will, so können wir nur festhalten, dass Platon allenfalls eine Vorstufe des Zodiaks gekannt haben dürfte.

Eudoxos Das sieht bei Platons Schüler, Eudoxos von Knidos (408–355), schon ganz anders aus. Aus vielen antiken Quellen wissen wir, dass Eudoxos vermutlich längere Zeit in Ägypten war, möglicherweise in den Jahren 381 und 380. Was er durch seine Begegnung mit ägyptischen Priestern im Einzelnen lernte, ist heute schwer zu sagen. Doch kein Geringerer als Plutarch schrieb dem Eudoxos im ersten Jahrhundert u.Z. eine beträchtliche Zahl astrologischer Einzellehren zu: Die Bekanntschaft mit einer ägyptischen Aspektlehre (*De Iside et Osiride* Kap. XXX) und den Namen einiger Sternbilder (Kap. XXII) gehört ebenso dazu wie der Zusammenhang zwischen Sonne und Mond einerseits und der inneren Bedeutung des Skarabäus andererseits, der ein Sternbild im so genannten Zwölfstundenkreis und im Zodiak (nämlich im Krebs) ist (Kap. LXXIV–LXXV). Bei Cicero (*De divina-*

tione II,87) findet sich der Hinweis, Eudoxos habe die Voraussage des Lebenslaufes aus dem Geburtstag (*dies natali*) abgelehnt. Dagegen scheint er eine elementare Form von Universalastrologie betrieben zu haben, wozu beispielsweise Jahresvoraussagen aufgrund des Mondstandes in der Neujahrsnacht gehörten.

Man sollte das, was Eudoxos bei den Ägyptern hat lernen können, nicht überschätzen. Seine Bedeutung besteht eher darin, dass er die zunehmende Auseinandersetzung Griechenlands mit der östlichen Sternkunde bezeugt. Außerdem hatte er einen entscheidenden Einfluss auf die spätere Astronomie, Geometrie und Mathematik (North 1994, 67–77). Damit steht er auf der Schwelle zur rational-wissenschaftlichen Ausgestaltung der Astrologie, deren entscheidender Wegbereiter Aristoteles war, dem wir uns nun zuwenden.

Aristoteles Der Einfluss Platons auf die antike Astrologie bestand, wie gesagt, in seinem mystischen Element, das der Aufnahme astralen Gedankenguts den Boden bereitete. Sein bedeutendster Schüler, Aristoteles (384–322), trug mithilfe seines kosmologischen und physikalischen Erklärungsmodells wesentlich dazu bei, dass wissenschaftliche Astrologie ins antike Griechenland Einzug halten konnte. Die Erde wurde von ihm als Mittelpunkt der Welt angesehen, umgeben von den Kreisen der Planeten und schließlich dem Fixsternhimmel. Im Äther ist das fünfte Element zu sehen, welches ewig und unveränderlich ist. Alle anderen Sphären hängen unmittelbar zusammen und sind der Bewegung und Veränderung unterworfen, die letztlich aber einem einzigen Antrieb folgen. Jene Bewegungen werden als entgegengesetzt gedacht: Während die Fixsternsphäre als erste Bewegung das Prinzip der Permanenz verkörpert, kommt in der zweiten Bewegung der Planetensphäre gegen den «schiefen Kreis» (also den Zodiakalgürtel) die Dynamik des irdischen Lebens zum Ausdruck. Lebensbedingungen und Lebensdauer auf der Erde werden von diesen beiden entgegengesetzten Bewegungen determiniert. Dieser philosophisch-metaphysische Gedankengang war für die klassische Astrologie fundamental.

Die Bedeutung des Aristoteles wird noch in einem weiteren Bereich sichtbar, und zwar in der Kombination der vier Elemente mit den vier «Urqualitäten» und Aggregatzuständen, die bis in die moderne Astrologie hinein wirkte. Aristoteles unterschied folgende Entsprechungen:

Qualität	*Aggregatzustand*	*Element*
Warm	Trocken	Feuer
Warm	Feucht/Flüssig	Luft
Kalt	Feucht/Flüssig	Wasser
Kalt	Trocken	Erde

Die Suche nach einheitlichen Urelementen oder Urqualitäten ist natürlich wesentlich älter und lässt sich in Griechenland schon im späten sechsten Jahrhundert v. u. Z. nachweisen. Besonders die Pythagoräer, die der Vierzahl eine herausgehobene Bedeutung zumaßen und von der Isomorphie zwischen dem Mathematischen und allem Seienden ausgingen, müssen als die Vorgänger Aristoteles' angesehen werden. Doch durch die Herleitung der Urqualitäten und die Übertragung ihrer Wirkungen auf die Substanz der Planeten und anderer Gestirne schlug erst Aristoteles einen Weg ein, dem die sich entwickelnde Astrologie über Jahrhunderte folgte. Eine wichtige Wirkung bestand nicht zuletzt für die Medizin, denn das Viererschema und die Lehre von den vier Säften (*Quattuor Humores* genannt) ließ sich hervorragend auf die körperliche Ebene übertragen, und es diente dazu, Krankheiten einzuordnen und zu therapieren. Auch wenn Aristoteles den Pythagoräern ansonsten kritisch gegenüber stand, schloss er sich in dieser Lehre ihren Positionen an.

Es bleibt noch zu erwähnen, dass Aristoteles auch jene Disziplin, die Ptolemaios später Mundanastrologie nannte, in philosophischen Kreisen hoffähig machte. In seiner Schrift *Meteorologica* schreibt er Springfluten, Erdbeben, Stürme und Trockenheiten dem Erscheinen von Kometen zu (VII, 344b, 20 ff.). Auch Finsternisse könnten, so führt er aus, derartige Wirkungen zeitigen (II, 8, 367b, 5 ff.), und der Einfluss wichtiger Gestirne wie Sirius oder Orion auf Witterungsverhältnisse wird ausdrücklich anerkannt (II, 5, 361b, 23 ff.).

Anhand der wenigen Stationen griechischer Philosophie bis ins vierte Jahrhundert wollte ich keineswegs eine daraus ersichtliche «Astrologie» postulieren. Noch immer gilt, was Franz Boll schon vor über fünfzig Jahren so formulierte: Es sei «irrig zu glauben, bis hierher hätte die Sterndeutung irgendwelche Rolle im Griechentum gespielt; weder Platon noch Aristoteles noch selbst die Pythagoräer haben sich um das Tun oder Treiben der ‹Chaldäer› gekümmert» (Boll 1950, 67). Eine Berücksichtigung der griechischen Philosophie ist jedoch notwendig, weil sie zeigt, warum die aus dem Osten einströmenden astrologischen Traditionen in Griechenland auf solch fruchtbare Weise aufgenommen wurden. Und nicht nur die spätantike, sondern auch die mittelalterliche und neuzeitliche Astrologie hat in vielfältiger Weise jene kosmologischen Modelle fortgeschrieben, die Platon und Aristoteles entwickelt hatten.

Die Vermittlung babylonischer Astrologie: Berossos

Interessant ist nun die Frage, auf welchen Wegen babylonisches Gedankengut in den hellenistischen Kulturraum gelangt ist. Glücklicherweise sind wir in der Lage, diese Wege recht gut rekonstruieren zu können. Es waren in erster Linie babylonische Gelehrte, die des Griechischen mächtig waren und astrologische Lehren nach dem Westen vermittelten, wobei dem Berossos, einem Priester des Bel (Marduk), besondere Bedeutung zukommt. Vitruv (*De architectura* IX,6,2) weiß über ihn zu berichten, dass er eine Astrologenschule auf der Insel Kos gegründet hatte; wie man aus anderen Fragmenten zu Berossos vermuten kann, dürfte diese Gründung um das Jahr 281 v.u.Z. stattgefunden haben. Seine Reputation – wie überhaupt die Wirkung der Astrologenschule von Kos – war enorm. Plinius der Ältere (*Maior naturalis historia* VII,37,123) erzählt, Berossos sei «wegen seiner göttlichen Vorhersagen» noch in der Kaiserzeit so hoch geehrt worden, dass man ihm eine Statue setzte, deren Zunge vergoldet war.

Mit ziemlicher Sicherheit ist Berossos der Autor der *Babyloniaka*, also der «Babylonischen Geschichten», die von den Anfängen bis zu Alexander dem Großen reichten und in denen esoterisches östliches Wissen einem Griechisch sprechenden Publikum zugänglich gemacht wurde. Originalschriften sind, wie so häufig, auch hier verloren gegangen, allerdings lassen sich aus Fragmenten griechisch-römischer Autoren einige Inhalte des Textes rekonstruieren. Danach hat Berossos neben Kometentheorien und anderen allgemeinen Lehren auch vom Weltenjahr gesprochen, ein Thema, das gerade in kultur- und religionsgeschichtlicher Hinsicht später immer wieder aufgegriffen wurde. Bei Seneca findet sich folgender Hinweis:

Berossos [...] behauptet, dass der Sternenlauf die Zeit einer Feuerkatastrophe und einer Überflutung bestimmt. Ein Brand wird nämlich auf der Erde wüten, wenn alle Sterne, die jetzt in verschiedenen Bahnen wandern, im Krebs zusammenkommen [...]; eine Überflutung wird eintreffen, wenn die Schar derselben

Sterne im Steinbock zusammentritt. Ersteres bewirkt die Sommersonnenwende, Letzteres die Wintersonnenwende. (*Naturalium Quaestionum* III,29)

Wie man aus dieser Stelle ersehen kann, ist die Zuordnung nach Babylonien gar nicht so einfach, denn die Lehre vom Weltenbrand ist, wie oben bei Eudoxos gezeigt, in Griechenland schon lange bekannt gewesen, und manche Fragmente verbinden das, was man dem Berossos zuschrieb, mit ägyptischen Lehren des Hermes Trismegistos. Dass tatsächlich Babylonisches hier transportiert wurde, lässt sich indes an Fragmenten zeigen, die bei Eusebius und Synkellos überliefert sind. Nach diesen Zeugnissen hat Berossos im zweiten Buch der *Babyloniaka* die «Könige der Assyrer» aufgezählt, von Aloros, dem ersten König Babylons, bis Xisuthros, während dessen Regierungszeit sich die erste große Sintflut ereignet haben soll (vgl. Burstein 1978, 18 f.). Die Regierungszeiten der Könige belaufen sich auf 120 Saroi. Weil ein akkadisches *Sar* einen Zeitraum von 3600 Jahren umfasst, erhält man einen Zeitraum von 432 000 Jahren. Jene 120 Saroi machen ihrerseits aber nur ein Fünftel der Weltzeit aus, die sich somit exakt auf 2 160 000 Jahre (600 Saroi) beläuft. Eine solche Zahl ergibt sich aus dem angeführten Fragment, denn Berossos spricht hier von «Aufzeichnungen, die in Babylon mit großer Sorgfalt aufbewahrt werden und die sich über einen Zeitraum von ungefähr 2 150 000 Jahren erstrecken». Man geht heute davon aus, dass nach dieser Lehre zu der exakten Periode von 2 148 000 Jahren noch eine Art «Endzeit» von 12 000 Jahren hinzuzuzählen ist, welche Berossos zur Zeit Alexanders des Großen anfangen ließ. Am Ende stand vermutlich eine Weltkatastrophe. Da diese Zahlensysteme nur in Babylonien benutzt wurden, kann kein Zweifel an der Herkunft der Lehren bestehen. Die babylonische Herkunft ergibt sich außerdem daraus, dass 2 160 000 durch 60^3 teilbar ist, ein Rechensystem, das sich von Babylonien aus bis nach Indien verbreitete, das sich aber deutlich vom Griechischen unterscheidet.

Mit Berossos tritt uns damit zum ersten Mal ausdrücklich eine rechnerisch-astronomische Endzeiterwartung entgegen, die auf planetarischen Zyklen aufbaut (und nicht auf Astralmythen, wie bei Platon). In diesem Zusammenhang ist von Wichtigkeit, dass jene 432 000 Jahre sich aus den Umlaufzeiten der beiden äußeren Planeten Jupiter und Saturn ergeben: 432 000 Jahre entsprechen 14 400 Saturn- und zugleich 36 000 Jupiterumläufen.

Die Theorie des Großen Jahres breitete sich in den folgenden Jahrhunderten immer weiter aus, erfuhr die eine oder andere Veränderung und beeinflusste schließlich die Politik der römischen Kaiser. Anhand der Astrologenschule auf Kos lässt sich veranschaulichen, wie die Weiterentwicklung der Astrologie vor sich ging, nicht nur durch die Anwendung des tradierten Wissens, sondern vor allem durch die eigenen Beobachtungen und Forschungen, die man dort durchführte. Berühmte Astrologen gingen in die Geschichtsbücher ein, darunter zunächst Kalippos (um 330 v. u. Z.) und dann der berühmte Hipparchos von Nicaea, dem ich mich nun zuwenden möchte.

Hipparch berechnet die Präzession

Wenn man jedes Jahr zum Frühjahrsäquinoktium im März den Stand der Sonne im Verhältnis zu den Sternbildern notiert, so stellt man nach einiger Zeit fest, dass sich dieser gegen den Tierkreis langsam verschiebt. Dieses Phänomen rührt daher, dass die Erdachse nicht gleichmäßig um die Sonne rotiert, sondern einer minimalen Pendelbewegung unterliegt. Im ersten vorchristlichen Jahrtausend befand sich der so genannte Frühjahrspunkt im Widder, sodass man bis heute auch vom «Widderpunkt» spricht. Dies ist allerdings irreführend, denn nach einiger Zeit ist der «Widderpunkt» in Wirklichkeit gar nicht mehr im Widder, sondern in den Fischen oder danach im Wassermann. Wir stoßen hier erneut auf das Problem der Verschiebung von Sternbildern und Sternzeichen, das uns schon oben anlässlich der babylonischen Astrologie beschäftigt hat.

Das Vorrücken des Frühjahrspunktes, lateinisch die *Präzession*, geschieht, wie man heute weiß, mit einer Geschwindigkeit von etwas mehr als 50 Bogensekunden im Jahr, also etwa 1° in 72 Jahren. Daraus ergibt sich, dass die Sonne am Frühjahrsäquinoktium nach durchschnittlich 2160 Jahren das Zodiakalzeichen wechselt und den ganzen Tierkreis in einer Periode von knapp 26 000 Jahren «durchwandert». Auch dies kann man als ein «Großes Jahr» betrachten, das vielfältige mythologische Aufladungen ermöglicht. Zwischen dem dritten und zweiten Jahrhundert v. u. Z. fand der Übergang des Frühjahrspunktes in das Zeichen Fische statt, weshalb man gerne vom Beginn des «Fischezeitalters» spricht; dass auch heute noch ein solches Phänomen großen Einfluss auf religiöse und kulturgeschichtliche Entwürfe hat, erkennt man an der reichen Spekulation über den erneuten Zeichenwechsel des Frühjahrspunktes, diesmal in den Abschnitt des Wassermanns. Das heute anbrechende «Wassermannzeitalter» ist für die New Age-Bewegung der zweiten Hälfte des 20. Jahrhunderts zu einem zentralen Identifikationsmodell geworden (trotz oder wegen der großen Vagheit der Interpretation).

Doch bleiben wir in der Antike. Aufgrund der langen Beobachtungszeit mesopotamischer Astrologen kann man davon ausgehen, dass sich schon früh ein Wissen um das Phänomen der Präzession als solcher herausgebildet hatte. Dasselbe gilt übrigens auch für die frühen europäischen Kalenderbauten, war doch der Sonnenstand nach einigen hundert Jahren deutlich gegenüber älteren Positionen verschoben. Allerdings gibt es keine Belege dafür, dass man in Mesopotamien – erst recht nicht in Alteuropa – den *Wert* der Präzession rechnerisch zu ermitteln vermochte. Dies geleistet zu haben, ist das Verdienst des Hipparch (um 190–120 v. u. Z.), der sich intensiv sowohl mit der babylonischen Astronomie als auch mit griechischer Geometrie und Arithmetik auseinander gesetzt hat (vgl. North 1994, 92–104). Neben vielen anderen astronomischen Berechnungen – zum Beispiel der Schaffung eines Sternenkatalogs, auf den Ptolemaios später seine Studien gründete – ermittelte Hipparch einen rechnerischen Wert der Präzession von etwa 1° auf hundert Jahre, was den tatsächlichen Verhältnissen recht nahe kommt. Diese Angabe wird auch von Ptolemaios unterstützt.

Wenn man bedenkt, wie groß das Interesse der antiken Kulturen an der Berechnung und Interpretation von Perioden, «großen Jahren» und Planetenzyklen war, so steht zu vermuten, dass eine Entdeckung wie die Hipparchs einiges Aufsehen erregen musste. Immerhin fiel sie genau in die Zeit, als der Frühjahrspunkt vom Widder in die Fische wechselte, was zu weit reichenden Deutungen Anlass geboten hätte. Leider sind wir hier auf Spekulationen angewiesen, denn in den antiken Quellen wird nicht explizit auf den Übergang des Frühjahrspunktes Bezug genommen. Es gibt aber Wissenschaftler, die eine massive Wirkung von Hipparchs Entdeckung auf die Religionen der Zeit für wahrscheinlich halten, bis hin zur Vermutung, der Mithraskult sei im Grunde erst durch diese astronomische Bestimmung einer Epochenwende ins Leben gerufen worden. Ich werde unten in einem eigenen Kapitel darauf eingehen, denn auch wenn diese These möglicherweise überzogen ist, kann doch kein Zweifel bestehen, dass die Kombination unterschiedlicher Modelle von Periodisierungen – etwa die «große Konjunktion» von Jupiter und Saturn, verbunden mit «Jahrwochen» oder eben dem Ort des Frühjahrspunktes – sich für alle Religionen der Antike als überaus bedeutsam erwies.

2. Der Aufstieg der Astrologie zur führenden Technik der Zeitdeutung in Rom

Die philosophischen Schulen und die Astrologie

In Rom war man, wie gesagt, auf die Astrologie nicht aus eigenen Stücken gestoßen, sondern durch die Begegnung mit Kulturen, in denen die Sternkunde bereits weit entwickelt war. Ich hatte oben schon darauf hingewiesen, dass ohne den Einfluss griechischer Philosophen der starke Zuwachs an Reputation für die Astrologie in der frühen Kaiserzeit völlig undenkbar gewesen wäre. Im zweiten und im ersten vorchristlichen Jahrhundert entwickelte sich das Nachdenken über die Welt, den Kosmos und die Götter zu einer Tätigkeit, der gebildete Römer gerne nachgingen. Oft kam die Motivation dafür weniger aus einem tiefen Interesse an theoretischer Reflexion – denn die Orientierung am praktischen und öffentlichen Handeln behielt die Oberhand –, als vielmehr aus dem Gefühl heraus, dass griechische Kultur offensichtlich der eigenen überlegen sei und man sich in irgendeiner Weise dazu stellen müsse. Das Aufsaugen der fremden Kultur erwies sich als ein geeigneter Weg.

In dieser Zeit wurden die Grundlagen für eine Auseinandersetzung mit der Astrologie gelegt, die sich bis heute in ihren Hauptlinien kaum verändert haben. Ob es sich um die Befürworter einer astrologischen Weltinterpretation handelte oder um deren Gegner – die Modelle, die in römischer Zeit entwickelt worden waren, erwiesen sich als konstitutiv für die nachfolgenden Diskussionen. Ich möchte deshalb einige dieser Beiträge beleuchten, und zwar unter Konzentration auf die damals intensiv diskutierten Fragen nach Fatalismus, Determinismus und menschlicher Freiheit sowie nach dem kosmologischen Modell, das einem Wirkzusammenhang zwischen Sternen und Menschen Pate gestanden hat. Auch wenn man gerne die einzelnen Positionen dazu bestimmten «Philosophenschulen» zuordnet, bildet eine derartige Systematisierung die tatsächlichen Diskussionen nicht angemessen ab. Vielfach übernahm man von der gegnerischen Position einige Argumente, obwohl man andere strikt ablehnte. Eine Darstellung anhand von Themengebieten scheint deshalb eher angemessen.

***Wie zwingend ist das Schicksal?* Heimarmene *und* Sympatheia** Eine wichtige Perspektive, unter der man die Astrologie beurteilte, war die Frage, inwieweit das menschliche Schicksal vorherbestimmt sei, ob man es im Voraus kennen könne und welche Macht hinter diesen Zusammenhängen wirksam sei. Es liegt auf der Hand, dass hier die philosophische Argumentation sehr schnell in eine religiöse übergeht. Von großem Einfluss war in dieser Diskussion die *Stoa,* eine griechische Richtung der Philosophie, die sich in Rom bald verbreitete und in angesehenen Schulen vertreten wurde. Ihre Bedeutung für die Astrologie erschließt sich, wenn man zwei Begriffe näher betrachtet, die hier entwickelt wurden – *Heimarmene* und *Sympatheia.*

Stoiker betrachteten das Kausalgesetz als fundamental für jede Welterklärung. Weil es nichts gibt, was nicht durch eine Ursache bestimmt ist, gibt es im Kosmos keinen Platz für Zufälle und willkürliche Ereignisse, besonders angesichts der Tatsache, dass die Kausalreihen alle miteinander verbunden sind und die Welt insgesamt eine Einheit bildet. Jenen zwangsläufig ablaufenden Mechanismus bezeichneten sie mit dem Begriff der «Heimarmene», was zunächst nichts anderes bedeutet als «Schicksal». Doch mit unserem Schicksalsbegriff hat dies wenig gemein. Die Heimarmene ist vielmehr eine Chiffre für die Gesetzmäßigkeit des Kosmos, die indes nicht statisch zu denken ist, sondern als ein dynamisches System von Kräften, das sich wie ein lebendes Wesen entwickelt und prozessual verändert. Deshalb wird bisweilen die Heimarmene auch in doppelter Hinsicht als *energeia,* also als «Kraft», bezeichnet, die das kosmische Walten antreibt, und als *ousia,* als «Seiendes», d. h. als Weltseele, die gleichsam die personifizierte Kraft darstellt. In diesem Sinne kann die Heimarmene sogar als eine Göttin beschrieben werden, die für das Walten der Kausalitäten verantwortlich ist.

Der Begriff der *Sympatheia* (griechisch für «Mitleiden») schließt hier direkt an. Wenn nämlich alle Teile des Kosmos als miteinander verbunden betrachtet werden, so wirken die Kausalprinzipien auf alle

Teile gleichzeitig ein. Der Zusammenhang zwischen verschiedenen Ebenen des Kosmos – auch wenn diese natürlich der Kausalität unterworfen sind – lässt sich als ein Zusammenhang von *Entsprechungen* deuten. Für die Astrologie hat dies zur Konsequenz, dass die Sterne, indem sie ebenso Teil der Weltseele sind wie die Menschen, in einem dynamischen Entsprechungsverhältnis mit der irdischen Welt stehen, ihre Beobachtung also Auskunft über Entwicklungen erlaubt, die im mundanen Bereich ablaufen. Dass sich ein solches Modell sehr leicht mit dem hermetischen «wie oben, so unten» verbinden ließ, liegt auf der Hand.

Interessant ist nun die Frage, ob man überhaupt noch von menschlicher Freiheit sprechen kann, wenn das ganze Schicksal – das *fatum*, wie die Römer sagen – im kausalen Walten der Heimarmene begründet ist. Viele Kritiker interpretierten die Heimarmene als «Sternenzwang» und argumentierten, dass dies das Ende jeder Ethik sei, denn der Mensch sei ja für seine Taten nicht mehr selber verantwortlich. Eine solche Kritik verkürzt allerdings die Position der Stoiker, wie man am Beispiel Senecas (ca. 4–65 u. Z.) erkennen kann. Dieser römische Philosoph ist einer der bekanntesten Vertreter einer stoischen Philosophie, die sich insbesondere mit Fragen des richtigen Handelns und des «guten Lebens» auseinander setzte. Seneca, der in seinen Werken eine genaue Kenntnis astrologischer Einzellehren an den Tag legt, hatte ein ambivalentes Verhältnis zur Frage der Heimarmene. Auf der einen Seite geht er von einer unabwendbaren Notwendigkeit und Vorbestimmtheit des Schicksals aus – besonders im Hinblick auf den Kosmos als Ganzem –, auf der anderen Seite bringt er immer wieder die Verantwortung des freien Menschen gegenüber seinem irdischen Geschick ins Spiel. In seiner Schrift «Über die Vorsehung» sagt er unmissverständlich: «Das Schicksal lenkt uns, und wie lange jedem zu leben vergönnt bleibt, hat die Geburtsstunde bereits bestimmt» (*De providentia* 5). Da nichts zufällig ist und «persönliche und öffentliche Angelegenheiten in langer Reihe miteinander verkettet sind», sei es das Beste, sich dem Schicksal vertrauensvoll und mutig zur Verfügung zu stellen (daher der heute noch gebräuchliche Begriff der «stoischen Ruhe»). Das Unausweichliche ist nämlich auch das für die Entwicklung von Person und Öffentlichkeit Sinnvollste, so die optimistische Grundannahme. Diese Annahme lässt Seneca auch davon sprechen, dass der Mensch keineswegs einem blinden Mechanismus ausgeliefert ist, dass vielmehr seine Verantwortung in der Erkenntnis seines Schicksals liegt. Der wohl berühmteste Satz dazu, den Seneca aus den Werken Ciceros gewinnt, lautet: «Die willens sind, führt das Schicksal, die nicht willens sind, schleift es» (*Ducunt volentem fata, nolentem trahunt* [*Epistolae* 107,10]). Mit anderen Worten: Wer die Erkenntnis seiner Bestimmung besitzt und im Einklang mit den kosmischen Notwendigkeiten handelt, der ist eigentlich frei und übernimmt souverän die ihm aufgegebenen Verpflichtungen – ein Paradox, das nicht alle überzeugte und das bis in die Moderne hinein immer wieder Gegenstand von philosophischen Debatten wurde. Man denke zum Beispiel an Kants berühmtes Diktum, dass derjenige frei sei, der sich selber Gesetze gebe.

Die Stoa wurde im Laufe der Zeit von anderen philosophischen Richtungen verdrängt. Als Begründung dafür lassen sich Veränderungen anführen, die nicht nur die philosophische Debatte betrafen, sondern auch soziale und politische Prozesse der ersten Jahrhunderte u.Z., die ein neues geistig-philosophisches Klima schufen. Besonders Mittel- und Neuplatonismus liefen der Stoa bald den Rang ab und wurden für die Astrologie zum bestimmenden Erklärungsansatz. Dabei nahm der Neuplatonismus durchaus Aspekte der stoischen Lehre auf, etwa die Idee des Kosmos als eines lebenden Wesens oder die Rolle der Planeten als wirkmächtige Instanzen. Denker wie Philo von Alexandria (erstes Jahrhundert u.Z.) und später der wichtigste neuplatonische Philosoph, Plotin (205–270), banden solche Gedanken aber mit hermetischen und astralmystischen Ideen im Sinne Platons zusammen und stifteten auf diese Weise ein Modell, das zwar die Heimarmene als Schicksalsprinzip anerkannte, aber zugleich eine Erlösung des Menschen in Aussicht stellte. Auf die Konsequenzen, die diese Änderung für die Religionen der Spätantike hatte, werde ich unten in Kapitel 3 noch zu sprechen kommen.

An dieser Stelle möchte ich aber auf eine Debatte eingehen, die den antiken Diskurs zur Astrologie wesentlich bestimmte und die man kennen muss, will man verstehen, warum selbst Kritiker der Astrologie die grundsätzlichen Annahmen jener Disziplin keineswegs infrage stellten. Ihre Kritik zielte nämlich nicht auf die Astrologie als solche, sondern auf eine bestimmte Form des Astralfatalismus, den sie bei vielen Astrologen der Zeit ausmachten. Ich werde dies am Beispiel Ciceros erläutern.

Kritik an der fatalistischen Astrologie: Das Beispiel Cicero Es war der griechische Philosoph Karneades (214–129 v. u. Z.), der bereits im zweiten vorchristlichen Jahrhundert die wesentlichen Argumente lieferte, die in der kritischen Auseinandersetzung mit der Astrologie fortan im Mittelpunkt standen. Karneades gründete, ganz in der Tradition Platons, eine so genannte «Neue Akademie», in der er die philosophische Skepsis zum alles entscheidenden Instrument des Nachdenkens machte. Als er im Jahre 156 nach Rom reiste, machte er schnell von sich reden, leugnete er doch jede endgültige Beweisführung und entwickelte als Erster eine Theorie der Wahrscheinlichkeit, die nur unterschiedliche Grade der Wahrscheinlichkeit kannte, nicht aber eine letzte Gewissheit. Die Methode des akademischen Zweifels wurde zum Inbegriff dieser Schule, und namhafte Philosophen Roms schrieben Karneades' Theorien später fort. Unter ihnen war auch Marcus Tullius Cicero (106–43 v. u. Z.), der in seiner berühmten Schrift «Von der Wahrsagung» die wichtigsten Argumente Karneades' gegen die Astrologie referierte und einem römischen Publikum zugänglich machte.

In *De divinatione*, während seiner letzten Lebensjahre verfasst, diskutiert Cicero die verschiedenen Techniken der Zukunftsschau, die zur damaligen Zeit *en vogue* waren: Haruspizin (Eingeweideschau), Augurium (Deutung von Vorzeichen), Losorakel und Astrologie, außerdem die «natürlichen» Deutungsmethoden, nämlich Träume und Ekstase. Seine beißende Kritik an der Astrologie leitet er mit den Worten ein: «Nun kommen wir zu den widernatürlichen Auffassungen der Chaldäer!» (II, 87). Zunächst erläutert er die Grundpositionen der sterndeutenden Zunft, wobei er sich mit den wichtigsten Techniken gut vertraut zeigt, um anschließend zum Gegenschlag auszuholen: «O unglaublicher Wahnsinn (*O delirationem incredibilem*)! Nicht jeder Irrtum darf als simple Torheit gelten» (II, 90).

Es sind im Wesentlichen sechs Argumente, die Cicero ins Feld führt: Erstens gingen die Astrologen von Voraussetzungen aus, die aus astronomischen Erkenntnissen nicht gesichert sind; denn da die Planeten unendlich weit voneinander entfernt seien, könnten sie nicht einen gleich starken Einfluss auf die Menschen ausüben, wie es die Astrologen behaupten. Betrachtet man sich die zeitgenössische Diskussion, so stellt man fest, dass diese Kritik an jene gerichtet ist, die einem kausalen Modell folgen. Doch es gab auch andere, die Cicero sehr wohl kannte und offensichtlich nicht meinen konnte, etwa Geminos von Rhodos, der im ersten vorchristlichen Jahrhundert die Frage diskutierte, ob die Sterne tatsächlich die Ursachen für mundane Einflüsse sind oder ob sie nicht vielmehr Letztere anzeigen (Geminos II,1,5 ff.; I,17,1–38). Eine solche Sicht passte auch zum Sympathiekonzept und zum «hermetischen» Entsprechungsdenken, das viele Anhänger hatte.

Ciceros zweiter Einwand gründet ebenfalls in astronomischen Überlegungen und zielt darauf ab, dass die Sternkonstellationen in unterschiedlichen Breitengraden stark voneinander abweichen, was aber Astrologen nicht ausreichend berücksichtigten. Erneut stellt sich die Frage, welche astrologische Schule Cicero hier im Auge hat, denn in professionellen Kreisen galt es schon in der frühen Kaiserzeit als notwendig, den *horoskopos*, also den Aszendenten, sowie den kulminierenden Punkt, der die Himmelsmitte (MC) bestimmte, zu berechnen (Bouché-Leclercq 1899, 257 ff.). Regeln für die Ermittlung der Hauptachsen im Horoskop finden sich bei Manilius, Vettius Valens, Firmicus Maternus und Ptolemaios. Zu nennen ist aber vor allem das astronomische Werk *Anaphorikos* des um 175 v. u. Z. lebenden Hypsikles. Dieser Gelehrte hat nämlich eine Rechenmethode entwickelt, die sich – auch wenn sie exemplarisch für das Klima (also die Breite) Alexandrias dargestellt wird – auf alle Breitengrade übertragen lässt, sobald die Dauer des längsten Tages für das jeweilige Klima gegeben ist.

Ciceros drittes Argument greift die «Unähnlichkeiten am Himmel» auf, diesmal jedoch unter Bezug auf die Witterungsbedingungen zur Zeit der Geburt: «Aber was ist denn das für ein Irrsinn, dass es trotz riesiger Umwälzungen und Veränderungen am Himmel keine Rolle spielen soll, was Wind, Regen, allgemein das Wetter überall je beitragen» (§ 94). Mit dieser Frage will er den Widerspruch aufzeigen, dass einerseits solch gravierende Einflüsse als peripher abgewertet werden, während andererseits «jenes unfassbar Feine, das man mit den Sinnen überhaupt nicht, mit dem Verstand nur schwer erfassen kann», kausal auf die Nativität einwirken solle.

Das vierte Argument betrifft die gravierenden Unterschiede zwischen einzelnen Kulturen, wie der Inder, Perser, Äthiopier und Syrer. Aufgrund dieser Divergenzen sei es außerordentlich wichtig, so Cicero, den Ort der Geburt und die damit einher gehende soziale Prägung ins Kalkül zu ziehen. Dieses Argument wurde viel diskutiert (so auch bei Philo von Alexandria), und namhafte Astrologen versuchten sich an einer Lösung des Problems. Wenn Manilius seine Schüler bei der Horoskopdeutung auffordert: «Denk an den Klang von so vielerlei Stimmen, so vielerlei Sprachen, und an Gesittung und Brauch, die dem Klima der Gegenden gleichen» (*Astronomica* IV, 731 f.), so kann Cicero kaum eine solche astrologische Schule gemeint haben. Seine Argumentation macht nur Sinn, wenn man sie auf die viel geschmähte «Vulgärastrologie» bezieht.

Das fünfte Argument wurde ebenfalls von vielen vorgetragen – übrigens bis heute. Cicero möchte nämlich wissen, «ob alle, die in der Schlacht bei Cannae fielen, unter einer und derselben Konstellation standen; aller Tod jedenfalls war ein und derselbe» (§ 97). Dies ist ein gravierendes astrologisches Problem, denn tatsächlich müssen Sterndeuter davon ausgehen, dass jene Soldaten, wie auch Bewohner einer Stadt, die von Seuchen heimgesucht oder Opfer einer Naturkatastrophe werden, ähnliche Horoskope aufweisen müssen. Auch wenn Cicero ausdrücklich betont, das Argument sei seinem eigenen Geist entsprungen, rekurriert er hier zweifellos auf Karneades. Die Astrologen vermuteten, dass ein gewaltsamer Tod anhand von bestimmten Horoskopeigenschaften bestimmt werden kann, besonders wenn Mars und Saturn in schwierigen Aspekten zu Sonne und Mond standen; an der Zeichenstellung von Mars und Saturn lasen sie sogar ab, ob ein Mensch eher durch Erdrosselung oder durch Ertrinken sterben würde. Und über den Tod in einer Schlacht schreibt Firmicus, ein Mensch mit Schützebetonung werde im Krieg grausam niedergemacht (*Mathesis* VIII,27).

Wie versuchten nun die Fachleute, Ciceros Vorwurf zu kontern? Spätestens seit Ptolemaios (zweites Jahrhundert) setzte sich die Auffassung durch, in bestimmten Kontexten – bei Kriegen und gesamtgesellschaftlichen Belangen – sei das individuelle Horoskop dem Horoskop des Königs oder Staates sowie den mundanastrologischen Planetenstellungen der jeweiligen Zeit untergeordnet.

Es werden die Ereignisse ganzer Reiche durch umfassendere und schwerwiegendere Ursachen heraufgeführt, als die des einzelnen Menschenlebens. Da nun stets schwächere Ursachen in der Natur mächtigeren untergeordnet sind, ebenso wie Teilwirkungen sich großen Allgemeinwirkungen einfügen, so ist es eine Notwendigkeit, uns vorher mit den allgemeinen bekannt zu machen, wenn wir persönliche Schicksale, die nur Teile des großen Ganzen sind, einer Betrachtung unterziehen wollen. (Ptolemaios *Tetrabiblos* II,1)

Diese Sichtweise wird auch heute noch von der Mundanastrologie vertreten, obwohl das fast ausschließliche Betrachten des Individualhoroskops einen solchen Zusammenhang vielfach aus den Augen verloren hat.

Als letztes Hauptargument gegen die Astrologie sei die Feststellung Ciceros genannt, dass die meisten Prognosen der Sterndeuter schlichtweg nicht in Erfüllung gegangen sind. Wie vielen Herrschern sei fälschlich prophezeit worden, dass sie

im Alter, alle zu Hause, alle im Glanz ihres Ruhmes sterben würden. So erscheint es mir denn höchst merkwürdig, dass es überhaupt Leute gibt, die auch jetzt noch denen ihr Vertrauen schenken, deren Voraussagen offenkundig täglich von der Wirklichkeit der Ereignisse widerlegt werden. (§ 99)

Über diese Einschätzung ließ sich in damaliger Zeit – wie auch heute – trefflich streiten. Konnte Cicero noch viele seiner Zeitgenossen von der Logik seines Einwandes überzeugen, so sollte der gesellschaftliche Diskurs schon einhundert Jahre später eine ganz andere Wendung genommen haben. Plötzlich war es ausgemacht, dass ein guter Astrologe in der Tat den Tod eines Herrschers präzise vorauszusagen wusste, und es gab dafür berühmte Beispiele, auf die ich noch zu sprechen kommen werde.

Dies sind die wichtigsten Argumente, welche Cicero gegen die Astrologie vorbringt. Einige weitere seien nur kurz aufgezählt: Der Einfluss der Eltern, die durch die Zeugung doch ganz offensichtlich Aussehen und Charakter des Kindes bestimmen; die Tatsache, dass Menschen, die zur gleichen Zeit geboren wurden, ganz unterschiedliche Schicksale erleiden können (das berühmte Zwillingsargument); Menschen mit einer angeborenen Behinderung seien zuweilen in der Lage, dieses «schicksalhafte» Defizit durch Fleiß und starken Willen zu beheben; und schließlich: Wenn wir die Prämissen der Astrologie übernähmen, müssten wir auch bei Tieren von einer Geburtskonstellation ausgehen. «Könnte man aber etwas Ungereimteres behaupten als dies?» (§ 98)

Zusammenfassend können wir konstatieren, dass Cicero in einer bis dahin kaum erreichten Brillanz die Diskussionen der Neuen Akademie dargestellt hat, die besonders von Karneades und Panaitios vorgeprägt waren. Dennoch sollte man mit einer Beurteilung vorsichtig sein. Selbst in Dialogpassagen nämlich, die Cicero ausdrücklich als seine eigene Stimme bezeichnet, hat er nicht selten Argumente eingebaut, die der Philosophiegeschichte entstammen. Allem übergeordnet – und damit der archimedische Punkt seines Denkens – ist der unverbrüchliche Skeptizismus, der davon ausgeht, dass es keine definitiven Wahrheiten gibt, welche unangefochten den Menschen auferlegt werden können. Marie Theres Fögen stellt zu Recht fest: «Cicero [...] hat mit De divinatione weder ein persönliches Bekenntnis des (Un-)Glaubens ablegen noch die traditionellen römischen Methoden der Welterklärung untergraben wollen» (1993, 258). Die nach objektiver Erkenntnis strebende Haltung der Neuen Akademie kommt auch darin zum Ausdruck, dass Cicero mit Philosophen, auch wenn sie ganz andere Positionen vertraten, lebenslange Freundschaften pflegte, etwa mit Poseidonius, Varro und Nigidius Figulus. Poseidonius und auch Varro waren gebildete Anhänger der Astrologie, sodass wir die Möglichkeit, Cicero habe die gebräuchlichen Techniken nicht gekannt und deshalb vorschnell geurteilt, wohl ausschließen dürfen. An manchen Stellen in seinen Dialogen unterstützt Cicero denn auch die Astrologie (s. *De divinatione* I, 17 f.), woraus deutlich wird, dass sich sein Angriff nicht gegen die Astrologie insgesamt, sondern gegen ihren fatalistischen und deterministischen Zweig richtet.

Ich habe die Position Ciceros deshalb ausführlich dargestellt, weil viele seiner Argumente in den folgenden Jahrhunderten wiederholt vorgebracht worden sind. Der Diskussionszusammenhang von Fatalismus, menschlicher Freiheit, den Einflüssen von Sozialisation und Umwelt und der Komplexität von Deutungsfaktoren hat immer wieder die Gemüter bewegt. Er berührt die systematischen Grundlagen der astrologischen Zeitdeutung.

Himmlische Zeichen und hohe Politik: Das Beispiel Vergil

Das Jahr 44 v. u. Z., als Cicero seine Schrift über die Vorsehung schrieb, war für die römische Geschichte ein tiefer Einschnitt, denn Caesar war ermordet worden, und das Reich befand sich in großer Unruhe. Hinzu kam, dass die militärische Macht der Parther im Osten eine dauernde Gefahr bedeutete. In einer solchen Situation reagierte man auf himmlische Ereignisse noch sensibler, als dies ohnehin schon der Fall war.

Als im Jahre 44 ein Komet über Rom zu sehen war, stellte man sogleich einen Zusammenhang mit dem Tod Caesars her und sprach davon, das *Sidus Iulium* («Stern des Julius [Caesar]») sei ein Beleg dafür, dass der Herrscher nun zu den Sternen entrückt sei und auf der Venus, im Löwen oder auch in der Waage weiterlebe. Derartige Verbindungen zwischen herrschaftlicher Macht und der Sternenwelt wurden zunehmend hergestellt, und in der frühen Kaiserzeit gab es kaum einen Potentaten, der nicht auf seine Legitimierung durch etwaige Planetenkonstellationen oder andere himmlische Zeichen zu verweisen bemüht war. Ein Komet freilich war selten darunter, denn in der Regel interpretierte man diese Erscheinung als Unglücksbotschaft. Das *Sidus Iulium* war also durchaus eine Ausnahme, es zeigt aber auch eine gewisse Variabilität, die es den Deutern erlaubte, in besonderen Situationen und aus Rücksicht auf die Interessen des Kaisers die überkommene Deutung zu verändern.

Das Jahr 44 war so eine besondere Situation. Überall im Reich grassierten Prognosen einer bevorstehenden fundamentalen Wende der Weltgeschichte, und etliche Intellektuelle in Rom und anderswo spekulierten über den Anbruch eines neuen Zeitalters, das in der Hoffnung vieler das «goldene» sein sollte. Von wirkungsgeschichtlich überragender Bedeutung war dabei das vierte so genannte «Hirtenlied» (lat. *Ekloge*) des Vergil (70–19 v.u.Z.), das der Dichter vermutlich gegen Ende des Jahres 41 v.u.Z. verfasst hat, als eine positive Wendung der Geschichte noch keineswegs in Sicht war. Vergil widmete das Gedicht seinem Gönner und Freund C. Asinius Pollio, der sechs Jahre älter als er selbst war. Asinius Pollio war für das Jahr 40 zum Konsul bestimmt, konnte sein Amt jedoch erst im Spätsommer antreten. Im Hause Pollio erwartete man im Jahre 41 die Geburt eines Stammhalters der Familie, weshalb Andeutungen auf ein edles Horoskop in der Ekloge an vielen Stellen mitschwingen, wenn auch stets überhöht in eine weltgeschichtliche Heilserwartung.

Das «letzte Zeitalter», das Vergil beschreibt, ist zugleich die Wiederkehr des Goldenen Zeitalters des Saturn und die Geburt eines göttlichen Jupiterabkömmlings (vgl. zum Ganzen Boll 1950, 332–368; Strobel 1987). Damit schließt er an die alte Lehre vom Großen Jahr und der zyklischen Erneuerung der Welt an, die ich oben bereits erläutert habe. In den Versen 4–10 spricht Vergil davon, dass die Jungfrau (Virgo), die als Dike im so genannten Eisernen Zeitalter die himmlische Wirkstätte verlassen hatte, bereits wieder zurückgekehrt sei und nun die Zeit des «teuren Gottessprosses, des großen Nachwuchs' Jupiters» angebrochen sei. Die mythologische Verbindung von Saturn und Jungfrau hat auch einen astronomischen Kern, denn zur Wintersonnenwende am 21. Dezember, wenn um Mitternacht die Sonne das Sternzeichen Steinbock (dessen Regent Saturn ist) betritt, erscheint das Zeichen Jungfrau am östlichen Horizont. Virgo fungiert also gleichsam als Geburtshelferin des neuen Äons – ein Motiv, das bis in christliche Zeit hinein immer wieder adaptiert worden ist, nicht zuletzt im Mythos der Jungfrauengeburt. Für Vergil ist Lucina, die Schwester des Apoll, mit Virgo verbunden; diese entspricht im griechischen Denken wiederum der Eileithia, deren Darstellung als Amme häufig bezeugt ist.

Neben der Überlieferung der Lehre vom Großen Jahr waren es eine Reihe von astronomischen Erscheinungen der Jahre 44 bis 40, die bei der Abfassung der Ekloge Pate gestanden haben, nicht nur der schon genannte Komet, sondern auch besondere Stellungen des Planeten Jupiter und eine Ballung von Planeten im Zeichen Steinbock zwischen dem 24. Dezember 41 (dem Fest des Helios-Apoll) und dem 6. Januar 40 (dem Fest der jungfräulichen Geburt des Aion-Kindes). An diesem Tag wurde außerdem der Jupiter stationär, ein Umstand, welcher die Frage nach dem künftigen Herrscher des Goldenen Zeitalters noch einmal mit Nachdruck zu stellen schien. Dass der junge Vergil mit einer solchen Deutung eine breite Erwartungshaltung repräsentierte, kann man daran erkennen, dass im Jahre 41 Münzen geprägt wurden, auf denen sich neben Sonne, Mond und den fünf Planeten die Aufschrift SAECULI FELICITAS («Zeitalter des Glücks») fand.

Die Lebensgeschichte des C. Asinius Gallus, dem die Verheißung der 4. Ekloge gilt, zeigt in deutlicher Weise, welcher Stellenwert dem Vergilschen Gedicht beigemessen wurde. Augustus, Caesars Stiefsohn, war natürlich über das günstige Horoskop des Polliosohnes informiert und protegierte ihn nach Kräften. Im Jahre 17 v. u. Z. erhielt Asinius Gallus die hohe Auszeichnung, als *Quindecimvir sacris faciundis* verantwortlich an der Durchführung der berühmten Saecularfeiern mitzuwirken. Für diese wichtige Inszenierung religiöser wie politischer Macht wurden erneut Münzen geprägt, auf welchen neben dem Namen des Augustus und der Aufschrift LUDI SAECULARES

(«Jahrhundertspiele») ein Stern abgebildet war. Augustus scheint Asinius Gallus sogar als seinen Nachfolger in Betracht gezogen zu haben, doch letztlich sollte er sich anders entscheiden.

Augustus (63 v.u.Z. – 14. u.Z.) war der erste römische Kaiser, der seine Politik ausdrücklich nach astrologischen Gesichtspunkten gestaltete. Sein Geburtstag war der 23. September (das Herbstäquinoktium), weshalb man davon ausging, dass er zum Wintersolstitium des Jahres 64 gezeugt worden war, also im Zeichen Steinbock «empfangen» wurde. Dies ist der Grund für die Herausstellung der Steinbockthematik, die sich durch die gesamte Regierungszeit des Augustus zieht. Man sorgte dafür, dass das Horoskop des Kaisers dem Volk bekannt gemacht wurde und der Steinbock allenthalben auf Münzprägungen sowie der berühmten *Gemma Augustea* erschien. Weitere Bestätigung für seine herrschaftlichen Ansprüche erhielt Augustus durch das *Sidus Iulium*, dessen Deutung auf Caesar hin er ausdrücklich unterstützte, und andere Erscheinungen der folgenden Jahre. Der damalige Triumvir musste die Verheißungen eines neuen Äons, besonders durch Vergil, selbstverständlich auch auf seine eigene Familie beziehen, wobei mehrere Geburten in diesen Zeitraum fielen.

Vor allem seinem im November 42 geborenen Stiefsohn Tiberius (den er später adoptierte) sollte hierbei Bedeutung zukommen, was man an der Heiratspolitik des Kaisers erkennen kann. Er zwang nämlich den Tiberius, seine offenbar glückliche Ehe mit Vipsania Agrippina aufzugeben, um die verwitwete Kaisertochter Julia zu heiraten. Als Augustus die Verflossene auch noch mit dem Polliosohn Asinius Gallus verheiratete, war Tiberius tief gekränkt und steigerte sich in einen Hass auf den Verheißungsträger des Vergil hinein, der sein ganzes Leben beeinflussen sollte. Tiberius wollte aus der Politik aussteigen – und auch aus seiner zweiten Ehe – und erstritt von Augustus die Erlaubnis, sich um das Jahr 6 v.u.Z. auf die Insel Rhodos abzusetzen. Dort gab es jene berühmte Astrologenschule, in welcher schon Poseidonius aus Apameia (zweites Jahrhundert) gelehrt hatte. Außerdem wirkte auf Rhodos der Stoiker Geminos, der durch seine «Einführung in die Himmelserscheinungen» bekannt wurde. Zwischen die Lehrzeiten jener beiden Größen fiel also der Aufenthalt des Tiberius auf der Insel.

Er lernte dort Tiberius Claudius Thrasyllus aus Alexandria kennen, einen weiteren großen Astrologen und Lehrer, der in der Folgezeit das volle Vertrauen des Tiberius genoss. In vielen antiken Dokumenten wird die Freundschaft der beiden gerühmt (z. B. Tacitus *Annales* IV,21). Als Augustus seinem Stiefsohn im Jahre 13 u. Z. die Mitregentschaft anbot, begleitete der Astrologe den künftigen Kaiser nach Rom. Thrasyllus wurde am Hof angestellt in den Jahren 23 bis 36. Er starb wenige Monate vor Tiberius.

Was Tiberius auf Rhodos lernte, setzte er konsequent in seiner Politik um. Schon seine Inthronisierung war astrologisch inszeniert, galt es doch, die Verbindung zwischen Augustus und Tiberius vor den Augen der Öffentlichkeit zu legitimieren und als Wunsch der Götter darzustellen. Also schlug man Münzen mit dem Bildnis der beiden und der Darstellung eines Sternes; außerdem konnte man eine sich im Jahr 13 anbahnende Konjunktion von Jupiter und Saturn im Zeichen Waage so interpretieren, dass hier die Einheit von Augustus und Tiberius glänzende Bestätigung fand. Natürlich musste sich der neue Kaiser zugleich des Widersachers und Verheißungsträgers des Vergil entledigen. Dies geschah auf konsequente Weise, angetrieben natürlich auch von einem persönlichen Rachegefühl, machte Tiberius den Gegner doch für das Scheitern seiner ersten Ehe verantwortlich. Übrigens kann man an der Politik des Tiberius auch erkennen, dass eine persönliche Ausbildung in astrologischen Techniken römische Kaiser keineswegs daran hinderte, streng gegen Astrologen im Reich vorzugehen. Im Gegenteil: Gerade die Überzeugung von der Richtigkeit «seriöser» und staatlich kontrollierter Astrologie führte nicht selten dazu, dass man die «vulgäre» und – vor allem – unkontrollierte Astrologie als Gefahr empfand und zu maßregeln suchte. So ist es zu erklären, dass Tiberius einen Senatsbeschluss des Jahres 16 unterstützte, der «Mathematiker, Chaldäer, Wahrsager und alle Übrigen, die etwas Ähnliches treiben», verbannen und enteignen ließ; für Ausländer verhängte er sogar die Todesstrafe (*Pauli sententiae* V,21,3).

Tiberius ist ein schönes Beispiel für die Art und Weise, wie die Astrologie in der frühen Kaiserzeit in das Denken der Herrscher Eingang fand. Politik, Religion und öffentliche Meinungsbildung wurden fortan maßgeblich durch astrologische Deutungen beeinflusst. Einige Aspekte dieses Prozesses möchte ich im folgenden Kapitel erörtern.

Astrologen und Kaiser, Schicksal und Politik

In den ersten zweihundert Jahren der römischen Kaiserzeit gab es kaum einen Herrscher, der nicht auf die Hilfe der Astrologie baute, um seine Politik zu gestalten. Wie Frederick H. Cramer gezeigt hat, kann man die Astrologen jener Zeit geradezu als die «Macht hinter dem Thron» bezeichnen (vgl. Cramer 1954, 81–146). Es war besonders die Familie des schon genannten Thrasyllus, die in diesem Zusammenhang genannt werden muss. Nachdem der Vater es durch seine Freundschaft zu Tiberius zu einer einflussreichen Stellung in Rom gebracht hatte, führte er auch seinen Sohn, Tiberius Claudius Balbillus (gestorben ca. 81 u. Z.) in die höfische Szene ein. Thrasyllus' Tochter heiratete einen römischen Ritter, ebenso wie seine Enkelin Ennia Thrasylla, die sogar als Gemahlin des Kaisers im Gespräch war. Balbillus, wie sein Vater ein hoch angesehener Astrologe, wurde der persönliche Freund des Kaisers Claudius, dann ein Berater des Nero und schließlich Hofastrologe des Vespasian. In der nächsten Generation war es Balbillus' Tochter, Claudia Capitolina, die einen Kronprätendenten heiratete, nämlich Antiochus Epiphanes, den Sohn des Antiochus IV. von Kommagene. Aus dieser Ehe gingen zwei überaus erfolgreiche Kinder hervor: C. Julius Antiochus Epiphanes Philopappus, der unter Trajan im Jahre 109 Konsul wurde, und Julia Balbilla, die um 130 eine enge Freundschaft mit der Kaiserfamilie Hadrians verband.

Es gab neben dieser Dynastie von Astrologen auch andere angesehene Sterndeuter in Rom. Man denke an Manilius, der sein berühmtes astrologisches «Lehrgedicht» dem Tiberius widmete und in die intellektuellen Diskussionen am Hof involviert war. Dennoch fällt auf, dass es eine große Lücke gab zwischen den gelehrten höfischen Kreisen und jenen Astrologen, die überall im Reich ihrer Kunst nachgingen. Spätestens seit Tiberius begann ein Astralmystizismus in der Kaiserfamilie um sich zu greifen, der keineswegs von allen im Lande geteilt wurde (vermutlich nicht einmal von Manilius). Konkurrierende Deutungen, besonders wenn sie das Leben des Kaisers und potenzielle Nachfolger betrafen, wurden vonseiten des Herrschers immer wieder radikal unterdrückt. Es begann sich ein Deutungsmonopol zu etablieren, das parallel ging mit einer zunehmenden Konzentration der Macht auf die Person des Kaisers. Die immer wieder durchgeführten Vertreibungen und sogar Hinrichtungen von Astrologen muss man vor diesem Hintergrund sehen. Weniger die Astrologie saß auf der Anklagebank, als vielmehr der vermeintliche «Hochverrat» (*maiestas*) der Astrologen, die das Selbstverständnis des Kaisers tangierten. Erst im vierten Jahrhundert begann man, die Astrologie selber als gefährliche und «falsche» Disziplin vor Gericht zu stellen.

Um zu verdeutlichen, wie massiv astrologische Vorhersagen das Leben und die Politik der Kaiser jener Zeit prägten, möchte ich drei Geschichten erzählen: Die erste handelt von Kaiser Nero, der zum Spielball seines eigenen schwierigen Horoskops wurde, die zweite vom tragischen Leben und Sterben des Domitian, die dritte von Hadrian, einem Astrologen auf dem Thron.

Nero oder: Wie erfüllt man ein schwieriges Horoskop? Im Rom des ersten und zweiten Jahrhunderts war es üblich, bei Geburten in angesehenen Familien ein Horoskop erstellen zu lassen, um die Zukunft des Kindes, seine Karrierechancen, den Verlauf der Ehe, mögliche Krankheiten und nicht zuletzt auch die Lebensdauer genau zu kennen. Handelte es sich um eine Senatorenfamilie, um Adlige oder andere Kreise, die dem Kaiserhaus gefährlich werden konnten, musste man solche Horoskope freilich diskret behandeln, da die Kaiser eifersüchtig darüber wachten, dass günstige Horoskope von potenziellen Gegnern nicht in Umlauf gebracht werden konnten. Ganz anders natürlich bei den eigenen Nativitäten: Jede Planetenstellung, die einigermaßen auf eine große Zukunft hinzudeuten schien, wurde dem Volk – und den Mitbewerbern – bekannt gemacht, um von vornherein den Anspruch auf die Macht zu unterstreichen. Allerdings waren die Horoskope nicht immer so günstig, dass man sie in dieser Art und Weise publizieren konnte. Bei Neros Geburt am 15. Dezember 37 etwa waren sich die meisten Fachleute, unter ihnen Thrasyllus selbst, schnell einig, dass es sich hier um ein äußerst spannungsreiches und impulsives Horoskop handelte, das für den Besitzer eine enorme Tragik bereit hielt. Es dürfte Thrasyllus oder der junge Balbillus gewesen sein, auf den sich Dio Cassius in seinem Bericht bezieht:

Ein gewisser Sterndeuter gab aufgrund dieser Tatsache [dass nämlich das Horoskop so schlecht sei] und der Bewegung der Gestirne in jenem Zeitpunkt sowie ihres gegenseitigen Standes gleichzeitig zwei Prophezeiungen, die den Kleinen betrafen, einmal, dass er Kaiser werde, und dann, dass er seine Mutter ermorde. Als [seine Mutter] Agrippina davon hörte, geriet sie augenblicklich derart von

Sinnen, dass sie tatsächlich den Ausruf tat: «Er soll mich umbringen, wenn er nur Kaiser wird!» Doch später sollte sie ihren Wunsch bitter bereuen. (*Historia Romana* LXI)

Neros Politik – und auch sein extremer Lebenswandel, von dem sein Lehrer Seneca zutiefst schockiert war – war nicht dazu geeignet, diese Prognosen später in Zweifel zu ziehen. Durch geschickte Politik seiner Mutter Agrippina wurde Nero als Stiefsohn durch Claudius angenommen, was ihm den Weg auf den Thron ebnete. Während der neue Kaiser danach weiter auf die Dienste des Balbillus vertraute, wurden hinter seinem Rücken Ränke geschmiedet. Poppaea Sabina nämlich, nach Meinung der Historiker die schönste Frau im Römischen Reich und seit 58 die Geliebte Neros, war mit der ihr zugefallenen Rolle keineswegs zufrieden und strebte die Partizipation an der kaiserlichen Macht an, mit anderen Worten: die Ehe mit dem Kaiser. Durch geschickte Einflussnahme gelang es ihr, Nero von der Notwendigkeit zu überzeugen, Agrippina zu beseitigen. Auf diese Weise erfüllte der Kaiser auch den zweiten Teil der frühen Prophezeiung. Zur gleichen Zeit hatte Poppaea schon einen beachtlichen Kreis von Astrologen um sich versammelt, nicht zuletzt, um gegen den mächtigen Balbillus etwas in der Hand zu haben. Tacitus dazu: «Viele dieser [Astrologen] nahmen an den geheimen Versammlungen der Poppaea teil und waren die übelsten Werkzeuge im Betrieb der kaiserlichen Ehe» (*Historiae* I,22).

Im Jahre 62 war Poppaea am Ziel, alle Gegner waren ausgeschaltet, und die Ehe wurde geschlossen. Allerdings waren die nächsten Jahre keineswegs dazu angetan, Harmonie und Ruhe aufkommen zu lassen, denn Nero wurde in immer größere Schwierigkeiten verwickelt, die eskalierten, als es im Jahre 64 zu einem verheerenden Brand in Rom kam, von dem nicht wenige der Meinung waren, der Kaiser selber hätte ihn gelegt, um Platz für seine grandiosen Bauvorhaben zu schaffen. Zusätzlichen Auftrieb bekamen derartige Gerüchte, als «gegen Ende des Jahres ein Komet erschien, den Nero stets mit dem Blut von Edlen zu besänftigen trachtete» (Tacitus *Annales* XV,47). Was Tacitus nur kurz vermeldet, berichtet Sueton ausführlicher:

Ein Komet, dessen Erscheinung nach geläufiger Meinung Unheil für den höchsten Herrscher ankündigt, hatte sich bereits seit etlichen Nächten in Folge am Himmel gezeigt. Hiervon beunruhigt, konsultierte [Nero] den Astrologen Ba[l]billus, und als er von diesem die Nachricht bekam, dass Könige in der Regel durch die Exekution einer Anzahl von berühmten Persönlichkeiten ein derartiges schlechtes Zeichen von sich selber auf ihre Nobilität ablenken können, entschied sich [Nero] sofort, alle Vornehmen Roms zu ermorden, dies umso mehr, als die Entdeckung von zwei Verschwörungen ihm hierfür eine Art Rechtfertigung verschaffte. (*Nero* 36)

Der Brand in Rom war übrigens Anlass zur Verfolgung von Christen, die wiederum ein derartiges Zeichen als unmissverständliches Signal für den Anbruch der Endzeit interpretierten. Auch jüdischerseits war man an Deutungen beteiligt, und es ist interessant, dass der jüdische Historiker und spätere römische Befehlshaber im jüdischen Krieg gegen Rom, Josephus Flavius, zur selben Zeit in der Hauptstadt war und die Bekanntschaft mit Poppaea machte.

Die Ehe zwischen Poppaea und Nero stand jedenfalls ganz offensichtlich nicht unter einem guten Stern. Die ambitionierte Kaiserin wurde von ihrem eigenen Gemahl ermordet. Nero selbst folgte ihr am 9. Juni 68 durch seinen Freitod, womit er die julisch-claudische Dynastie beendete und den Weg frei machte für die Flavier. Astrologen werden mit stiller Genugtuung zur Kenntnis genommen haben, dass genau zu dieser Zeit der in Neros Horoskop so schwierig aspektierte Saturn seine erste Wiederkehr erreichte und sein Quadrat zu Radixsonne und Radixmars aktivierte – mit allen tragischen Konsequenzen, die das haben musste.

Domitian oder: Von der Unentrinnbarkeit des Schicksals Domitian folgte seinem Bruder Titus im Jahre 81 auf den Thron. Waren Vespasian und Titus mit einem astrologischen Fatalismus erstaunlich souverän umgegangen, so sollte dies bei ihrem Nachfolger anders sein. Die fünfzehn Jahre seiner Regentschaft standen nämlich von vornherein unter dem negativen Einfluss, welchen eine frühe astrologische Prophezeiung ausübte. Sueton überliefert:

Seit langer Zeit hatte [Domitian] sichere Kenntnis vom Jahr und Tag seines Todes, in der Tat sogar von der Stunde und der Art und Weise seines Endes. In seiner Jugend hatten ihm die Chaldäer all dies vorhergesagt. […] Sogar sein Vater machte sich einmal am Tisch über ihn lustig, als er sich weigerte, von bestimmten Pilzen zu essen: «Kennt er das Schicksal, das auf ihn wartet, nicht viel besser?! Er sollte sich vor Eisen fürchten (und nicht vor Pilzen).» (Sueton *Domitian* 14,1)

Domitian fürchtete sich vor beidem. Sein Fatum-Verständnis lässt sich vielleicht am besten so interpretieren, dass das Schicksal nicht unter *allen* Umständen eintreffen wird – ein Glaube, der seinen Vater und seinen Bruder unerschütterlich prägte –, sondern dass man dem Glück nachzuhelfen hat, will man an seinem Glanz teilhaben. Und so ließ Domitian keine Gelegenheit aus, trotz des ängstlichen Glaubens an die Richtigkeit der frühen Prophezeiung jegliche Gefahr aus seiner Umgebung zu tilgen. Viele, die ein herrschaftliches Horoskop aufwiesen oder entsprechende Absichten vermuten ließen, wurden vom Kaiser brutal verfolgt und in vielen Fällen umgebracht.

In seine ganze Politik flossen astrologische Überlegungen mit ein. Man erkennt das nicht zuletzt an jenen imposanten Bauwerken, mit denen Domitian die Vergöttlichung des Kaisers auch äußerlich sichtbar machen wollte. Hierin übertraf er sogar noch die berühmte *Domus Aurea* («Goldenes Haus»), die Nero in Rom hatte errichten lassen. Die *Domus Flavia* («Haus der Flavier») wurde wie einst das Haus des Augustus auf dem Palatin gebaut und überragte die julisch-claudischen Herrscherhäuser und den Circus Maximus. Die gigantische Kuppel, die einen Prunksaal von 1200 Quadratmetern überwölbte, war mit astrologischer Symbolik ausgestaltet. Sie trug «die Sterne und die Himmelssphäre», unter welcher, gleichsam der irdischen Sphäre entrückt, sich der Thron befand. So beschreibt Martial (*Epigramme* VII) das Gebäude, stellvertretend für andere Berichterstatter.

All diese Bemühungen konnten den Schatten der frühen Prophezeiung nicht von Domitian nehmen. Im Gegenteil: Hysterisch versuchte der Kaiser seinem Schicksal zu entkommen. Erneut ist es Sueton, dem wir einen detaillierten Bericht verdanken:

> Als der Zeitpunkt der drohenden Gefahr näher rückte, wurde er von Tag zu Tag besorgter. Er ließ die Wände aller Räume, durch die er zu gehen pflegte, mit reflektierenden Steinen bedecken, um durch ihren Spiegeleffekt alles sehen zu können, was sich hinter seinem Rücken abspielte. Ferner befragte er Gefangene meist im Geheimen und allein, wobei er selbst ihre Ketten noch mit den eigenen Händen festhielt. (*Domitian* 14,4)

Es sollte ihm nichts nutzen. Seine eigene Frau heuerte die Mörder an, welche die Prophezeiung erfüllen sollten. Der Tod Domitians war darin auf die fünfte Stunde des 18. September 96 terminiert worden. Einen Tag zuvor teilte der Kaiser seinen Vertrauten mit, dass «am folgenden Tag der Mond im Wassermann mit Blut befleckt würde und eine Tat geschehe, von der die Menschen überall auf der Welt sprechen würden» (Sueton *Domitian* 14,1). Domitian versuchte dieses Omen «abzuleiten», indem er sich einfach in die Hand schnitt und hoffte, dies sei eine ausreichende Entsprechung der Vorhersage.

Ein anderes Ereignis dieses Tages dürfte ihn an den Rand der Verzweiflung gebracht haben. Der Kaiser ließ nämlich einen Astrologen vorladen, der des Hochverrats beschuldigt wurde, vermutlich weil er den Tod des Herrschers vorausberechnet hatte (s. Cramer 1954, 143 f.). Auf die Fangfrage, ob er als Astrologe auch sein eigenes Schicksal voraussagen könne, antwortete jener Ascletarius, er werde in Kürze von Hunden in Stücke gerissen. Um zu beweisen, dass er sich irrte, befahl der verzweifelte Domitian daraufhin, ihn unverzüglich zu töten und in aller Vorsicht zu bestatten. Doch es kam anders. Ein plötzlicher Sturm löschte das Bestattungsfeuer, und während die für die Verbrennung Verantwortlichen Schutz suchten, fiel ein Rudel Hunde über den Leichnam her und zerriss ihn. Der Kaiser erfuhr am Abend des 17. September davon und reagierte mit Panik.

Am besagten 18. September versuchte Domitian, allen Gefährdungen aus dem Weg zu gehen. Als die Zeit für seine Mittagsruhe kam, zog er sich in die Privatgemächer zurück. Unter seinem Kopfkissen pflegte stets ein Schwert zu liegen, doch Parthenius, einer der Verschwörer, hatte es entfernt und nur die Scheide dort gelassen, was Domitian nicht bemerkte. Nun wollte er die fünfte Stunde abwarten, dann wäre alles überstanden; nach schier endlosem Warten fragte er nach der Zeit und bekam die falsche Antwort, die fünfte Stunde sei schon vorüber. Mit einem Mal fiel die ganze Anspannung von Domitian ab, und als er auf dem Weg ins Bad von einem der Verschwörer, Stephanus, gefragt wurde, ob er ihm eine wichtige Neuigkeit persönlich überbringen dürfe, willigte er ein. Stephanus erstach den Kaiser, bevor die anderen Verschwörer hinzukamen und ihm den Gnadenstoß versetzten. Stephanus selbst wurde anschließend von Anhängern des Domitian erschlagen.

Das für Domitian Tragische an dieser Episode ist die Tatsache, dass sein astrologisch errechneter Todestermin allgemein bekannt war und auch die von Domitians Frau angeheuerten Mörder sich deshalb im Einklang mit den kosmischen Rhythmen empfunden haben dürften. Sie vollstreckten lediglich das, was ohnehin vorbestimmt war, gleichzeitig garantierte der richtige Zeitpunkt ihres Anschlags das Gelingen desselben.

Mit dem Ende der flavianischen Dynastie war auch der Höhepunkt des Einflusses von Astrologen am kaiserlichen Hof überschritten. Doch die Ausrichtung der Politik nach astrologischen Gesichtspunkten bestand weiterhin, insbesondere bei Hadrian.

Hadrian oder: Ein Astrologe wird Kaiser Nach der Ermordung Domitians begann ein neues Kapitel in der römischen Geschichte. Nun waren es die Antoninen, die zunächst in der Person des 70 Jahre alten Nerva die Geschicke des Landes lenkten und Rom bald zu einer neuen politischen und kulturellen Blüte bringen sollten. Nerva war klug genug, gleich bei seiner Thronbesteigung im Jahre 96 einen Nachfolger zu benennen, den 43-jährigen Trajan, der auch tatsächlich nur 14 Monate später (98) die Macht übernahm. Trajan wurde vor allem durch seine militärischen Erfolge berühmt und durch seine imperialen Bauten in Rom, was ihm den Titel *Optimus Princeps*, «Bester aller Herrscher», einbrachte. Im Jahre 117, am Ende seiner Regentschaft, hatte das Römische Reich eine unvorstellbare Größe erreicht, das Mittelmeer war ein römisches Binnengewässer, und die Zentralgewalt in Rom sah sich zunehmend vor die (im Grunde unlösbare) Aufgabe gestellt, die kulturell und religiös doch sehr disparaten Provinzen auf eine einheitliche Linie zu bringen.

Hadrian, der als Nachfolger Trajans eingesetzt wurde, führte die Politik seines Stiefvaters fort, allerdings verschob sich sein Hauptaugenmerk vom Militärischen auf den kulturellen und den Bildungssektor. Dabei spielte die Astrologie eine gewichtige Rolle (ausführlich zum Folgenden Cramer 1954, 162–178). Hadrian, wie Trajan aus Spanien stammend, wurde in eine Familie hinein geboren, die bereits über eine beachtliche astrologische Vorgeschichte verfügte. Sein Großonkel, Aelius Hadrianus, galt als Experte auf diesem Gebiet, und auch der Vater Hadrians, P. Aelius Afer, war über seine Zukunft durch das Erstellen eines Geburtshoroskops bestens informiert. Durch einen glücklichen Umstand ist jenes Horoskop, für den 5. April 40 u. Z., vor einiger Zeit identifiziert worden. Als nun am 24. Januar 76 u. Z. die Frau des P. Aelius Afer, Domitia Paulina, einen Sohn zur Welt brachte, hat man unverzüglich auch für diesen ein Horoskop erstellt, wozu der Großonkel selbst ohne weiteres in der Lage war.

Wir haben es dem Astrologen Hephaistion von Theben (viertes Jahrhundert) zu verdanken, dass uns das Horoskop Hadrians überliefert ist. Hephaistion wiederum hat die Informationen von Antigonus von Nicaea, einem Astrologen des zweiten Jahrhunderts. Dieses Horoskop ließ für die damaligen Fachleute keinen Zweifel daran, dass dem Kind eine großartige imperiale Zukunft bevor stehen würde, und es kann als sicher gelten, dass auch der spätere Kaiser sehr früh mit den Erwartungen vertraut war, die das Horoskop an ihn stellte. Zunächst aber sah es gar nicht danach aus, als würde er sie erfüllen können, und nur durch seine enge Verbindung zu Trajans Frau Plotina wurde Hadrian in die engsten Kreise um den Kaiser eingeführt. Natürlich ging sofort das Gerücht, Plotina und Hadrian hätten ein Verhältnis miteinander, was nicht unverständlich wäre, denn Trajan interessierte sich mehr für den Krieg und für schöne Jungen, während die intellektuelle Kaisersfrau in Trajan einen hoch gebildeten Gesprächspartner fand.

Wie dem auch sei, am 8. August 117 starb Trajan und adoptierte Hadrian noch auf dem Sterbebett. Hadrian, der in seiner Studienzeit vollends dem griechischen Bildungsideal verfallen war, setzte, nachdem er den Thron übernommen hatte, konsequent sein Wissen in die Praxis um. Nicht nur, dass er die griechischen Philosophen kannte und fließend Griechisch sprach, auch in der Architektur war er gebildet und – wie sich denken lässt – in der Astrologie. In den Annalen Roms wird er dafür gerühmt, an jedem Neujahr vorausberechnet zu haben, was ihn im folgenden Jahr erwarten würde. Selbst die Stunde seines Todes soll er zu Beginn des Jahres 138 prognostiziert haben.

Eines der eindrucksvollsten Bauwerke, die Hadrian persönlich entwarf und errichten ließ, ist das im Jahr 121 in der Gegend des Marsfeldes in Rom entstandene *Pantheon*, das, wie der Name sagt, ein Heiligtum für alle Götter darstellen sollte, subtil jedoch eine Vergöttlichung des Kaisers bildlich umsetzte. Es entstand auf den Resten eines früheren Pantheons, das 25 v. u. Z. geweiht und unter Trajan 110 in einem Brand zerstört worden war. Das bis heute erhaltene Bauwerk – 609 war es auf Anordnung des Kaisers Phokas an Papst Bonifaz IV. in eine Kirche verwandelt worden – ist ein riesiger Rundbau mit einem äußeren Durchmesser von 58 m (s. Abbildung 5). Besonders der Innenraum stellt eine architektonische Meisterleistung dar, ist in ihm doch ein Kugelschema mit etwa 44 m Durchmesser eingeschrieben, das an seinem Scheitelpunkt in eine 9 m große Öffnung (*Oculus*) mündet, die einzige Lichtquelle des ganzen Gebäudes. Der Saal hat acht Ausbuchtungen, wobei der Eingang an der Längsachse liegt und der Rest

Abb. 5 Das Pantheon Kaiser Hadrians in Rom. Die Rekonstruktion zeigt die Skulpturen im Giebelfeld, die Bronzestatuen sowie die Marmorverkleidung der Außenmauern.

aus sieben Nischen mit abwechselnd halbkreisförmigen und rechteckigen Apsiden besteht. Schon die damaligen Besucher erkannten sogleich eine Abbildung der sieben Planetensphären in dieser Gliederung, die sich in einer vertikalen Aufteilung des Innenraums in zwei Ebenen weiter fortsetzt. Die Ebenen symbolisieren die konzentrischen Kreise der Planetenbahnen, die wiederum ganz auf die Sonne ausgerichtet sind, welche durch den Oculus ihr Licht in das Heiligtum scheinen lässt.

Durch die vollkommene Abbildung von geometrischen Zusammenhängen realisiert das Pantheon des Hadrian nicht nur die Zahlenmystik der Pythagoräer, sondern auch die stoische Himmelsmechanik des Universums und die Sphärenharmonie, von der die Platoniker gesprochen hatten. Obwohl Hadrian keine Statue von sich selber im Heiligtum aufstellen ließ, besteht doch kein Zweifel daran, dass er selbst als Repräsentant der Sonne – Helios, *Sol Invictus* (die unbesiegte Sonne) – im Gebäude vergöttlicht wurde. Dies kann man nicht zuletzt an der Quadriga erkennen, die früher über dem Eingangstor stand und die solare Herrschaft symbolisierte. Von Dio Cassius wird ferner berichtet, dass der Kaiser inmitten der

Götter des Pantheon Recht zu sprechen pflegte. Insofern dürfte Henri Stierlin wohl zuzustimmen sein, wenn er das Pantheon als astrologisch aufgeladene Verherrlichung des Kaisers als Kosmokrator («Allherrscher») bezeichnet:

> Die Realität der Macht, die sich in der Person des Gottmenschen konzentriert, welcher die Geschicke der Welt lenkt, setzt es in Bilder um. So erweist es sich als ein Tempel mit dem Zweck der Anbetung des Herrschers, der in seiner immateriellen, leuchtenden und transzendenten Präsenz den ganzen Raum in sein Licht taucht und die Welt regiert. (Stierlin 1988, 166)

Hadrians gesamte Politik war von philosophischen und astrologischen Bildungsidealen geprägt. Wie sehr er tatsächlich von hellenistischer Kultur beeindruckt war, zeigt sich auch in seiner letzten, berühmt gewordenen, Reise, die ihn zwischen 128 und 132 u.Z. über Athen und Kleinasien nach Ägypten führte, von wo er vermutlich über Syrien und Athen nach Rom zurückkehrte. In seinem Gefolge reiste nicht nur ein gewisser Antinous, von dessen Schönheit Hadrian berauscht war und der auf mysteriöse Weise im Nil ertrank (es geht das Gerücht, Antinous habe sich freiwillig geopfert, um ein prophezeites Unheil von Hadrian abzulenken; Hadrian verkündete später die Verstirnung seines Geliebten), sondern auch Julia Balbilla, die Urenkelin des berühmten Astrologen Thrasyllus. Julia Balbilla scheint sich mit Hadrians Frau Sabina durch ihre hohe Bildung sehr verbunden gefühlt zu haben. Wir dürfen wohl davon ausgehen, dass die tief in der hellenistischen Geisteswelt verankerte Julia, überdies mit dem ganzen Stolz ihrer Familie, einen regen Austausch mit Hadrian und seiner Frau pflegte, nicht zuletzt natürlich über astrologische Fragen.

Leider sind von Julia Balbilla lediglich einige fragmentarische Gedichte erhalten, doch immerhin verdanken wir ihr das genaue Datum des Aufenthalts der Reisegesellschaft am berühmten Memnonkoloss, also der Statue Amenophis' III: es war der 20. und 21. November 130, wie Julia in den Fuß der Statue ritzte. In ihren huldigenden Gedichten wird die astrale Bedeutung der Herrschaft Hadrians deutlich: Er ist der «Geliebte der Götter», eine Wendung, die im zweiten Jahrhundert schon üblich geworden war im Hinblick auf das Selbstverständnis der Kaiser und ihre astrologische Legitimation.

Die Erlebnisse der Reise und die Begegnung mit den Kulturgütern Ägyptens und Griechenlands überzeugten Hadrian noch einmal von dem großen Erbe, auf dessen Schultern Rom gewissermaßen stand.

Hatte er schon immer die Astrologen auch materiell unterstützt, so ließ er, nach Rom zurückgekehrt, nach athenischem Vorbild Gymnasien einrichten (was seine Vorgänger als lächerlich betrachtet hätten), an denen Griechisch und Lateinisch unterrichtet wurde und die vermutlich auch eine Rechtsschule beinhalteten. Außerdem unterstützte er das *Museion* der Universität von Alexandria, an dem der junge Ptolemaios, der bald darauf Professor werden sollte, möglicherweise bereits auf sich aufmerksam machte.

An den Episoden, die ich aus dem Leben Neros, Domitians und Hadrians berichtet habe, zeigt sich die feste Verankerung der astrologischen Weltinterpretation im öffentlichen Diskurs der römischen Kaiserzeit. Wissenschaft, Politik, Kunst und Religion waren von einer astrologischen Symbolik durchdrungen, und trotz kritischer Stimmen gegen eine allzu fatalistische Interpretation des «Sternenschicksals» gab es kaum jemanden, der die Sprache der Astrologie grundsätzlich als untauglich zur Deutung der Wirklichkeit betrachtete. Deshalb ist es nicht verwunderlich, dass die wesentlichen theoretischen Abhandlungen zur antiken Astrologie genau in dieser Zeit entstanden sind.

Die großen astrologischen Werke der Spätantike

In der römischen Kaiserzeit führte die intensive philosophische und wissenschaftliche Auseinandersetzung mit der Astrologie zu einem gesteigerten Interesse an der Zusammenfassung des aus der Tradition übernommenen sternkundlichen Wissens. In diesem Prozess kam es jedoch nicht nur zur Sammlung älterer Traditionsbestände, sondern auch zu einer empirischen und theoretischen Systematisierung, die vielfach neue Lehrpositionen begründete. Die in dieser Zeit geschaffenen Werke – allen voran die «Vier Bücher» (*Tetrabiblos*) des Ptolemaios – bildeten fortan eine Art Kanon, auf den sich spätere Generationen von Astrologen immer wieder beriefen. Vier dieser Autoren möchte ich in diesem Kapitel vorstellen.

Manilius Der zur Zeit des Augustus und Tiberius lebende M. Manilius legte mit seinem «astrologischen Lehrgedicht» die erste geschlossene Darstellung des antiken Wissens zur Astrologie vor. Das unter dem Titel *Astronomica* bekannte Werk möchte in fünf Büchern einen Überblick über alle Gebiete der damaligen Astrologie geben, doch weil

Manilius in den ersten Regierungsjahren des Tiberius seine Arbeit vermutlich plötzlich unterbrach, deckt das Werk nicht alle Gebiete der zeitgenössischen Astrologie vollständig ab (vgl. Hübner 1984).

Von der zunehmenden Durchdringung der (stoischen) Philosophie mit astrologischem Gedankengut, wie es in der frühen Kaiserzeit allenthalben anzutreffen ist, zeugt auch das Lehrgedicht des Manilius. Der Gedanke der den Kosmos durchwaltenden Sympathie und der Göttlichkeit der Sterne findet sich bei ihm ebenso wie der Glaube an das Fatum, welches sich in der astralen Dimension offenbart. Ein Ausdruck dieser sich immer deutlicher abzeichnenden Tendenz sind die beiden berühmt gewordenen Verse:

Quis caelum posset nisi caeli munere nosse
Et reperire deum nisi qui pars ipse deorum est. (*Astronomica* II,115 f.)

Johann Wolfgang von Goethe übersetzte 1784: «Schenkt es der Himmel ihm nicht, wer könnte den Himmel erkennen,/Und wer fände Gott, der nicht selbst ein Teil ist der Göttlichkeit.»

In der Folgezeit sind beinah alle Autoren astrologischer Literatur um eine Verbindung der weltanschaulich-philosophischen Grundlagen mit dem tradierten religiösen wie wissenschaftlichen Erbe bemüht. Und so liegt der besondere Wert des Manilius darin, für viele astrologische Einzellehren einen der frühesten Belege geliefert zu haben (ausführlich Hübner 1982).

Klaudios Ptolemaios Der wichtigste Autor astronomischer wie astrologischer Schriften der Spätantike war der aus Ptolemais in Mittelägypten stammende und an der Universität von Alexandria wirkende Klaudios Ptolemaios (um 100–178 u. Z.). Das Alexandria jener Zeit – die Einwohnerzahl lag über 500 000 – galt in der ganzen antiken Welt als die Hochburg hellenistischer Geistigkeit und fühlte sich gegenüber Rom als die weitaus gebildetere Metropole (ein Urteil, dem selbst Kaiser Hadrian zuneigte, wie wir sahen). Man denke allein daran, dass die Universitätsbibliothek von Alexandria über mehr als 400 000 Bände verfügte. Die Bibliothek wurde später von Christen in Brand gesteckt.

An diesem Ort wirkte Ptolemaios. Er verfasste neben vielen kleineren Untersuchungen zwei umfangreiche Werke, die die nachfolgende Wissenschaft über 1000 Jahre prägen sollten. Sein frühestes Opus ist die berühmte *Syntaxis mathematica,* die gewöhnlich als die Vollendung der antiken Astronomie betrachtet wird. Dieses im Jahr 148 in wesentlichen Teilen abgeschlossene Werk, das auch unter dem Namen *Almagest* bekannt ist, umfasst dreizehn Bücher und gibt einen detaillierten Überblick über alle astronomisch-mathematischen Kenntnisse der damaligen Zeit. Ohne hier auf Einzelheiten zu sprechen zu kommen (vgl. North 1994, 104–124), sei lediglich darauf hingewiesen, dass Ptolemaios nach streng empirischer Methode eine neue Grundlage für das bis Kopernikus gültige geozentrische Weltbild schuf, welches bekanntlich bis heute in der Astrologie Verwendung findet. Nach einem allgemeinen Teil, in dem er die Kugelgestalt des Himmels und der Erde sowie die Schiefe der Ekliptik und die Lage der bewohnten Gebiete der Erde darstellt (Bücher I–II), behandelt er die Bewegungen und die Größe von Sonne und Mond, verbunden mit Konjunktionen, Finsternissen etc. (III–IV). Der größte Teil der *Syntaxis* schließlich (VII–XIII) ist der Betrachtung der Sternenwelt gewidmet: Ptolemaios beschreibt die Fixsternsphäre und gibt sowohl einen vermutlich auf Hipparch zurückgehenden Sternkatalog mit 48 Sternbildern und insgesamt 1022 Sternen, die alle nach Länge und Breite bestimmt werden, als auch eine Berechnungsregel für die Präzession (die allerdings nicht korrekt ist, da er Hipparch hier offensichtlich falsch interpretierte). In Buch IX–XIII folgt schließlich die Theorie der fünf Planeten mit allen Berechnungsgrundlagen für heliakische Auf- und Untergänge, retrograde Phasen und solche des Stillstands, Tabellen zur Längen- und Anomaliebewegung und weitere für damalige Astronomen entscheidende Themengebiete.

War der *Almagest* für die Entwicklung der astronomischen Wissenschaft von epochaler Bedeutung, so kommt dem zweiten Werk des Ptolemaios eine nicht minder herausragende Rolle für die Astrologiegeschichte zu. Es handelt sich hierbei um die unter dem Titel *Apotelesmatika* oder *Tetrabiblos* (zuweilen auch in der lateinischen Form *Quadripartitum*) bekannt gewordene Schrift, die Ptolemaios mit Sicherheit nach Abschluss des *Almagest* verfasste. Auch in diesem Fall wertete er ältere Fachliteratur aus, wobei insbesondere babylonische Traditionen aufgenommen wurden.

Der Inhalt des Werkes lässt sich grob in drei Teile gliedern: In Buch I werden die Grundlagen einleitend behandelt, wobei eine systematische Einteilung der Gestirne nach astrologischen Gesichtspunkten erfolgt. Die Sternwirkungen verstärken sich oder werden abgeschwächt durch bestimmte Positionen. Das II. Buch ist der *Mundanastrologie* gewidmet; es befasst sich mit allgemeinen Voraussagen für ganze Länder, Städte und Völker. Die Bücher III und IV schließlich behandeln die Geburtshoroskopie oder *Genethlialogie.* Hierin sind praktisch alle zur Verfügung stehenden Deutungsfaktoren ausführlich berücksichtigt, angefangen bei der individuellen Stellung der Planeten bis hin zu sehr konkreten Aussagen über Körperbau, Eltern, Geschwister, Berufsaussichten, psychische Dispositionen, Liebe, Ehe und anderes mehr. Alle diese Deutungen werden konkretisiert anhand einer recht differenzierten *Aspektlehre,* die durch Ptolemaios eine entscheidende Festigung erfuhr. Hinzuzufügen ist weiterhin, dass in den *Tetrabiblos* verschiedene damals bereits ausgebildete Lehren keine Berücksichtigung fanden, und zwar nicht nur eher marginale Traditionen wie die so genannten Paranatellonta, sondern auch die Dekan- und Häuserlehre, die sich in Ägypten durchaus einiger Beliebtheit erfreute. Man wird daraus schließen können, dass Ptolemaios die babylonische Astrologie deutlich über die sternkundlichen Ansätze in Ägypten stellte.

Der alexandrinische Professor wurde bald über die Grenzen hinaus berühmt, und seine Werke erreichten eine unangefochtene Spitzenstellung innerhalb der spätantiken Astrologie. Insbesondere die muslimische Sternkunde und Philosophie tradierte das darin enthaltene Wissen in mittelalterlicher Zeit, fertigte zahlreiche Kommentare und Erweiterungen an und sorgte dafür, dass die systematische und wissenschaftlich orientierte Astrologie auch späteren Denkern nicht verloren ging.

Vettius Valens Vettius Valens aus Antiochia lebte ungefähr zur selben Zeit wie Ptolemaios. Die genauen Lebensdaten des aus kleinen Verhältnissen stammenden Astrologen sind nur aus einigen Bemerkungen ersichtlich, die er in seinen *Anthologien* macht. Aus den in diesem Werk enthaltenen Horoskopen kann man den Zeitraum weiter eingrenzen, was zu dem Ergebnis führt, dass das Werk im Jahre 188 u. Z. abgeschlossen gewesen sein dürfte. Die wichtigste Schaffensperiode des Vettius Valens lag mit Sicherheit in den 50er und 60er Jahren des zweiten Jahrhunderts, als die Bücher II–VIII der Anthologien entstanden.

Die besondere Bedeutung dieses Astrologen liegt in der umfangreichen Horoskopsammlung, die er angelegt hat. Dabei hat er sich nicht auf die reine Sammeltätigkeit beschränkt, sondern verfolgte einen wissenschaftlich-empirischen Plan, indem er die Horoskope im Nachhinein (*ex post factu*) im Licht der überlieferten Deutungstradition interpretierte und auf diese Weise die Theorien der «Alten», wie er sie des öfteren nennt, zu überprüfen und gegebenenfalls zu verbessern suchte. «Daraus erkennt man,» so Neugebauer und van Hoesen, «dass sich die hellenistisch-römische Astrologie gegen Ende des zweiten Jahrhunderts n. Chr. noch immer in der Entwicklung befand. Antike Propaganda wie auch die unzureichende Kritik moderner Wissenschaft hat es häufig geschafft, diese Tatsache zu verschleiern, indem man einen Ursprung der Astrologie in der fernen Vergangenheit postulierte» (1959, 176).

Interessant ist Vettius Valens aber auch deshalb, weil er trotz seiner Ausrichtung auf die Empirie immer wieder den religiösen Charakter der Sternkunde betont. Für ihn ist die Astrologie eine offenbarte Weisheit, und die Ausübung ihrer heiligen Lehren ist nur denen vorbehalten, die in ihre mystischen Dimensionen eingeweiht sind. So kann er den Adressaten des Werkes, Markos, bei Sonne, Mond und den fünf Planeten beschwören, die Bücher nicht in die Hände Uneingeweihter gelangen zu lassen (VII,5; s. auch IV,11). Ähnliche astralmystische Tendenzen finden sich auch bei anderen Autoren, etwa bei Kritodemus, Manilius und Firmicus Maternus. Die Religion war für römische Autoren konkretes Handeln und nicht vom Alltag getrennt, deshalb war auch die wissenschaftliche Erforschung der Sternenwelt stets unlösbar mit philosophischen und religiösen Perspektiven verschränkt.

Sieht man einmal von der Horoskopsammlung ab, so haben die Anthologien aufgrund ihres recht unstrukturierten Charakters im Urteil der Späteren keinen großen Ruhm erlangt. Selbst Wilhelm und Hans-Georg Gundel, denen man nicht nachsagen kann, sie hätten je eine Quelle aus Überdruss liegen gelassen, klagen über die «konfuse Kompilation», die dazu führe, dass man «die meisten dieser Texte nach oft recht entsagungsvoller Arbeit resigniert der verdienten Vergessenheit zurück [gibt]» (1966, 219). Gegen seinen Zeitgenossen Ptolemaios kam Vettius Valens nicht an. Er ging in die Geschichte ein als jener Astrologe, der den anderen mithilfe seiner Horoskopsammlung das Forschungsmaterial zur Verfügung stellte.

Firmicus Maternus Auch der etwa 150 Jahre später (um 335) wirkende Firmicus Maternus betrachtete die Astrologie als die Wissenschaft schlechthin und als eine direkt von Hermes offenbarte Weisheit, die den Adepten – im neuplatonischen Sinne – Erlösung von der Macht des Schicksals bringen kann. Die Astrologen waren für ihn gleichsam die Priester der hermetischen Sternreligion. Im «bürgerlichen» Leben war Firmicus als Anwalt in Rom tätig und brachte es sogar zum Senator. Leider wissen wir über seinen Werdegang recht wenig, können aber davon ausgehen, dass er aus einer aristokratischen Familie mit einem hohen Bildungsniveau stammte. So pflegte er auch die Freundschaft mit Lollianus Mavorius, dem Statthalter von Campanien und späteren Prokonsul von Africa. Diesem hat er auch während eines längeren Aufenthaltes in Campanien, als die beiden über die zwölf Zeichen des Zodiaks, die Planeten und andere astrologische Themen philosophierten, versprochen, einmal aufzuschreiben, «was die alten Ägypter, die weisen und göttlichen Männer, und die klugen Babylonier über die Macht und die Einflüsse der Sterne dank göttlicher Lehre übermittelt haben». So steht es im ersten Buch (I pr. 6) des umfangreichen lateinischen Lehrbuches, das Firmicus später unter dem Titel *Matheseos libri*, also «Bücher des Wissens», herausbrachte. Dieses Werk besteht aus acht Büchern, wobei das erste eine allgemeine Rechtfertigung und Charakterisierung der Astrologie enthält, während die anderen Bücher – analog zu den sieben Planeten – das damals geläufige Wissen dokumentieren.

Firmicus ist kein innovativer Fachastrologe gewesen, der die tradierten Lehren empirisch prüfte und weiterentwickelte. Er beschränkte sich auf die Exegese und Bearbeitung von älterer Literatur, insbesondere Manilius und «Nechepso-Petosiris», also ägyptische hermetische Quellen, die jenen mythischen Weisen zugeschrieben worden waren (auf Ptolemaios nimmt er interessanterweise wenig Bezug). Seine Behauptung freilich, der Erste gewesen zu sein, der die Römer mit hellenistischer Astrologie bekannt machte, ist eine glatte Lüge; obwohl er Manilius intensiv ausbeutet, erwähnt er diesen Vorläufer mit keiner Silbe.

In der Biografie dieses Gelehrten, der das neben dem Werk des Valens umfangreichste spätantike Kompendium astrologischen Wissens schuf, spiegelt sich sehr anschaulich die Wende des öffentlichen Diskurses zur Astrologie wider, die im vierten Jahrhundert das Römische Reich prägte. Denn obwohl Firmicus wiederholt die Planeten um Schutz für den zum Christentum konvertierten Kaiser Konstantin anflehte (so in I,1,14), vertrat er später eine radikal andere Position: Nach Konstantins Tod (im April 337) wurde der frühere Astrologe ebenfalls Christ und im Anschluss daran zum erbitterten Feind jeder Sternkunde. Insofern scheint er ein gutes Beispiel dafür zu sein, dass sich Christentum und Astrologie gegenseitig ausschließen, wie oft in der Forschungsliteratur behauptet wird. Dass die Dinge etwas komplizierter liegen und die Haltung der Christen gegenüber der Sternkunde ausgesprochen ambivalent gewesen ist, möchte ich im Folgenden darstellen. In einem ersten Schritt werde ich die Veränderung des gesellschaftlichen Klimas nach der zunehmenden Christianisierung des Römischen Reiches beleuchten, um dann (Kapitel 3) die vielfältigen Möglichkeiten der Einbindung astrologischer Symbolsysteme und Deutungstraditionen in die Religionen der Spätantike darzustellen.

Die Astrologie wird zur Sache der christlichen Gerichte

Seit Beginn der römischen Kaiserzeit hat es immer wieder schwierige Zeiten für Astrologen gegeben. Mit großer Regelmäßigkeit wurden sie aus Rom oder gar Italien vertrieben, mitunter auch mit dem Tode bestraft (zwischen 16 und 93 u. Z. gab es immerhin elf Ausweisungen, für die das Edikt des Augustus aus dem Jahre 11 die Maßstäbe setzte). Dass derartige Dekrete auch von Kaisern wie Tiberius oder Hadrian erlassen wurden, die, wie wir sahen, glühende Anhänger der Astrologie waren, zeigt deutlich, dass hier nicht die Astrologie als Disziplin ausgeschaltet werden sollte, sondern nur eine bestimmte Elite, die aufgrund ihrer Prognosen zur Person des Kaisers für Unruhe im Reich sorgte oder die mit ihrem eigenen «herrschaftlichen» Horoskop von sich reden machte (dies ist von Cramer 1954 dezidiert aufgearbeitet worden).

Teilweise gilt diese Einschätzung auch für die Kaiser christlichen Glaubens, die nach der «Konstantinischen Wende» die Astrologie aufgrund von machtpolitischen Erwägungen bekämpften oder unter bestimmten Bedingungen selber nutzten. Dennoch fällt auf, dass im vierten Jahrhundert eine grundsätzliche Neueinschätzung Platz greift, in der die Astrologie aus dem gelehrten Diskurs und aus dem Kanon der angesehenen freien Wissenschaften (den *Artes liberales*) verbannt wird. Vor Gericht standen nun nicht mehr einzelne Astrologinnen oder Astrologen, die sich gegen den Vorwurf des Hochverrats (*maiestas*) verteidigen mussten, sondern eine ganze Disziplin. Mehr noch: die christlichen Kaiser und die mit ihnen verbündeten Vertreter der Kirche kriminalisierten die Neugier (*curiositas*) ihrer Untertanen auf verborgenes Wissen von der Zukunft, womit letztendlich jeder Wissenschaft die Legitimität entzogen wurde.

Die «Neuformatierung des Diskurses» zur Astrologie lässt sich anschaulich mithilfe der juristischen Auseinandersetzung darstellen. Diese wiederum verlief parallel auf einer theologischen Ebene und auf einer politischen, indem die christlichen Kaiser das in ihre Gesetze gossen, was die Konzile der sich nun etablierenden Kirche als Doktrin entwickelten. Während ich die theologischen Argumentationen in einem späteren Abschnitt näher betrachten werde, sei hier zunächst auf die sich verändernde Situation innerhalb der kirchlichen Konzilsentscheidungen und ihre kaiserlichen Entsprechungen eingegangen, da sie eine Tradition begründeten, die im christlichen Umfeld bis in die Neuzeit hinein wirksam bleiben sollte.

Die Astrologie im Spiegel der kirchlichen Konzile Wirft man einen Blick auf die juristischen Sprachspiele des vierten Jahrhunderts, so zeigt sich eine Tendenz, völlig verschiedene Disziplinen und religiöse Traditionen in einen Topf zu werfen und alle zusammen als Irrlehren zu verdammen. Einer der Ersten, die dies explizit taten, war der philosophisch gebildete Bischof Methodios von Olympos in Lydien (gestorben 311), der die Astrologie mit der Magie und der *goêteia* gleichsetzte, also einer Art von Zauberei, die in jener Zeit negative Konnotationen von Betrug und Schadensmagie besaß. Er wies sogar die paganen Namen und Mythen der Sterne als reine Erfindung des menschlichen Geistes zurück, die mit den himmlischen Urwahrheiten nichts gemein hätten. Da die Magie schon vorher aus dem Kanon der angesehenen Disziplinen ausgeschlossen worden war, reihte Methodios auf diese Weise auch die Sternkunde in die verbotenen Künste ein.

Es war das Konzil von Laodicea, das im Jahre 365 erstmals in der kirchlichen Rechtsprechung die Betätigung als Astrologe oder Magier verbot. Zuvor gab es zwar auch schon Versuche der Reglementierung, doch erst jetzt wurden alle, die sich mit der Sternkunde befassten, als Lüstlinge, Zauberer und ähnliche dunkle Gestalten bezeichnet. Sie wurden von der Taufe ausgeschlossen. Folgt man den um 380 zusammengestellten *Constitutiones Apostolorum*, so war es den Christen streng verboten, zu Sonne, Mond und Gestirnen zu beten oder bei ihnen zu schwören.

Um den Zusammenhang zu verstehen, muss man einen Blick auf die Rolle der Priszillianisten werfen. Priszillian, der Bischof von Avila, wurde wahlweise als Manichäer, als Magier oder als Astrologe bezeichnet, alles Gegner, die der sich etablierenden Kirche gefährlich werden konnten und zu einem großen Feindbild des «ganz Anderen» aufgebaut wurden. Priszillian, der tatsächlich astrologische Lehren in sein Christentum integriert haben dürfte, wurde 385/386 in Trier zum Tode verurteilt. Im Jahre 400 verdammte das Konzil von Toledo seine Lehren, was aber offensichtlich nicht zum Verschwinden derartiger Anschauungen führte, denn 561 sah sich das Konzil von Braga veranlasst, das Verbot zu erneuern.

Das zweite Konzil von Braga war es dann, das im Jahre 572 noch einmal ein striktes Verbot jeglicher astrologischer Betätigung feststellte. Ausdrücklich genannt werden Sternbeobachtung und die Katarchenastrologie, also Konsultationen der Gestirne für Häuserbau, Pflanzzeitpunkte und Heiratstermine. Dieser Beschluss sollte für den westlichen Teil des Reiches bestimmend werden, während im Osten das unter dem Namen «Quinisextum» bekannt gewordene Konzil von Konstantinopel, das 553 unter der Leitung von Justinian stattfand, einflussreich war. Das Quinisextum ist ein gutes Beispiel für die Parallelität kaiserlicher und kirchlicher Rechtsprechung, denn dass hier die Ausübung der Sternkunde unter Strafe gestellt wurde, war lediglich eine theologische Variante der Politik Justinians, der auch sonst keine Gelegenheit ausließ, die paganen Wissenschaften zu bekämpfen. So schloss er die Philosophenschulen im Jahre 529 und führte ein neues Curriculum ein, was auch Astrologen wie den an der Akademie in Athen lehrenden Simplikios aus Kilikien betraf. Simplikios emigrierte nach Persien, kehrte aber bald zurück und verfasste 533 einen Überblick zur antiken Astrologie in Form eines Kommentars zur Aristotelesschrift «Über den Himmel».

Kaiserliche Rechtsprechung im vierten Jahrhundert Für den juristischen Diskurs über die Astrologie brachte das vierte Jahrhundert eine wichtige Veränderung. Waren es zuvor lediglich einzelne Personen, die dem *maiestas*-Vorwurf ausgesetzt waren, so begann mit Diokletian eine Verurteilung der ganzen Disziplin Gestalt zu gewinnen, die nur einhundert Jahre später mit Theodosius ihren vorläufigen Höhepunkt erreichte.

294 erließ Kaiser Diokletian folgendes Edikt: «Die Wissenschaft der Geometrie zu erlernen und auszuüben liegt im öffentlichen Interesse, die Astrologie hingegen ist verdammenswert und deshalb verboten» (so im *Codex Iustinianus* IX,18,2). Zum ersten Mal in der römischen Rechtsgeschichte wird eine wissenschaftliche Disziplin Gegenstand eines kaiserlichen Verbotes. Da Diokletian ein treuer Anhänger der römischen Religion gewesen ist, spielt hier eine christliche Ablehnung der Sternkunde noch keine Rolle, und die Astrologie wird von ihm gemeinsam mit der Geometrie den *Artes* zugeschrieben. Dies sollte sich nach Konstantin ändern, denn parallel zur kirchlichen Auseinandersetzung mit der Sternkunde gingen die Kaiser des vierten Jahrhunderts den Weg konsequent weiter, den Diokletian eingeschlagen hatte. Entsprechend dem Konzil von Laodicea (365) dokumentiert das Edikt der Kaiser Valentinian und Valens aus dem Jahr 370 (oder 373) in aller Deutlichkeit die neue Sprache:

Ein Ende haben soll die Lehre der Astrologen! Wer, sei es öffentlich oder privat, sei es bei Tag oder Nacht, bei der Beschäftigung mit diesem verbotenen Irrtum ergriffen wird, soll die Todesstrafe erleiden – und zwar beide Beteiligte. Hinsichtlich der Schuld macht es nämlich keinen Unterschied, ob jemand etwas Verbotenes lernt oder lehrt. (*Codex Theodosianus* IX,16,8)

Die Astrologie war also ein Irrtum (*error*) und nicht mehr, wie es in früherer Diktion noch geheißen hatte, eine Gefahr für den gesellschaftlich-politischen Frieden. Es wurde auch kein Unterschied mehr gemacht zwischen einer anspruchsvollen Astrologie, die kaiserlicher Kontrolle unterstand, und jenen «Scharlatanen», die ihren unkritischen Klienten das Geld aus der Tasche zogen. Was im wissenschaftlichen Jargon *error* genannt wurde, brandmarkte die theologische Sprache als *superstitio*, als «Aberglauben». Constantius brachte es im Jahre 341 auf die einfache Formel: *Cesset superstitio*, «ein Ende soll der Aberglauben haben» (*Codex Theodosianus* XVI,10,2). Damit waren in erster Linie die Magie und die Divination gemeint, also indirekt auch die Astrologie. Kannte ältere Rechtsprechung durchaus noch Unterschiede zwischen einzelnen Divinationstechniken, so hielt sich der christliche Kaiser mit solchen Spitzfindigkeiten nicht lange auf. Im Jahre 357 erging folgendes Gesetz:

Niemand soll einen *haruspex* konsultieren oder einen Astrologen, niemand einen Hariologen. Die verkehrte Verkündung der Auguren und Weissager soll verstummen. Chaldäer, Magier und die Übrigen, die man wegen der Ungeheuerlichkeit ihrer Übeltaten gewöhnlich *malefici* (Übeltäter) nennt, sollen nichts derartiges unternehmen. Schweigen soll endgültig die Neugier (*curiositas*) all dieser Menschen auf die Wahrsagung! Mit der Todesstrafe durch das Schwert wird nämlich niedergestreckt, wer der Anordnung den Gehorsam verweigert. (*Codex Theodosianus* IX,16,4)

Von «verkehrten Verkündigungen» und von «Irrtum» sprachen die christlichen Kaiser, und die Ausübung der Astrologie war fortan nur unter Lebensgefahr möglich. Doch in den folgenden Jahrzehnten kam noch ein weiterer Aspekt hinzu – die Behandlung der Astrologie nicht nur als wissenschaftliche Irrlehre und als Aberglauben, sondern als Häresie. Den Schlusspunkt unter diese Entwicklung setzten die Kaiser Honorius und Theodosius im Jahre 409:

Astrologen, wenn sie nicht bereit sind, nachdem sie die Bücher des ihnen eigenen Irrtums unter den Augen der Bischöfe verbrannt haben, zum Glauben der katholischen Religion überzutreten und niemals zu ihrem früheren Irrtum zurückzukehren, sollen nicht nur aus der Stadt Rom, sondern auch aus allen Gemeinden vertrieben werden. Wenn sie dies nicht tun, sondern entgegen der heilsamen Bestimmung unserer Sanftmut in den Städten aufgegriffen werden oder wenn sie die Geheimnisse ihres Irrtums und ihres Berufs anderen einflüstern, sollen sie mit der Deportation bestraft werden. (*Codex Theodosianus* IX,16,12)

Marie Theres Fögen kommt in ihrer gründlichen Untersuchung des juristischen Diskurses zur Astrologie zu dem Ergebnis, dass die «Alternativen nicht Geometrie und Astrologie [heißen], wie Diokletian sie in antiker Einfalt sah, sondern katholischer Glaube und Häresie». Erst durch die Einordnung der Astrologie als eine von vielen möglichen Abweichungen vom rechten Glauben «wird die Astrologie endgültig ihres Wissenschaftskontextes entkleidet und als ordinäre, dem üblichen Verfahren zu unterziehende Glaubensdevianz gehandelt» (Fögen 1993, 25). Dazu passt es auch gut, dass Theodosius der erste römische Kaiser war, der ein persönliches Glaubensbekenntnis in Gesetzesform goss:

Wir wollen, dass alle Völkerschaften, die die maßvolle Herrschaft unserer kaiserlichen Gnade regiert, an der Religion in der Version teilnehmen, wie sie der heilige Apostel Petrus den Römern überliefert hat [...], das heißt: wir glauben der apostolischen Lehre und der evangelischen Doktrin folgend an eine einzige Gottheit des Vaters, des Sohnes und des heiligen Geistes unter Annahme gleicher Majestät und heiliger Dreifaltigkeit. Wir befehlen, dass alle, die diesem Gesetz folgen, das Recht haben, sich katholische Christen zu nennen, während alle Übrigen, die wir als Schwachsinnige und Verrückte von häretischem Glauben beurteilen, der Infamie unterliegen. (*Codex Theodosianus* XVI,1,2; Edikt der Kaiser Theodosius und Valentinian aus dem Jahre 380)

Am Ende des vierten Jahrhunderts war es selbstverständlich geworden, dass die kaiserliche Obrigkeit nicht nur die Handlungen ihrer Untertanen gesetzlich regelte, sondern auch das, was sie als legitimes Wissen betrachtete. Die Neugier (*curiositas*) selbst und in ihrem Gefolge auch das Wissen (*scientia*) waren zum Objekt der Kriminalisierung geworden.

Wenn man sich diese Entwicklung betrachtet, so könnte man den Eindruck gewinnen, dass damit das Ende der Astrologie besiegelt war. Tatsächlich sprechen viele Darstellungen der Astrologiegeschichte jener Zeit von einer grundsätzlichen Unvereinbarkeit des christlichen Glaubens mit den Positionen der Astrologie, was zwangsläufig zu einer «Überwindung» jener «Pseudowissenschaft» führen musste. Ein solches Urteil ist jedoch voreilig und lediglich einer theologischen Interpretation der Ereignisse geschuldet. Gesetze, seien sie nun vom Staat oder von der Kirche erlassen, haben noch nie zum Verschwinden einer Anschauung geführt. In Bezug auf die Astrologie war das nicht anders; anstelle ihres Endes kam es zu einem Prozess der Transformation astrologischen Gedankenguts unter christlichen Vorzeichen und zu einer Aneignung und Weiterschreibung sternkundlicher Traditionsbestände. Darüber hinaus verschob sich die Beschäftigung mit der Astrologie auf Regionen, in denen aufgrund anderer religiöser Vorentscheidungen eine freiere Forschung möglich war – die persischen, mesopotamischen und später muslimisch geprägten Kulturräume.

Wie unterschiedlich die einzelnen Religionen die Astrologie aufnahmen und in ihrem eigenen System integrierten, möchte ich nun etwas ausführlicher darstellen, denn nichts wäre abwegiger als die Annahme, bestimmte Religionen seien der Astrologie insgesamt «feindselig» – man nennt meist Judentum und Christentum – oder «freundlich» gesinnt gewesen – hier folgen meist «Heidentum», Manichäer, «Gnostiker» etc.

3. Wie standen die antiken Religionen zur Astrologie?

In unserem bisherigen Gang durch die Geschichte der Astrologie wurde bereits an vielen Stellen deutlich, dass die Sternkunde stets untrennbar mit religiösen und philosophischen Vorstellungen verschränkt gewesen ist. Ob es nun die babylonische «Priester-Astrologie» war, die ägyptische Hermetik oder die römische Verknüpfung der Astrologie mit griechischer Philosophie und polytheistischen Religionssystemen – immer war der Rekurs auf religiöse Anschauungen notwendig, um den Ort der Astrologie im kulturellen Zusammenhang zu verstehen. Dies gilt in gleicher Weise für jene Religionen, die bisher nur am Rande erörtert wurden, die aber für die nachantike Geschichte der Astrologie von großer Bedeutung waren. Ein etwas genauerer Blick auf Christentum, Judentum und Manichäismus ist auch deswegen geboten, weil in der religionswissenschaftlichen und theologischen Literatur häufig sehr undifferenzierte Positionen vertreten wurden, die eine unüberbrückbare «Feindschaft» zwischen monotheistischen Religionen und der Astrologie konstruierten. Es wird sich im Laufe der folgenden Kapitel zeigen, dass das Gegenteil der Fall war. Eine Geschichte des Judentums, Christentums und dann des Islams wäre ohne die Beachtung der weit reichenden Einflüsse astrologischer Semantik schlicht unvollständig.

Ich werde mich hier auf die wesentlichen Charakteristika des Verhältnisses von antiken Religionen zur Astrologie beschränken, da ich ihnen an anderer Stelle bereits ausführlich nachgegangen bin (s. von Stuckrad 2000; dort finden interessierte Leserinnen und Leser auch weiterführende Literatur). Ich beginne den Überblick mit dem Mithraskult, weil über die astrologischen Hintergründe dieser Religion in den letzten Jahren eine lebhafte Diskussion entbrannt ist und weil es von hier aus interessante kulturelle Überschneidungen mit christlichen Gruppierungen gegeben hat. Überhaupt sollte man die Trennungen zwischen einzelnen Religionen nicht zu stark betonen, denn man teilte einen gemeinsamen kulturellen Raum und partizipierte gewissermaßen an einem übergreifenden Diskurs im Hinblick auf die Deutung von himmlischen Zeichen. Deswegen verwundert es eigentlich nicht, dass in jüdischen, christlichen oder manichäischen Quellen plötzlich «heidnische» Symbole oder Gottheiten auftauchen. Dadurch wird eine Quelle nicht weniger «jüdisch» oder «christlich», vielmehr ist sie ein Beleg für die tatsächliche Offenheit auch monotheistischer Systeme für kulturübergreifende Diskussionszusammenhänge.

Mithraskult: Präzession als Gründungsmythos?

Die Religion des Gottes Mithras entstand im zweiten vorchristlichen Jahrhundert. Während man früher, im Anschluss an die Theorien des großen Historikers Franz Cumont, davon ausging, dass es sich bei diesem Kult um einen Import aus dem Iran handelte, sucht man heute nach griechischen Ursprüngen dieser Religionsgemeinschaft, ohne freilich einen persischen Einfluss damit auszuschließen. Auf jeden Fall gewann der Mithraskult im Laufe der Zeit immer mehr Anhänger, bis er sich schließlich im ganzen Römischen Reich, bis hinauf nach Köln, verbreitet hatte. Es gibt Forscher, die behaupten, dass, wenn Konstantin nicht zum Christentum konvertiert wäre und seine Nachfolger nicht konsequent die Konkurrenz aus dem Weg geräumt hätten, wir alle heute dem Mithraskult anhängen würden. Dies ist natürlich Spekulation, allerdings zeigt sich darin die große Bedeutung dieser Religion für die römische Geschichte.

Für die Astrologie ist der Mithraskult insofern interessant, als er in vielfacher Hinsicht astrologische Symbolik integriert hat. Im Hintergrund standen dabei platonisierende Tendenzen jener Zeit, die man später auch in gnostischen und jüdischen Zusammenhängen antrifft. Vorherrschendes Motiv war der Aufstieg des Adepten durch die Planetensphären. Dies wurde oft auch künstlerisch umgesetzt, indem man in den Kulträumen – Mithräen – Sternsymbole aufmalte, die als «Tore» in höhere Entwicklungsstufen dienten. Im *Mitreo delle Sette Sfere* («Mithräum der sieben Sphären») in Ostia zum Beispiel waren die Gestirne und die Tierkreiszeichen aufgemalt und symbolisierten den Aufstieg des Gläubigen. Vom christlichen Autor Origenes, der wiederum den Bericht des Celsus wiedergibt, erfahren wir, dass an jeder Station die Möglichkeit zu einer besonderen Kulthandlung bestand, die den Adepten mit der entsprechenden Planetenenergie verband. Hierfür sorgten Entsprechungen der Planeten wie die sieben Altäre, die sieben Fackeln, spezielle Farben der Sterne und anderes mehr. Das Symbol für den Durchgang der Seele bestand in einer Leiter mit sieben Toren und einem achten Tor an der Spitze (Origenes *Contra Celsum* VI,22).

Einem anderen Autor, Porphyrius, verdanken wir einen Bericht, der nicht nur die neuplatonischen Komponenten belegt, sondern auch etwas über die eigentliche Kulttheologie der Mithrasreligion verrät. In seiner Beschreibung der Mithräen spricht er nämlich davon, jene Höhlen lieferten «ein Abbild des Kosmos» (*Höhle der Nymphen* 6). Dass es sich dabei um astrologische Lehren handelte, zeigt eine andere Bemerkung: «Sie wiesen dem Mithras die Äquinoktien als angemessene Region zu; und aus diesem Grunde trägt er das Schwert des Widders, dem Zeichen des Mars. Außerdem reitet er den Stier, welcher der Venus zugehörig ist» (*Höhle der Nymphen* 24). Die Inschrift eines Eingeweihten des Mithraskultes bestätigt den Eindruck der kosmischen Entsprechung des Kultes, denn über den Erbauer des Mithräums von San Silvestre in Capite heißt es, er habe seinen Plan des Heiligtums «aus den Sternen und den Himmeln» bezogen (vgl. Beck 1988, 14). Der astrologische Bezug der Mithrasreligion wird heute im Allgemeinen anerkannt, und man greift die schon 1869 von K. B. Stark geäußerte Vermutung auf, bei den Mithräen handele es sich um Darstellungen astronomischer Gegebenheiten im Allgemeinen bzw. um die Sicht des Himmels zu bestimmten Zeitpunkten im Besonderen.

In verschiedenen Spielarten ist dieser Erklärungsansatz für die Aufhellung der Ursprünge der mysteriösen Mithrasreligion nutzbar gemacht worden. Roger Beck vermutet, die dargestellten Himmelsbilder korrespondieren mit dem heliakischen Untergang der entsprechenden Konstellationen im Herbst, also der Zeit der Ernte. Andere wiederum vermuten den heliakischen Aufgang hinter den Bildern und kommen so zu anderen kultischen Interpretationen. Wesentlich belebt wurde die Diskussion 1989 durch die Interpretation des Mithraskultes durch David Ulansey. Er schlug vor, in Mithras eine personifizierte Gottheit zu sehen, die für das Vorrücken des Frühjahrspunktes – die Präzession – verantwortlich ist und entsprechend geehrt wird. Seine Argumentation verläuft folgendermaßen: Eine Gruppe stoischer Intellektueller, die in der kilikischen Hauptstadt Tarsus beheimatet war, erfuhr aufgrund ihrer intensiven Beschäftigung mit der Astrologie sowie durch enge Kontakte zur «Astrologeninsel» Rhodos frühzeitig von der Entdeckung der Präzession durch Hipparch (sowohl auf Hipparch als auch auf Rhodos bin ich oben eingegangen). Die Enthüllung dieses Geheimnisses musste damalige Gelehrte elektrisiert haben, und der stoische Hang zur Mythisierung kosmischer Vorgänge führte dazu, dass man einen obersten Gott inthronisierte, der stärker war als alle anderen, hatte er doch die Kraft, die kosmischen Achsen aus ihrer Bahn zu werfen. Das Symbol für die überragende Kraft des neuen Gottes Mithras – der sich aus Perseus herausgebildet hatte – war die Tötung des Stiers, also der Übergang vom Stier- zum Widderzeitalter etwa zweitausend Jahre zuvor.

Selbst wenn man Ulansey bis hierhin folgt, stellt sich doch die Frage, warum die ersten Anhänger der neuen Religion sich auf ein Ereignis bezogen, das Tausende Jahre zurückliegt, «anstatt ein Symbol zu schaffen für den gesamten Zyklus der Präzession durch alle zwölf Zeichen des Zodiak». Seine Antwort fällt spekulativ aus: «Die einfachste Antwort ist die, dass der Übergang vom Stier zum Widder der letzte gewesen ist, eben jener, der für das *gegenwärtige* Zeitalter verantwortlich war und auf diese Weise für den ganzen Zyklus stehen konnte» (Ulansey 1989, 90 f.). Dabei übersieht Ulansey allerdings, dass man sich zur Zeit der Entdeckung Hipparchs bereits am Übergang zum Fischezeitalter befand. Wieso hat dieser «Zeitenwechsel» aber überhaupt keinen Niederschlag in der Mythologie des Mithraskultes gefunden? Eine andere Frage an Ulanseys Theorie betrifft die hohe astronomische Kompetenz, welche die Anhänger der neuen Religion mitbringen mussten. Die komplexen Berechnungen Hipparchs haben damals nur wenige wirklich nachvollziehen können. Eine Verbreitung des Kultes im ganzen Römischen Reich ist vor diesem Hintergrund schwer zu erklären, denn auch wenn man von einer Popularisierung und Mythisierung der Präzession ausgeht, sollten die Gläubigen doch wenigstens verstehen können, worum es sich dabei eigentlich handelte. Und schließlich: Zwar kannten Experten in der Antike das Phänomen der Präzession, eine religiöse Interpretation im Sinne einer Weltaltertheorie ist jedoch nirgends zu belegen. Da nicht einmal in Mittelalter und Früher Neuzeit eine solche Anwendung das Interesse der Astrologen fand – im Grunde setzte sie sich erst im «New Age» des zwanzigsten Jahrhunderts durch –, muss man Ulanseys Theorie mit Vorsicht genießen.

Trotz dieser nach wie vor offenen Fragen scheint der Ansatz richtig zu sein, nach den astrologischen Hintergründen des Mithraskultes zu suchen. Das hält auch Tamsyn Barton fest: «Der Mithraskult war viel komplizierter als die vielen staatlichen Sonnenkulte, und er scheint einige kosmologische Eigenschaften mit Gnostizismus und Neuplatonismus zu teilen» (1995, 198). In der Tat waren der Aufstieg der Seele durch die Planetensphären, die platonische «Rückkehr in die Lichtheimat» sowie die heilsgeschichtliche Deutung der Gegenwart auf der weltgeschichtlichen Zeitachse Themen, die in vielen anderen religiösen Kontexten des ersten bis vierten Jahrhunderts ebenfalls diskutiert wurden. In diesem gesellschaftlichen Gespräch diente die Astrologie als eine zentrale Interpretationshilfe, und zwar unabhängig von religiösen Grenzziehungen.

Judentum: Zwischen Jerusalem, Alexandria und Babylon

In der einschlägigen Literatur kann man immer wieder lesen, dass das Judentum von Anfang an die Astrologie als Abfall vom Monotheismus oder gar als Götzendienst abgelehnt habe. Hinzu komme, dass eine fatalistische oder deterministische Sicht der Dinge grundsätzlich unvereinbar sei mit einem Glauben an göttliche Gnade, an die ethische Selbstbestimmtheit des Menschen und an die Möglichkeit, durch Frömmigkeit den Lauf der Geschichte positiv zu beeinflussen. Deswegen, so die Schlussfolgerung, könne es keine jüdische Astrologie geben, sondern nur einen jüdischen Kampf gegen die Sternkunde. Man gründet diese Meinung gewöhnlich auf biblische Passagen, in denen der Sternkult der Babylonier verurteilt wird, auf spätantike Dokumente, die eine Ablehnung der Astrologie zeigen, und auf den Babylonischen Talmud, in dem es schließlich apodiktisch heiße, die Astrologie gelte nicht für die Juden.

Kein Zweifel, diese Dokumente gibt es, und sie offenbaren eine handfeste Auseinandersetzung jüdischer Autoren mit der Astrologie. Es bei dieser Feststellung zu belassen, hieße indes, eine riesige Flut von Dokumenten und Sachverhalten aus dem Blick zu verlieren, die genau das Gegenteil nahe legen, nämlich eine intensive Beschäftigung von Juden mit der Astrologie. Forscher sahen sich zum Beispiel vor die schwierige Aufgabe gestellt zu erklären, warum die Qumranleute – die sicherlich zu den frommsten Juden der damaligen Zeit zählten – Horoskope in ihrer Bibliothek aufbewahrten; warum es ganze Abhandlungen zur Astrologie von jüdischen Autoren gibt; warum Abraham vielen als der erste und größte Astrologe der Geschichte galt;

warum spätantike Juden ihre Synagogenfußböden mit dem Zodiak und anderen astrologischen Symbolen schmückten; warum die Rabbinen des Babylonischen Talmud als astrologische Fachleute auftraten; und so weiter und so fort. Manche, die an den jüdischen Kampf gegen die Astrologie glaubten, konstruierten eine Dekadenztheorie und sprachen von einem Abfall vom wahren monotheistischen Glauben, wenn sie nicht sogar solche Tendenzen als «außerjüdisch» betrachteten. Andere unterschieden eine theologisch reflektierte Position, die jedwede Astrologie ablehnen *musste*, von volkstümlichen Strömungen, die dem alten «Aberglauben» noch anhingen.

Glücklicherweise setzt sich in der Wissenschaft heute eine weniger einseitige Sicht durch, die nach den spezifischen Bedingungen der jüdischen Beschäftigung mit der Astrologie fragt, ohne zu voreiligen Verallgemeinerungen zu tendieren. Geht man mit einer solchen Sicht an das reichhaltige Material heran, so zeigt sich eine Vielfalt möglicher Haltungen von Juden gegenüber der Astrologie, die von harscher Ablehnung bis zur begeisterten Übernahme reichen konnte. Dabei zeigt sich, dass die Astrologie auf ihrem Weg ins Judentum bestimmte Transformationsprozesse durchlaufen musste, um mit monotheistischen Grundannahmen kompatibel zu werden. Man setzte sich intensiv mit der Sternkunde auseinander und formulierte sie in einer Weise, die auf einen blinden Fatalismus ebenso verzichtete wie auf eine kultische Verehrung der Gestirne. Hier waren die antiken Juden offenbar weitaus phantasievoller als so mancher moderne Historiker.

Ich werde im Folgenden das breite Spektrum jüdischer Antworten auf die Astrologie anhand einer thematischen Zuspitzung erörtern. Anstatt also einen schlichten chronologischen Abriss zu geben, konzentriere ich mich auf jene Diskussionszusammenhänge, die für jüdische – dann auch in ähnlicher Weise für christliche und muslimische – Beschäftigung mit der Astrologie relevant waren: Monotheismus, Fatalismus, Apokalyptik, Mystik und Magie.

Monotheismus und Kulttheologie Geschichtlich betrachtet hat sich der Monotheismus im Judentum erst relativ spät durchgesetzt. Die Hebräische Bibel ist voll von Belegen dafür, dass es einiger Anstrengungen bedurfte, die Gläubigen dazu zu bringen, die Verehrung anderer Gottheiten zu beenden und sich nur noch zu einem einzigen Gott zu bekennen. Die monotheistische Identität wurde dabei wesentlich über die Abgrenzung von den «Anderen» geschaffen, jene babylonischen, kanaanäischen, persischen und dann hellenistischen Religionen, mit denen man sich direkt konfrontiert sah und die durch die Verehrung einer Vielzahl von Gottheiten charakterisiert waren. Durch den Kontakt mit Mesopotamien – nicht erst im babylonischen Exil des sechsten Jahrhunderts v. u. Z. – waren die Juden selbstverständlich auch mit astrologischen Deutungstraditionen vertraut, die an verschiedenen Stellen denn auch Eingang in den biblischen Text gefunden haben. Im Zuge der religiösen Reformen des Königs Josia (im Jahre 621) wurde das Traditionsgut in einer Weise fortgeschrieben und erweitert, die sich zunehmend von polytheistischen Modellen abhob. Als Ergebnis entstand das Deuteronomium (5. Buch Mose), welches fortan als radikale Aufforderung zum Glauben an JHWH auch die Astrologie geißelte. In Dt 4,19 findet sich im Anschluss an das Verbot von menschen- und tiergestaltigen Darstellungen die Anweisung:

Wenn du die Augen zum Himmel aufhebst und siehst die Sonne und den Mond und die Sterne, das ganze Himmelsheer, so lass dich nicht verführen, dich anbetend niederzuwerfen und ihnen zu dienen, denn der Herr, dein Gott, hat sie zugeteilt allen Völkern unter dem ganzen Himmel.

Hier wird also die *kultische Verehrung* der Gestirne angeprangert – nach Dt 17,3–5 steht darauf sogar die Todesstrafe –, während die Praxis der astrologischen Divination keine Erwähnung findet. Die Verehrung des «Himmelsheeres» ist denn auch neben der Anbetung Baals und der Anfertigung von Ascheren (Kultstelen der Göttin Aschera) für die deuteronomistischen Autoren eine der schlimmsten Verfehlungen des Nordreichs Israel. Die offensichtlich weit verbreitete Praxis wird in 2 Kön 23,4 f. im Zuge der Reform des Joschija gegeißelt. Dort erfahren wir, dass «die Könige von Juda» und deren «Götzenpriester» dem Baal, der Sonne, dem Mond, den Sternzeichen und dem ganzen Heer des Himmels geopfert hätten. Bei der Parallelstelle Jer 8,2 findet sich eine Erweiterung, verkündet doch der Prophet den Königen und Fürsten Judas, den Priestern, Propheten und Einwohnern Jerusalems, dass man ihre Gebeine «hinstreuen wird der Sonne und dem Mond und dem ganzen Heer des Himmels, die sie geliebt haben und denen sie gedient haben und denen sie nachgelaufen sind und die sie befragt haben und vor denen sie sich anbetend niedergeworfen haben». Abgesehen vom Buch Daniel, das erst in der Mitte des zweiten Jahrhunderts v. u. Z. entstand, ist dies einer der wenigen biblischen Belege dafür, dass auch die astrologische «Befragung» der Sterne abgelehnt worden ist. In der Regel konzentriert sich die jüdische Polemik (vgl. Jes 47,13 und Jer 10,2) auf die kultische Verehrung der Gestirne und auf ihre damit einhergehende Vergöttlichung.

Dass in der Tat die zentrale Jerusalemer *Kulttheologie* den Schlüssel zum Verständnis des (offiziellen) jüdischen Verhältnisses zur Astrologie in der Zeit des Zweiten Tempels, also bis 70 u. Z., darstellt, kann man anhand der Schriften aus Qumran belegen, die aus dem zweiten und ersten Jahrhundert v. u. Z. stammen, aber nicht selten älteres priesterliches Material beinhalten. Wie in anderen altorientalischen Religionen auch, betrachtete man den Kult am zentralen Heiligtum als eine direkte Spiegelung kosmischer Vorgänge. Was im Jerusalemer Tempel geschah, war einerseits ein Abbild des himmlischen Kultes, andererseits war es der notwendige Beitrag der Menschen zum Erhalt einer funktionierenden kosmischen Ordnung. Nur vor diesem Hintergrund wird verständlich, dass es der Kalenderstreit im Judentum gewesen ist, der im zweiten Jahrhundert v. u. Z. zur Abspaltung der Qumranleute vom Jerusalemer Tempelkult geführt hat – wenn man die heiligen Feste zur falschen Zeit abhält, weil man den Mond-Sonne-Kalender falsch berechnet, so hat dies Auswirkungen auf den gesamten Kosmos. Für die radikalen Priesterfamilien, die hinter den Qumranschriften stehen, war dies ein Indiz für den katastrophalen Zustand des Judentums und Vorzeichen des kommenden Endgerichts. Über den Kalender, der eine Potenzierung von «Zeitkontingenten» war, die letztlich auf Mondperioden und die babylonische Astronomie zurückgeführt werden können, berechneten diese «Priesterastronomen» sogar den genauen zeitlichen Ablauf dieser letzten Phase der Heilsgeschichte. Das apokalyptische Rechnen mit Zeitkontingenten, das zu einer *religiösen Aufladung von Zeit* führt, ist geradezu ein Kennzeichen jüdischer und dann christlicher Kalenderdeutung jener Epoche. Auch dies gehört zur Geschichte der Astrologie, ließen sich doch astrologische Zyklen mühelos mit apokalyptischen Prognosen verbinden.

Eines der eindrucksvollsten Zeugnisse für die kulttheologische Beschäftigung mit den Sternen sind die so genannten «Sabbatopfer-Gesänge», die man in Qumran fand, eine Beschreibung der dreizehn

Sabbate eines Vierteljahres. Dort heißt es, dass die Engel die Macht des göttlichen Königreiches «entsprechend ihrem Wissen» preisen und geheimnisvolle Psalmen intonieren. Sie preisen den glorreichen Aufbau des Kosmos und des Firmamentes. Es handelt sich hier um Planetenengel, die im «Firmament der Reinheit» residieren und als eine von vielen Engelklassen für den himmlischen Kult verantwortlich sind. Am zwölften Sabbat «preisen die Kerubim oberhalb des Firmamentes den Bau des Märkabah-Thrones (also des göttlichen Thronwagens), und sie lobsingen der Herrschaft des Lichtfirmamentes unterhalb des Sitzes seiner Herrlichkeit» (4Q405, Kol. XX, 8–9). Anschließend werden die «Kehren der Wege» der Engel erwähnt: «Wenn sie aufgehen, gehen sie auf wunderbare Weise auf», was sich vermutlich auf die Kehrpunkte der Planetenbahnen bezieht, die, wie wir sahen, im Mittelpunkt babylonischer Astrologie standen.

Die Lobpreisungen der Engel im Himmel «oben» werden von Israel im Tempelkult «unten» nachvollzogen. Nur beides zusammen gewährleistet den Fortbestand der Torah-gemäßen Weltordnung. Was hier auffällt, ist die *Depotenzierung* der Planetengötter zu Engeln, die nicht mehr selber verehrt, sondern zu astralen Dienern des einen Gottes werden. Nicht die Astrologie wird abgelehnt, sondern der Sternkult. Dieselbe Unterscheidung findet sich auch in anderen jüdischen Quellen der Antike, etwa bei dem Historiker Josephus Flavius, der hellenistische Traditionen mit dem Judentum zu verschmelzen suchte. Ausdrücklich erwähnt sei auch sein etwas jüngerer Zeitgenosse Philo von Alexandria, der im ersten Jahrhundert das Allerheiligste des Jerusalemer Tempels in neuplatonischer Allegorese beschrieb (also in symbolischer Deutung), der es auf die «Idee» des Tempels ankommt, während das materielle Abbild zur Nebensache wird, eine Interpretation, die nach der Zerstörung des Tempels im Jahre 70 an Einfluss gewann. Im Tempel finden sich Abbildungen des Zodiaks, und der Brustschild des Hohenpriesters ist mit zwölf Edelsteinen geschmückt, die ebenfalls astral interpretiert werden. Doch Philo kommt es auf die platonisch-mystische Überhöhung des Ganzen an:

> Die Seele dessen nämlich, der Gott liebt, erhebt sich in Wahrheit von der Erde zum Himmel und wandelt beflügelt in die Höhe, in der Sehnsucht, ihren Platz einzunehmen im Chor und in den Bewegungen von Sonne, Mond und den anderen hochheiligen und in perfekter Harmonie stehenden Sternen, unter der Führung und der Herrschaft Gottes. (*De specialibus legibus* I,207)

Mit dieser Interpretation war ein Weg vorgezeichnet, der es in der Spätantike und dann erneut in den Schriften der Renaissance-Autoren monotheistischen Ansätzen erlaubte, die Astrologie in transformierter Gestalt zu integrieren.

Magisch-mystische Zugänge In der Antike gab es ein ganzes Genre, das sich mit dem Aufstieg besonders ausgewiesener Menschen in die himmlischen Gefilde beschäftigte. Meist waren es die Helden der biblischen Schriften – Henoch, Mose, Salomo und andere –, die einen Zugang zu den göttlichen Sphären fanden und in einem Offenbarungsgeschehen den Menschen «unten» nach ihrer Rückkehr Bericht erstatteten. Die ihnen zugeschriebenen Texte hießen dann «Apokalypse» («Offenbarung») oder auch «Testament». In rabbinischer Zeit, also ab dem zweiten Jahrhundert, traten den biblischen Heroen dann zunehmend auch Rabbinen wie Rabbi Akiba oder einzelne Mystiker zur Seite, deren Himmelsreisen die Gläubigen beschäftigten. Das Interesse für derlei Ausflüge war übrigens keineswegs auf das Judentum beschränkt, sondern findet sich in persischen Kontexten ebenso wie in der Gnosis, auf die ich unten eingehen werde.

In rabbinischer Zeit entwickelte sich eine breite literarische Gattung, die man als *Hekhalot-Mystik* bezeichnet. *Hekhalot* ist das hebräische Wort für die himmlischen «Hallen» oder Paläste, die vom Mystiker besucht werden. In einer dieser Hallen – meist in der siebten – steht die *Märkabah*, also der Thronwagen Gottes, den der Prophet Hesekiel einst in seiner Vision geschaut hatte und der in der gesamten jüdischen Mystik eine so bedeutende Rolle spielt. Der Hekhalot-Mystiker ist ein Vertreter der Gemeinde Israels, der, in die himmlischen Sphären entrückt, mit der Engelwelt kommuniziert und die Belange Israels vor Gott vertritt. Er stellt die Verbindung her zwischen den Ebenen der kultischen Wirklichkeit, worin eine Fortführung der Idee zu sehen ist, die uns schon in der qumranischen Theologie begegnete, nun aber weniger auf den Tempelkult in Jerusalem bezogen als vielmehr auf das Wohlergehen der Gemeinde Israel. Die himmlischen Sphären, die man gemäß der damaligen Kosmologie als konzentrische Kreise der Planetenwelten betrachtete, durch die der Mystiker aufsteigt, haben immer auch mit astrologischem Gedankengut zu tun, was man an der hohen Bedeutung der Zahlen sieben und zwölf ablesen kann.

Konkret wird dieses Gedankengut schließlich, wenn es um die magisch-theurgischen Aspekte jener Mystik geht. Der Aufstieg wird nämlich als durchaus gefahrenvoll beschrieben, und der Adept tut gut daran, die Losungsworte und Beschwörungen zu kennen, die für die Reise in die himmlischen Sphären notwendig sind. Um dies zu verdeutlichen, seien zwei Dokumente angeführt, nämlich das «Buch der Geheimnisse» und das «Testamentum Salomonis».

Das *Buch der Geheimnisse* (*Sefär ha-razîm*) ist ein Text, der uns nur bruchstückhaft überliefert ist, den man allerdings mit großer Sicherheit ins sechste, vielleicht sogar bis ins vierte Jahrhundert zurück datieren kann. Es handelt sich um eine Art Handbuch mit einer detaillierten Auflistung magischer Praktiken, mit Anrufungen, Rezepten und Gebeten, eingebunden in einen kosmologischen Rahmen, der sich an der gängigen Siebenteilung der Firmamente orientiert. In jedem Kapitel wird das Aussehen der jeweiligen Himmel dargelegt sowie eine Beschreibung der Engel gegeben, die dort ihren Dienst verrichten und dem Adepten zur Verfügung stehen, sofern dieser die richtigen Rituale durchführt. Hinzu kommen umfangreiche Engel- und Dämonenlisten, deren Inhalt auch heute noch das eine oder andere Rätsel aufgibt. Schon im Vorwort des Buches wird unmissverständlich festgehalten, was man sich von der Lektüre versprechen darf, wird einem doch erklärt,

> wie die Untersuchung der himmlischen Sphären durchgeführt wird, wie alles in ihren sieben Gefilden durchwandert wird, wie die astrologischen Zeichen beobachtet werden, die Wege der Sonne untersucht und jene des Mondes erklärt werden, wie man die Wege des Großen Bären, des Orion und der Plejaden kennen lernt, welches die Namen der Aufseher jedes einzelnen Firmaments sind und über welche Gebiete sie regieren und wie man sie dazu bringt, Erfolg in allen gewünschten Dingen zu gewährleisten, welches die Namen ihrer Helfer sind und welche (Trank-) Opferungen man ihnen bringen muss, und schließlich, welches die richtige Zeit ist, zu der sie die Gebete erhören und die Wünsche derer erfüllen, die sich ihnen in Reinheit nähern. («Vorwort», 5–10)

Die wiederholten Aufforderungen, den Gestirnen Opferungen zu bringen, zeigen, dass die Bekämpfung der kultischen Verehrung der Planeten, wie sie in anderen jüdischen Kreisen propagiert wurde, durchaus einen realen Hintergrund hatte. Als Beispiel diene ein Ritual, das man durchführen soll, um einen König oder andere hochgestellte Persönlichkeiten wohlgesinnt zu stimmen oder auch das Herz einer reichen und schönen Frau zu gewinnen – natürlich eine Sache für Venus. Man soll dafür ein Löwenjunges mit einem bronzenen Messer schlachten, sein Blut auffangen und das herausgetrennte Herz damit beträufeln. Anschließend schreibe man die Namen der zuständigen Engel mit Blut auf die Haut des Löwen, und zwar zwischen die Augen, um das Blut anschließend mit dreijährigem Wein abzuwaschen, den man endlich mit dem Blut mische. Unter Hinzunahme von bestimmten Räuchermitteln opfere man das Ganze der Venus, die man außerdem durch das wiederholte Rezitieren von Anrufungen und Beschwörungen für die eigene Sache zu gewinnen sucht (1,117–131).

An anderer Stelle werden der «König der Heiligkeit» beschworen, «dessen vollständiger Name Adam im Garten Eden offenbart worden war», sodann «die Herrscher der Planeten, der Sonne und des Mondes, die vor ihm niederknien wie Sklaven vor ihren Herren», damit der Magier den himmlischen Thronwagen in seinem ganzen Glanz schauen möge (4,51–57). Scheint hier die Depotenzierung der Gestirne noch deutlich hindurch, folgt gleich darauf eine Anrufung der Sonne als «Heiliger Helios» und Herrscher über die Achsen des Himmels, der dem Anliegen des Magiers gewogen sein möge.

Ganz im Modus der Depotenzierung befindet sich das *Testamentum Salomonis*. Salomo war schon in der Antike der Meister der Magie und Alchemie, und diese Zuschreibung sollte er bis in die heutige Zeit behalten. In seinem «Testament», das auf Traditionen zurückgreift, die im hellenistisch-ägyptischen Raum entstanden waren und in den ersten Jahrhunderten kompiliert wurden, wird ausführlich beschrieben, wie Salomo die himmlischen Dämonen unterwirft und sie dazu bringt, sich beim Bau seines Tempels nützlich zu machen. Dabei benutzt er seinen berühmten Siegelring, den er vom Erzengel Michael erhalten hat. Damit zitiert er die Dämonen vor sich, befragt sie nach ihrem Namen – ein in allen magischen Zusammenhängen entscheidender Faktor – sowie dem Ort im Zodiak, wo sie residieren, um sie anschließend zu bannen. Ein Beispiel:

> Ich, Salomo, erhob mich von meinem Thron und sah den Dämon vor Furcht zittern und schaudern. Ich sagte zu ihm: «Wer bist du? Was ist dein Name?», und der Dämon antwortete: «Ich heiße Ornias.» Ich sprach zu ihm: «Sag mir, in welchem Zeichen des Zodiaks residierst du?» Der Dämon antwortete: «Im Wassermann; ich stranguliere alle, die im Wassermann wohnen wegen ihrer Leidenschaft für Frauen, die im Zeichen der Jungfrau geboren sind.» (2,1 f.)

Dieses Verfahren der Integration astrologischer Symbolik in jüdische Zusammenhänge ist typisch für die magische Literatur der Spätantike. Auch wenn man an vielen Stellen die verwendeten Lehren auf ägyptische und hellenistische Ursprünge zurückverfolgen kann, erfuhren die Lehren bei ihrem Übergang in den neuen Kontext gewisse Veränderungen. Astrologische Deutungstraditionen waren – zumindest bis zu einem gewissen Punkt – allgemein bekannt, und die Möglichkeit einer Beeinflussung der irdischen Sphäre durch die himmlischen Mächte wurde nicht in Zweifel gezogen. Gleichzeitig jedoch ordnete man die Tradition den eigenen Interessen unter, was zu einer mitunter sehr eigenwilligen Interpretation astrologischen Gedankenguts führte.

Die rabbinischen Astrologen Nach der Zerstörung des Jerusalemer Tempels durch die Römer im Jahre 70 und der Niederschlagung des zweiten jüdischen Aufstands gegen Rom (132–135), wodurch Jerusalem – nun in Aelia Capitolina umbenannt – für lange Zeit eine für Juden verbotene Stadt war, ist es den rabbinischen Lehrhäusern in Palästina und Babylonien zu verdanken, dass jüdisches Leben und jüdische Theologie sich neu formierten und zu einer hohen kulturellen Blüte gebracht wurden. Die zentralen Bausteine der rabbinischen Gelehrsamkeit – Mischnah, Midrasch und Talmud –, die auch heute noch das Rückgrat zur Regelung des jüdischen Lebens darstellen, wurden zwischen dem zweiten und siebten Jahrhundert geschaffen. Dabei kam Babylonien eine zunehmende Bedeutung zu, denn dort war die Ausübung von Wissenschaft und Theologie für Juden ohne Beschränkungen möglich, während im christlichen Westen immer neue Restriktionen eingeführt wurden.

Unter den Perserkönigen hatte die Sternkunde nie an Einfluss eingebüßt, und so ist es nicht verwunderlich, dass die babylonischen Juden über hohe Kompetenzen verfügten, was die mesopotamische Astrologie anbelangt. Die dortigen Gelehrtenhäuser – *Jeschiwot* – waren intellektuell und wissenschaftlich auf der Höhe der Zeit, und einzelne Rabbinen traten durch besondere astrologische, medizinische oder magische Fähigkeiten hervor. Wir können dabei dasselbe beobachten wie schon im letzten Abschnitt: Die astrologischen Traditionen wurden nicht einfach übernommen, sondern erfuhren unter jüdischen Vorzeichen eine spezifische Veränderung und Anpassung. Mit anderen Worten: Die *theologische Kohärenz* war wichtiger als die «Korrektheit» des astrologischen Lehrgebäudes.

Die rabbinische Astrologie ist ein Thema, das ich hier nicht ausführlich behandeln kann. Eingehen möchte ich aber auf einen Passus im Jerusalemer Talmud, der nicht zu Unrecht von vielen als *locus classicus* der jüdischen Auseinandersetzung mit der Astrologie bezeichnet wurde und der in besonderer Weise geeignet ist, den Primat der theologischen vor der astrologischen Überlegung sichtbar werden zu lassen. Es handelt sich dabei um den Abschnitt im Traktat Schabbat 156ab, der von den Kompilatoren des Talmud bewusst in mehrere Argumentationsstränge aufgeteilt worden ist. Es beginnt damit, dass Rabbi Jehoschua ben Levis Notizbuch erwähnt wird, in dem sich Lehrsätze darüber finden, welches Schicksal ein Mensch zu erwarten habe, wenn er am Montag, Dienstag etc. geboren wird. Der zweite Teil wird von Rabbi Chanina eröffnet, der sagt: «Geht und sagt dem Sohn Levis: Nicht die Konstellation (*mazzal*) des Tages ist bestimmend, sondern die der Stunde.» Er ergänzt:

> Wer unter der Herrschaft der Sonne geboren wurde, wird ein glanzvoller Mann sein. Er wird von seinem Eigenen essen und von seinem Eigenen trinken. Seine Geheimnisse werden aufgedeckt. Falls er ein Dieb ist, wird er nicht erfolgreich sein. [...]
>
> Wer unter der Herrschaft des Merkur geboren wurde, wird erleuchtet und weise sein, denn Merkur ist der Schreiber der Sonne. [...]
>
> Wer unter der Herrschaft des Jupiter geboren wurde, wird ein Mann von Gerechtigkeit sein. Rabbi Nachman bar Jitschaq ergänzte: Gerechtigkeit im Sinne der Gebote (d. h. Wohltätigkeit).

Man sieht an solchen Deutungen, dass die Rabbinen über die aus der astrologischen Tradition der Antike bekannten Analogien informiert waren und sich nicht mit der Deutung des Wochentages zufrieden gaben, sondern diese Deutung durch Hinzuziehung des Stundenherrschers zu differenzieren suchten, also entweder durch den Aszendenten oder einen Planeten, der den Stunden des Tages schematisch zugeordnet wurde. Die Korrespondenzen folgen der gängigen Praxis, wie im Falle des Merkur, der auch sonst dem Mittwoch und den intellektuellen Fähigkeiten eines Menschen zugeordnet wurde, da er sowohl Himmelsbote als auch Schreiber war. Und doch kommt eine spezifisch jüdische Interpretation ins Spiel, denn das hebräische Wort *ʿor* steht nicht nur für ein gutes Gedächtnis, sondern auch für die «Lichter», die Gott im Schöpfungsbericht der Bibel geschaffen hat. Jupiter wiederum, der gemäß der Tradition mit jovialen und großzügigen Eigenschaften sowie mit dem Donnerstag in Verbindung gebracht wird, hat ebenfalls eine verborgene zusätzliche Bedeutung im Text, denn das hebräische *tsädäq/ts^{e}daqah* ist nicht nur der Name des Planeten, sondern steht auch für «Gerechtigkeit», was den Rabbinen erlaubt, Bibelstellen, in denen es um gerechte Lebensführung geht, in astrologischer Symbolik zu erläutern.

Interessant ist sodann der dritte Teil der Diskussion, in der das Konzept des *mazzal*, also der astrologischen Vorbestimmung, weiter ausgeleuchtet wird. Den Anfang macht Rabbi Chanina mit der Aussage: «Der *mazzal* macht weise, der *mazzal* macht reich, und für Israel gibt es einen *mazzal*.» Diese Behauptung wird sogleich von anderen heftig in Zweifel gezogen, denn für rabbinische Ethik ist es kaum nachvollziehbar, dass das Handeln der Juden von vornherein festgelegt sein soll, wäre dadurch doch wahrhaft ethisches Verhalten, das auf der Entscheidungsfreiheit beruht, unmöglich. Man bringt drei Anekdoten, um die Unabhängigkeit Israels vom Schicksalszwang zu belegen. Am schönsten ist die Folgende:

Auch von Schmuel lernen wir, dass es keinen *mazzal* für Israel gibt. Schmuel und Ablat (ein babylonischer Astrologe) saßen nämlich einmal zusammen, als Menschen vorübergingen zu einem See. Da sagte Ablat zu Schmuel: «Dieser Mann geht und kommt nicht zurück. Eine Schlange wird ihn beißen, sodass er stirbt.» Schmuel erwiderte ihm: «Wenn er ein Israelit ist, geht er und kommt zurück.» Während sie dasaßen, ging er und kam zurück. Da erhob sich Ablat und warf das Gepäck des Mannes zu Boden. Darin fand er eine Schlange, die in zwei Hälften zerteilt war. Schmuel fragte ihn: «Was hast du getan (um deinem Schicksal zu entgehen)?» Der Mann sagte, jeden Tag würden er und seine Gefährten das Brot zusammenlegen und essen. Aber heute war einer unter ihnen, der hatte kein Brot und schämte sich deshalb. Als er das Brot einsammelte, tat er so, als hätte er auch von ihm etwas erhalten, damit er sich nicht schäme. Da sagte Schmuel: «Du hast eine gute Tat (*mitswah*) getan!» Darauf ging Schmuel hinaus und legte den Vers aus: «Gerechtigkeit (Wohltätigkeit, *ts^{e}daqah*) errettet vom Tod» (Sprüche 10,2); und zwar nicht nur vom unnatürlichen Tod, sondern vom Tod überhaupt.

Ablat, der babylonische Gelehrte, wird hier keineswegs als Scharlatan vorgeführt oder des Irrglaubens bezichtigt. Seine astrologische Deutung ist insofern richtig, als tatsächlich eine Schlange im Begriff war, den Mann zu beißen. Das Gleichnis will etwas anderes zeigen: Durch Torah-gemäßes Verhalten sind Juden in der Lage, den im Grunde korrekten Vorhersagen der Astrologie ein Schnippchen zu schlagen. Damit bleibt die Astrologie nicht nur für Nichtjuden selbstverständlich gültig, sondern auch für solche Juden, denen das rechte Maß an Frömmigkeit fehlt. Man könnte auch sagen: Was hier abgelehnt wird, ist nicht das Entsprechungssystem der Astrologie, sondern lediglich der blinde fatalistische Glaube an einen astrologischen Determinismus.

Diese Unterscheidung erlaubte es der rabbinischen Theologie, sich den astrologischen Standards der Zeit zu öffnen, ohne ihre jüdische Identität aufs Spiel zu setzen. In vielen rabbinischen Dokumenten wird der Spieß sogar umgedreht und Abraham, bekanntlich aus Ur in Chaldäa, zum Stammvater jeder Astrologie und Esoterik (v)erklärt, habe er doch die Sternkunde erst in den Westen vermittelt. Die astrologische Wissenschaft hatte im spätantiken Diskurs einen solch hohen Stellenwert, dass die Religionen darum wetteiferten, wem ihre Erfindung und virtuose Handhabung denn nun zugesprochen werden dürfe.

Christentum: Die Vielfalt möglicher Haltungen

Das Christentum der ersten Jahrhunderte – ich war oben schon kurz darauf eingegangen – wurde früher gerne als ein monolithischer Block dargestellt, der über eine einheitliche Geschichte und eine klare Position im Hinblick auf die Astrologie verfügte. Heute beginnt sich die Einsicht durchzusetzen, dass dieses Bild falsch ist. Die Christentümer jener Zeit zeigen ein buntes Bild von Jesusfrömmigkeit, von Gruppenbildungsprozessen und Theologisierungen, wobei in der Regel die religiöse Identitätsbildung über das Abgrenzen und Aussondern der «Anderen» verlief – die häufig gar nicht so viel anders dachten. Aus religionswissenschaftlicher Perspektive sind alle Quellen und Gruppen, die sich direkt auf Jesus oder auf «Christus» beziehen, als christliche Zeugnisse zu bewerten, unabhängig davon, ob sie nun das «wahre» Christentum repräsentierten oder nicht. Unter einer solchen Voraussetzung öffnet sich plötzlich eine ganze Welt christlicher Astrologie, die Texte hervorbrachte, die sich einer großen Beliebtheit und weiter Verbreitung erfreuten, die gleichwohl nicht in den Genuss kamen, von der römischen Kirche als «echt» aufgewertet zu werden. Für den Transfer von astrologischem Gedankengut aus nicht-christlichen Religionen ins Christentum sowie vom Christentum in die Religionsgemeinschaften vor allem des östlichen Kulturraums sind diese Quellen indes von überragender Bedeutung.

Ich werde dieses Spektrum von Positionen zur Astrologie etwas vereinfachend in drei Schritten vorstellen: Zunächst gilt es, einen kurzen Blick auf die Schriften des Neuen Testaments zu werfen und sie nach astrologischen Themen zu befragen. Anschließend werde ich die antiastrologischen Haltungen führender christlicher Autoren etwas genauer betrachten, um drittens die Positionen ihrer Gegner darzustellen, die häufig unter dem Namen «Gnostiker» laufen, tatsächlich aber ein ungemein vielschichtiges und widersprüchliches Segment des spätantiken Christentums verkörpern. Dies wird mich dann direkt zur manichäischen Astrologie führen, die an vielen Stellen die christliche Diskussion aufgreift und eigenständig weiterentwickelt.

Astrologisches im christlichen Kanon Im Neuen Testament, welches das Ergebnis eines über Jahrhunderte dauernden Kanonisierungsprozesses ist, finden sich an vielen Stellen astrologische Motive. Man muss allerdings unterscheiden zwischen allgemeinen astralmythologischen Themen und einer direkten Bezugnahme auf astrologische Traditionen. Beginnen wir mit dem Ersteren: Eine astrale Symbolik steht beispielsweise hinter der Bedeutung von «heiligen» Zahlen, die im kosmologisch-theologischen Sinne aufgeladen sind. Besonders die Vier, die Sieben und die Zwölf geben Zusammenhänge zu erkennen, die auf zodiakale und planetare Verhältnisse zurückgehen. Die zwölf Stämme Israels werden hier von den zwölf Jüngern abgelöst, die am Tag des Gerichts auf den zwölf Thronen des Himmelreichs sitzen und über die Stämme richten werden (Mt 19,28). Das Zodiakalschema nimmt übrigens in der späteren kirchlichen Theologie einen herausgehobenen Platz ein (s. Hübner 1983). Die Vier und die Sieben stellen ihrerseits kosmische Größen dar, die mit den vier Himmelsrichtungen beziehungsweise mit den Planeten in Verbindung stehen. In ihnen kommt eine kosmische Symmetrie zum Ausdruck, welche die Vollkommenheit des göttlichen Schöpfungsplans widerspiegelt.

Ein zweites Thema, das indirekt mit astrologischen Positionen zusammenhängt, ist die Annahme, dass die *Qualität* der Zeit in himmlischen Zeichen ablesbar ist. Ob dies nun die apokalyptischen Omina sind, die das Nahen des Endgerichts ankündigen (Mk 13,24–27;

Mt 24,30 spricht vom «Zeichen des Menschensohns», das erscheinen wird) oder die mysteriösen Ereignisse, die sich beim Tod Jesu einstellten (Mk 15,33–38), die Metaphern, welche den Messias in kosmischen Bildern beschreiben (Mk 13,26; Mk 14,62; Joh 1, 1–18 usw.) oder seine Verklärung und Entrückung thematisieren, die mit der Verstirnung des Mose und Elia verglichen wird (Apk 11,12; Mk 9,2–10; vgl. 2 Kön 2,11) – die neutestamentlichen Autoren teilen die Mehrheitsmeinung ihrer Zeitgenossen, dass ausgewiesene Ereignisse mit besonderen Zeichen des Himmels einhergehen. Am deutlichsten wird dies bei der berühmten «Magier-Perikope» des Matthäus 2,1–12, wo die astrale Symbolik in eine konkrete astrologische Erklärung übergeht, nämlich die singuläre Jupiter-Saturn-Konjunktion des Jahres 7 v. u. Z. Ich habe an anderer Stelle gezeigt, dass der so genannte Stern von Bethlehem in eine breite Messiasstern-Thematik hinein gehört und eine literarisch-rhetorische Verarbeitung tatsächlicher Himmelserscheinungen sein dürfte (von Stuckrad 2000, 555–586).

Ich komme damit zu den konkreten Bezugnahmen auf astrologische Traditionsstücke, die im neutestamentlichen Kanon überaus ambivalent ausfallen. Wendet sich nämlich insbesondere Paulus entschieden gegen jede Form astrologischer Divination, so zeigt die Offenbarung des Johannes eine ungehemmte Anwendung astrologischer Lehren auf die christliche Theologie. Die Argumentationslinie des Paulus war es, der das kirchliche Christentum später weitgehend folgte, während die Johannesoffenbarung eine große Nähe zu gnostischen Christentümern aufweist, über die solche Anschauungen später tradiert wurden. *Paulus*, der mit der hellenistisch-römischen Kultur gut vertraut war, wendet sich besonders gegen die beliebte Tagewählerei, die, wie wir gesehen haben, Astrologie und Kalender symbiotisch verknüpft. Im Brief an die Römer (14,5 f.) heißt es noch konziliant: «Der eine bevorzugt bestimmte Tage, der andere macht keinen Unterschied zwischen den Tagen. Jeder soll aber von seiner Auffassung überzeugt sein. Wer einen bestimmten Tag bevorzugt, tut es zur Ehre des Herrn.» Gegenüber den Galatern vertritt er jedoch eine andere Meinung:

> Wie könnt ihr aber jetzt, wo ihr Gott erkannt habt, oder besser von Gott erkannt worden seid, wieder zu den schwachen und armseligen Elementarmächten (*stoicheia*) zurückkehren? Warum wollt ihr von neuem ihre Sklaven werden? Warum achtet ihr so ängstlich auf Tage, Monate, bestimmte Zeiten und Jahre? Ich fürchte, ich habe mich vergeblich um euch bemüht. (Gal 4,9–11)

Indem die Galater der Tagewählerei und Katarchenastrologie folgen, machen sie sich, so Paulus, zum Sklaven der astralen Mächte. *Stoicheia* ist ein Begriff, der auch im gnostischen Kontext immer wieder begegnet; sie sind als Planeten- und Zodiakalmächte anzusprechen, die – wie dies schon Platon (*Timaios* 40b) getan hatte – geradezu personalen Charakter haben. Die Stoicheia als Urprinzipien der Welt, also das, was «die Welt im Innersten zusammenhält», haben für Paulus ihre Wirksamkeit eingebüßt (Kol 2,8 und 2,20), denn die Christen gehorchen nicht mehr den Gesetzen «dieser Welt», sondern haben Anteil am Himmelreich, das allein den Gesetzen Christi folgt. Die Ablehnung der Stoicheia wird so zu einer Ablehnung der astrologischen Prinzipien.

Eine antiastrologische Haltung zeigt sich auch darin, dass es den Christen nicht mehr gestattet sein soll, den Beginn der Endzeit zeitlich genau zu errechnen. Um dies zu verstehen, muss man sich vergegenwärtigen, dass die frühen Christen in einer akuten Endzeiterwartung lebten, hatte doch Jesus verkündet: «Amen, ich sage euch: Diese Generation wird nicht vergehen, bis das alles eintrifft» (Mt 24,34). Je länger die Wiederkehr des Messias (Parusie) auf sich warten ließ, desto brennender wurden die Fragen der Gläubigen, wie man sich denken kann. Die Parusieverzögerung war denn auch über Jahrhunderte ein Problem, das theologisch bewältigt werden musste. An etlichen Stellen des Neuen Testaments wird darauf verwiesen, dass der Termin unergründlich ist: «Jenen Tag und jene Stunde kennt niemand, auch nicht die Engel im Himmel, nicht einmal der Sohn, sondern nur der Vater» (Mt 24,36; Mk 13,32). Ähnlich heißt es in der Apostelgeschichte: «Euch steht es nicht zu, Zeiten und Fristen zu erfahren, die der Vater in seiner Macht festgesetzt hat» (1,7). Ganz im Gegensatz zu den Qumranschriften und apokalyptischen christlichen Gruppierungen wird es den Menschen mithin verboten, die heilsgeschichtlichen Ereignisse aus den Sternbewegungen heraus vorherzusagen.

Vor dem Hintergrund dieser astrologiefeindlichen Haltung nimmt sich die *Offenbarung des Johannes* geradezu «häretisch» aus, und es ist nicht verwunderlich, dass diese Schrift Schwierigkeiten hatte, als kanonisch Anerkennung zu finden. Franz Boll hat schon 1914 in einer brillanten Studie nachgewiesen, wie stark der Autor der Apokalypse von hellenistischer Sternkunde und Astralmythologie abhängig ist. Fast alle Details, die der Visionär wohl um 100 u. Z. auf der Insel Patmos wiedergibt, lassen sich auf Themenkreise zurückführen, die in der griechisch-römischen Umgebung allenthalben bekannt und diskutiert wurden, freilich in einer eigenwilligen und – was Boll nicht immer ausreichend beachtete – jüdisch geprägten Endzeitspekulation. Da wären zunächst die kosmischen Zahlenspiele, die uns schon aus den anderen kanonischen Schriften bekannt sind, die nun jedoch geradezu als ein Universalschlüssel zur Deutung der Heilsgeschichte dienen. Gleich im ersten Kapitel werden die sieben Sterne (und nur auf diese Zahl will ich hier eingehen), die sieben goldenen Leuchter, Engel und Geister genannt, die nach Apk 1,20 auch die sieben Gemeinden repräsentieren. In denselben Zusammenhang gehören die sieben Fackeln (4,5), die sieben Augen (5,6), der siebenköpfige Drache (12,3 u. ö.) sowie die sieben Katastrophen der Donner (10,3 f.), der Posaunen (8,2–11,19) und der Zornschalen (15,1–16,21). Die Fackeln und Augen sind dabei sowohl als die sieben antiken Planeten anzusprechen als auch im Sinne einer Sterngruppe, etwa des Kleinen Bären oder der Plejaden. Wie Boll aufzeigt (1914, 44 ff.), kommt durch die Nennung der sieben Hörner zudem das Sternbild Widder in Betracht, welches das Lamm repräsentiert, das inmitten des Himmels und der Tierkreisbilder, eingerahmt von 24 Sternen, das Zentrum oder den Anfang des Kosmos darstellt. Die Verbindung von Widder und Lamm (Christi) ist auch sonst in der Offenbarung vorhanden, denn der Widder ist das Sternbild des messianischen Sieges (5,6 f.), und die Beschreibung des Zorns des Lammes (6,16) oder seine Leittierfunktion (7,14; 7,17) lässt sich als eine positive Aufwertung des geschlachteten Passahlamms deuten. Christus ist der Messiaswidder, der in Analogie zum Frühlingszeichen als der Heraufbringer des neuen Jahres oder des neuen Äons erscheint. Das «Lamm» ist hier keineswegs so friedlich, wie christliche Theologie es häufig darstellt, sondern hat alle Attribute des kämpfenden und siegreichen Widders.

Das Thema der Vorhersehbarkeit des Endes wird bei Johannes anders angegangen als bei Paulus. Nachdem der sechste Engel seine Posaune geblasen hat, wird nämlich Folgendes berichtet: «Da wurden die vier Engel losgebunden, die auf Jahr und Monat, auf Tag und Stunde bereitstanden, um ein Drittel der Menschheit zu töten» (9,15). Der genaue Zeitpunkt des Endes ist – wie in vielen jüdisch-christlichen Apokalypsen auch – von Anfang an durch Gott festgelegt gewesen. Allerdings bedarf es der Offenbarung durch ein menschliches Medium, um die geheime Bedeutung des himmlischen Planes zu entschlüsseln.

Dies kann man Apk 3,1–3 entnehmen, denn nur die «Erwachten» werden in der Lage sein, die himmlischen Zeichen zu erkennen.

Das zwölfte Kapitel der Johannesoffenbarung schließlich hat den Interpreten bis heute immer wieder Kopfzerbrechen bereitet, quillt es doch geradezu über von astrologischen Anspielungen, die jedoch ungeheuer schwer zu ergründen sind (vgl. Boll 1914, 98–124; von Stuckrad 2000, 595–604). Der Visionär beschreibt hier das «große Zeichen am Himmel», das beim Endkampf erscheinen wird, und zwar in Gestalt einer Frau, die mit der Sonne bekleidet ist und den Mond unter ihren Füßen hat. Ein Kranz von zwölf Sternen umgibt ihr Haupt. Die Frau ist schwanger und bringt einen Sohn zur Welt, der «mit eisernem Zepter» über die Welt herrschen wird. Diese Bild wird kontrastiert mit der Vision eines Drachen mit sieben Köpfen und zehn Hörnern sowie sieben Diademen auf den Köpfen. Mit seinem Schwanz fegt der Drache «ein Drittel der Sterne vom Himmel» und wirft sie auf die Erde hinunter (12,4). Die Frau und das Kind wiederum werden vom Drachen verfolgt, der in einem kosmischen Kampf schließlich von den Engeln des Michael besiegt wird. Das Kind wurde gleich nach der Geburt in den Himmel entrückt, während die Mutter in der Wüste Zuflucht findet.

Diese Metaphern sind nur zu verstehen, wenn man die antiken Deutungen des Zeichens Jungfrau in Rechnung stellt, die – wie wir schon mehrfach sehen konnten – stets als eine Art kosmische Geburtshelferin fungiert (wie in Vergils 4. Ekloge) und einem göttlichen Heilsbringer das Leben schenkt. Auch die ägyptische Isis ist hier als Parallele anzuführen, wird sie doch als *Regina Caeli* (Himmelskönigin) dargestellt, deren Attribute die Sonne und der Mond sind und die das Horuskind zur Welt bringt (die spätere Marien-Ikonografie ist stark durch die ägyptischen Isis-Traditionen beeinflusst worden). Dass Johannes in seiner Vision auf tatsächliche Sternbilder rekurriert, legt sich auch nahe, wenn man sich das riesige Bild des Drachen ansieht, der vom Krebs bis zur Waage (d. h. den Scheren des Skorpion) reicht und deshalb in der Tat ein Drittel der «Sterne des Himmels» wegzufegen scheint.

Ich will es bei diesen schlaglichtartigen Andeutungen belassen, denn es geht mir lediglich um die Tatsache einer zutiefst astrologischen Symbolik, die sich wie ein roter Faden durch die Offenbarung des Johannes zieht. So außergewöhnlich und singulär die Schrift auf den ersten Blick erscheinen mag, tatsächlich ist sie eingebunden in einen breiten Strom von antiken Sternsagen und mythologischen Traditionen, die nun in einer christlichen Weise zugespitzt werden. Die Wirkung des letzten Buches des Neuen Testamentes kann gerade für die astrale Aufladung der christlichen Heilsgeschichte kaum hoch genug veranschlagt werden. Seit bald zweitausend Jahren gründen Christen die Erwartung eines Anbruchs der Endzeit auf die kryptischen Angaben des Johannes. Wie virulent der Mythos vom Tausendjährigen Reich (Apk 20,1–10) auch in der modernen Kultur ist, haben wir erst jüngst bei der Wende zum dritten Millennium christlicher Zeitrechnung beobachten können.

Die antiastrologische Position

Dass die Strafen und Züchtigungen wie auch die Belohnungen nach dem Wert der Handlungen eines jeden zugeteilt werden, darüber sind wir von den Propheten belehrt worden und verkünden es als wahr. Wenn dies nicht der Fall wäre, vielmehr alles nach dem Schicksal geschehen würde, so käme gar nichts auf uns selber an. Denn wenn es vom Schicksal bestimmt ist, dass dieser gut und jener schlecht ist, so ist der eine ebenso wenig zu loben wie der andere zu tadeln. Und ferner: Wenn das Menschengeschlecht nicht das Vermögen hat, aus freier Wahl das Böse zu fliehen und sich für das Gute zu entscheiden, so ist es unschuldig an allem, was es tut. (Justinus *Apologia* I,43)

Was Justin, der um 165 u. Z. den christlichen Märtyrertod starb, hier formuliert, ist eines der entscheidenden Argumente gegen die Astrologie, das, wie wir sahen, nicht nur von Christen vorgebracht wurde, sondern seit Karneades und Cicero immer wieder die Runde machte. Die offensichtliche Spannung zwischen Fatalismus und Determinismus auf der einen und der menschlichen Willensfreiheit, die allererst ethisches Handeln ermöglicht, auf der anderen Seite wurde von beinah allen Religionen – man denke auch an Philo von Alexandria und Josephus Flavius – intensiv debattiert. Häufig fand man Kompromisslösungen, indem man die fatalistische Astrologie ablehnte, die grundsätzliche symbolische Deutung der Zeitqualität aber beibehielt. Was die Haltung führender christlicher Apologeten der ersten Jahrhunderte auszeichnet, ist nun ein radikalerer Zug, der gleichsam das Kind mit dem Bade ausschüttet. Von Justins Schüler Tatian über Origenes (ca. 185–253/4) bis hin zu Eusebius (ca. 260 –339 u. Z.) und anderen verlief eine Argumentationslinie, die das vorbereitete, was ich oben als theologisch-politische Kriminalisierung der Sternkunde bezeichnet habe. Besonders die Schriften des Origenes wurden zu einem archimedischen Punkt späterer Diskussionen (im Grunde bis heute), sodass es sinnvoll erscheint, seine Position etwas näher zu betrachten.

Origenes geht so weit, den Bann gegen jene auszusprechen, die die Geheimnisse des Lebens in den Sternen suchten, da sie das «Lager des Herrn» verunreinigten und das Volk der Christen von ihrem Sieg abbrächten (*Predigt zu Josua* VII,4). Seine wichtigste Begründung hierfür folgt der antifatalistischen Position des Karneades, wie man der wichtigen Schrift «Über die Heimarmene» (in *Philocalia* XXIII,19–21) entnehmen kann. Dennoch: Selbst dieser erbitterte Gegner der Astrologie gibt sich nicht mit einem einfachen Urteil zufrieden, sondern lässt in seinem Kommentar zu Genesis gewissermaßen eine «astrologische Hintertür» offen. Anlässlich der Erschaffung der Gestirne «als Zeichen» (Gen 1,14) führt er nämlich aus, dass gerade dadurch, dass Gott die Taten der Menschen im Voraus kenne, er die menschliche Willensfreiheit schütze. Die Sterne wiederum sind nicht selber für das Schicksal verantwortlich, sondern sie lassen sich auffassen als Zeichen des dahinter stehenden Impulses. Die Menschen sind nicht in der Lage, die Bedeutung der Gestirne zu entschlüsseln, aber bestimmten höheren Mächten wurden ihre Geheimnisse offenbart. Origenes betrachtet die Bewegungen der Sterne als die «Handschrift Gottes», die von Eingeweihten gelesen werden kann (wie beim «Stern von Bethlehem» erkennbar sei), doch komme es gelegentlich vor, dass die Sterne und die himmlischen Mächte nicht dem göttlichen, sondern ihrem eigenen Willen folgten. Insofern kommt dem Menschen doch eine wichtige Funktion in der Deutung des Sterngeschehens zu. Tamsyn Barton konstatiert ganz richtig: «Selbst sein Argument über den menschlichen Zugang zu diesem Wissen scheint ein Schlupfloch offen zu halten. Auch wenn die Menschen kein exaktes Wissen erlangen können, sind sie doch in der Lage, einiges herausfinden» (Barton 1995, 75).

Hier zeigt sich, wie schwierig es für die christlichen Apologeten gewesen ist, sich dem gesamtkulturellen Diskurs der Antike zu entziehen, der die Astrologie als eines der wichtigsten Instrumente zur Deutung der Zeit auffasste. Das Bedürfnis nach Integration findet sich auch bei anderen Autoren der Zeit. Ignatius etwa konnte in seinem *Brief an die Epheser* 19 die Astrologie prinzipiell anerkennen, hielt sie aber – ganz im Sinne des Paulus – durch die Geburt Jesu für überholt.

So argumentierte auch der berühmte Tertullian (ca. 160–222), um dann trotzdem die Astrologie mitsamt aller anderen der Neugier (*curiositas*) verpflichteten Künste der Vergessenheit anheim zu geben:

Was hat Athen mit Jerusalem zu schaffen? Und was die Akademie mit der Kirche? Was ist Häretikern und Christen gemein? [...] Mögen sie ein stoisches, ein platonisches und ein dialektisches Christentum erfinden! Wir bedürfen seit Jesus Christus nicht mehr der Neugier und nicht mehr des Forschens seit dem Evangelium. (*De praescriptione haereticorum* VII,9–12)

Tertullian verwirft hier im Handstreich die gesamte hellenistische Geistigkeit, was zugleich bedeutet, dass die philosophischen Begründungen der Astrologie aus dem christlichen Diskurs vollständig ausgegliedert werden. Von dort war es nur noch ein Schritt zur Kriminalisierung der deutenden Künste, die Tertullian in *De idolatria* IX, 7f. formulierte: «Wenn aber Magie bestraft wird, deren Spezies [d. h. eine Unterkategorie] die Astrologie ist, so wird die Spezies natürlich mit dem Genus [d. h. der Oberkategorie] verdammt. Nach dem Evangelium wirst du nirgendwo mehr Sophisten, Chaldäer, Zauberer, Deuter oder Magier finden, es sei denn als offenkundig Bestrafte.»

Ich komme damit zu Augustinus (354–430), einem der wichtigsten Autoren des frühen Christentums. Sein Zeugnis ist gerade auch deshalb interessant, weil der Kirchenlehrer in seinen jungen Jahren ein überzeugter Anhänger manichäischer Astrologie gewesen ist, sich aber später – ähnlich wie sein Zeitgenosse Firmicus Maternus – von diesem Glauben löste und als radikaler Kritiker der Astrologie auftrat. Mit Verve schließt er sich der antifatalistischen Position an:

Aber all solche Heilsmahnung erdreisten sich jene Blinden zunichte zu machen, wenn sie sagen: «Vom Himmel kommt dir der unausweichliche Anstoß zum Sündigen» und «Venus hat das bewirkt oder Saturn oder Mars», in der Absicht, wie leicht zu sehen, den Menschen von der Schuld zu entlasten, sein «Fleisch und Blut» und seine von Hochmut stinkende Fäulnis, hingegen dem Schöpfer und Ordner des Himmels und der Gestirne die Schuld aufzubürden. (*Confessiones* IV,3,4)

Augustinus erzählt in seinen «Bekenntnissen» weiter, er habe es seinerzeit in der Kunst der Sterndeutung zu einer solch hohen Kompetenz gebracht, dass er sich mit dem Gedanken trug, seinen Lebensunterhalt mit der Astrologie zu bestreiten. Davon habe ihn glücklicherweise in Kathargo ein Arzt namens Vindiciamus abgehalten, und zwar mit dem Argument: «Du hast ja schon einen Beruf, der dich über Wasser hält in der Menschengesellschaft, den eines Rhetors, und betreibst dieses Trugwerk nur als Liebhaberei, nicht zum Erwerb des nötigen Unterhalts». Das überzeugt Augustinus noch nicht völlig, und er stellt die Frage, woher es denn aber komme, dass die Sterndeuterei oft das Richtige voraussage? Die etwas kryptische Antwort des Vindiciamus:

Er erwiderte (nämlich), eine Orakelkraft (*vim sortis*) sei da im Spiele, wie sie ja überall in der Welt anzutreffen sei; springe doch auch, wenn man etwa Rat suchend einen beliebigen Dichter aufschlage, der etwas ganz anderes besinge und im Auge habe, oft ein Vers heraus, der merkwürdig gut auf das Anliegen passe. (*Confessiones* IV,3,5)

Interessanterweise hat Augustinus genau die hier beschriebene und als Kritik formulierte Zufälligkeit der Orakelkraft an anderer Stelle als göttliche Fügung interpretiert: Als er niedergeschlagen und in Tränen aufgelöst war, habe er eine Kinderstimme gehört, die ihn aufgefordert habe, willkürlich die Heilige Schrift aufzuschlagen und sich an das zu halten, was er dort lese (*Confessiones* VIII,12,29 f.).

Die Gegner der fatalistischen Astrologie befanden sich in einer schwierigen Gratwanderung, denn die Ablehnung des *fatum* scheint einer gewissen Kontingenz (also Zufälligkeit) der Geschichte Tür und Tor zu öffnen, was natürlich aufgrund des christlichen Weltbildes ebenfalls vermieden werden musste. Die Kontingenz jener *vis sortis* genannten Schicksalsmacht bezeugt Augustinus auch, wenn er die Meinung referiert, dass es «eine wirkliche Kunst der Vorschau in die Zukunft» eigentlich nicht gebe. Vielmehr «handle es sich um rein menschliche Mutmaßungen, bei denen oft der Zufall die Rolle des Orakels spiele, und wer vieles sage, sage allerlei, was hinterher eintreffe» (*Confessiones* VII,6,8).

Augustinus kannte sich recht gut in der antiken Astrologie aus. Deshalb wusste er auch um das damals wie heute viel diskutierte Problem der Zwillingsgeburten, das im Grunde einen Sonderfall der Fatalismus-Frage darstellt. Für den Katharger wird dies zu einem entscheidenden Hebel gegen die Astrologie, denn er erzählt von der Biografie eines Gewährsmanns, der zur selben Stunde geboren worden war wie ein Sklave der Familie, aber ganz offensichtlich ein völlig anderes Schicksal erfuhr als die bedauernswürdige Vergleichsperson. Die Behauptung der Astrologie, das Leben des Nativen zwingend aus dem Horoskop ableiten zu können, werde durch die Wirklichkeit unterschiedlicher Zwillingsbiografien widerlegt (*Confessiones* VII,6,9).

Für Augustinus und viele andere Vertreter der frühen Kirche stellte die Astrologie eine Anmaßung und Selbstermächtigung des Menschen dar, die der Demut und dem freiwilligen Wissensverzicht weichen musste. Wir werden gleich sehen, dass dies eine der wichtigsten Konfrontationslinien zur gnostischen Interpretation war, die gerade auf die Selbstermächtigung des erkennenden Subjektes abzielte. Auf kirchlicher Seite stand indes nicht mehr nur die fatalistische Astrologie auf dem Prüfstand, sondern jeglicher Erkenntnisdrang und jede Neugierde. Augustinus stellt die Sache klar:

> Denn Du, Herr, allgerechter Lenker des Alls, Du bewirkst, den Fragenden und den Befragten unbewusst, durch geheime Eingebung, aus der undurchdringlichen Tiefe Deines Gerichtes heraus, dass jeder beim Befragen das vernimmt, was ihm je nach dem verborgenen Verdienst oder Missverdienst der Seele zu vernehmen gebührt. Es soll kein Mensch zu Dir sagen: «Was ist das? Warum das?» Er soll es nicht, nein, er soll es nicht; er ist ja nur Mensch. (*Confessiones* VII,6,10)

Die «Anderen»: Astrologische Lehren zwischen Ägypten und Syrien Die mehrheitlich antiastrologische Position der späteren Staatskirche repräsentiert lediglich eine unter vielen Haltungen, die antike Christen zur Sternkunde bezogen. Auch wenn solche alternativen Sichtweisen aufgrund des beschriebenen Verdrängungsprozesses zunehmend marginalisiert wurden, darf man nicht vergessen, dass in den ersten Jahrhunderten eine Vielzahl von Gruppierungen diesen Sichtweisen folgten und dass sie in manichäischen, später dann in muslimischen Kreisen, aber selbst in Traditionen der Ostkirche, weiter existierten. Damit stellen sie eine Kontinuität dar, die oft übersehen wird.

Häufig werden jene «anderen» Christen als «Gnostiker» bezeichnet. Mit diesem Begriff muss man allerdings vorsichtig sein, denn die so Bezeichneten nannten sich selber ganz anders, nämlich «Kirche» oder schlicht «Christen». Der Name «Gnostiker» wurde ihnen von außen zugeschrieben, weil in ihren Texten oft die Rede vom «Wissen» (griechisch *gnôsis*) begegnet, das der Erlösung des Menschen aus den Fesseln des Schicksals und der körperlichen Existenz dienen soll. Mit dieser Anschauung folgten solche Christen einer neuplatonischen Philosophie, wie sie besonders von Plotin ausformuliert worden war, die nun aber – in enger Verbindung zur ägyptischen Hermetik – christlich überformt wurde. Grundlage dieser Überformung war eine negative Gegenwartsdiagnose: Der Mensch ist aus der vollkommenen Göttlichkeit seiner Lichtheimat in die Verstrickungen von Materie, Schicksalszwängen (*Heimarmene*) und Sündhaftigkeit geworfen worden. Ein Funken seiner Seele ist zwar noch mit der uranfänglichen Lichtheimat verbunden, doch bedarf es einer ungeheuren Anstrengung und eines Abstreifens der materiellen Verstrickungen, um diesen Lichtfunken zu befreien. Die Astrologie im Allgemeinen und die Planeten im Besonderen repräsentieren die Heimarmene, also den Zwang des Schicksals, dem der gefallene Mensch ausgeliefert ist. Anders aber als jene Christen, die einzig auf die Gnade Gottes vertrauten, um dereinst – am Ende der Tage – ins Himmelreich aufgenommen zu werden, entwickelten die «Gnostiker» Theorien darüber, wie man schon zu Lebzeiten eine solche Erlösungsreise in den Himmel antreten könne. Dieser Ansatz brachte sie dazu, sich gerade nicht von der Astrologie abzuwenden, sondern sich in ihre Grundsätze zu vertiefen, um durch ein vollständiges Verständnis der Schicksalsdynamik eben diese zu überwinden. Wie eine derartige Konzeption ausgestaltet werden konnte, möchte ich an zwei der wichtigsten Protagonisten der damaligen Zeit veranschaulichen: Theodotus und Bardesanes von Edessa.

Der im zweiten Jahrhundert wirkende *Theodotus* gehörte einer christlichen Strömung an, die sich aus den Lehren des Valentinian entwickelt hatte und besonders im östlichen Teil des Römischen Reiches und in Syrien auf Interesse stieß. Leider sind Primärschriften des Theodotus nicht erhalten, doch verdanken wir Clemens von Alexandria eine Übersicht seines Lehrgebäudes, die *Excerpta ex Theodoto*. Daraus geht hervor, dass für Theodotus die Heimarmene ein Zusammenspiel unzähliger Kräfte ist, die sich in den Bewegungen der Gestirne widerspiegeln. Die Kräfte können harmonisch zueinander stehen oder aber in Konfrontation geraten. Die Planetenwelt gibt uns demzufolge einen Hinweis auf die zentralen Herausforderungen menschlicher Existenz, die Theodotus wie folgt umschreibt: «Wer waren wir? Was sind wir geworden? Wo waren wir? Wohinein sind wir geworfen? Wohin eilen wir? Wovon sind wir erlöst? Was ist die Entstehung (*genesis*) und was die Wiederentstehung (*anagenesis*)?» (*Excerpta ex Theodoto* 78,2). Für Theodotus bietet die Astrologie einen Weg, um das geheime Wirken der Schicksalsmächte zu entschlüsseln, wobei die Planeten nicht als *Ursache* des Schicksals betrachtet werden, sondern lediglich als dessen *Anzeiger*: «Wenn aber das Schicksal für die anderen existiert», so Clemens über Theodotus, «dann lässt es sich aus dem Horoskop voraussagen. Der augenfällige Beweis dafür liegt in der Theorie der Astrologie» (75,1). Auch wenn Theodotus damit an der strengen Vorhersagbarkeit des Schicksals festhält, leitet er daraus keinen fatalistischen Standpunkt ab, sondern hält dem Geworfensein des Menschen die gnostisch-christliche Erlösungslehre entgegen. Er betont, dass «durch die Herabkunft des Herrn» der Widerstreit und Kampf der Weltmächte ein Ende fand. Dies bewirke Erlösung und die Schaffung von Frieden auf Erden. Das zweite entscheidende Merkmal christlicher Erlösung zeigt sich sodann in der Taufe, die als «Wiedergeburt» (*anagenesis*) ein Erwachen im Heilsgeschehen Gottes verkörpert.

Die Planeten sind nun nicht mehr konkrete Schicksalsmächte, sondern – wie schon bei Plotin – Symbole für transzendente *Ideen* und kosmische Prinzipien. Für Theodotus treibt zum Beispiel Mars nicht mehr als böser Planet sein Unwesen, vielmehr zeigt sich in seinen Bewegungen die Idee einer kriegerischen, zerstörerischen Energieform. Jene Idee ist zwar nicht gänzlich der Welt entrückt, da die «Archonten» an ihr Anteil haben, doch in den Vordergrund tritt das Band der Entsprechung zwischen Planeten, Archonten und geistigen Regenten, wie es für die hermetische Spielart des Platonismus kennzeichnend war. Von hier aus geht Theodotus weiter und nimmt auch andere Entsprechungen der Planeten und Tierkreiszeichen in sein System auf. So begegnet bei ihm zum ersten Mal die Lehre, dass den zwölf Zodiakalzeichen die zwölf Apostel zugeordnet werden, womit die Apostel die Rolle der olympischen Schutzgötter übernehmen. Die leibliche Geburt, so Theodotus, richte sich nach den Zodiakalzeichen, die Wiedergeburt aber nach den Aposteln (*Excerpta ex Theodoto* 25,2). Wolfgang Hübner hat diese Aussage mit den Lehren des Priszillian verglichen und stellt fest, dass hier

> dasselbe Doppelschema zugrunde [liegt] wie dem [Ansatz] Priszillians. Geburt und Wiedergeburt entsprechen sich ebenso wie Körper und Seele. In beiden Systemen gehört der Körper zu den heidnischen Tierkreiszeichen, das nichtkörperliche Element zur biblischen Zwölferreihe. Beide Texte stellen also eine «Verhältnisgleichung» auf. (Hübner 1983, 37)

Durch die Unterscheidung zwischen den grobstofflichen Entsprechungen und der feinstofflichen Ebene der Planetenenergien gelingt es dieser Position, eine spezifisch christliche Version gängiger astrologischer Lehrmeinungen zu etablieren.

Christliche Autoren wie Theodotus sind auch mit differenzierteren Deutungstraditionen vertraut gewesen. So kannte man etwa die Aszendentenlehre, wie sie von Ptolemaios (*Tetrabiblos* I,24) überliefert worden ist, nach der die Planeten nämlich nicht für alle Menschen gleichbleibende Energien entfalten, sondern sich ihre Deutung nach den vom Aszendenten vorgezeichneten Themen richtet. Erst wenn ein Planet im aufsteigenden Zeichen zu finden sei, wirke die von ihm repräsentierte Energie mit aller Kraft auf den Nativen ein (vgl. Gundel 1966, 324). An solchen Aussagen wird deutlich, wie intensiv das kulturelle astrologische Gespräch auch über religiöse Grenzen hinweg in jener Zeit geführt worden ist.

Dasselbe lässt sich an *Bardesanes von Edessa* (154–222) vorführen. Dieser Denker wurde zu einem der wichtigsten Theologen des syrischen Christentums, dem er am Hofe Abgars IX., wo er von 179 bis 216 wirkte, entscheidende Impulse verlieh. Besonders seine astrologische Kompetenz wurde allenthalben anerkannt. Eusebius spricht davon, Bardesanes sei bis «zum Gipfel der chaldäischen Wissenschaft vorgedrungen», außerdem habe er die «Bücher der Chaldäer [...] und Ägypter» studiert (*Praeparatio evangelica* VI,9,32). Aufgrund seiner hellenistischen Bildung war er nicht nur mit den viel diskutierten Fragestellungen um Heimarmene und menschliche Freiheit vertraut, sondern es gelang ihm auch, umfangreiche astrologische Einzellehren in ein christliches Programm zusammenzuschmelzen, das ihn aus der Masse der «einfachen Astrologen» heraushebt. So übernahm er die aus der römischen Astrologie bekannte Ansicht, dass die ethnische und politische Zugehörigkeit eines Menschen über die individuellen Horoskopeigenschaften dominierten und folgerte daraus, die Juden stünden in erster Linie unter dem mosaischen Gesetz, die Christen wiederum unter dem Gesetz Christi (Eusebius *Praeparatio evangelica* VI,10,42–46). Die Astrologie wird hier also übernommen, jedoch zugleich unter den Vorbehalt der Religionszugehörigkeit gestellt.

Damit konnte Bardesanes praktisch alle astrologischen Lehrmeinungen der Antike in sein System integrieren. Glaubt man den Berichten, so nahm er Elemente der ägyptischen Astrologie mit ihrer Beachtung der 360 Einzelgrade des Zodiaks (den *Monomoiriai*) auf, erstellte Prognosen aufgrund der Stellung des Vollmondes in den Zodiakalzeichen (Zodiakallunare) und deutete die Zukunft aus dem Auftreten von Witterungszeichen (Brontologien). Besonders interessant ist sein Ausbau der Tage- und Stundenwählerei, die ja von Paulus so vehement bekämpft worden war. Bardesanes greift sogar die christliche Überlieferung auf, um die Richtigkeit der Astrologie zu erweisen. Christus, so sagt er, sei in der Stunde des Jupiter geboren, in der Stunde des Mars gekreuzigt, in der Stunde des Merkur begraben worden und zur Stunde des Jupiter wieder auferstanden. Dies ist insofern bemerkenswert, als Bardesanes hier einer astrologischen Interpretationslinie folgt, die auch im talmudischen Judentum ihren Niederschlag gefunden hatte, wie wir oben sahen, nämlich die Herrschaft der Planeten über bestimmte Stunden der Woche. Damit liefert Bardesanes einen weiteren Beleg für die Verflechtungen astrologischer Diskurse im syrischen und mesopotamischen Kulturraum.

Manichäismus: Astrologie in neuem Gewand

Eines der wichtigsten Ergebnisse jener kulturellen und religiösen Verflechtungen ist die *Religion des Lichtes,* die auf den Stifter Mani (14. April 216–276) zurückgeht. Der Manichäismus, wie Außenstehende die neue Religion nannten, ging aus jüdisch-christlichen Täuferbewegungen Syriens und einem starken Einfluss gnostischer Theologie hervor und wurde zu einer großen Konkurrenz für die entstehende Staatskirche. Mani achtete von Anfang an darauf, dass sein Wort schriftlich fixiert und nur durch berufene Personen innerhalb eines straff organisierten Netzwerkes interpretiert werden durfte. Die Anhänger seiner Religion betrachteten sich selber als die «wahre Kirche Christi», woran man noch einmal erkennen kann, dass es im dritten Jahrhundert eine Vielzahl von christlich inspirierten Gemeinden gab, die um den Anspruch wetteiferten, legitime Nachfolger Jesu zu sein.

Ich hatte schon darauf hingewiesen, dass der Manichäismus seit dem vierten Jahrhundert von der Römischen Kirche massiv verfolgt wurde; nur im Osten konnte sich die Religion auf Dauer halten, etwa im friedlichen Miteinander von Manichäismus, Christentum und Buddhismus entlang der Seidenstraße. Im achten Jahrhundert wurde der Manichäismus im uigurischen Reich sogar noch einmal Staatsreligion, bis im dreizehnten Jahrhundert auch hier der Mongolenangriff zum Niedergang des Manichäismus führte. Einzelne Spuren finden sich noch aus dem siebzehnten Jahrhundert in buddhistischen Heiligtümern Chinas. Dem Manichäismus kommt damit für die spätantike

Religionsgeschichte eine herausragende Bedeutung zu, gerade im Hinblick auf die religiöse Interaktion zwischen West und Ost und die Kontinuitäten zwischen der römischen Antike, dem syrischen Kulturraum und dem islamischen Hoheitsgebiet. Die wissenschaftliche Erforschung dieses überaus komplexen religionsgeschichtlichen Kapitels hat in den letzten Jahrzehnten große Fortschritte gemacht, was vor allem an der Erschließung neuer Primärquellen liegt – dem Kölner Mani-Kodex aus Ägypten, dem Tebessa-Kodex aus Algerien und den jüngsten Funden von Kellis in der ägyptischen Dakhleh-Oase. All diese Quellen kann man jetzt mit dem zentralen Werk der manichäischen Religion kombinieren, den schon länger bekannten *Kephalaia* («Hauptstücke») des Mani.

Ein zentrales Thema der frühchristlichen Auseinandersetzung mit der Religion Manis bestand in der Haltung zur Astrologie. Dies zeigt sich nicht nur in der Polemik der kirchlichen Apologeten, sondern auch in der römischen Gesetzgebung, die im vierten Jahrhundert kaum noch Unterschiede machte zwischen Astrologen, Magiern und Manichäern (Fögen 1993). Ähnlich wie die Rede von den «Chaldäern» wurde der Begriff der «Manichäer» zu einer Chiffre für Leute, die Sternkunde betrieben oder einem Sternkult anhingen. Vergleicht man diese Einschätzung mit den manichäischen Originalquellen, so stellt man fest, dass die Astrologie in der Tat ein Dreh- und Angelpunkt manichäischer Theologie gewesen ist. Mani, der in einem gebildeten syrisch-persischen Milieu aufwuchs, zeigt sich mit einer ganzen Reihe astrologischer Lehrtraditionen vertraut, doch weil er sich selber als Offenbarer letzter Geheimnisse betrachtete, fühlte er sich keineswegs an die überkommene Lehre gebunden, sondern schuf aus ihr ein ganz neues und eigenwilliges System. Man kann deshalb von einer «manichäischen Astrologie» sprechen, die sich von der römischen oder christlichen deutlich unterschied. Einige der wichtigsten Charakteristika dieser Astrologie seien hier erwähnt.

Im manichäischen System kommt den Planeten ein ähnlicher Status zu wie in den gnostischen und hermetischen Schriften. Sie repräsentieren die bösen Mächte der Heimarmene und zeichnen als Archonten, also Herrschermächte, für die negativen kosmischen Bereiche verantwortlich. Die Planeten herrschen im vierten Bereich des Universums gemeinsam mit den zwölf Tierkreiszeichen. Sie haben die Macht verliehen bekommen über Krieg und Frieden, Ordnung und

Unordnung, Gefangenschaft der Seele, Verlangen und Besitz. Am Ende der Zeiten, das durch die Offenbarung und die Mission Manis herbeigeführt wird, soll ihre Herrschaft ein Ende finden und die Seele der Erwählten von ihrer Macht befreit werden. Bis hierhin bewegt sich Mani also noch ganz im gnostisch-hermetischen Bezugssystem. Die sieben Planetenmächte erfahren allerdings eine spezifische Veränderung, denn er nimmt *Sonne und Mond* aus der negativen Bewertung der Archonten heraus. Um das althergebrachte System der Siebenzahl nicht ganz aufzugeben, fügt er anstelle der beiden Lichter die beiden Mondknoten ein. Doch von jetzt an erhält die Fünfzahl – Pentade – in Manis Theologie eine Bedeutung, die ihr zuvor noch nie innerhalb der Astrologie zugekommen war.

Die Abtrennung von Sonne und Mond ist eine eigenständige theologische Reflexionsleistung Manis. Sie ergibt sich aus der wichtigen Funktion von Sonne und Mond für die Seelenreise des Menschen in seine Lichtheimat. Die beiden Lichter werden als «Schiffe» bezeichnet, welche die Seele des von Mani Erleuchteten transportieren; zugleich sind sie die «Torwächter», die am Eingang in die himmlischen Lichtwelten gleichsam die Spreu vom Weizen trennen. Damit wird das umgesetzt, was der *Kölner Mani-Kodex* selbstbewusst formuliert:

> Ich habe die Wahrheit meinen Mitreisenden gezeigt, den Frieden habe ich den Kindern des Friedens verkündet; die Hoffnung habe ich dem unsterblichen Geschlecht gepredigt; die Auswahl habe ich erwählt und den Weg, der in die Höhe führt, habe ich denen gezeigt, die gemäß dieser Wahrheit aufsteigen. (67)

Die Wertschätzung für Sonne und Mond ist auch den anderen nicht verborgen geblieben. Epiphanius zum Beispiel charakterisiert die Manichäer folgendermaßen: «Sonne und Mond beten sie an, [...] die Sieben und Zwölf verkünden sie, Glückssterne und Lose gibt es nach ihnen, und sie sind eifrig in der Chaldäerkunst» (*Panarion* LXVI,13). Diese Darstellung dürfte durchaus den Tatsachen entsprechen, denn Mani selber erzählt von sich, er habe einem Mann «das Ausruhen verkündet, die Gebote und das Niederknien (Proskynese) vor den Himmelsleuchten» (*Kölner Mani-Kodex* 127 f.; vgl. auch 141 f.).

In seinen Unterweisungen, die in dialogischer Form den Inhalt der *Kephalaia* bilden, entwickelt Mani sodann ein komplexes astrologisches Lehrgebäude. Dabei sieht er die Verbindungen zwischen der Sphäre der Planeten und der irdischen Welt nicht kausal, sondern symbolisch. Planeten und Zodiakalzeichen, so der «Erleuchter», sind über ihre «Wurzeln» und «Röhren» mit anderen Entsprechungsebenen verbunden. Zusammenhänge werden in beiden Richtungen sichtbar. Auf die Frage der Jünger, wie denn das Verhältnis von «Röhren» und Zodiakalrad zu denken sei – denn Erstere könnten sich doch darin verfangen –, erklärt Mani: «Der Grund, warum die Röhren nicht zerschnitten werden, denn tatsächlich werden sie nicht zerschnitten, liegt darin, dass sie *geistig* sind» (*Kephalaia* 49). Es sei wie bei einem Schiff, das durch Wasser segle: Zunächst teile der Bug das Wasser und verursache Wellen, doch unverzüglich schließe sich die Oberfläche wieder hinter dem Schiff, und sein Weg sei nicht mehr zu sehen. Die «Röhren», so das Fazit, sind feinstoffliche und letztlich spirituelle Verbindungen zwischen den Wirklichkeitsebenen – ein deutlicherer Beleg für das esoterische Entsprechungsdenken ließe sich kaum finden.

In den Kapiteln 69 und 70 der *Kephalaia* sind die wichtigsten konkreten astrologischen Positionen Manis zusammengestellt, die sich als Anwendung des Entsprechungsdenkens auf unterschiedliche Lebensbereiche lesen lassen. Da wäre einmal der Zusammenhang von Planetenmächten und den Teilen des menschlichen Körpers (Melothesie). Spricht Mani an anderer Stelle (*Kephalaia* 56 und 86) davon, das Horoskop sei neben schlechter Ernährung und der Heimsuchung durch dämonische Erreger wesentlich für Krankheit und Gesundheit verantwortlich, so finden sich hier ausführliche Listen mit den Entsprechungen zwischen Zodiakalzeichen und Körperteilen, wie sie in der ganzen Antike verbreitet waren und von Manilius, Firmicus Maternus und natürlich von Ptolemaios (*Tetrabiblos* III,13) in ein mehr oder weniger gängiges Schema gebracht worden waren. Bei Mani wird das Zodiakalband aber nicht wie üblich von oben nach unten auf den Körper projiziert, sondern kreisförmig um ihn herum gelegt.

Eine ähnlich eigenwillige Interpretation liegt auch vor bei Manis Zodiakalgeografie, also der Entsprechung zwischen Tierkreiszeichen auf der einen und Landstrichen und Völkern auf der anderen Seite. Zunächst schließt sich der Prophet mehr oder weniger der Vierteilung der Welt und einer Zusammenstellung von je drei Zeichen desselben Elements an, das dann zur Bildung von Trigonen führt (ein System, das Ptolemaios in *Tetrabiblos* II,2–4 von Poseidonius übernommen hatte, das aber vielleicht noch älter ist). Mani kombiniert eine solche allgemeine Teilung dann aber mit einer Omenliste, die vermutlich aus ganz anderem Zusammenhang übernommen wurde. Und noch komplizierter wird es, wenn man die zweite Liste hinzu nimmt, in der Mani die Zodiakalzeichen nicht mit konkreten Örtlichkeiten in Beziehung setzt, sondern mit den «fünf Welten» (Rauch, Feuer, Wind, Wasser, Finsternis). Man sieht hier, wie eine theologische Vorentscheidung – nämlich die Pentade – zur Notwendigkeit der Anpassung überkommener Lehrsysteme führt. Dasselbe lässt sich dann auch bei der Zuordnung der fünf Planeten zu den fünf Welten erkennen.

Halten wir fest: Mani hat in seiner Religion ausführlich auf astrologische Lehren seiner Vorgänger zurückgegriffen. Auch speziellere Fragen des damaligen vorderasiatischen Diskurses zur Sternkunde waren ihm vertraut, allerdings hat er sie in individueller Aneignung theologisch überformt. Dabei wurden manche Lehren bis zur Unkenntlichkeit verändert, was Mani den Ruf eines astrologischen Dilettanten einbrachte. Augustinus etwa, der ja früher selbst Manichäer war, findet in den Behauptungen Manis

> nichts von vernünftiger Begründung, sei es der Sonnwenden oder der Tag- und Nachtgleichen oder Sonnen- und Mondfinsternisse, nichts von der Art, was ich aus den Büchern der weltlichen Philosophie gelernt hatte. Da hieß es einfach glauben, aber es stimmte nichts mit jenen Einsichten zusammen, die auf Rechnung und dem eigenen Augenschein beruhten, und war etwas ganz anderes. (*Confessiones* V,3,6)

Auch Alexander von Lykopolis zeigte sich verblüfft über die völlige Inkompetenz der manichäischen Astronomie: Wenn die Manichäer auch nur ein einziges Mal die Astronomen mit einem Besuch beehrt hätten, wären sie nicht in diese Verlegenheit geraten und hätten vielmehr von der Tatsache erfahren, dass der Mond, der nach Meinung nicht weniger Leute kein eigenes Licht habe, von der Sonne erleuchtet wird, sein Aussehen sich aber nach den jeweiligen Stellungen zur Sonne richte (*Manich. opinion.* 22).

Die kulturgeschichtliche Bedeutung des Manichäismus liegt denn auch nicht in der getreuen Überlieferung antiker astrologischer Lehren. Seine Bedeutung besteht in der Fortschreibung der Sternkunde unter theologischen Vorzeichen, der differenzierten Anwendung des esoterischen Entsprechungsdenkens und der Vermittlung hermetisch-gnostischer Lehren in den syrisch-persischen Raum. Damit leistete der Manichäismus einen wichtigen Beitrag zur Etablierung der Sternkunde im Islam und in christlich-mystischen Gruppierungen des Mittelalters.

IV

Bunt statt finster: Das Mittelalter

> So seltsam wie alles an der Astrologie den modernen Menschen berühren mag, so gewiß ist sie ein paar Jahrtausende lang eines der wesentlichsten Stücke im geistigen Gemeinbesitz der Menschheit gewesen, und ihre Literatur darf im umfassendsten Sinne Weltliteratur heißen. Vielleicht in ihr allein haben sich Ost und West, Christen, Mohammedaner und Buddhisten mühelos verstanden. *Franz Boll und Carl Bezold*

1. Einleitung: Die Konstruktion des «christlichen Abendlandes»

Wenn es um das Mittelalter geht, stößt man auch heute noch auf eine ganze Reihe von Vorurteilen. Schon die Bezeichnung einer Epoche als «Mittelalter» suggeriert, dass dies eine Zeit des Übergangs sei, und zwar zu einer höher bewerteten «Neuzeit», die im Sinne einer Fortschrittsidee allererst die Errungenschaften der Gegenwart gebracht habe. Erst mit der Renaissance sei Europa aus dem tiefen Schlaf des Mittelalters erwacht und habe sich der Wissenschaften und der Kultur der Antike besonnen, sich aus magisch-mystischem Denken befreit und schließlich im Zuge der Aufklärung seine höchste Blüte erreicht. Diese suggestive historische Konstruktion verstellt den Blick auf die eigentliche Bedeutung und Komplexität jener nachantiken Epoche. Es stimmt zwar, dass weite Teile der christlichen Theologie in Rom und Byzanz einen rigiden Kampf gegen die antiken Wissenskulturen führten (s. o.), doch sollte man eine solche Haltung nicht verallgemeinern. Sieht man nämlich genauer hin, findet man große Unterschiede von Region zu Region und von Herrscher zu Herrscher. Nicht wenige christliche Potentaten legten ein ungebrochenes Interesse an der Förderung jener Wissenschaften an den Tag, und es waren gerade die Mönchsschulen des Hochmittelalters, die sich mit klassischen Texten aus Philosophie und Wissenschaft auseinander setzten. Deshalb wurde zu Recht von der «Aufklärung im Mittelalter» gesprochen (s. zur Einführung Flasch & Jeck 1997). Ein zweites Fehlurteil hängt damit direkt zusammen, die Annahme nämlich, das «Abendland» sei christlich. Diese Konstruktion hat bis heute eine Wahrnehmung Europas als einer religiös und kulturell pluralen Region verhindert und steht nach wie vor im Zentrum der rhetorischen Aufladung einer «europäischen Identität», die gegen den «islamischen Orient» verteidigt werden muss – mit allen Konsequenzen, die das für europäische Muslime heute nach sich zieht.

Wie brüchig eine solche Annahme ist, kann man erkennen, wenn man zwei Dinge berücksichtigt: Zum einen sind alle Schriftreligionen – Judentum, Christentum, Islam – nach Europa *eingewandert*. Das heißt, sie trafen auf bereits vorhandene komplex entwickelte Kulturen, mit denen sie sich arrangieren mussten, sei es durch den Versuch einer Beseitigung alternativer Religionsformen, sei es durch eine Einbeziehung lokaler Traditionen in die zugewanderte Religion. Beides ist im Mittelalter zu beobachten, und man muss betonen, dass die Verdrängung älterer Religionen durch das Christentum an unterschiedlichen Orten und im tatsächlichen Ausmaß sehr uneinheitlich gewesen ist, dass vielmehr die vorchristlichen Religionen weiterhin eine große Anhängerschaft besaßen. Die neue christliche Religion adaptierte weniger die Symbolik und Ritualistik – die Religionssemantik – als vielmehr die jeweils vorhandene Religionspragmatik, also die Abgabenverordnung, Kalendertraditionen etc. Zweitens gilt es zu bedenken, dass die christlichen Herrschaftsbereiche ja nicht in einem luftleeren Raum angesiedelt waren, sondern durch vielfältige Kontakte – wirtschaftlicher, politischer, kultureller und nicht zuletzt militärischer Art – mit den unter muslimischer Autorität stehenden Reichen in Verbindung standen. Dies führte zu Austauschprozessen und gegenseitigen Befruchtungen, die in manchen Ländern – man denke an Kastilien – sogar innerhalb eines Zentrums gleichsam institutionalisiert waren. Natürlich gab es sie, diese «Täler der Ahnungslosen», wo kaum jemand lesen und schreiben, geschweige denn Griechisch, Hebräisch oder Arabisch verstehen konnte, gerade im christlichen Bereich. Doch es gab auch zahlreiche christliche Höfe, an denen die klassischen Wissenschaften tradiert und gelehrt wurden. Und je länger je mehr empfand man gegenüber der islamischen Hochkultur einen gewissen Nachholbedarf, der ab dem zehnten Jahrhundert zu einem gesteigerten Interesse an Naturwissenschaft, Philosophie und natürlich auch Astrologie führte.

Die wichtigsten Stränge der mittelalterlichen Beschäftigung mit der Sternkunde werde ich in diesem Kapitel darstellen. Wenn ich dabei einer Einteilung in muslimische und christliche Herrschaftsbereiche folge, so bedeutet dies nicht, dass die Bereiche voneinander getrennt zu denken wären. Allerdings liefen die Grenzen innerhalb des europäischen Diskurses zur Astrologie auch entlang von Sprachen, und bestimmte klassische Werke waren nun einmal zunächst nur in arabischen Übersetzungen verfügbar. Hinzu kommt, dass der Islam in besonderer Weise die esoterischen Disziplinen Vorderasiens aufgenommen und weiterentwickelt hat. Deshalb verlief die Entwicklung dort etwas anders als im lateinischen und griechischen Christentum, was wiederum eine gesonderte Darstellung erfordert.

2. Die Astrologie im islamischen Kulturbereich

Die islamische Religion entstand in einem kulturellen Umfeld, das astrologischen oder – allgemein – esoterischen Gedankengängen überaus aufgeschlossen war. Wie wir oben sehen konnten, gab es im syrisch-persischen Raum eine ganze Reihe von Religionsgemeinschaften, die sich intensiv mit der Sternkunde auseinander setzten. Muhammad, um 570 in Mekka geboren, kannte die gnostischen, jüdischen und christlichen Gruppierungen aus direkten Begegnungen und hatte als Händler und Karawanenführer ein weites Gebiet bereist. Er gehörte dem Stamm der Quraysh an, die traditionsgemäß das überregional bedeutsame Heiligtum von Mekka, die Kaaba, hüteten und die Pilger versorgten. Mit der Kaaba verbindet sich eine lange Tradition, die auch mit astralen Bedeutungen aufgeladen ist. Die dem Heiligtum zugehörigen Rituale wurden später von Muhammad – der im Jahre 610 erstmals eine Offenbarung durch Gott (Allah) erhalten hatte – im islamischen Sinne umgeschrieben.

Im Jahre 622, als Muhammad nach Yathrib (später umbenannt in al-Madina, die «Stadt des Propheten») reiste, begann eine neue Ära. Innerhalb nur weniger Jahrzehnte nach der Hijra – also der Wanderung der Muslime nach Medina, mit der die islamische Zeitrechnung beginnt – gelang es den Anhängern des Propheten, ein riesiges Gebiet unter ihre Herrschaft zu bringen. Erst mit der Schlacht von Poitiers in Frankreich (733) kam die islamische Expansion zu einem vorläufigen Abschluss, und es folgte eine Phase der Reflexion und Anpassung der religiösen Lehren an die politischen und gesellschaftlichen Bedingungen, wobei Meinungsverschiedenheiten, vor allem in Bezug auf die Nachfolge des Propheten und die richtige Auslegung des Korans, zu Spaltungen und der Bildung konkurrierender muslimischer Strömungen führten. Ohne hier im Einzelnen auf die Geschichte des frühen Islam einzugehen, sei aber darauf hingewiesen, dass die muslimischen Herrscher an der Praxis ihrer Vorgänger festhielten und die aus der Antike bekannten Künste nach Kräften förderten. Nicht nur die griechischen Philosophen waren schon im persischen Sassanidenreich bekannt und geschätzt, auch Medizin, Astronomie und Mathematik standen in hohem Ansehen. Dass dies unter muslimischer Herrschaft so blieb, liegt zum einen an einer (relativen) Toleranz des Islam gegenüber den anderen «Buch-Religionen», v.a. Judentum und Christentum, zum anderen an der Tatsache, dass im Koran die Ausübung von Sternkunde und Wissenschaft keineswegs verboten war. Ein Beispiel ist die Sure 7,6–7:

> Er ist es, der die Sonne zur Leuchte und den Mond zu einem Schimmer machte und ihm Stationen bestimmte, auf dass ihr die Anzahl der Jahre und die Berechnung kennen möchtet. Allah hat dies nicht anders denn in Weisheit geschaffen. Er legt die Zeichen einem Volke dar, das Wissen besitzt. Wahrlich, in dem Wechsel von Nacht und Tag und in allem, das Allah in den Himmeln und auf der Erde erschaffen, sind Zeichen für ein gottesfürchtiges Volk.

Aus anderen Koranstellen gewinnt man ein ähnliches Bild: Zwar wird die kultische Verehrung von Astralmächten gegeißelt, doch sobald die Gestirne als bloße *Zeichen* für den Willen Gottes betrachtet werden, ist die Erforschung ihrer Wege und ihrer Bedeutung nicht nur statthaft, sondern sogar erwünscht, und zwar nicht nur zur Bestimmung des richtigen Festkalenders. In dieser Haltung zeigen sich deutliche Parallelen zum talmudischen Judentum Babyloniens einerseits und zur gnostischen Aufwertung der Sternkunde andererseits. Zu gnostischen Vorläufern passt übrigens auch die Bedeutung des *Wissens*, das geradezu als Kennzeichen der islamischen *umma* (Gemeinschaft) betrachtet werden konnte.

Die Nähe zu vorislamischen Wissenstraditionen spiegelt sich auch in der weiteren Politik wider. Der Omayyaden-Kalif Mu^{c}awiya verlegte die Hauptstadt von Medina nach Damaskus, und 762 gründeten die Abbasiden eine neue Hauptstadt in Bagdad, deren Tore nach den Himmelsrichtungen angeordnet waren und die *imago mundi* («Abbild der Welt») der Stadt symbolisierten. Die Grundsteinlegung Bagdads war zuvor – wie dies auch im Römischen Reich gängige Praxis war – von einem Astrologen berechnet worden, nämlich von Ma^{c}shallâh, einem zum Islam konvertierten Juden. In Jupiter, dem Beherrscher des Horoskops, verband sich der babylonische Schutzgott Marduk mit der obersten Gottheit Roms. Das zweite Zentrum der islamischen Kultur wurde bald darauf Spanien (arabisch *al-Andalus*), wo die Omayyaden 755 das Kalifat von Córdoba gegründet hatten. Córdoba wurde zu einem der wichtigsten europäischen Kulturzentren des Mittelalters.

Um die Bedeutung des Islam für die Geschichte der westlichen Astrologie darzustellen, werde ich in zwei Schritten vorgehen: Zunächst werde ich den philosophischen, religiösen und wissenschaftlichen Kontext erläutern, in dem sich die muslimische Fortschreibung antiker Traditionen entfaltete. Danach werde ich anhand einer Entwicklung «von Bagdad in den Andalus» die wichtigsten Vertreter der muslimischen Sternkunde vorstellen, deren Wirkung auf die nachfolgenden Perioden kaum überschätzt werden kann.

Islamische Astrologie zwischen Wissenschaft, Naturphilosophie und Esoterik

Die Erforschung der islamischen Sternkunde ist längst nicht so weit fortgeschritten, wie man es angesichts ihres Einflusses erwarten sollte. Die Gründe sind vielfältig, doch entscheidend dürften zwei sein: Erstens muss man bedenken, dass es sich bei der islamischen Wissenschaft um ein riesiges Forschungsfeld handelt, auf dem man schnell in der Masse der Literatur schlichtweg zu ertrinken droht. Arabische Wissenschaft ist nämlich weit mehr als die Wissenschaft der Araber; dadurch dass das muslimische Herrschaftsgebiet von China und Indien bis Frankreich und Spanien reichte, kam es zu einer Assimilation sehr unterschiedlicher Wissenstraditionen, und eine der Meisterleistungen muslimischer Gelehrter bestand gerade darin, die komplexe indische und chinesische Astronomie mit der hellenistischen und babylonischen zu vereinen und in einem neuen religiösen Kontext zu integrieren. Die Seidenstraße war nicht nur ein Handelsweg, sondern auch ein Umschlagplatz für Kulturgüter und religiöse Anschauungen, wie man zum Beispiel an der mongolischen Turfan-Oase erkennen kann, wo muslimische, manichäische und chinesische Kulturen in einem intensiven Austausch standen. Vieles, was deshalb als «arabische Astrologie» bezeichnet wird, trägt einen deutlichen Stempel der indischen Sternkunde, die – obwohl sie aus Mesopotamien beeinflusst worden war – eine eigene mathematische und interpretatorische Struktur aufweist. Hier sind deshalb auch andere Texte entstanden als im Westen, wo hellenistische Philosophie, ägyptische Traditionen und vorderasiatische Einflüsse den Hauptbestand bildeten, der dann freilich mit den Nachrichten aus dem Osten verbunden wurde. Wenn man sich die Zusammenstellungen von Ullmann (1972) und Sezgin (1978) ansieht – deren Zuordnungen freilich oftmals wissenschaftlich umstritten sind –, bekommt man einen guten Eindruck von der unglaublichen wissenschaftlichen Produktivität dieser Epoche. Viele, unter ihnen auch sehr wichtige Texte, harren bis heute einer kritischen Edition, was eine Beschreibung *der* muslimischen Sternkunde – die es vermutlich ohnehin nicht gibt – von vornherein erschwert.

Der zweite Grund hat mit gewissen modernen Urteilen darüber zu tun, was als «Wissenschaft» gelten kann und was demgegenüber eher als «Naturphilosophie», als religiös erbauliches Nachdenken oder gar als «Aberglauben» zu bezeichnen wäre. In diesem Buch werde ich noch des öfteren darauf hinweisen, wie sehr eine solche Unterscheidung den Blick auf die tatsächlichen Verstrickungen von exakter Wissenschaft und Naturphilosophie, von Wissen und Religion, verstellt. Esoterik und Naturphilosophie sind nicht der «Schatten» von Wissenschaft und Aufklärung, sondern ihr eineiiger Zwilling. Deshalb bleibt das Bild unvollständig, wenn man zwar die Entwicklung der Mathematik und die technischen Errungenschaften des arabischen Mittelalters (z. B. die Astrolabien) beschreibt – was wiederholt geschehen ist –, zugleich aber die esoterischen Disziplinen der Astrologie, Alchemie und Magie aus einer solchen Betrachtung ausklammert mit der Begründung, sie gehörten einer rückständigen abergläubischen Periode an.

Alchemie Es empfiehlt sich an dieser Stelle, einen Blick auf die Alchemie zu werfen, da sie eine wichtige Verbindungsstelle zwischen Wissenschaft, Philosophie und «angewandter Astrologie» darstellt. Meist vertritt man heute die Ansicht, dass die Ursprünge der Alchemie in Ägypten liegen, wobei erst in hellenistischer Zeit Konstellationen zusammentrafen, die zur Herausbildung der heute als Alchemie bezeichneten Disziplin führten. Nicht zufällig fallen die Ursprünge der Alchemie daher in dieselbe Periode, in der sich auch die Hermetik herausbildete, also die Zeit vom ersten vorchristlichen bis zum dritten nachchristlichen Jahrhundert. Hermes Trismegistos (s. dazu o. S. 75–77) ist nämlich auch der Offenbarer der alchemistischen Kunst, sowohl bei den griechisch-ägyptischen Alchemisten als auch bei ihren muslimischen Nachfolgern. Der Begriff der «Alchemie» stammt ebenfalls aus der Antike. Zwar nannten die meisten Alchemisten ihre Arbeit eine «Kunst» – später wurde das «Große Werk» (*opus magnum*) daraus –, doch es finden sich aus dieser Zeit auch die Bezeichnungen *chymeia* oder *chemeia*, was etymologisch vermutlich mit «chyma» (Metallguss) zusammenhängt. Im Arabischen wurde daraus *kîmîyâ'*, mit Artikel dann *al-kîmiyâ'*, im Lateinischen wiederum *alchemia* oder *alchimia*. Erst im siebzehnten Jahrhundert trennte man den Artikel «al» vom Wort ab, um die moderne Chemie als eine neue Disziplin von der Alchemie unterscheiden zu können.

Mit der Astrologie war die Alchemie von Anfang an verbunden, denn sie arbeitete mit sieben «klassischen» Metallen, die den sieben Planeten zugeordnet waren und deren Legierungen man in Analogie zu Planetenkonstellationen ausdeutete. Im Laufe der Spätantike ist diese Verbindung immer klarer zu belegen; so soll man bestimmte Versuche nur dann durchführen, wenn die entsprechenden Planetenaspekte am Himmel den Ausgang begünstigen. Waren es im dritten und vierten Jahrhundert griechische, ägyptische und vor allem auch jüdische Forscher, die sich der Alchemie verschrieben hatten – zu den bekanntesten gehören Maria die Jüdin und ihr Schüler Zosimos von Panopolis –, so entwickelten arabische Alchemisten die Kunst weiter und formten sie zu einer überaus reichen Theorie, die in Medizin und Wissenschaft Anwendung fand. Die meisten Alchemisten folgten der Naturphilosophie des Aristoteles, auch wenn sie sich mitunter freizügig aus der Tradition bedienten und sie mit neuplatonisch-hermetischem Gedankengut zu verbinden wussten. Bis ins siebzehnte Jahrhundert hinein stand dabei die Vierelementenlehre (s. o. S. 85) und der so genannte *Hylemorphismus* im Mittelpunkt. Damit ist die Annahme gemeint, dass alle sinnlich wahrnehmbaren Dinge aus einer eigenschaftslosen Materie (*Materia prima*) und ihr jeweils zugehörigen Eigenschaften (*Forma*) bestehen. Diese Eigenschaften teilte man wiederum in notwendige (essenzielle) und zufällige oder unwichtige (akzidentielle) Eigenschaften. Nach Aristoteles stellen die Elemente die einfachsten denkbaren Körper dar, denn sie bestehen nur aus *Materia prima* und je einem Paar sinnlich wahrnehmbarer Eigenschaften (Qualitäten). Die Elemente sind Ausformungen ein und derselben Urmaterie mit jeweils unterschiedlichen essenziellen Eigenschaftspaaren. Diese Eigenschaften können sich wandeln, womit auch die Elemente ineinander übergehen können, ein natürlicher Prozess, den man als *Transmutation* bezeichnete.

Dieser Elementbegriff unterscheidet sich also von unserem modernen, der sich erst im neunzehnten Jahrhundert gebildet hat und die Unwandelbarkeit der Elemente betont. Nur so versteht man, warum sich die Alchemisten mit der Transmutation oder Umwandlung der Materie beschäftigten: Sie wollten – und damit gingen sie über Aristoteles hinaus – eine möglichst eigenschaftslose *Materia prima* herstellen, eine Ursubstanz, die dann in einer Folge von Transmutationen gezielt mit bestimmten Eigenschaften ausgestattet werden konnte.

Als esoterische Disziplin schließlich ist die Alchemie aus zwei Gründen anzusprechen: Einmal geht sie von der Entsprechung zwischen kosmischen Ebenen (Planeten und Tierkreiszeichen) und irdischen Materialisierungen (in Metallen, Körperteilen, Pflanzen etc.) aus; darüber hinaus wurde im Laufe der Zeit die mystische Dimension des «Großen Werkes» zunehmend von Bedeutung. Man nahm an, dass es eine Spiegelung zwischen dem materiellen Vorgang der Transmutation und seelisch-geistigen Läuterungsprozessen des alchemistischen Adepten gebe. Nicht nur die Materie galt es zu «erlösen», sondern auch den reinen spirituellen Kern des Menschen. Dieser Aspekt wurde in der neuzeitlichen Esoterik immer wichtiger, als sich der Aristotelismus mit einem Neuplatonismus verband, der auf die Freisetzung des göttlichen Funkens im Menschen durch das Abstreifen von materiellen Bindungen abzielte. Kurzum: an der Alchemie lässt sich sehr gut ablesen, wie irreführend die künstliche Trennung von Esoterik, Naturphilosophie und «exakter Naturwissenschaft» ist, zumindest bis ins neunzehnte Jahrhundert.

Wer sind die Sabäer? Nach diesen sehr allgemeinen Überlegungen und bevor ich auf die konkrete Entwicklung der muslimischen Astrologie zu sprechen komme, möchte ich noch in aller Kürze auf die Frage eingehen, über welche Vermittlungswege esoterische Disziplinen in die islamische Geisteswelt eingeflossen sind. Ich hatte ja schon darauf hingewiesen, dass sternkundliches Wissen sowohl aus Ägypten (Alexandria) als auch aus Syrien und Mesopotamien direkt in muslimische Lehrsysteme übernommen wurde. Doch zusätzlich zu den gnostischen, manichäischen und persischen Religionsgemeinschaften gibt es eine Gruppierung, die für die Ausformulierung astrologischen Gedankenguts von besonderem Interesse ist – die Sabäer. An ihrem Beispiel kann man konkret studieren, wie die Transformation der Wissensbestände und die Verflechtung der Diskurse vonstatten ging. Der Name «Sabäer» gab immer wieder zu mythischen Spekulationen Anlass, beginnend mit der «Königin von Saba», dann aufgrund einer rätselhaften Verbindung mit den Nabatäern, deren Reich ebenfalls in der Nähe der Seidenstraße lag, und schließlich mit Aussagen über die Stadt Harran im nördlichen Mesopotamien, die seit alters einen bedeutenden Mondkult beherbergte.

Der Sin- oder Mondtempel von Harran war von Christen im Jahre 386 zerstört worden, was die Bevölkerung indes nicht davon abhielt, weiterhin dem lokalen Astralkult anzuhängen. Im Jahre 639 wurde die Stadt von den muslimischen Eroberern besetzt, und wenn man späteren arabischen Dokumenten glauben darf, ersuchten die Harraner sehr bald um die Erlaubnis, den Mondtempel neu zu errichten. Wie der bedeutende Chronist an-Nadîm im zehnten Jahrhundert erzählt, benutzten die Harraner einen Trick, um den Schutz der Muslime zu erlangen: Sie nannten sich einfach «Sabäer», denn diese Religionsgemeinschaft wird im Koran mehrfach namentlich erwähnt, womit sie nach geltendem Recht nicht verfolgt werden durfte (*Fihrist* ed. Dodge 752). Offenbar haben sie sogar die biblische Tradition bemüht, um ihren Anspruch geltend zu machen; Abraham stamme schließlich aus Harran (Ur) und werde als Anhänger eines Sternkultes geschildert, wodurch die sabäische Religion geradezu als Vorläuferin des Islam zu betrachten sei. Die muslimischen Autoritäten waren davon beeindruckt und ließen die «Sabäer» gewähren.

Noch komplizierter wird die Sache dadurch, dass sich um 875 eine Gruppe von Astrologen in Bagdad ebenfalls Harraner nannte und als Sabäer bis ins elfte Jahrhundert in hohem Ansehen stand. Sie folgte vermutlich einer Tradition von hellenistischen Mysterienkulten und mesopotamischer Astrologie, die sich zugleich durch ein hohes Maß an neuplatonischer Bildung auszeichnete, ähnlich wie dies bei Bardesanes der Fall gewesen war. Über diese beiden Gruppen von Sabäern sind eine ganze Reihe von hermetischen Texten und Lehrpositionen in die muslimischen Gesellschaften eingeflossen. Ein heterogenes Geflecht von astrologischen Traditionen, magischen Praktiken und hermetischer Philosophie prägte den vorderasiatischen Diskurs der Spätantike und drückte auch dem entstehenden Islam unübersehbar seinen Stempel auf.

Von Bagdad in den Andalus

Will man sich einen Überblick über die Entwicklung der muslimischen Astrologie verschaffen, ist es hilfreich, zwei Phasen zu unterscheiden, die zugleich mit lokalen Schwerpunkten zu tun haben. Bildete vom achten bis zum zehnten Jahrhundert der östliche Bereich des islamischen Imperiums das wichtigste Zentrum von Wissenschaft und Sternkunde, so verlagerte sich dieses im Hochmittelalter zunehmend in den westlichen Raum, nach Spanien oder al-Andalus. Die Abbasiden, nachdem sie die Omayyaden besiegt hatten, gründeten eine Dynastie mit der Hauptstadt Bagdad, die von 750–1258 währte. Das Kalifat von Córdoba, das von einem Omayyaden im Jahre 756 ins Leben gerufen wurde, sollte bis 1031 Bestand haben, doch auch danach – erst 1492 wurden die Muslime aus Spanien vertrieben – hielt die hohe Bedeutung von al-Andalus an. Natürlich ist dies nur eine sehr grobe Skizze, und vielfältige Überschneidungen und Kontakte hat es zu allen Zeiten gegeben. Ich möchte dennoch der Einfachheit halber an dieser Darstellung festhalten.

Bagdad, die Hochburg astrologischer Forschung Zwischen dem achten und zehnten Jahrhundert kam es zu einer regen Forschungstätigkeit, die nicht nur hellenistische und östliche Wissensbestände zusammenstellte und übersetzte, sondern auch in vielfältiger Weise mit neuen theoretischen und technischen Errungenschaften auf sich aufmerksam machte. Perser, Inder, Juden und Griechen waren zunächst die wichtigsten Importeure sternkundlicher Traditionen, die von den muslimischen Herrschern gefördert wurden. Besonders die abbasidischen Kalifen von Bagdad schufen ein Klima, das der Entwicklung von Wissenschaft und Philosophie günstig war, unter ihnen Abû-Ja^{c}far al-Mansûr, Hârûn al-Rashîd und ^{c}Abdallah am-Ma^{c}mûn. Während der Regierungszeit am-Ma^{c}mûns (813–833) erreichte die Bibliothek von Bagdad, deren wichtigstes Ziel die Übersetzung aller erreichbaren älteren Schriften ins Arabische war, den Höhepunkt ihres Einflusses. Er sorgte dafür, dass griechische Manuskripte aus Byzanz und Zypern angeschafft wurden. Teams von Übersetzern arbeiteten dann an einem kritischen Vergleich der einzelnen Dokumente, suchten ältere Versionen von neueren Überformungen zu trennen und halfen dadurch über zweihundert Jahre lang, einen konzisen Bestand der antiken Wissenschaften zu etablieren. Unter diesen Übersetzungen waren so bedeutende Schriften wie Ptolemaios' Almagest.

In dieser Zeit wurde ein astronomisches Genre geschaffen, das fortan zu einem wichtigen Hilfsmittel praktizierender Astrologen werden sollte: der so genannte *zîj* (Plural *ziyaja* oder *aziyâj*). Das persische Wort – in lateinischen Versionen mit *canon* übersetzt – heißt so viel wie «Tafel» und geht auf eine Zusammenstellung von astronomischen Regeln und Daten zurück, die sich schon im Almagest des Ptolemaios finden und die es Astrologen erlaubte, in relativ überschaubarer Weise Planetenstellungen und Aszendenten für bestimmte Zeiten und Orte zu berechnen (*canones* werden daher nicht nur die Tafeln genannt, sondern auch die Gebrauchsanweisungen für deren Einsatz). Manche dieser *aziyâj* dienten rein arithmetischen oder trigonometrischen Zwecken, oft zur Berechnung und Konversion von Kalendern, andere halfen bei der Berechnung der Auf- und Untergänge von Sonne, Mond und Planeten. In vielen Fällen wurden noch konkretere Aufgaben mit ihrer Hilfe bewältigt, etwa die stündliche Bewegung der Gestirne, ihre durchschnittliche Geschwindigkeit, die Zeiten ihrer Stillstände und rückläufigen Phasen sowie Neumond- und Finsternisprognosen (die für die exakte Berechnung der religiös so wichtigen Monatsanfänge gebraucht wurden). Sternlisten – meist abgeleitet von der ptolemäischen Aufstellung mit 1022 Sternen – dienten ebenfalls der exakten Zeitbestimmung sowie dem richtigen Gebrauch von Astrolabien, welche von den muslimischen Astronomen technisch verbessert worden waren.

Entscheidend waren die *aziyâj* zur Erstellung von Horoskopen, und zwar in zweierlei Hinsicht. Einmal war es mit ihrer Hilfe möglich, die exakten Daten zu ermitteln, wobei man Tafeln für den Geburtsort zu Rate zog oder von einem gegebenen Ort auf die Länge und Breite eines anderen schließen konnte, um Aszendenten und Medium coeli zu berechnen. Andererseits enthielten die Tafeln auch Rechenwege zur Ermittlung der Lebensdauer und zu erwartender Lebensumstände des Nativen. Von der Mitte des achten bis zum Ende des fünfzehnten Jahrhunderts sind mehr als 200 deutlich unterschiedliche *aziyâj* angefertigt worden, etwa 20 von ihnen beinhalteten neue Parameter und Berechnungen, die sich aus der empirischen Himmelsbeobachtung ergaben. Meist folgte man der Theorie des Almagest, doch einflussreiche *aziyâj* integrierten zusätzlich hinduistische und persische Rechensysteme, unter ihnen der berühmte *zîj* des al-Khwârizmî (um 840). Bagdad war unzweifelhaft das Zentrum dieser Produktion, der erste wirkliche Nachfolger des antiken Alexandria. Im Osten wurde ab der Mitte des zehnten Jahrhunderts der Iran zum neuen Brennpunkt der *zîj*-Produktion, während im Westen, vor allem dann in Spanien, Juden maßgeblich an ihrer Weiterentwicklung mitwirkten. Den Astrologen war dieses Genre sehr willkommen, denn sie waren nun in der Lage, mehr oder weniger exakte Horoskopdaten zu ermitteln, ohne die komplexen Rechenwege im Einzelnen verstanden haben zu müssen (schwierig genug blieb das Verfahren freilich dennoch).

Zu den wichtigsten Astrologen, die in dieser Zeit wirkten, gehören Ma^{c}shallâh (Messallah, ein jüdischer Astrologe, der nach seinem Übertritt zum Islam den Gründungstermin für Bagdad berechnete), al-Kindî, Abû Ma^{c}shar und al-Battânî (ausführliche Nachweise bei Sezgin 1971, 98–199 und Ullmann 1979, 303–358). Alle vier wurden in späteren lateinischen Texten immer wieder als Zeugen aufgerufen, doch al-Kindî und sein Schüler Abû Ma^{c}shar waren unbestritten die einflussreichsten Vertreter der Zunft. *Al-Kindî* (Ya^{c}qûb ibn Iṣhâq al-Kindî), der am Ende des achten Jahrhunderts als Sohn einer aristokratischen Familie geboren wurde – sein Vater war Gouverneur von al-Kurfan unter Hârûn al-Rashîd –, legte die Grundlage für eine philosophische Rechtfertigung esoterischer Disziplinen, zu denen nicht nur die Astrologie, sondern auch die Magie und weitere Divinationstechniken gehörten. Al-Kindî wurde der Lehrer und Arzt des großen Förderers der Wissenschaften, des Kalifen am-Ma^{c}mûn. Er starb vermutlich im Jahre 866. Al-Kindî befasste sich mit praktisch allen damals relevanten Wissenschaften. Bekannt wurde er durch seine Voraussage, die arabische Herrschaft würde 693 Mondjahre dauern, womit er 37 Mondjahre daneben lag, wenn man die Eroberung Bagdads und den Sturz des Abbasidenkalifats durch die Mongolen im Jahre 1258 u.Z. zugrunde legt. Neben seiner Mitwirkung an den großen Übersetzungsanstrengungen in Bagdad bestand al-Kindîs wesentlicher Beitrag für die Astrologie darin, dass er gewissermaßen eine neue arabische Sprache entwickelte, die sich aus einer neuplatonischen Lesart Platons und Aristoteles' ergab. Das kann man erkennen an einem Buch über die «Planetenstrahlen», *De radiis (stellarum)*, das zu den wenigen noch erhaltenen Schriften des Gelehrten gehört. Darin unternimmt es al-Kindî, eine metaphysische Grundlage für die Magie zu entwerfen, die er als rationale Wissenschaft von den Kräften des Kosmos betrachtet. Ausgehend von der stoischen Konzeption der universellen Sympathie beschreibt er, wie jene Sympathie sich materiell in den «Strahlen» zwischen Objekten – namentlich zwischen himmlischen und sublunaren – manifestiert. In Kapitel 2 folgert er: «Die Vielfalt der Dinge in der materiellen Welt, die zu jeder Zeit beobachtbar ist, hat also zwei Ursachen, nämlich die Vielfalt ihrer materiellen Bedingungen und die wechselnden Einflüsse der planetarischen Strahlen.» Daraus leitet er eine These der allgemeinen Ergründbarkeit des Kosmos ab, wie sie im Westen erst im Zuge der Renaissance denkbar gewesen wäre:

> Wenn es irgend jemandem gegeben wäre, die Bedingungen der himmlischen Harmonie vollständig zu verstehen, dann würde er die elementare Welt mit allem, was sie enthält, zu jeder Zeit und an jedem Ort gänzlich kennen, und er würde das Verursachte vom Verursachenden unterscheiden können [und umgekehrt]. Deshalb würde jeder, der es zur uneingeschränkten Kenntnis der Bedingungen der himmlischen Harmonie gebracht hat, die Vergangenheit, Gegenwart und Zukunft kennen. (Nach Tester 1987, 159)

Was hier mit «himmlischer Harmonie» gemeint ist, schließt nicht nur an die klassische Lehre der allumfassenden Sympathie an, sondern erweitert sie in erstaunlicher Weise. Al-Kindî vertritt nämlich die Position, dass nicht nur die Himmelskörper eine Strahlung aussenden, sondern *alles in der Welt Befindliche.* Da von allen Dingen Strahlen ausgehen, enthält jedes Ding an jedem beliebigen Ort der Welt die Strahlung aller anderen Dinge. Da auch Worte wirksame Strahlung produzieren, funktionieren Ritual, Gebet und Magie; die Strahlung von Figuren und Bildern wiederum erklärt die Wirksamkeit von Opfern. Dieser Holismus oder auch Monismus al-Kindîs sollte einige Jahrhunderte später in der Naturphilosophie Roger Bacons aufgenommen und weitergedacht werden (s. u. S. 204–206).

Im Alter von 47 Jahren – so der Bericht des großen Chronisten an-Nadîm – machte *Abû Ma^{c}shar* (Abû Ma^{c}shar Ja^{c}far ben Muhammad ^{c}Umar al-Balkhî, lat. Albumasar, 787–886) die Bekanntschaft al-Kindîs und wurde sein gelehrigster Schüler. Vom Lehrer überzeugt, dass er Mathematik studieren müsse, um die Philosophie zu begreifen, wandte er sich der Sternkunde zu und schuf ein Werk, dessen Wirkung auf die nachfolgende Astronomie und Astrologie, gerade auch im christlichen Bereich, nur mit der des Ptolemaios verglichen werden kann.

Abû Ma^{c}shar wurde in (oder nahe) der Stadt Balkh in Khurasan geboren, einem Ort, an dem Juden, Nestorianer, Manichäer, Buddhisten, Hindus und Zoroastrier lebten, mit deren Lehren Abû Ma^{c}shar von Beginn an vertraut war. Obwohl er vermutlich schon früh in die Dienste der abbasidischen Herrscher in Bagdad eintrat, hatte er zeitlebens eine große Nähe zum schiitischen Islam, also jener bedeutenden Abspaltung, die den sunnitischen Anspruch auf das Kalifat ablehnte, weil nur der «wahre» Kalif – der im Verborgenen wirke und zu gegebener Zeit wieder erscheinen werde – eine gerechte Herrschaft bringen könne (ich komme gleich darauf zurück). Abû Ma^{c}shar hat ein sehr umfangreiches Werk hinterlassen, darunter die *Flores astrologiae* («Blüten der Astrologie»), eine Sammlung von kurzen, aber hilfreichen Hinweisen und Aphorismen, die als Nachschlagewerk beliebt war; *De revolutionibus nativitatum* («Über die Umläufe der Geburten»); zwei Schriften über *Electiones* («Auswahl» von Zeitpunkten) und einen einflussreichen *zîj*.

Für seine Wirkung im Westen verantwortlich war aber vor allem das 848 in Bagdad verfasste *Große Buch, welches in die Wissenschaft einführt, Vorhersagen aus den Sternen zu treffen.* Diese Abhandlung wurde etwa 1133 von Johannes von Sevilla (der auch die anderen Schriften Abû Ma^{c}shars übersetzte) unter dem Titel *Liber introducto-*

rius maior («Das große Buch der Einführung») ins Lateinische übertragen. Kurz darauf (1140) lieferte Hermann von Carinthia unter dem Titel *Introductorium in astronomiam* («Einführung in die Astronomie/Astrologie») unabhängig von Johannes eine weitere Übersetzung. Während in anderen Werken technische Informationen im Vordergrund standen, ist die Bedeutung des *Liber introductorius* eher grundsätzlicher Art, handelt es sich doch um eine ausführliche naturphilosophische Begründung und Rechtfertigung der Astrologie als mathematischer Wissenschaft. Auf diese Weise wurde im christlichen Westen Aristoteles eingeführt, bevor dessen Schriften überhaupt bekannt waren. Für Abû Ma^cshar ist die Astrologie als wichtige Naturwissenschaft zu betrachten, und zwar unter Einschluss aller ihrer Zweige, auch der (von Gegnern) so genannten *astrologia superstitiosa*, also der Horoskopkunde und der konkreten Prophezeiungen.

Die Verbindung dieser wissenschaftstheoretischen Fundierung mit einem konkreten Überblick über sämtliche Teilgebiete machte den Text des Abu Ma'shar für die Lateiner zu einem nahezu idealen Handbuch, das ihnen auf einen Schlag zentrale Bereiche des Naturverständnisses erschloß. Dreihundert Jahre nach seiner Entstehung entfaltet dieses Buch damit im Westen eine ungleich größere Wirkung, als es sie jemals im islamischen Osten erzielt hat. (Blume 2000, 22)

Diese Einschätzung trifft auf die anderen Schriften Abû Ma^cshars sicher nicht in der Weise zu. Wie wichtig sein Beitrag zum islamischen Astrologiediskurs gewesen ist, lässt sich anhand seiner «Tafel» demonstrieren, dem *zîj al-hazarât*. Hier beschränkt er sich nämlich nicht auf die Präsentation astronomischer Rechenwege, sondern begründet seine Wissenschaft mit einer «hermetischen» Konzeption. Die Sternkunde, so der Autor, sei von einer göttlichen Quelle aus den Wissenden offenbart worden, doch hätten die Menschen dieses Wissen verlernt. Sein *zîj* gründe auf einer Schrift, die noch vor der Sintflut in Isfahan verborgen worden sei, um nun den Menschen erneut zugänglich gemacht zu werden. Abû Ma^cshar benutzt in diesem Werk indische Planetenparameter, die er jedoch mit dem System des Ptolemaios verbindet – statt also «vorsintflutlich» zu sein, zeugt sein *zîj* von der progressiven Fortschreibung antiker Astrologie unter muslimischen Vorzeichen.

Die Schia, deren Theologie um die Kenntnis des «Verborgenen Imam» kreist, nahm auch eine andere Theorie Abû Ma^cshars überaus interessiert auf. In seiner einflussreichen Schrift über die «Großen

Konjunktionen» (*al-qirânât*, die Authentizität wurde bisweilen angezweifelt), die eigentlich wenig Neues enthält, sondern antike Techniken und von al-Kindî übernommene Deutungen zusammenfasst, entwarf der Bagdader Astrologe nämlich ein Geschichtsmodell, nach dem menschliche Institutionen – Religionsgemeinschaften wie auch politische Systeme – kommen und gehen im Einklang mit planetarischen Zyklen. Besonders die Großen Konjunktionen von Saturn und Jupiter, unter Hinzunahme des Mars, seien, so Abû Ma^cshar in Anlehnung an antike Lehren, für die Weltgeschichte verantwortlich. All jene Schiiten, die auf eine Restauration des gerechten Kalifats im Iran hofften, wurden von dieser Lehre inspiriert, lieferte sie doch die philosophisch-religiöse Begründung und, was oftmals noch wichtiger war, die konkrete zeitliche Bestimmung eines heilsgeschichtlichen Wechsels. Während die Schiiten – dabei von den sunnitischen Abbasiden argwöhnisch beäugt – Abû Ma^cshars Modell zur Berechnung der Rückkehr des Mahdi verwendeten, sollten es später einige Christen und Juden ihrerseits zur Bestimmung des Endgerichts bzw. der messianischen Heilszeit übernehmen. Die bekanntesten diesbezüglichen Entwürfe stammen von al-Birûnî, Ali ben Ragel (elftes Jahrhundert) und Abraham ibn Esra (zwölftes Jahrhundert), auf die ich noch zu sprechen kommen werde. Um 1470 war es Rabbi Abarbanel, der Furore machte, indem er aus der Rückkehr des Großen Trigons im Zeichen Fische auf die baldige Ankunft des Messias und die beginnende Heilszeit der Juden schloss. Die Astrologie ist interreligiös und für jede rhetorische Aufladung geeignet.

Als ein Beispiel für die konkrete astrologische Arbeit, wie sie im Bagdad des neunten Jahrhunderts praktiziert wurde, sei die Entwicklung in der Deutung von *Transiten*, *Progressionen* und *Direktionen* angeführt. Dabei geht es um die Frage, mit welchen Ereignissen oder Kräften ein Mensch zu einem gegebenen Zeitpunkt konfrontiert sein wird. Zur Gewinnung einer solchen Prognose gibt es grundsätzlich verschiedene Möglichkeiten, die jedoch alle vom Geburtshoroskop (Radix) ausgehen. Die vielfältigen Varianten und technischen Schwierigkeiten von Direktionen und Progressionen (zur Erläuterung s.o. S. 27–29), sind seit 2000 Jahren immer wieder Anlass für Streit unter Astrologen gewesen und haben zu einer Diversifizierung von Schulpositionen geführt, die bis heute anhält. Ich will sie hier gar nicht diskutieren, sondern lediglich auf die Fortschreibung antiker Techniken durch Astrologen wie Abû Ma^{c}shar hinweisen. Die antiken Autoren – Dorotheos in *Carmen astrologicum* IV, Ptolemaios in *Tetrabiblos* IV,10 – hatten bereits eine ausführliche Interpretation von Transiten vorgelegt, wobei sie Wert auf den Eintritt (lateinisch *ingressus*) eines Planeten in die Häuser und Zeichen des Radixhoroskops sowie auf den Zeitpunkt ihrer Rückkehr auf die eigene Radixposition legten. Abû Ma^{c}shar greift diese Theorien auf und sagt:

> Der Übergang der Planeten, im Lauf der Jahre, über ihre Radixstellung und die Radixstellungen der anderen hat unaussprechliche Bedeutung im Guten und im Schlechten. Deshalb müssen wir auf ihre Stellungen schauen. Ein Planet kehrt nämlich im Laufe der Jahre viele Male auf seinen eigenen Radixgrad zurück und zumindest in sein Zeichen, wenn er den Grad auch nicht erreicht. Wenn er im Laufe eines Jahres auf den Grad seiner Radixstellung zurückkehrt oder in seinen Herrschaftsbereich, dann wird seine Bedeutung vollendet (oder: herausragend) sein.

Wenn der Planet auf einen anderen Radixplaneten trifft, sollte dies, so Abû Ma^{c}shar, in dreifacher Weise analysiert werden: Erstens muss man die Bedeutungen der beiden Planeten in eine Synthese bringen bzw. die Planeten in eine zeitliche Reihenfolge setzen; zweitens muss man die Charaktere der beiden austarieren und sich fragen, ob sie gut oder schlecht sind und ob sie an guten oder schlechten Orten stehen; drittens schließlich «muss man das Zeichen beachten, in welchem der transitierende Planet im Radixhoroskop stand, diese Stellung als Aszendenten betrachten und entsprechend interpretieren» (*De revolutionibus nativitatum* ed. Pingree, Buch V). Dieser dritte Schritt ist eine Weiterentwicklung antiker Techniken. Er zeigt, wie ausgefeilt und differenziert die anspruchsvolle muslimische Astrologie vorging und dass sie mit neuen analytischen Instrumenten experimentierte.

Auch Direktionen und Progressionen werden von Abû Ma^{c}shar behandelt (*De revolutionibus nativitatum* ed. Pingree, Buch III). Erneut greift er die Darstellung bei Ptolemaios (*Tetrabiblos* III,10) auf, wandelt sie aber in seinem Sinne ab. Zu Beginn seiner «Umläufe der Geburten» führt er aus, dass man für jedes Lebensjahr den Aszendenten berechnen soll (für den jeweiligen Geburtstag, ähnlich wie im «Solar»). Dann heißt es:

> Der Radixaszendent und die Planeten zeigen uns das erste Jahr; das zweite Haus (oder auch: Zeichen) steht für das zweite Jahr, das dritte Haus für das dritte Jahr,

> das vierte Haus für das vierte Jahr usw. Da Zeichen, Aszendenten, Häuser und Planeten alle variieren, sind auch die Dinge verschieden, die den Menschen geschehen.

Diese Technik hatte schon Dorotheos (*Carmen astrologicum* IV) dargestellt: Das in einem bestimmten Lebensjahr herrschende Zeichen ergibt sich dadurch, dass man (im Sonnenlauf) vom Aszendenten ausgeht und jedes Jahr ein Zeichen weiterspringt, sodass man nach zwölf Jahren wieder beim Aszendenten anlangt. Abû Ma^{c}shar setzt sodann das «Jahreszeichen» für die Deutung mit dem Radixaszendenten in Beziehung, und zwar auf jede erdenkliche Art, sei dies nun bezogen auf seine Dekane, seine Herrschaftsbereiche, seine Stellung im neunfachen System (eine Technik, die arabische Astrologen aus Indien übernahmen) oder sogar auf die Einzelgrade (*Monomoiriai*). Im siebten Buch des *Introductorium* führt Abû Ma^{c}shar nicht weniger als 97 Grade mit besonderer Bedeutung auf.

Abû Ma^{c}shar, dessen Sternkunde mit ihrer Mischung aus indischen, persischen und hellenistischen Traditionen eine Reihe von Inkohärenzen aufweist, ist bei namhaften Zeitgenossen auf Kritik gestoßen. Zu nennen ist hier insbesondere *al-Birûnî* (973–ca. 1050), der Abû Ma^{c}shar unter anderem vorwarf, er habe seinen Großen Konjunktionen die mittlere statt die wahre Bewegung der Planeten zugrunde gelegt und komme daher zu unsinnigen Ergebnissen. Wie schon der Mathematiker al-Khwârismî (gestorben vor 850), der einen bedeutenden *zîj* verfasste und durch sein Werk über Algebra berühmt wurde (unser Wort «Algorithmus» geht auf seinen Namen zurück), stammte auch al-Birûnî aus Khiwa in Usbekistan. Er absolvierte eine glänzende Karriere am Hof des Emirs von Gurjani und bereiste zwischen 1017 und 1030 Indien, vermutlich in der Rolle des Botschafters. Er starb in Ghazni (Afghanistan). Die astronomisch-mathematischen Fähigkeiten dieses Gelehrten waren erstaunlich. Sein wichtigstes astrologisches Werk, das «Buch zur Einführung in die Elemente der Kunst der Astrologie» (1029), enthält eine konzise und kohärente Darstellung der Geometrie, der Arithmetik, der Astronomie und der Astrologie. Gleich zu Beginn seiner Abhandlung, die er übrigens einer Prinzessin namens Raihanah widmete, erklärt al-Birûnî, dass alle vier Disziplinen für die Ausübung der Astrologie notwendig seien. Auch wenn das Werk kaum konkrete Deutungen enthält – von den 530 Paragrafen behandeln die ersten 346 grundlegende astronomisch-mathematische

Überlegungen –, ist es in seiner Systematik und klaren Beschreibung der astrologischen Elemente sowie in der Darstellung der Aussagegrenze astrologischer Prognosen unerreicht. Al-Birûnî pflegte überdies regen Gedankenaustausch mit anderen Gelehrten der Zeit, auch mit dezidierten Kritikern der Astrologie wie Ibn Sina (Avicenna).

Ausdrücklich erwähnen möchte ich schließlich noch al-Birûnîs Vorgänger *al-Battânî* (ca. 858–929), der aus Harran stammt und sozusagen von Haus aus die enge Verbindung zwischen Astronomie und Religion kannte (s. o.). Unter der Herrschaft am-Maᶜmûns legte er einen *zîj* vor, der eigentlich mehr war als eine bloße Rechentafel, denn er führte einen neuen Stil in dieses Genre ein und enthielt einige neue und deutlich verbesserte Parameter für die Schiefe der Ekliptik, den exakten Sonnenbogen und anderes. Bei späteren Generationen fanden die Werke al-Battânîs und al-Birûnîs nicht die Verbreitung wie jene des Abû Maᶜshar. Unter Kennern indes wurde al-Battânî gepriesen, und Astronomen wie Abraham ibn Esra, Richard von Wallingford, Levi ben Gerson, Regiomontanus und Kopernikus bauten auf seinen Schriften auf.

Gelebter Pluralismus in al-Andalus In engem Austausch mit den östlichen Metropolen der islamischen Welt bildeten vom achten bis zum fünfzehnten Jahrhundert die spanischen Kalifate – neben dem staufischen Italien, auf das ich noch zu sprechen kommen werde – die wichtigsten Zentren von Wissenschaft und Philosophie, ohne die es in Europa nicht zur Ausformung der neuzeitlichen Sternkunde gekommen wäre. Im Laufe der Zeit begannen die Forschungen in al-Andalus den Schulen von Bagdad den Rang abzulaufen, und Spanien wurde der neue Mittelpunkt islamischer Geistigkeit. Schon vor der muslimischen Eroberung hatte es in Spanien eine wissenschaftliche Tradition gegeben, wesentlich beeinflusst durch Isidor von Sevilla, dessen enzyklopädisches Werk ich im nächsten Kapitel vorstellen werde. Doch die Astronomie hatte sich in jener Zeit vorwiegend für einfache Fragen interessiert, etwa die Angleichung von Kalendern oder (später) die exakte Gebetsausrichtung gen Mekka. Erst im zehnten Jahrhundert kam es zu einem Aufleben wissenschaftlicher Forschung, und im Kalifat des Abd al-Rachman III. (912–961) begann das Emirat von Córdoba das abbasidische Kalifat wissenschaftlich in den Schatten zu stellen. Der Emir sandte Agenten nach Bagdad, Damaskus und Kairo, um alle verfügbaren Schriften herbeizuschaffen, und in der zweiten Hälfte des zehnten Jahrhunderts wurden Schulen für Mathematik, Astronomie und andere Künste gegründet, die das Material aus dem Osten systematisierten, kommentierten und erweiterten. In Córdoba lehrte der Astronom al-Majritî (gestorben um 1007), der unter anderem die Tafeln des al-Khwârismî auf den Meridian von Córdoba übertrug und dem islamischen Kalender, der von der Hijra aus rechnete, anpasste. Al-Majritî bildete eine ganze Reihe von bekannten Astronomen aus, und bald folgten dem Beispiel von Córdoba auch andere Orte der spanischen Halbinsel, unter ihnen Sevilla, Valencia, Saragossa und Toledo.

Von Anfang an gab es in Spanien einen regen Austausch zwischen den Religionen, der nicht nur von den muslimischen Herrschern systematisch gefördert wurde. Eine Schlüsselposition kam Juden und Konvertiten zu, denn ihre Mehrsprachigkeit machte sie zu erstklassigen Übersetzern. Die Grenzen zwischen den Religionen – man darf nicht vergessen, dass «Konversionen», in welche Richtung auch immer, niemals vollständig waren – sind in dieser Zeit noch fließender gewesen als sonst, und alle teilten ein gemeinsames kulturelles Milieu, das schon vor dem eigentlichen Übersetzungsschub in den lateinischen Norden ausstrahlte (s. u. S. 190). Damit soll freilich nicht behauptet werden, hier sei ein munterer und konfliktfreier Multikulturalismus zu konstatieren, denn religiöse Identitäten wurden gerade auch in Abgrenzungen gebildet; der Status von Juden etwa war äußerst prekär und von der Willkür der Herrschenden abhängig (Lion Feuchtwanger hat dies in der *Jüdin von Toledo* meisterhaft beschrieben). Doch gerade jene Zeiten, die – wie unter Alfonso X. von Kastilien – religiöse Toleranz praktizierten, waren kulturell überaus produktiv. Im Andalus treffen wir mithin auf einen reichen Diskurs zur Astrologie, an dem namhafte Anhänger und Kritiker der Sternkunde teilnahmen. Die wichtigsten Beiträge gilt es nun zu sondieren.

Aufgrund seiner Bedeutung für die mittelalterliche Horoskopierkunst möchte ich als ersten *Alcabitius* (Abû sh-Shaqr ᶜAbd al-ᶜAziz ibn ᶜUthmân ibn ᶜAli al-Qabisî) nennen, der 967 in Aleppo starb, nachdem er lange Zeit in Mossul und am Hof des Sultans Saif ad-Daula tätig gewesen war. Seine «Einleitung in die Kunst der Sterndeutung», die er dem Fürsten widmete, wurde zu einem der meist gelesenen astrologischen Abhandlungen des Hochmittelalters und der Renaissance. Johannes von Sevilla fertigte 1142 eine lateinische Übersetzung an (*Alcabitii liber introductorius ad magisterium judiciorum astrorum*), die dutzendfach aufgelegt wurde, seit der Ausgabe von Erhard Ratdolt (Venedig 1503) gewöhnlich unter Hinzunahme des Kommentars durch den Rektor der Pariser Universität, Johann Dank aus Sachsen (vierzehntes Jahrhundert). Dieses Werk enthält eine umfassende Darstellung des astrologischen Rechen- und Deutungssystems, das von oft langen Zitaten aus Dorotheos und Ma^cshallâh Gebrauch macht und eine ausführliche Liste von Ortsnamen und deren Klimata enthält.

Bekannt geworden ist Alcabitius vor allem durch sein System der astrologischen *Häuser* (s. o. S. 26 f.). Ich werde auf dieses komplexe Thema noch öfter eingehen, doch die Problematik und die von Alcabitius erarbeitete Lösung müssen wir uns schon jetzt vergegenwärtigen. Die einfachste Art, das Horoskop in zwölf Teile («Häuser») zu gliedern, ist natürlich eine gleichmäßige Kreisteilung zu je 30°, das so genannte «äquale Häusersystem». Die Spitze des zehnten Hauses steht in diesem Falle senkrecht (90°) zum Aszendenten. Am Äquator, wo der kulminierende Punkt tatsächlich im Zenit steht, deckt sich eine solche Kreisteilung mit dem tatsächlichen Verlauf der Sternbewegungen. Sobald man sich aber nach Norden oder Süden bewegt, ist der kulminierende Punkt – das Medium Coeli (MC) – nicht mehr mit der Spitze des äqualen zehnten Hauses identisch. Je nach Abstand zum Äquator (Deklination) kommt es zu folgenden Veränderungen: Zwischen 0° Steinbock und 30° Zwillinge wachsen die Tagesbögen, und die Ekliptikgrade steigen schnell nacheinander auf, der Abstand zwischen Aszendent und MC vergrößert sich also; zwischen 0° Krebs und 30° Schütze werden die Tagesbögen immer kürzer, und die Ekliptikgrade steigen langsamer auf, der Abstand zwischen Aszendent und MC verkleinert sich also. Der am schnellsten aufsteigende Grad ist 0° Widder, der am langsamsten aufsteigende ist 0° Waage.

Schon in der Antike hatte man dieses Problem rechnerisch im Griff, und man begann, einerseits die Himmelsmitte ergänzend zum (äqualen) zehnten Haus zu berechnen und zu deuten, andererseits nach Wegen der Häuserteilung zu suchen, die auch in nördlichen Klimata eine exakte Wiedergabe der realen Verhältnisse sicherstellen konnten, mit anderen Worten: man nahm das Medium coeli als Spitze des zehnten Hauses und berechnete die Zwischenhäuser. Rhetorius hatte im frühen sechsten Jahrhundert eine Methode beschrieben, die sich allenthalben durchsetzen sollte und die zu ähnlichen Resultaten kommt wie die ältere des Porphyrius (drittes Jahrhundert). Alcabitius kommt das Verdienst zu, sie popularisiert zu haben, wobei er auf al-Battânî und andere zurückgreifen konnte. Bei diesem Häusersystem wird der halbe Tagesbogen des Aszendentengrades in drei gleiche Teile geteilt, also der Abschnitt zwischen Aszendent und Medium coeli. Durch diese Teilungspunkte werden Linien gezogen, die vom Nordpol zum Südpol verlaufen (Meridiane). Dort, wo die Linien die Ekliptik schneiden, befinden sich die Häuserspitzen Elf und Zwölf. Dasselbe wird dann für den halben Nachtbogen durchgeführt, wodurch man die Häuser Zwei und Drei erhält. Die gegenüberliegenden Punkte ergeben jeweils die übrigen Häuserspitzen. (Übrigens ging man in den meisten Fällen davon aus, dass das erste Haus schon 5° über dem Aszendenten begann, und auch für die anderen Spitzen errechnete man eine Art «dynamischen Beginn», ganz ähnlich der Methode, die Gauquelin und Huber im zwanzigsten Jahrhundert als ihre Entdeckung ausgaben.) Die mittelalterlichen Astrologen verwendeten fast durchgängig dieses System, und auch nach der Berechnung alternativer Häuserteilungen durch Campanus, Regiomontanus und später Placidus (s. u.) sollte es weiter seine Anhängerschaft behalten.

Neben Alcabitius gilt *Ali ben Ragel* (ᶜAli ibn Abîr-Rijâl, lateinisch als Abenragel Haly bekannt, 1016–1062) als einer der am meisten rezipierten Astrologen des Hochmittelalters. Manche vermuten, er habe eine astrologische Ausbildung in Bagdad erhalten, sicher ist indes nur, dass er am Hof des Ziriden al-Muᶜizz ibn Bâdis in Tunis als Notar und Hofastrologe angestellt war. Sein Hauptwerk ist das «Große Buch über die Urteile der Sterne», das aus acht Teilen besteht, in denen der Autor das gesamte damalige Wissen systematisch zusammenstellte. Auch wenn es eine ganze Reihe unterschiedlicher Versionen des Textes gibt, ist doch klar, dass die ersten drei Teile grundsätzliche Überlegungen zur Sternkunde behandeln; der vierte und fünfte Teil beschreibt die Horoskopierkunst, der sechste die «Revolutionen», also die Dynamisierungen des Radixhoroskops, der siebte die «Elektionen», also Untersuchungen zur Wahl eines günstigen Zeitpunktes, der achte schließlich die astrologische Bestimmung von Weltaltern und die Mundanastrologie insgesamt. Ali ben Ragel macht ausführlich Gebrauch von älteren Meistern wie «Hermes», Dorotheos, Ptolemaios, Maᶜshallâh oder al-Kindî und diskutiert Vor- und Nachteile der einzelnen Lehrpositionen. Das Werk wurde in Europa durch die Übersetzung ins Altkastilische bekannt (1254), die im Auftrag des Königs Alfonso X. von dessen Leibarzt Jehuda Mosche angefertigt worden war (leider sind von dieser Übersetzung nur die ersten fünf Bücher erhalten). Diese Version war dann die Grundlage für lateinische Übersetzungen, zuerst gedruckt als *Praeclarissimus liber completus in judiciis astrorum* bei Erhard Ratdolt (Venedig 1485). Die Astrologen der Renaissance machten ausführlich davon Gebrauch, was man daran erkennen kann, dass das Buch allein zwischen 1503 und 1571 sechsmal nachgedruckt wurde. Ali ben Ragel galt in jener Zeit als *summus astrologus* («höchster Astrologe») oder gar als *Ptolemaeus alter* («zweiter Ptolemaios»). Wer sich in die Astrologie dieses Gelehrten vertiefen möchte, findet in Rafael Gil Brands *Lehrbuch der klassischen Astrologie* eine ausführliche Darstellung. Brand konstatiert: «Es berührt einen schon eigentümlich, ein Werk in Händen zu haben, das von einem Muslim geschrieben und im Auftrag eines christlichen Königs von einem Juden übersetzt wurde» (2000, 10).

Wir haben wiederholt feststellen können, dass Juden eine zentrale Position im spätantiken und mittelalterlichen Diskurs zur Astrologie zukam. Völlig zu Recht spricht Halbronn (1986) deshalb von jüdischer Kultur und Sternkunde als einem «alten Paar», das bis in die Neuzeit europäischen Diskussionen sowohl in technischer als auch in philosophisch-religiöser Hinsicht wichtige Impulse verlieh. Zu beachten ist dabei, dass dem Christentum die Schriften des Aristoteles und anderer antiker Philosophen nicht nur durch Übersetzungen aus dem Arabischen ins Lateinische, sondern auch ins Hebräische bekannt wurden, die durch jüdische Vermittlungen zustande kamen (Ptolemaios' Almagest zum Beispiel wurde 1231–1235 von Jakob Anatoli ins Hebräische übertragen). Wichtige Multiplikatoren astronomisch-astrologischer Lehrpositionen waren Denker wie Abraham bar Chijja (gestorben 1143) und ganz besonders *Abraham ibn Esra* (1098–1164). In Tudela in Navarra geboren, zog dieser Gelehrte gemeinsam mit seinem Freund, dem berühmten Dichter Jehuda Halevi (1075–1141), nach Granada, Sevilla und Córdoba. Die iberische Halbinsel war zu dieser Zeit für die Juden ein schwieriges Pflaster, denn unter den Almoraviden und Almohaden häuften sich antijüdische Pogrome, und die christlichen Könige setzten ihrerseits den Juden arg zu. Ibn Esra zog deshalb nach Nordafrika und von dort nach Rom, bevor er sich für etwa zehn Jahre in der Provence aufhielt. Hier, in einem freieren und toleranteren Klima, schrieb er den *Sefär Reschit Chokhma,* zu Deutsch etwa «Der Anfang der Weisheit», das wichtigste astrologische Werk des mittelalterlichen Judentums. Im Jahre 1158 begab er sich nach London und später nach Winchester, wo er vermutlich auch starb.

Der *Sefär Reschit Chokhma,* der bald ins Französische, Englische und Altkatalanische übersetzt wurde, ist in mancherlei Hinsicht bedeutsam. In mehreren Büchern behandelt er alle Themen der damaligen Sternkunde: Ein allgemeiner Teil führt in die Grundlagen der Astrologie ein, dann folgen Nativitäten, Stundenastrologie, Elektionen, Mundanastrologie (auch hier als «Revolutionen der Weltjahre» konzipiert) und die astrologische Medizin. Das Werk ist klar gegliedert und konzise in der Präsentation des Materials. Überdies zeugt es vom hohen philosophischen Reflexionsniveau, das sich im Judentum jener Zeit durch die kritische Auseinandersetzung mit dem Aristotelismus etabliert hatte; wichtig hierfür war auch Jehuda Halevis *Kitab al-Khazari* («Buch des Khazaren», von Jehuda ibn Tibbon als *Sefär ha-Kuzari* ins Hebräische übersetzt). Der theologischen Position seines Freundes folgte Abraham ibn Esra zwar nicht, griff aber die Debatten der Zeit insofern auf, als er in aller Schärfe die Grenzen der Astrologie aufzeigte. Der Vermutung, die Konstellationen des Jahres 1358 deuteten auf die Ankunft des Messias hin – das vermuteten Salomo ibn Gabirol (Avicebron) und Abraham bar Chijja –, widersprach er in seinem Danielkommentar entschieden. Zu Beginn seines Buches über die Nativitäten (*Sefär ha-Moladot*) hält er zudem fest, dass die individuellen Schicksale allgemeinen Prinzipien untergeordnet sind, eine Regel, die schon Ptolemaios und die anderen Astrologen der Antike formuliert hatten (vgl. das berühmte Beispiel der «Schlacht von Cannae», das ich oben anhand der Kritik Ciceros vorgestellt habe). So hat die Religionszugehörigkeit Auswirkungen auf die «Entsprechungsebene» der zu erwartenden Verwirklichung von Anlagen. Für den Fall, dass der Native ein Jude ist, hält Abraham ibn Esra fest, «auch wenn sein Geburtsbild determinieren sollte, dass er König wird, so wirst du nicht dementsprechend urteilen», denn ein Jude konnte damals schlichtweg nicht König werden. «Dennoch wird man urteilen können, dass er ein großer Mann sein wird, der dem König nahe steht» (ich folge hier der Übersetzung bei Brand 2000, 49). Auch der soziale Stand limitiert die Entwicklungschancen; ein Bäckersohn könne es allenfalls zum Händler, nicht aber zum König bringen.

Die Darstellung des jüdischen Universalgelehrten kann man geradezu als Synthese zwischen antiken Positionen und der talmudischen Astrologie (s. o.) bezeichnen, wie an zwei weiteren Beispielen deutlich wird: «Wenn eine Person in ihrer Nativität sieht, dass sie nicht durch Wasser sterben wird, und sich im Winter und bei heftigem Sturm in einem Schiff auf See macht, auch wenn Jupiter und Venus am Aszendenten stehen, kann es gut sein, dass sie Schiffbruch erleidet.» Nicht nur, dass die äußeren Bedingungen vernünftig einbezogen werden müssen, auch der freie Wille entscheidet über die Entsprechungsebene der zu erwartenden Kräfteverhältnisse:

> Wenn ein Geborener die Kunst der Astrologie kennt und in seiner Nativität sieht, dass er zu einem bestimmten Datum an starkem Fieber erkranken wird, aber vor dieser Zeit die warmen Dinge meidet und sich von Speisen ernährt, die seinen Körper erfrischen, so wird zu gegebener Zeit die Wärme ihn nicht erkranken lassen, sondern ihn vielmehr temperieren. (Beide Zitate aus Brand 2000, 50)

Für Abraham ibn Esra wie für viele seiner Zeitgenossen besteht kein Widerspruch zwischen dem freien Willen und der Erkenntnis des vorbestimmten Kräftemusters eines individuellen Lebens, da dieses im Einklang mit den kosmischen Gesetzen erst zur Entfaltung zu bringen ist. Die Astrologie ist für ihn eine Zentraldisziplin, ohne die auch andere Wissenschaften wie die Medizin unmöglich praktiziert werden können.

Auch auf astronomischem Gebiet war Abraham ibn Esra auf der Höhe der Zeit. In seinem «Buch über die Grundlagen der (astronomischen) Tafeln» hat er sogar bereits jenes Modell zur Berechnung der Zwischenhäuser vorgestellt, das fünfhundert Jahre später unter dem Namen des Placidus bekannt wurde (Holden 1996, 129). Abraham schrieb astronomische Tafeln für Pisa (um 1143), und um 1150 zirkulierte ein Londoner *zîj*, der vermutlich ebenfalls auf ihn zurückgeht. Der jüdische Einfluss auf die Sternkunde hielt an bis zur Vertreibung der Juden aus Spanien im Jahre 1492, der fundamentalen «Zeitenwende» der jüdischen Geschichte in Europa. Abraham Zakut zum Beispiel (geboren um 1452 in Salamanca) erstellte einen ewigen Planetenalmanach und astronomische Tafeln, die von Kolumbus und Vasco da Gama benutzt wurden. Der Gelehrte wurde aus Spanien vertrieben und starb 1522 in Damaskus.

Im dreizehnten und vierzehnten Jahrhundert wurde die spanische Sternkunde zunehmend in ganz Europa rezipiert. Was die astronomischen Grundlagen angeht, so erzielten Gelehrte aus al-Andalus wesentliche Fortschritte, die schließlich in die Schaffung der so genannten *Alfonsinischen Tafeln* mündeten. Vorangegangen waren Arbeiten im Umkreis einer Astronomenschule, die sich am Ende des elften Jahrhunderts in Toledo konstituiert hatte und mit den Namen Ibn Said und vor allem Ibn al-Zarqellu (oder al-Zarqali, lateinisch Arzachel) verbunden war. Letzterer soll die Bewegung des Sonnenapogäums errechnet (nach seiner Angabe 1° in 299 Jahren) und darauf aufbauend eine zuverlässige Theorie der Präzession vorgelegt haben. Diese älteren Tafeln verbreiteten sich in Europa neben dem *zîj* des al-Khwârismî, bis sich im frühen fünfzehnten Jahrhundert die neuen Alfonsinischen Tafeln durchsetzten (zur Rolle al-Zarqellus in Spanien s. Samsó 1994, Kapitel I).

Auch wenn man nicht verkennen sollte, dass der neue Standard astronomischer Tafeln keineswegs allein auf die Gelehrten am Hofe Alfonso X. von Kastilien und León (1221–1284) zurückgehen – manche vermuten, sie seien in Paris entwickelt worden, von wo aus die «Alfonsinischen» Tafeln nach 1320 verbreitet wurden –, kann doch kein Zweifel daran bestehen, dass dieser König, dem man den Beinamen «Astrologus» gab, entscheidend an der Pflege und Weiterentwicklung der Sternkunde beteiligt war. Nicht zufällig verwenden die neuen Tafeln eine Alfonsinische Epoche, die mit der Krönung des Königs am 31. Mai 1252 begann (auch wenn die Tafeln erst zwischen 1263 und 1272 kompiliert wurden). Die Epoche des christlichen Königs wird sodann in Beziehung gesetzt zur alten spanischen Ära, zur islamischen Hijra und zur persischen Ära von Yazdijîrd. Alfonso richtete eine Schule ein, in der christliche, muslimische und jüdische Gelehrte eine riesige Anzahl an Schriften übersetzten und neu verfassten auf der Grundlage konkreter Forschung, die dann nicht selten unter dem Namen des Königs publiziert wurden. Die Wirkung dieser enzyklopädischen Arbeit kann kaum hoch genug veranschlagt werden, und zwar nicht nur in Europa: ein chinesisches Manuskript aus dem vierzehnten Jahrhundert verwendet denselben Wert für die Schiefe der Ekliptik, der in zwei Alfonsinischen Büchern genannt wird (23°32′30″).

Alfonso erließ ein Edikt, nach dem nur diejenigen die Zukunft aus den Sternen vorhersagen dürften, welche eine vollständige astronomische Ausbildung absolviert hätten. Andere Arten von Divination verbot er strikt, und die magische Beschwörung von Geistern oder von Bildern aus Wachs und Metall belegte er gar mit der Todesstrafe. Das hinderte den König indes nicht daran, schon bald nach seiner Krönung die lateinische Übersetzung eines der berühmtesten mittelalterlichen magischen Handbücher in Auftrag zu geben, des so genannten *Picatrix* (arabisch *Jayat al-hakîm*, «Ziel der Weisen»; Picatrix ist als eine Verstümmelung von «Hippokrates» oder «Harpokration» anzusehen; vgl. Ullmann 1979, 385–387). Dieses Werk, das neben Wundergeschichten Abhandlungen über die sieben Planeten und ihre Entsprechungen, den Zodiak, die 28 «Mondhäuser» und über Talismane enthält, ist ein zentrales Bindeglied zwischen dem spätantiken Neuplatonismus eines Jamblichus und Proklus einerseits und der «okkulten Philosophie» und Magia naturalis eines Agrippa von Nettesheim und eines Giambattista della Porta andererseits.

Doch ich will der Geschichte nicht vorauseilen. Zunächst gilt es, sich einen Überblick über die christlich dominierte Astrologie Europas zu verschaffen.

3. Die Astrologie im christlichen Kulturbereich

Entgegen einer weit verbreiteten Meinung wurde die Astrologie auch in christlichen Kontexten des nachantiken Europa weiter gepflegt. Nicht nur, dass man theologisch und philosophisch nach einer Möglichkeit suchte, «erlaubte» Sternkunde von «unerlaubter» zu trennen, auch von politischer Seite wurde die Astrologie wiederholt protegiert und mitunter auch zur Legitimierung staatlicher Macht in Anspruch genommen, ganz so, wie es die römischen Kaiser vorgemacht hatten. Das trifft zum Beispiel auf Karl den Großen, Ludwig den Frommen, Heinrich II. und schließlich auf den Stauferkaiser Friedrich II. zu. Wie problematisch die Behauptung einer christlichen Gegnerschaft gegen die Astrologie und wie wichtig die Beachtung der vielgestaltigen Verschränkungen christlicher und nicht-christlicher Diskurse ist, zeigt das Beispiel des *Nonnos von Panopolis* (ca. 380–450), der am Übergang von der Spätantike zum Mittelalter steht. Viktor Stegemann schreibt über diesen Dichter: «Es gibt keinen Autor der griechisch-römischen Antike, der in ähnlicher

Weise wie Nonnos den Versuch einer historischen Weltdeutung auf der Grundlage der Astrologie gemacht hat» (1930, 200). In seinem 48 Gesänge umfassenden Werk *Dionysiaka* entwirft Nonnos eine Universalgeschichte vor dem Hintergrund astrologischer Deutungen. Die orphische Weltalterlehre um den Erlösergott Dionysos wird dabei zu einer einzigartigen apokalyptischen Vision ausgebaut mit dem Ziel, die Qualität der gegenwärtigen Zeitepoche und die Dynamik der unmittelbar bevorstehenden Zeitenwende näher zu bestimmen. Zwar streiten sich die Gelehrten darüber, ob Nonnos – der es vermutlich sogar zum Bischof von Edessa gebracht hatte – nach seiner Hinwendung zum Christentum die Astrologie als Interpretationshilfe fallen ließ, doch eine Hinterfragung der strengen Grenze zwischen Astrologie, Christentum und «Heidentum» dürfte der Sache angemessener sein, was auch besser erklären würde, warum das christliche Grab des Nonnos in Ägypten mit einem Dionysos-Behang geschmückt gewesen ist.

Gerade im byzantinischen Osten – dem «griechischen Christentum» – wird man von einer lebendigen Tradition astrologischer Lehren ausgehen müssen, die freilich, wie oben erläutert, christlich transformiert wurden. Etwas anders verlief die Geschichte im «lateinischen Christentum» des Westens. Hier waren es vor allem die Schriften des Firmicus Maternus, die bis ins Hochmittelalter hinein immer wieder abgeschrieben wurden. Erst der zunehmende Austausch mit der arabischen Kultur Europas und die Übersetzung von astrologischen Texten ins Lateinische führten zu einer Aufnahme weiter entwickelter wissenschaftlicher Sternkunde. Um einen Überblick über die wichtigsten Aspekte dieser Epoche zu geben, werde ich im Folgenden zunächst die Bewahrung des antiken Wissens im Christentum bis ins neunte Jahrhundert nachzeichnen, anschließend die Austauschprozesse zwischen islamischem und christlichem Herrschaftsbereich darstellen und in einem dritten Abschnitt die scholastischen Positionen zur Astrologie erläutern.

Die Bewahrung des antiken Wissens im Christentum

Als sich nach der so genannten Völkerwanderung in Italien die Langobarden und Ostgoten, in Spanien und Frankreich wiederum die Westgoten niedergelassen hatten, wurden die dort angetroffenen römischen Traditionen mit den germanischen verknüpft. Da die Germanen nicht über eine ausgestaltete Sternkunde verfügten, kam es dort, wo entsprechendes Interesse vorhanden war, zur Übernahme antiker hellenistischer Astrologie und Astronomie.

Boethius Wichtig für die Folgezeit wurde der römische Senator Anicius Manlius Severinus Boethius (um 480–524), der eine tragische Karriere unter dem Ostgoten Theodorich dem Großen durchlief. Zunächst hoch geehrt und als Geheimschreiber und Lehrmeister angestellt, übersetzte Boethius etliche Schriften des Aristoteles, des Euklid, des Porphyrius und anderer ins Lateinische und verfasste auch eigene Werke zu Arithmetik, Musik, Geometrie und Astronomie, darunter eines über die «vier Vorstufen der Philosophie», *Quadrivium* genannt. Außerdem fertigte er technisch anspruchsvolle Sonnen- und Wasseruhren an. In dieser Zeit gelang es dem römischen Adligen, einzelne Personen und ganze Provinzen vor ostgotischen Mächtigen zu schützen. Dass er auf die Wiederherstellung der römischen Herrschaft zu hoffen schien, wurde ihm bald zum Verhängnis; als er sich nämlich für den Konsular Albinus einsetzte, wurde der gegen diesen erhobene Vorwurf auf Boethius selber ausgedehnt. Für die unbewiesene Anklage, er habe *libertatem Romanam* wiederherstellen wollen, das heißt er habe mit Ostrom konspiriert, wurde Boethius auf Jahre in den Kerker geworfen und schließlich ohne Anhörung hingerichtet.

Im Kerker schrieb er seine meist gelesene Schrift, die *Consolatio philosophiae* («Trost der Philosophie»). In der Form eines Dialogs, den Boethius mit der «Frau Philosophia» führt, stellt er in dieser Schrift noch einmal antike Traditionen geschlossen dar und überliefert sie so der christlichen Nachwelt. Für die Astrologie war dies insofern bedeutsam, als Boethius einerseits den Neuplatonismus stark machte, andererseits wichtige Beiträge zum Thema Vorsehung, Schicksal, Fatalismus und Willensfreiheit lieferte.

Isidor von Sevilla Der Einfluss des Boethius wurde noch deutlich übertroffen von jenem des Isidor von Sevilla (um 570–636), der unter den Westgoten wirkte und zu einem wichtigen Referenzpunkt späterer christlicher Haltungen zur Astrologie avancierte. Isidor war von 601 bis zu seinem Tod Bischof von Sevilla und verfasste eine große Anzahl von Schriften, die sich mit allen erdenklichen Wissensgebieten der damaligen Zeit beschäftigten. Um den Bildungsstand des westgotischen Königshofes zu heben, sammelte Isidor antike Wissensbestände und fügte sie in einer zwanzigbändigen Enzyklopädie zusammen, bekannt geworden unter dem Titel *Origines* oder *Etymologiae,* denn seine Haupterklärungsweise verlief über die mehr oder weniger gelungene Herleitung von Etymologien. Neben den *Artes liberales,* Medizin, Recht, Theologie, Philosophie, Gesellschaftslehre, Anthropologie, Zoologie, Physik, Geografie, Baukunst, Mineralien, Ackerbau, Krieg, Theater, Kleidung, Handwerk, Hausrat und anderen Dingen schrieb der gelehrte Bischof auch über Astrologie und Astronomie, die er zwar etymologisch unterschiedlich bestimmte, die aber doch – wie bei allen seinen Zeitgenossen – zwei Aspekte desselben Erkenntnisinteresses waren. Eine weitere Schrift (*De rerum natura,* «Von den Dingen der Natur»), in der er Kosmologie und Sternkunde behandelte, widmete er im Jahre 613 dem König Sisebut, der selber ein astrologisches Lehrgedicht geschrieben hatte.

Isidor unterschied zwischen *astrologia superstitiosa* und *astrologia naturalis;* Erstere, sofern sie den Charakter und das Schicksal des Einzelnen vorhersagen will, sei ein Aberglaube, der durch die Geburt Jesu hinfällig geworden sei. Wie aus seiner Erläuterung der Hintergründe des «Sterns von Bethlehem» erkennbar ist, hieß dies allerdings nicht, dass die Astrologie falsch sei, sie war eben nur illegitim – ein großer Unterschied. Jim Tester hat deshalb Recht, wenn er sagt: «Zumindest die Idee, dass die Wissenschaft der Astrologie potenziell gültig sei, wurde von eben jenen Autoritäten am Leben gehalten, die sie verdammten» (1987, 126). Von der individuellen Horoskopbefragung trennte Isidor die *astrologia naturalis,* welche die Natur der Dinge wissenschaftlich zu ergründen sucht und die der christlichen Lehre keineswegs entgegenläuft. Zu diesen akzeptierten Zweigen der Sternkunde zählte er die meteorologische und besonders auch die medizinische Astrologie. So konnte er die Forderung aufstellen, dass jeder Arzt auch eine astrologische Ausbildung braucht, eine Forderung übrigens, die sich bis in die Renaissance hinein (und darüber hinaus) zunehmend verfestigen sollte. Es ist sicher keine große Übertreibung, wenn man sagt, dass Isidor von Sevilla den Christen durch diese Unterscheidung einen Interpretationsrahmen zur Verfügung stellte, der wesentlich zur Akzeptanz und verstärkten Ausübung der Astrologie ab dem elften Jahrhundert führte.

Sternkunde in christlichen Klosterschulen Die Wirkungsgeschichte von Boethius und Isidor begann gleich nach deren Ableben. Schon der berühmte *Beda* (673–735), den die Nachwelt *Beda Venerabilis* («Der Ehrwürdige») nannte und den die Kirche 1899 zum Kirchenlehrer erklärte, knüpfte an ihre Lehren an und verwendete sie für seine chronologischen Berechnungen, die bis in die Renaissance hinein den christlichen Festkalender eindeutig regelten. Man muss sich klar machen, dass die Zeiteinteilung und die Zeitmessung kein einfaches Unterfangen war, denn genaue Instrumente zur Bestimmung der Sonnenstände waren Mangelware. Karl der Große war deshalb vermutlich überaus glücklich, als er im Jahre 807 vom Kalifen Hârûn al-Rashîd eine kunstvolle Wasseruhr geschenkt bekam, mit der er gleich lange und ungleich lange Stunden exakt messen konnte. Karl war überhaupt an der Sternkunde sehr interessiert, wie man an seinem Briefwechsel mit Alkuin von Tours, seinem Freund und Lehrer, erkennen kann. Auch sein Hofschreiber Einhard bezeugt wiederholt das Interesse an astronomischen Beobachtungen, und so ist es nicht verwunderlich, dass Karl der Große – und nach ihm sein Sohn Ludwig der Fromme, dem man nachsagt, er habe ständig Astrologen um sich gehabt – das Bildungswesen seines Reiches zeitlebens stark förderte. Schon vorher hatten Missionare Klosterschulen in Fulda, Sankt Gallen, Reichenau und Regensburg gegründet, und ab dem neunten Jahrhundert wuchs das Interesse an der gelehrten Ausbildung des Klerus. Dort beschäftigte man sich neben den theologisch-philologischen und philosophischen Disziplinen auch mit Landwirtschaft, Musik und Sternkunde. Letztere war, wie bereits erwähnt, insbesondere für die Kalenderfragen von Bedeutung.

Das Genre des *Computus*, eines Kalender-Rechensystems, wie Beda es entwickelt hatte, fand große Verbreitung und wurde zunehmend ergänzt durch Bauernregeln und astrologische Lehrsätze, die man dem Lehrgedicht des Firmicus Maternus und anderen Quellen entnahm. Sowohl unser Wort «Computer» als auch das «Konto» stammen vom Begriff *Computus* ab, woran man ablesen kann, dass tatsächlich vieles von dem, was unsere moderne Zeitkonzeption angeht, seine Wurzeln in mittelalterlichen Fortschreibungen antiker Überlegungen hat (Borst 1991). Eine besondere Leistung des neunten Jahrhunderts war die Kalenderreform Karls des Großen, dessen «Reichskalender» bis ins dreizehnte Jahrhundert Gültigkeit besaß (eine vorzügliche Edition wurde

2001 von Arno Borst vorgelegt; s. auch die vergnügliche Darstellung der Forschungsgeschichte in Borst 1998, 1–29). Von diesem Kalender gibt es mehr als 50 Handschriften in acht verschiedenen Fassungen, die aus ganz Europa stammen, also romanische, germanische und keltische Versionen (eine slawische ist bislang nicht aufgefunden worden). Die älteste, rheinfränkische Fassung entstand 789 in der Abtei Lorsch.

So kam es, dass sich schon im frühen neunten Jahrhundert ein Wissenstransfer vom muslimischen in den christlichen Kulturraum entwickelte und Christen ihrerseits an eigene Traditionen anknüpften. Einhundert Jahre später dann – also noch vor der später einsetzenden massiven Übersetzungsbemühung vom Arabischen ins Lateinische – wurden im Benediktinerkloster von Santa Maria de Ripoll am Fuße der Pyrenäen Sammlungen von Abhandlungen zu Arithmetik, Geometrie, Astronomie und Kalenderkunde angelegt, deren Übersetzungen schon bald in ganz Europa zirkulierten. Lange verstanden Historiker nicht, wie Hermann der Lahme (1013–1054), ein Mönch im Kloster von Reichenau, in seinem österreichischen Alpental eine detaillierte Abhandlung zur Benutzung des Astrolabs verfassen konnte. Die Antwort ist einfach: Er hatte eine Ausgabe der Ripoll-Texte einsehen können. Hermann, ein ausgezeichneter Mathematiker, legte nach 1040 eine Kritik der Beda-Berechnungen vor und brachte den christlich so wichtigen großen Osterkalender mit den tatsächlichen Gegebenheiten auch rechnerisch in Einklang. In seiner Schrift *De mensura astrolabii,* um 1045 verfasst, stellte Hermann den arabischen Mondkalender seiner spanischen Vorlagen auf den lateinischen, julianischen Sonnenkalender um (Borst 1998, 329–334).

Damit sind wir bereits in einer Zeit angelangt, die von einem lebendigen Prozess kultureller Begegnungen zwischen Islam und Christentum geprägt war.

Kulturelle Austauschprozesse

Gerbert von Aurillac, der sternkundige Papst Eine der einflussreichsten Persönlichkeiten im Austausch zwischen griechisch-arabischer Wissenschaft und christlicher Kultur war Gerbert von Aurillac (ca. 940–1003). Die Karriere dieses Gelehrten ist beispielhaft für das hohe Interesse des Klerus jener Zeit an wissenschaftlichen Neuerungen.

Noch als Novize wurde Gerbert in Barcelona in den freien Künsten ausgebildet, er lernte Arabisch, Mathematik, Arithmetik und Musik und war damit einer der ersten, die das neue Wissen über die Pyrenäen brachten. Seine Gelehrsamkeit erlangte bald Berühmtheit und beeindruckte den Papst in Rom; 983 wurde er Abt in Bobbio und 991 Erzbischof von Reims (wenn auch zunächst ohne päpstliche Anerkennung). Von manchen wegen seiner einfachen Herkunft angefeindet, war es für seine Karriere förderlich, dass er Kaiser Otto III. zu seinen Schülern zählen konnte und von diesem im Jahre 998 das Erzbistum von Ravenna übertragen bekam. Ein Jahr später wurde er Papst und nannte sich Silvester II. In seinen Schriften machte er deutlich, wie wichtig die Aufnahme arabischer Wissenschaft für die Fortentwicklung des Christentums sei, und durch seinen Einfluss gelang es ihm, vor allem in Klosterschulen und in den großen europäischen Zentren astronomisches Wissen zu verbreiten. Er rekurrierte dabei nicht zuletzt auf die Astrolab-Texte von Ripoll und förderte die Einführung arabischer Terminologie und deren Übersetzung ins Lateinische. Diese Politik sorgte auch dafür, dass andere christliche Wissenschaftler – Fulbert von Chartres, Hermann der Lahme oder Walcher von Malvern – intensiv studiert werden konnten. Zweifellos nahm für Gerbert unter den vier klassischen Artes des so genannten Quadrivium – Arithmetik, Musik, Geometrie und Astronomie – die Sternkunde den ersten Rang ein (Lindgren 1976, 38 f.).

In seiner Schrift über das Astrolabium nahm Gerbert auch zur Astrologie Stellung. Ebenso wie Isidor von Sevilla vor ihm lehnte der gelehrte Papst die Geburtshoroskopie als verbotenen Aberglauben ab, sprach sich aber klar für die «natürliche Astrologie» aus, da sie ein wichtiges Element der Naturwissenschaft sei. Das Astrolab hatte Gerbert vermutlich schon 989 in der Domschule von Reims benutzt. Es lässt sich recht genau nachvollziehen, wie sich über diesen und andere Orte – etwa das Kloster von Reichenau – die Kenntnis der Anwendung des Astrolabs im elften Jahrhundert in Europa verbreitete und wie das Instrument bald auch unter christlichen Astrologen zur technischen Grundausrüstung gehörte (s. Abbildung 6). Mit dem Astrolab wurde die Himmelsbeobachtung stark vereinfacht, denn nun genügte es, den Höhenwinkel eines einzigen, gut sichtbaren Sternes zu messen, um anhand der so errechneten Position auch die Stellung aller übrigen Fixsterne auf dem Astrolab ablesen zu können. Es war auf diese Weise einfach, den jeweiligen Aszendenten zu bestimmen, eine für die Horoskopberechnung grundlegende Voraussetzung. Zunächst stand jedoch der Nutzen für die reine Zeit- und Kalenderrechnung im Vordergrund.

Neubelebung der Astrologie im zwölften Jahrhundert In der zweiten Hälfte des elften Jahrhunderts kam es zu einer intensiven Beschäftigung christlicher Gelehrter mit der arabischen Sternkunde. Durch Übersetzungen, dann auch durch eigene Forschungen, versuchte man, den Wissensvorsprung der Muslime und Juden aufzuholen, und sowohl auf literarischem Gebiet als auch in Kunst und Ikonografie lässt sich ein deutlicher Aufschwung astrologischer Motivik konstatieren (vgl. Blume 2000, 18–63). Die Kreuzzüge trugen das Ihrige dazu bei, dass kulturelle Austauschprozesse intensiviert wurden und wir spätestens ab dem zwölften Jahrhundert von einem gesamteuropäischen Traditionsbestand und Wissenschaftsbetrieb sprechen müssen. Zunächst waren es Zentren wie die Schule von Chartres, in der man die Lehren der Muslime aufnahm und mit einer christlichen Theologie zu vereinigen suchte. Dieser Schule stand auch der Theologe Peter Abaelard (um 1100 –1140) nahe, der durch seine scholastische Dialektik bekannt wurde, die er selbstverständlich auch auf die Astrologie anwandte. So führte er aus, dass die Astrologie zwar die *naturalia*, also die natürlichen Ursachen von Veränderungen in Landwirtschaft oder Medizin, abbilden und prognostizieren könne, doch nicht die *contingentia*, die vom Zufall und dem Willen Gottes abhängigen Dinge; dies war eine erweiterte Interpretation der Unterscheidung des Isidor von Sevilla. Über Jahrhunderte hinweg sollte diese Position, die auch von dem an der Pariser Klosterschule lehrenden Hugo von Sankt Viktor (gestorben 1141) vertreten wurde, die offizielle Haltung der Kirche repräsentieren.

Etwa zur selben Zeit wirkte am Hof König Heinrichs I. von England der berühmte Gelehrte Adelard von Bath. Obwohl wir noch immer wenig Genaues über seine Biografie wissen, besteht doch kein Zweifel daran, das Adelard eine zentrale Rolle bei der Vermittlung arabischer Wissenschaft und dem neuerlichen Aufblühen der Sternkunde im Christentum zukommt (vgl. Hastings 1927, 20–42). Er beschränkte sich nicht auf eine reine Rezeption, sondern führte auch eigene Studien durch, in denen er die auf seinen Reisen nach Sizilien, Syrien und

Abb. 6 Astrolabium aus dem Kollegienbuch von Sebastian Münster, 1515–1518. Die drehbare Rete (eine durchbrochene Scheibe mit der Projektion des Zodiaks) ist aus Papier, als Ostensor (Zeiger) dient ein Faden.

vermutlich auch Spanien gesammelten Informationen systematisch auswertete. Er übersetzte die Tafeln des al-Khwârismî und beschäftigte sich im Anschluss an Abû Maᶜshar auch mit Spekulationen über das Entstehen und Vergehen von Weltreichen und Religionen. Den Unterschied zwischen Christen auf der einen und Juden und Muslimen auf der anderen Seite erklärte er damit, dass Christen unter dem Einfluss von Sonne und Jupiter stünden, Muslime und Juden dagegen unter dem Einfluss von Saturn, Mars und Venus. Zur Begründung führte er unter anderem an, dass Muslime den Freitag (Venus), die Juden den Samstag (Saturn) und die Christen den Sonntag (Sonne) heiligten. Solche Spekulationen wurden von anderen Denkern aufgenommen. Joachim de Floris (gestorben 1202) zum Beispiel prognostizierte in seinem *Evangelium aeternum* für das Jahr 1260 die Heraufkunft eines neuen Zeitalters des heiligen Geistes und die Schaffung einer völlig vergeistigten Kirche. Auf dem Laterankonzil von 1215 sah man sich gezwungen, derartige Anschauungen, die sich rasch verbreiteten, als Irrlehren zu verwerfen.

Gegen Ende des zwölften Jahrhunderts lagen viele wichtige Werke der Antike und der arabischen Nachantike in Übersetzungen vor. Johannes von Sevilla, Gerhard von Cremona, Plato von Tivoli, Robert von Chester, Hermann von Dalmatien und andere trugen dazu bei, dass in den europäischen Zentren eine gründliche Erneuerung der Wissenschaften durchgeführt werden konnte, jene Erneuerung, für die Charles Homer Haskins das Schlagwort der «Renaissance des zwölften Jahrhunderts» geprägt hat. Waren die Übersetzer auch allesamt Kleriker, so wurden die Kathedralschulen – besonders in Frankreich – von Studienanwärtern geradezu überrannt, und bedeutende Lehrer zogen Schüler aus ganz Europa an. Das Ergebnis war eine Verbreitung jener Wissensbestände über den kirchlichen Rahmen hinaus in höfische und adlige Kreise hinein.

Das also, was man die europäische Renaissance nennen kann (im Gegensatz zur italienischen Renaissance, die im Grunde ein Konstrukt der deutschen Gelehrtenkultur ist), war schon in dieser Zeit vorbereitet worden. Indem man die antike Philosophie und Wissenschaft über die Vermittlung durch die Muslime aufsog, veränderte sich die Haltung des beobachtenden Menschen zum Kosmos. Die Natur als eine diesseitige Welt wurde zum Gegenstand des Erkenntnisinteresses, womit sie zugleich in gewisser Weise desakralisiert und dem Verfügungswillen des Menschen unterstellt wurde. Die Astrologie spielte bei der Entwicklung der modernen Naturwissenschaft eine entscheidende Rolle. Der anonyme Übersetzer, der um 1160 in Sizilien den Almagest des Ptolemaios aus dem Griechischen ins Lateinische übertrug, bezeichnet die Astrologie zugleich als *veterum lima* und als *speculum modernorum*, also als höchste Kunst der Alten und Spiegel der Modernen. Interessanterweise widmeten sich die Übersetzer als Erstes den astrologischen und den mathematischen Schriften. Hier empfand man den Nachholbedarf offensichtlich am deutlichsten. Insofern ist es charakteristisch für das Interesse der Zeit, dass Ptolemaios' astrologisches Hauptwerk, die Tetrabiblos, schon 1138 von Plato von Tivoli übersetzt worden war, sein komplexes astronomisches Werk, der Almagest, aber erst um 1160 in Sizilien und unabhängig davon 1176 von Gerhard von Cremona (um 1114–1187). Dieser Gelehrte, der in Toledo wirkte und zweifellos zu den wichtigsten Übersetzern seiner Zeit gehörte, legte darüber hinaus auch eine Lehre zur Berechnung der (Zwischen-)Häuser vor, die jener nahe kam, die später der große Renaissance-Gelehrte Regiomontanus (1436–1476) entwickeln sollte.

Wie groß der Bedarf an verständlichen Darstellungen der Astrologie in jener Zeit war, lässt sich am Beispiel des *Bernardus Silvestris* (gestorben zwischen 1160 und 1170) veranschaulichen, der in Tours, wie wir von einem seiner Schüler wissen, Rhetorik und Poetik lehrte. In den Jahren 1147/48 schuf Bernardus ein allegorisches Lehrgedicht mit dem Titel *Cosmographia*, das zu den bedeutendsten Schriften des Hochmittelalters gezählt werden muss. Heute sind noch etwa fünfzig Handschriften des Werkes erhalten, was die Verbreitung über Tours hinaus deutlich macht. In seinem Text verband Bernardus die poetische Kunst der Antike mit den wissenschaftlichen Neu- und Wiederentdeckungen des Mittelalters, indem er die Versform mit der Prosaform kombinierte. Was die astrologischen Anteile angeht, so hat Bernardus im Wesentlichen auf Abû Maᶜshar zurückgegriffen, dessen «Große Einführung» kurz zuvor von Hermann von Carinthia übersetzt worden war.

Die *Cosmographia* ist in zwei Abschnitte aufgeteilt: *Megacosmos* beschreibt die Ordnung der ewigen, unwandelbaren himmlischen Welt, während *Microcosmos* die irdische Ebene behandelt, die der Wandlung und dem Verfall ausgesetzt ist. Die Planeten sind von Gott eingesetzte göttliche Wesen, die durch ihre Bewegungen dem Wissenden die Zukunft enthüllen können. Die gesamte Geschichte, so Bernardus, sei von Gott schon bei der Schöpfung angelegt und geplant worden, ebenso wie die Rolle der menschlichen Seele, die bei ihrem Weg zur Erde die einzelnen Planetensphären durchwandern muss. All diese Motive sind uns inzwischen bestens vertraut, haben sie doch eine lange Vorgeschichte in Spätantike und Frühmittelalter. Neu war die große Verbreitung derartiger Modelle in christlichen Kreisen und ihre Verbindung mit einem naturwissenschaftlichen Erkenntnisdrang. Im nächsten Kapitel werde ich ausführlicher darauf zu sprechen kommen.

Zuvor möchte ich jedoch das Augenmerk noch auf die wissenschaftlichen Aktivitäten des Stauferkaisers Friedrich II. und den in diesem Umfeld wirkenden Gelehrten Michael Scotus richten (vgl. Haskins 1927, 242–271). Die Politik der Staufer war nämlich schon unter Friedrich I. «Barbarossa» von einem Bemühen gekennzeichnet gewesen, am Hof ein höheres Bildungsniveau zu erreichen. Friedrich I., der selber Analphabet war, sorgte dafür, dass seine Söhne eine lateinische Ausbildung durchliefen, was spätestens bei seinem Enkel, Friedrich II. (1194–1250), in jeder Hinsicht Früchte tragen sollte, wurde dessen Gelehrsamkeit doch über die Grenzen des Stauferreiches hinaus berühmt. Er gründete Universitäten zur Ausbildung von Staatsbeamten und schuf ein Bildungsnetz in Italien, das zu einer Blüte wissenschaftlicher Forschung führte. Auch die schon erwähnte Ptolemaios-Übersetzung aus Sizilien (1160) ist im Umkreis des Hofes von Palermo entstanden. Es kann als sicher gelten, dass arabische Gelehrte sich dort höchster Reputation erfreuten. Berühmt ist jener Brief Friedrichs II., den er etwa 1231/32 an die Professoren und Studenten der Universität von Bologna sandte und dem mehrere Übersetzungen aus dem Griechischen und Arabischen beigefügt waren. Damit sorgte der Kaiser aktiv für eine (mehr oder weniger) öffentliche Auseinandersetzung mit Astronomie, Mathematik und Philosophie sowie für eine Verbreitung jenes Wissens im ganzen Reich. Im Brief führt er aus, dass die Wissenschaft eine unabdingbare Voraussetzung für die Erhaltung der Gerechtigkeit sei, und da alle Menschen von Natur aus zu wissen begehrten – ein Zitat aus Aristoteles –, diene die Forschung letztlich einem Leben der Menschen in Würde und erhebe sie über die Natur. Friedrich ging noch weiter und sandte Briefe mit konkreten Fragen auch an nicht am Hof beschäftigte arabische Wissenschaftler, von denen er sich Antworten erhoffte, die im höfischen Kontext fruchtbar gemacht werden könnten. Man kann sich vorstellen, dass diese «Bildungspolitik» nicht immer das Plazet der Kurie fand, und tatsächlich versuchte Papst Gregor IX. den Kaiser 1239 mit dem Vorwurf der Häresie in die Schranken zu weisen.

Ich will dieser Politik nicht weiter nachgehen, sondern mich mit der Feststellung begnügen, dass im zwölften und dreizehnten Jahrhundert von den Staufern ein Klima geschaffen wurde, in dem die Beschäftigung mit der Sternkunde einerseits öffentliche Legitimität erlangte und andererseits vom Herrscher direkt zur Selbstdarstellung instrumentalisiert wurde (Stierlin 1988, 317–322; Blume 2000, 49–51). Hinzu kommt, dass die Regierungszeit Friedrichs II. ein Beleg dafür ist, wie vorsichtig man mit einfachen Zuschreibungen von «christlichen» Haltungen gegenüber Wissenschaft und Astrologie im Hochmittelalter sein muss, denn inmitten der Kreuzzüge und einer rhetorischen Aufladung der heilsgeschichtlichen Bedeutung des Kampfes gegen Judentum und Islam – Friedrich II. rief ja selber zum Kreuzzug auf, eroberte 1229 Jerusalem und wurde dort zum König gekrönt – kam es zu einem fruchtbaren Miteinander der unterschiedlichen religiösen und wissenschaftlichen Traditionen.

Wie hoch der Stellenwert der Astrologie im kaiserlichen Denken war, lässt sich ablesen an einem Fragenkatalog, den Friedrich II. an einen seiner fähigsten Wissenschaftler schickte, an Michael Scotus (gestorben 1235/36), der, wie der Name sagt, aus Schottland stammen dürfte. Über den genauen Verlauf seiner Biografie ist wenig Sicheres bekannt, auf jeden Fall hielt er sich eine Weile in Toledo auf, wo er 1217 die Übersetzung des Werkes *De sphaera* oder *In astrologiam* von al-Bitrujî (lat. Alpetragius) abschloss. Da er kurz zuvor (1215) den Erzbischof von Toledo auf das Laterankonzil nach Rom begleitet hatte, muss sein Ansehen zu dieser Zeit schon sehr hoch gewesen sein. Später wurden ihm kirchliche Pfründe in England zugesprochen, die ihm ein gutes Auskommen sicherten. In den 1220er Jahren schloss er Freundschaft mit Friedrich II., und bis zu seinem plötzlichen Tod war er ein enger Vertrauter des Kaisers.

Die von Friedrich übersandten Fragen veranlassten Michael Scotus zur Abfassung seines Hauptwerkes, des *Liber introductorius*, also einer «Einführung (in die Astrologie)». Im Vorwort des Buches betont er, dass er sich einer einfachen Sprache bedient habe, damit auch ein

Laie die komplizierten Zusammenhänge verstehen könne, ein Umstand, der sehr zur Verbreitung des Werkes beigetragen hat. Für damalige Leser hilfreich war zudem die Geschichte der Astrologie, die er seinem Vorwort anfügt und die von Zoroaster bis Gerbert von Aurillac reicht. In dem sehr umfangreichen Vorwort stellt Michael Scotus die Astrologie in einen theologisch-philosophischen Zusammenhang; die Erforschung der Natur definiert er als Teil der Philosophie, die dazu diene, die Präsenz Gottes in den Erscheinungen zu entschlüsseln. Die Planeten sind auch für ihn von Gott eingesetzte Zeichen, die dem Menschen die Geheimnisse des Weltlaufs und des Kosmos offenbaren sollen. Der *Liber introductorius* ist ein enzyklopädisches Kompendium des gesamten hochmittelalterlichen Wissens über die Sternkunde. Es kommen nicht nur die theoretischen Grundlagen dieser Wissenschaft zur Sprache, sondern auch die Einzelheiten der Planetensymbolik (einschließlich der Mondknoten) und Horoskopierkunst.

Der Vorwurf Dantes und anderer, Michael Scotus habe auch der Magie und Zauberei das Wort geredet, trifft nicht zu, denn er grenzt sich von solchen Praktiken explizit ab. Das kann freilich nicht darüber hinweg täuschen, dass praktizierende Astrologen jener Zeit stets damit rechnen mussten, wegen Überschreitung der von kirchlicher Theologie gesetzten Grenzen in Schwierigkeiten zu kommen. Zwei Probleme tauchten in diesem Zusammenhang immer wieder auf: einerseits das notorische Misstrauen christlicher Autoritäten gegen jede Deutung des Kosmos als rational determiniertes System – was vor allem von den «Averroisten» (s. u.) vertreten wurde –, in dem schließlich auch der Mensch in seiner Willensfreiheit als eingeschränkt betrachtet werden müsse; andererseits die grundsätzliche Unmöglichkeit, praktische Anwendungen des astrologischen Denkens im Rahmen von Magie und Medizin systematisch von dem rein philosophisch-naturwissenschaftlichen Zweig der Sternkunde abzukoppeln. Magisches Denken – das keineswegs einer «rationalistischen» Sicht entgegensteht – war auch in christlicher Praxis so weit verbreitet, dass es ein Leichtes war, unliebsame Konkurrenten durch den Hinweis auf die fehlende Abgrenzung zu denunzieren. Hier musste man vorsichtig sein und sich an die Regeln der rhetorischen Ablehnung der «Häresie» halten.

Neben Michael Scotus ließen sich noch eine ganze Reihe anderer berühmter Astrologen jener Zeit nennen, beispielsweise seine italienischen Kollegen Guido Bonatti, Giovanni Campani, Peter von Abano und Cecco d'Ascoli (der wegen «Ketzerei» 1327 in Florenz öffentlich hingerichtet wurde), die Engländer Robert von Grosseteste und Richard von Wallingford, die Spanier Arnold von Villanova und Raimundus Lullus sowie die Franzosen Wilhelm von Auvergne, Levi ben Gerson, Nicolaus von Oresme und Pierre d'Ailly (s. Smoller 1994). Eine Einzelwürdigung muss hier jedoch unterbleiben, zumal sie an dem Gesamteindruck dieser Epoche wenig ändern würde. Wichtig dagegen ist die Ausleuchtung des philosophischen Hintergrundes jener Gelehrten, denn nur wenn man die scholastischen Diskussionen des Hochmittelalters in Rechnung stellt, kann man ermessen, wie wichtig diese Zeit als Voraussetzung der neuzeitlichen und modernen Astrologie tatsächlich gewesen ist.

Scholastische Positionen zur Sternkunde

Das frühe mittelalterliche Denken ist vom Primat der Theologie vor der Philosophie geprägt gewesen. Konkret ist damit gemeint, dass das Studium der Natur keineswegs Selbstzweck zur Erkenntnis des Menschen war, sondern lediglich dazu diente, die «Wahrheit Gottes» aus der materiell offenbarten Natur herauszulesen. Das «Buch der Natur» wurde ganz analog zur Heiligen Schrift gedeutet, indem man die theologischen Auslegungen auf die Betrachtung der Natur übertrug. Eine empirische Wissenschaft, die von Experiment und Tatsache induktiv auf die Prozesse der Natur schloss, war deshalb verpönt, vielmehr ging man deduktiv von der Offenbarungswirklichkeit Gottes aus und suchte diese in der Natur wiederzufinden. Zwar gab es auch schon im Mittelalter Ansätze einer empirisch orientierten Wissenschaft, doch sollte es noch einige Jahrhunderte dauern, bis sich eine solche Methode öffentlicher Legitimität erfreuen konnte. Sie gründete im Wesentlichen auf der nominalistischen Alternative, welche die *nomina* (die Namen, also das Äußerliche) zum eigentlichen Gegenstand der Forschung machte, während die *essentia* (das innere Sein) sich dem wissenschaftlichen Zugriff entzog. Folgte man dieser Trennung, so war empirische Forschung mit der Theologie im Einklang.

Im dreizehnten Jahrhundert änderte sich die Verhältnisbestimmung von Theologie und Philosophie, und man begann, Letztere gleichberechtigt neben die kirchliche Dogmatik zu stellen. Eine kritische Auseinandersetzung mit Aristoteles, den man aus arabischen Übersetzungen rezipierte und dem eigenen Weltbild anpasste, führte zur Neupositionierung der Scholastik, also der Philosophie, wie sie an den christlichen Schulen (lateinisch *schola*) gelehrt wurde. Die drei wichtigsten Vertreter möchte ich hier anführen, da sie sich explizit zur Astrologie geäußert haben. Mehr noch: Sie bezeugen das, was Paola Zambelli so formuliert:

> Die Untersuchung der erhaltenen authentischen Werke des Albertus, ebenso wie der Texte seiner Zeitgenossen, etwa Bonaventura da Bagnorea, Roger Bacon und Thomas von Aquin, macht ohne jeden Zweifel klar, dass die astrologische Sichtweise die Konzeptionen der natürlichen und historischen Welt des dreizehnten Jahrhunderts charakterisierte. Das Prinzip des Einflusses himmlischer Bewegungen auf natürliche Prozesse wurde von mittelalterlichen Theologen, Philosophen und Wissenschaftlern einmütig vertreten. Es bildete außerdem die Grundlage aller Naturwissenschaften, von der Kosmologie zur Medizin, zwei Disziplinen, die sich in jener Zeit auf gleicher Augenhöhe mit Alchemie und Naturmagie befanden. (Zambelli 1992, xiii)

Albertus Magnus Albertus Magnus («Albert der Große», eigentlich Graf Albrecht von Bollstädt, 1193–1280) ist einer der umfassendsten Gelehrten des Mittelalters gewesen. Schon früh trat er dem Dominikanerorden bei und wurde nach ausgedehnten Reisen und Studien in Italien Lehrer am Generalstudium der neu gegründeten Universität zu Köln, wo auch Thomas von Aquin zu seinen Schülern zählte. Im Anschluss an Aristoteles trat Albertus Magnus für eine systematische Trennung von Theologie und wissenschaftlicher Forschung ein, was ihn zu einer Methode der Naturbeobachtung führte, die er als eine liebevolle Versenkung in die lebendige Fülle der Schöpfung konzipierte (vorgeführt in seiner zweibändigen «Zoologie»). Im Hinblick auf die Astrologie schloss er sich ebenfalls Aristoteles an und betrachtete die Sterne als Werkzeuge des «Ersten Bewegers», die als Glieder eines Ganzen tätig sind. Da die vier Elemente durch die Bewegung der Himmelskörper entstehen, sind alle Veränderungen der sublunaren Welt durch die Bewegung der Gestirne verursacht.

Doch dieser Kausalzusammenhang erstreckt sich für Albert lediglich auf die mundanen Ebenen, also auf den Erdkörper als Ganzes, auf Kriege, Katastrophen oder Seuchen, während das Individuelle im Menschen zweierlei Ursprünge habe, nämlich die Natur und den freien Willen. Je weniger der Mensch seine Triebe unter Kontrolle habe, desto mehr gerate er unter die Herrschaft der Natur; doch dürfe man daraus nicht schließen, dass sein Verhalten determiniert sei. Da dies auch von keinem wirklich gelehrten Astrologen vertreten werde, sei die Sternkunde mit dem Christentum vereinbar.

Das *Speculum astronomiae* («Der Spiegel der Astronomie»), von Albertus Magnus in den 1260er Jahren verfasst, ist eine der wichtigsten Schriften zur Astrologie des Mittelalters überhaupt. Paola Zambelli vermutet in ihrer wichtigen Neuedition des Textes (1992), dass der Autor den «Spiegel» als Antwort auf die Kritiken an der Astrologie geschrieben hat, die in seiner Zeit immer wieder vorgebracht wurden. Um die Sternkunde als wissenschaftliche Disziplin zu begründen, trennt auch Albert die magischen Anwendungsmöglichkeiten der Astrologie, die er im Einklang mit der gängigen Doktrin als heidnischen Zauber betrachtet, von der wissenschaftlichen Erforschung der astralen Zusammenhänge ab. Darüber hinaus stellt er Astronomie und Astrologie als unterschiedliche Zweige der Sternkunde dar. Die Astronomie berechnet die Sternbewegungen und erstellt entsprechende Tafeln, während die Astrologie die Himmelserscheinungen deutet und daraus die Zukunft vorhersagen kann. Da die Astrologie also alle irdischen Dinge auf ihren Urquell zurückführt, leitet sie den Menschen zwangsläufig zu Gott, dem unbewegten Beweger aller Veränderungen. Damit dreht der Dominikaner die Stoßrichtung kirchlicher Kritik an der Astrologie regelrecht um und stellt die Sternkunde als eine wichtige Disziplin der frommen Erkenntnis dar.

Im Unterschied zu platonischen Ansätzen, welche die Sterne als göttliche Wesen zu betrachten pflegen (wenn auch untergeordneter Kategorie), betont Albert, dass sie nicht mehr sind als körperliche Werkzeuge Gottes und deshalb auch nicht durch Gebete, Opfer oder Rituale beeinflusst werden können. Damit erteilt er allen Versuchen eine Absage, die Sterne beschwören, beschwichtigen oder magisch lenken zu wollen, Versuche, die (nicht nur) in seiner Zeit von manchen Astrologen unternommen wurden. Wie schon in der Antike war es die Vergöttlichung der Gestirne, die als unvereinbar mit der monotheistischen Lehre aufgefasst wurde, nicht aber die Astrologie insgesamt. (Dass die Vergöttlichung der Gestirne so lange weiterbestand, macht nebenbei deutlich, wie schwierig die Durchsetzung einer monotheistischen Position in der Praxis war.)

Thomas von Aquin Einer der einflussreichsten Denker der Scholastik war Thomas von Aquin, Schüler des Albertus Magnus und ebenfalls Dominikaner. Um 1225 als Sohn eines Grafen von Aquino (Neapel) geboren, lehrte er in Paris, Köln, Bologna, Rom und Neapel und schuf bis zu seinem frühen Tod im Jahre 1274 ein Werk, das zunächst überaus umstritten war. 1276 wurden wichtige Lehrsätze offiziell verurteilt. Dennoch wirkte der Thomismus fort und genoss im neunzehnten Jahrhundert höchste Anerkennung: Seit 1879 ist Thomas der «offizielle katholische Kirchenphilosoph», weshalb eine Beschäftigung mit seinen Lehren nicht nur historisch wichtig ist, sondern auch zum Verständnis heutiger kirchlicher Positionen beiträgt.

Seine Hauptwerke sind die Kommentare zu Aristoteles und die beiden «Summen» (*Summa* heißt «Lehrbegriff»), die zwischen 1261 und 1273 erschienen, einmal die *Summa contra gentiles* und dann die *Summa theologiae*. Thomas zieht darin eine weitaus klarere Grenze zwischen Glauben und Wissen, als dies Denker vor ihm getan haben. Die Sätze der Offenbarung oder des Glaubens, also auch die Mysterien, können von der Vernunft nur als widerspruchsfrei beurteilt, ihre Richtigkeit kann nur als wahrscheinlich begründet werden. Die Wahrheit der Offenbarungssätze – die Thomas freilich nie in Zweifel zieht – wird durch den Glauben erschlossen. Anders als bei den Platonikern, die eine unsterbliche Seele voraussetzen und Erkenntnis als «Wiedererinnerung» verstehen, geht Thomas davon aus, dass Gott die Seele bei der Zeugung erst erschafft und dass Erkenntnis durch die Sinneswahrnehmung entsteht, in die die Ideenerkenntnis gleichsam eingehüllt ist und so dem Intellekt «einleuchtet».

Diese Seelen- und Erkenntniskonzeption hat ebenso Auswirkungen auf die Beurteilung der Astrologie wie die Auffassung, der Kosmos sei eine universalistische Ordnung, in der das Sein hierarchisch auf Gott hin zentriert sei, welcher allem Seienden den ihm gebührenden Platz zuweise. Deutlich wird dies im zweiten Hauptstück der *Summa theologiae*, in der Thomas die Frage erörtert, «Ob die Wahrsagung aus den Sternen erlaubt sei». Seine Argumentation lässt sich etwa so wiedergeben: Da es grundsätzlich erlaubt ist, aus der Beobachtung der Ursachen auf die Wirkungen zu schließen, und da die Bewegungen der Himmelskörper die Ursache für mundane Veränderungen sind, muss die Vorhersage aus den Sternen erlaubt sein. Die Erkenntnis des Zukünftigen aus der Analyse von Vergangenheit und Gegenwart ist ein

Akt der Vernunft, der Klugheit und gewissenhaftes Vergleichen erfordert. Dieser Akt ist nicht nur erlaubt, sondern sogar überaus verdienstvoll, denn er führt zur Vorhersage zwangsläufig eintretender natürlicher Ereignisse wie Finsternissen, Seuchen oder Katastrophen. Dieser legitime Sinn der Astrologie ist uns schon von früheren Denkern vertraut. Auch die sich anschließende Folgerung wurde schon von anderen gezogen: Zwei Arten künftiger Ereignisse können nämlich nicht vorhergesagt werden, zum einen jene Ereignisse, die in der Natur absichtslos oder zufällig geschehen (die Rede vom *Kontingenten* will freilich nicht nahtlos zur rationalen Ordnung der natürlichen Welt passen), zum anderen das, was durch die Ausübung des freien Willens des Menschen geschieht. Deshalb betrachtet auch Thomas die Horoskopierkunst, wenn sie den gesamten Verlauf eines menschlichen Lebens voraussagen möchte, als illegitim und häretisch.

Was die Sterne angeht, so führt er aus, dass man, wenn man sie lediglich als Zeichen, nicht aber als wirkende Ursachen versteht, immer noch die Frage klären muss, *wovon* sie materielle Zeichen sind und ob sie selber als Wirkungen übergeordneter Ursachen betrachtet werden müssen. Da die Sterne körperlicher Natur sind, können sie auch nur auf körperliche Dinge einwirken, also auf den menschlichen Leib (Medizin!) und jene Triebe, die mit ihm in Verbindung stehen. Die Vernunft und der freie Willen dagegen sind nichtmaterieller Natur und demnach vom Einfluss der Sterne unabhängig oder allenfalls indirekt beeinflusst. Der Weise, so folgert Thomas, beherrscht das Gestirn.

Auch wenn diese dominikanische Interpretation des Aristoteles später innerhalb der katholischen Dogmatik kanonisiert werden sollte, gab es namhafte Gegner einer solchen Position. In Paris etwa versuchten nicht wenige Philosophen, sich dieser christlichen Überformung des Aristoteles zu entziehen und dessen «ursprüngliche» Lehre durch die Interpretation des Ibn Rushd (lateinisch Averroes, 1126–1198) wiederherzustellen. Jene *Averroisten*, unter ihnen Siger von Brabant, Johannes von Jandun und Boethius von Dacien, bestritten den kirchlichen Autoritätsanspruch und vertraten die Meinung, die Vorstellungen der Religion seien nur allegorische Verhüllungen der reinen philosophischen Wahrheiten. Sie leugneten die Ewigkeit der geschaffenen Seele und betonten, dass nur die Welt insgesamt ewig sei; es gebe letztlich nur eine universelle Weltseele, die eine Emanation der ewigen Gottheit sei. Daraus folgt, dass die göttliche Vernunft alle Bereiche des Kosmos durchflutet und dementsprechend auch die seelischen Anteile des Menschen an der Welt deterministisch bestimmt sind. Freier Wille und unabhängige Vernunft des Menschen sind auf diese Weise kaum zu begründen, vielmehr müssen sie als durch die Sterne (oder die dahinter stehende Ursache) gelenkt betrachtet werden.

Man kann sich die erhitzten Debatten an den europäischen Universitäten jener Zeit leicht vorstellen. Der Graben verlief nicht zuletzt auch zwischen den Dominikanern und den konkurrierenden Franziskanern. Diese wandten sich entschieden gegen den «Intellektualismus» der Dominikaner, der darin bestand, dass Albert und Thomas den Willen als abhängig von der Vernunft betrachteten. *Johannes Duns Scotus* (um 1278–1308), ein führender Gegner dieser Position, begründete dagegen die Lehre vom Primat des Willens, welcher der Vernunft vorgeordnet sei. Dies trifft auch auf Gott zu, dessen Wille absolut frei ist und nicht durch Vernunft ergründet werden kann. Die Sätze der Theologie müssen deshalb einfach geglaubt werden, sie können nicht Gegenstand philosophischer Begründung sein.

Doch es ist ein anderer Franziskaner, der für unser Thema von entscheidender Bedeutung ist und dem ich mich nun zuwenden möchte.

Roger Bacon Roger Bacon (um 1214–ca. 1294) ist nicht zu Unrecht als der erste umfassende Naturforscher des Mittelalters bezeichnet worden. Aus England stammend, stritt er zeitlebens für eine strikte Trennung zwischen Theologie und philosophisch-naturwissenschaftlicher Forschung. Die drei Hauptsäulen der Wissenschaft sind für ihn Erfahrung, Experiment und Mathematik, und es sei nicht irgendeine Autorität oder Meinung, auf die wissenschaftliche Erkenntnis aufbaue, sondern das eigene Nachdenken und die Untersuchung der Fakten. Deshalb rief er die Wissenschaft auf, sich von den Meinungen zu den Quellen, von der Dialektik zur Erfahrung und von den Büchern zur Natur zu bewegen. Die empirische Forschung führte Bacon dazu, dass er Gesetze wie das der Reflexion und der Strahlenbrechung formulierte, optische Instrumente anfertigte und Erfindungen vorlegte, darunter konvexe Gläser und das Schießpulver.

Da er sich nicht mit Meinungen begnügen, sondern die Quellen selber studieren wollte, lernte Bacon Griechisch, Hebräisch und Arabisch und konnte so – anders als Thomas von Aquin – die diskutierten Texte im Original lesen. Seine oftmals kämpferisch vorgetragenen Thesen trugen ihm selbstverständlich die Kritik vonseiten des Klerus ein, auf dessen Betreiben er 1278 sogar eingekerkert wurde. Doch sein gutes Verhältnis zu Papst Clemens IV. half ihm immer wieder, ein gewisses Maß an unabhängiger Forschung zu bewahren. Clemens war es auch, der Bacon zur Abfassung seines Hauptwerkes veranlasste, dem *Opus maius* («Größeres Werk», 1265), dem noch zwei kleinere Schriften zur Erläuterung folgten. In diesem Buch werden Alchemie, Astrologie und Magie als die Höhepunkte einer auf Erfahrung gründenden experimentellen Naturwissenschaft bezeichnet (schon der Titel der Schrift spielt ja auf den Erkenntnisprozess der Alchemie an, der als *Opus magnum* bekannt ist). Die unauflösbare Verknüpfung der empirisch-naturwissenschaftlichen Methode mit den esoterischen Disziplinen hat Bacon später – im Grunde bis heute – den Vorwurf eingebracht, er sei letztlich noch immer in den abergläubischen Vorstellungen des Mittelalters gefangen, trotz der unbestreitbaren Perspektive, die er für spätere Wissenschaft geöffnet habe. Ich wies oben in Kapitel 2 schon darauf hin, dass eine solche Darstellung völlig an der Wissenschaftsgeschichte vorbei geht, da sie auf Meinungen über «Objektivität» und «Wissenschaft» aufbaut, die erst im neunzehnten Jahrhundert entstanden sind. Umgekehrt wird ein Schuh draus: Die esoterischen Disziplinen Astrologie, Alchemie und Magie sind ein integraler Bestandteil empirisch-naturwissenschaftlicher Forschung. Naturwissenschaft war bis vor 200 Jahren immer auch Naturphilosophie (ich würde sogar behaupten, dass dies auch noch auf die heutige Naturwissenschaft zutrifft).

Bacon tritt in seinem Werk für eine *Astrologia sana* ein, also eine «gesunde Astrologie», die auf Erfahrung und Experiment beruht. Von der Kirche verlangt er, sie solle aktiv die Führung und Förderung einer solchen Sternkunde übernehmen, um auf diese Weise die Autorität der heidnischen Astrologen zu brechen. Bacon zeigt sich sehr gut vertraut mit der astrologischen Tradition und rezipiert ausführlich die Positionen des Ptolemaios, des Ali ben Ragel, des Abû Maᶜshar und anderer. Unter Verweis auf deren Argumente führt er aus, dass es keinen gelehrten Astrologen gegeben habe, der den Schicksalszwang der Sterne konsequent vertreten habe. Dies täten nur Ignoranten, astrologische Laien oder Geschäftsastrologen, deren niederträchtige Praktiken er aus eigener Erfahrung kenne. Bei der Frage der Willensfreiheit müsse man, so Bacon, unterscheiden zwischen dem Individuum, das

Kraft seines Willens dem Einfluss der Sterne entgehen könne, und größeren sozialen Einheiten, bei denen dies nicht der Fall sei. Nur so seien die mundanen Ereignisse wie Kriege und Seuchen sinnvoll zu erklären.

Auch zur Geburtshoroskopie äußert sich Bacon. Dass man keine vernünftige Prognose des gesamten Lebensablaufs geben kann, liegt seiner Meinung nach nicht nur am freien Willen des Individuums, sondern vor allem an der vielfach unterschätzten Bedeutung der Katarchenastrologie. Die Menschen sind nicht in einem Moment für das ganze Leben geprägt, vielmehr muss man für jede Unternehmung, für jeden Beginn und jede Entscheidung die jeweils auftretenden Konstellationen in Rechnung stellen. Damit liefert Bacon eine interessante Kombination von Individualhoroskopie und Mundanastrologie und fügt der antiken Position, nach der das Individuum dem kollektiven Schicksal untergeordnet sei, eine neue Facette hinzu.

Wir sind damit am Ende einer Epoche angelangt, die alles andere als «finster» gewesen ist. Eine intensive interreligöse Debatte hat die antike Astrologie nicht nur getreu in Erinnerung bewahrt, sondern aus ihr eine Vielzahl neuer Positionen und Entwicklungsmöglichkeiten erschlossen, die als Grundlage der späteren Diskussionen betrachtet werden müssen. Wenn wir uns jetzt also der Renaissance zuwenden, so sollten wir gegenüber den «Revolutionen» dieser Zeit die Kontinuitäten nicht vergessen (s. dazu Grant 1996). Zwar bedeutet die Renaissance eine Zunahme an Quellenkenntnissen und eine Neuorientierung auf wissenschaftlichem Gebiet, doch lassen sich ihre Positionen ohne weiteres als eine konsequente Fortschreibung mittelalterlicher Diskurse betrachten.

V

Drehtür in die Moderne: Die Renaissance

> Früher konnte ich keinerlei Vorteil aus der Astrologie ziehen, und manche übertrugen den schlechten Ruf meiner Kunst auf mich und verleumdeten mich als einen eitlen und neidischen Menschen. Aber sobald ich gelernt hatte, mich an die folgenden Regeln zu halten, brachte sie mir beachtlichen Gewinn und schadete meinem Ansehen kaum noch. Wer sie beherzigt, wird seine Kunst so ausüben, dass er bei niemandem Ärgernis erregt, und er wird nicht weniger Ruhm ernten und Nutzen stiften als die Ärzte unserer Epoche, wenn sie die Heilkunst ausüben.
>
> *Girolamo Cardano*

Die Zeit zwischen 1450 und 1650 wird oft als die Blütezeit der europäischen Astrologie bezeichnet. Das ist richtig und falsch zugleich. Falsch ist es, weil dieses Urteil suggeriert, dass erst die Adaption und Fortschreibung der Sternkunde im christlichen Milieu Europas unter Hinzunahme der neu entdeckten klassischen Texte das kulturelle Aufleben der Astrologie ermöglichte, womit zugleich die mittelalterliche und islamische Wissenschaft an den Rand gedrängt wird. Irreführend ist es auch deshalb, weil der Einfluss der so genannten wissenschaftlichen Revolution des siebzehnten Jahrhunderts, welche zu einer Krise oder gar dem Ende der Astrologie geführt habe, deutlich überschätzt wird. Dennoch ist die Rede von der Blütezeit der Astrologie insofern berechtigt, als während der Renaissance entscheidende Veränderungen in Gesellschaft, Wissenschaft, Philosophie und Religion stattfanden, die in der europäischen Kulturgeschichte noch lange nachklingen sollten. Man kann geradezu von einer Neuformatierung des Diskurses sprechen, in deren Verlauf das Verhältnis zwischen Mensch und Kosmos, Individuum und Gesellschaft sowie zwischen Wissenschaft und

Religion neu bestimmt wurde. Diese Veränderungen waren die notwendige Voraussetzung für das, was wir «Neuzeit» und «Moderne» nennen. Deshalb nenne ich diese Zeit eine Drehtür in die Moderne.

Für alle genannten Kulturbereiche bildete die Astrologie einen zentralen Referenzpunkt, wie in diesem Kapitel gezeigt werden soll. Dabei ist von vornherein klar, dass die Diskussionen, wissenschaftlich-philosophischen Veränderungen und die handelnden Personen nicht alle gleichermaßen gewürdigt werden können; vielmehr gilt es, anhand einer Auswahl paradigmatischer Entwicklungen und deren Vertretern die zentralen Merkmale darzustellen, die diese Epoche kennzeichnen. Ich werde deshalb die Bedeutung der Renaissance anhand von vier Themengebieten herausarbeiten, die, obwohl sie alle miteinander zusammenhängen, das Besondere des fünfzehnten und sechzehnten Jahrhunderts aus je eigener Perspektive zeigen: Zunächst muss man sich die fundamentale Bedeutung vor Augen führen, welche die Arbeit der platonischen Akademien Italiens für den gesamten Esoterik-Diskurs der Renaissance hatte. Die Wiederentdeckung des Corpus Hermeticum und seine Übersetzung durch Marsilio Ficino ist auch für die Astrologie bedeutsam gewesen. Anschließend werde ich dem Zusammenhang zwischen Astrologie auf der einen und den naturphilosophischen und magischen Diskussionen auf der anderen Seite nachgehen. Im dritten Abschnitt kommen die intellektuellen Praktiker zu Wort; ich werde darstellen, wie Astrologen das Individuum entdeckten und auf eine breite Klientenschicht eingingen und wie sie der Politik historische Diagnosen anboten, die intensiv diskutiert wurden. Abschließend soll ein kulturgeschichtlich kaum zu überschätzendes Ereignis dargestellt werden: die massenhafte Publikation von astrologischen Flugschriften in der ersten Hälfte des sechzehnten Jahrhunderts. Zum ersten Mal erreichten astrologische Prognosen eine breite Öffentlichkeit und wurden zum Gegenstand allgemeiner Debatten, die wiederum eine aufgeheizte Stimmung in der Bevölkerung widerspiegelten.

1. Die Wiederentdeckung «uralter» Weisheit

Wie Dieter Blume jüngst am Beispiel der astrologischen Bildprogramme gezeigt hat, ist die Herausbildung der Renaissance-Astrologie keineswegs einer plötzlichen «Entdeckung» zu verdanken, sondern verlief in mehreren Schritten seit dem zwölften Jahrhundert, als man in Italien zunehmend die platonische Philosophie mit den wissenschaftlichen Standards zu vereinen suchte. Das intellektuelle Klima an den italienischen Fürstenhäusern – auf Friedrich II. bin ich oben schon eingegangen – war in den folgenden Jahrhunderten einer vertieften Beschäftigung mit Philosophie, Kunst und Wissenschaft zuträglich, wobei den Medici in Florenz für die weitere Geschichte von Esoterik und Astrologie eine herausragende Rolle zufallen sollte. Die Medici interessierten sich sehr für die Sternkunde und wussten sie auch politisch zu nutzen, ganz im Stile der antiken Instrumentalisierungen. So schmückten sie die Kuppel des Altarraums der Alten Sakristei von S. Lorenzo, die als Familienkapelle der Medici konzipiert war, mit einem Fresko aus, das Sternbilder und Planetenpositionen zu einem bestimmten Zeitpunkt darstellte (s. Abbildungen 7 und 8). Zwar ist man sich darüber einig, dass dies nicht irgendein beliebiger Zeitpunkt sein kann (vermutlich handelt es sich um den 4. Juli 1442), denn immerhin geht es hier um die politische Repräsentation des Fürstenhauses, doch ob es sich um einen Bezug zum Wiedergründungshoroskop von Florenz (8. April 802) und dem Geburtshoroskop Cosimo de Medicis handelt, wie Blume (2000, 126–138) vermutet, ist keineswegs eindeutig zu klären.

Auf jeden Fall waren die Medici eingebunden in die lebhaften philosophischen Diskussionen des fünfzehnten Jahrhunderts. Aristoteliker und Platoniker standen sich teilweise unversöhnlich gegenüber, und Gelehrte wie Kardinal Cusanus (Nikolaus Krebs aus Kues, 1401–1469) versetzten mit ihren wissenschaftlichen Theorien, die erstmals die exzeptionelle Stellung des Menschen im Kosmos relativierten, die Zunft in Aufregung (s. den nächsten Abschnitt). Zu dieser Aufregung trug auf seine Weise auch der aus Byzanz geflohene Platoniker Georgios Gemistos bei, der sich nach seinem Vorbild «Plethon» nannte. In seinem Buch «Über die Gesetze» trat Plethon für eine vollständige Restauration der griechischen Götterwelt und Religion ein und proklamierte die Heimarmene, also das «Schicksal», als das allumfassende Gesetz einer höchsten Gottheit, nämlich Zeus. In der Stadt Mistra realisierte er dieses Vorhaben auch ganz praktisch, was auf dem Unionskonzil von Ferrara (1439) eine erbitterte Kontroverse auslöste. Einer seiner härtesten Gegner, Georg von Trapezunt, schrieb darüber:

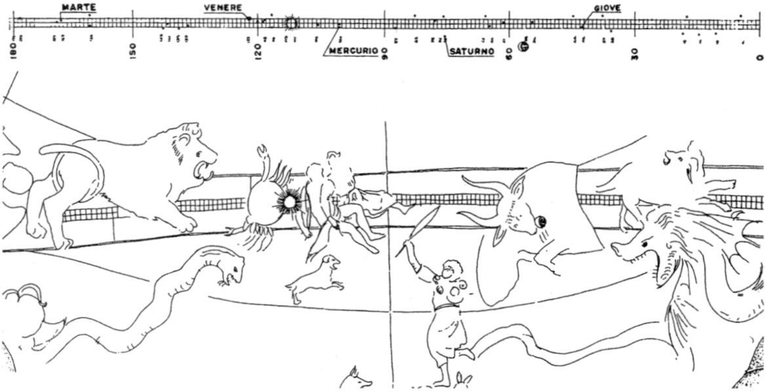
MARTE
VENERE
GIOVE
MERCURIO
SATURNO
180
150
120
90
60
30
0

Abb. 7 Das Zeichen Löwe aus dem Tierkreis in der Kuppel des Altarraumes in der Alten Sakristei von S. Lorenzo, Florenz (um 1434–1440). Rechts unten ist der Planet Venus zu erkennen.

Abb. 8 Umzeichnung des Tierkreises in der Kuppel des Altarraumes in der Alten Sakristei von S. Lorenzo, Florenz. Die oben eingetragenen Planetenstellungen finden sich im Original auf dem Zodiakalband inmitten des Freskos.

Mit eigenen Ohren habe ich es in Florenz gehört: Er sagte, die ganze Welt werde in wenigen Jahren nur noch eine einzige Religion, eine Seele, einen Geist und eine Botschaft haben. Als ich ihn fragte, ob dies die Religion Christi oder diejenige Mohammeds sein werde, da antwortete er: «Keine von beiden, sondern eine andere Religion, die sich vom Heidentum kaum unterscheidet!» Empört über diese Worte, habe ich ihn stets gehaßt. Ich fand ihn so abscheulich wie eine giftige Viper und mochte ihn nie wieder sehen oder hören. Von einigen griechischen Flüchtlingen, die vom Peloponnes kamen, vernahm ich aber, daß jener kurz vor seinem Tode – was jetzt etwa drei Jahrzehnte zurückliegt – öffentlich verkündet habe, Mohammed und Christus würden bald in Vergessenheit geraten und das ganze Universum im Glanz der absoluten Wahrheit wiedererstrahlen. (Nach Garin 1997, 83)

Plethon war es auch, der Cosimo de Medici im Jahre 1438 dazu veranlasste, junge und aufstrebende Gelehrte an seinen Hof zu holen und nach dem Vorbild der 529 von Justinian geschlossenen Akademie von Athen eine platonische Akademie zu gründen, an der das Wissen gesammelt und weiterentwickelt werden sollte. Zu ihrem Leiter wurde der noch weithin unbekannte Marsilio Ficino (1433–1499) berufen, der über herausragende philologische und intellektuelle Fähigkeiten verfügte und deshalb mit der Übersetzung der platonischen Schriften beauftragt wurde. Doch ihm kam etwas dazwischen, das die gebildete Welt der Renaissance in ihren Bann ziehen sollte: die Entdeckung des *Corpus Hermeticum*.

Marsilio Ficino übersetzt das Corpus Hermeticum

Der griechisch-ägyptische Gott und Offenbarer Hermes Trismegistos (s. o. S. 75–77) war quer durch die Alchemie und Astrologie des Mittelalters hindurch, insbesondere im muslimischen Kontext, als «Stammvater» der okkulten Wissenschaften bekannt. Doch die Originalschriften, die sich explizit auf ihn bezogen und die, wie wir heute wissen, in den ersten Jahrhunderten christlicher Zeitrechnung kompiliert worden waren, haben den mittelalterlichen Gelehrten nicht vorgelegen. Zwar erwähnt Psellos (1018–1078) schon die ganze Sammlung des Corpus Hermeticum, doch man kann davon ausgehen, dass nur der *Asclepius* in einer lateinischen Version damals bekannt gewesen ist.

Vor diesem Hintergrund lässt sich leicht ausmalen, wie elektrisiert die Gelehrten waren, als man im Jahre 1463 eine griechische Sammlung des Corpus Hermeticum in Mazedonien entdeckte. Der Text wurde zu Cosimo de Medici nach Florenz gebracht, und Marsilio Ficino erhielt den Auftrag, die Sammlung noch vor der Übersetzung des Platon ins Lateinische zu übertragen. Das war insofern konsequent, als man davon ausging, dass Hermes Trismegistos deutlich älter als Platon und sogar als Mose sei und deshalb so etwas wie das «Urwissen» der Menschheit zugänglich mache (tatsächlich beschreibt Ficino eine Traditionskette von Hermes über Mose, Orpheus und Pythagoras bis Platon). Seine Übersetzung wurde 1471 gedruckt unter dem Titel *Liber de potestate et sapientia Dei* («Buch von der Macht und Weisheit Gottes»). Die Blütezeit des Buchdrucks machte es möglich, dass Ficinos Übersetzung bis zum Jahre 1641 nicht weniger als 25 Neuauflagen und Ausgaben erfuhr, zusammen mit Übersetzungen in andere Sprachen. Der griechische Originaltext des Corpus Hermeticum erschien erst 1554 in Paris.

Man kann daran das große Interesse ablesen, das die damaligen Gelehrten dem scheinbar uralten Dokument entgegenbrachten. Die Renaissance entdeckte auf diese Weise die *philosophia perennis,* also die «Ewige Philosophie», die als gemeinsamer Nenner von ägyptischer, griechischer, jüdischer und christlicher Religion galt. Der sagenhafte Ruf der hermetischen Dokumente blieb (übrigens bis in die heutige Esoterik-Szene) erhalten, obwohl der Genfer Protestant Isaac Casaubon schon 1614 den Nachweis geführt hatte, dass jene Texte nicht älter sind als die ersten christlichen Quellen (zur intellektuellen Szene der damaligen Zeit s. Grafton 1991, 145–177). Von den wichtigen Autoren des sechzehnten Jahrhunderts, die auf das Corpus Hermeticum Bezug nahmen, seien genannt: Ludovico Lazzarelli, Symphorien Champier, Nikolaus Kopernikus, Francesco Giorgi von Venedig, Henricus Cornelius Agrippa von Nettesheim, John Dee, Francesco Patrizi und Giordano Bruno; im siebzehnten Jahrhundert sind besonders zu erwähnen:

Robert Fludd, Ralph Cudworth und Athanasius Kircher sowie die Vertreter der christlichen Kabbala Giovanni Pico della Mirandola, Johannes Reuchlin, Pietro Galatino, Guillaume Postel und Christian Knorr von Rosenroth – ein *Who is who* der gebildeten Naturphilosophie und Esoterik jener Epoche.

Wir wollen nun genauer verfolgen, worüber man sich damals so erhitzte Debatten lieferte und warum es gerechtfertigt ist, von dieser Zeit als einer Zeit der Neuformatierung des astrologisch-wissenschaftlichen Diskurses zu sprechen.

2. Naturphilosophie und Esoterik

Die philosophisch-religiösen Anregungen, die von Plethon ausgingen, wirkten in der zweiten Hälfte des fünfzehnten Jahrhunderts und darüber hinaus nach. Die Vorhersage eines Endes der Religionen und der gleichzeitigen Restauration der antiken Götterwelt war mit einem Platonismus verbunden, der merkwürdig ambivalent wirkte: Auf der einen Seite beschrieben Denker wie Plethon das Universum als ein ewiges Kontinuum, dessen Entwicklung ihm von Anbeginn der Zeit eingeprägt sei und das den Menschen in einen strengen Determinismus zwang – ausgedrückt im Konzept der Heimarmene –, in dem es lediglich Wiederholungen des schon Dagewesenen geben könne. Der Astrologie fiel hier die zentrale Rolle der Abbildung des mathematisch geordneten und intelligenten Universums zu, also einer vollständig durchrationalisierten Welt. Auf der anderen Seite standen Denker wie Ficino, die eine solche Position, weil sie weit von christlichen Selbstverständnissen wegführte, als unhaltbar betrachteten; sie bestanden auf der Personalität des Göttlichen und der freien Entfaltung der individuellen Seelen. Während die erste Position genau diese Freiheit gefährdete, war die zweite immer in der Gefahr, die Rationalität der Welt aus dem Konzept auszublenden.

Die so entstehende Spannung prägte nicht nur größere philosophische Lager der damaligen Zeit, sie lässt sich auch innerhalb der Werke einzelner Gelehrter nachzeichnen. Es macht deshalb wenig Sinn, zwischen Wissenschaft und Astronomie auf der einen und Magie, Aberglauben und Astrologie auf der anderen Seite einen künstlichen Gegensatz zu konstruieren (so schon Cassirer 1927, 107). Es ist gerade die Spannung zwischen den Polen, die das Besondere der Renaissance ausmacht.

Ein Streit unter Gelehrten

Beginnen wir mit Marsilio Ficino, Pico della Mirandola und Pietro Pomponazzi, von denen Eugenio Garin zu Recht sagt, dass in ihrem Dialog «die heikelsten, brisantesten Themen der astrologischen Diskussion [...] allesamt exemplarischen Ausdruck» gewinnen (Garin 1997, 143).

Marsilio Ficino Marsilio Ficino ist der jüngste der drei Gelehrten. Er schuf ein umfangreiches Werk, das neben Übersetzungen und Kommentaren zu antiken Texten auch eigene Abhandlungen und einen regen Briefwechsel umfasst. Er beschäftigte sich mit allen damals virulenten Themengebieten, von der Philologie über die Naturwissenschaft bis hin zu Musik, Magie und paranormalen Erfahrungen. Oft gingen diese Gebiete in der Person des Ficino eine erstaunliche Verbindung ein, etwa wenn er über die Harmonie der Sphären – im Sinne Pythagoras' – philosophierte und gleichzeitig mit seiner Leier die kosmischen Dimensionen in praktische Handlungen übersetzte. Tatsächlich galt er manchen Zeitgenossen als «Orpheus redivivus», der mit seiner Musik Kranke heilte und wilde Tiere zähmte.

Sein Verhältnis zur Astrologie ist nicht leicht zu entschlüsseln, denn auf der einen Seite verfasste er klar antiastrologische Schriften, auf der anderen Seite – das hat Paul Oskar Kristeller, ein bedeutender Ficino-Interpret, nachgewiesen – hielt er bis zu seinem Tod an einer praktizierten Form von Astrologie fest, die man als eine philosophisch-magische bezeichnen könnte. Auch Ficinos medizinische Interessen zeugen von astrologischer Semantik. «Wenn das Leben dir Mühsal bereitet», schreibt er 1489, «so greife zu jener Arznei, die vom Himmel approbiert wurde. Wie die Erfahrung lehrt, besteht zwischen einer Medizin, die ohne die Hilfe der Sterne gefunden wurde, und einem ‹astrologischen› Medikament der gleiche Unterschied wie zwischen Wasser und Wein» (nach Garin 1997, 89). Es war die simple Nativitätsstellerei, die Ficino, wie viele seiner Zeitgenossen, als ein unwürdiges Handwerk ablehnte. Der intensiven Auseinandersetzung mit der Astrologie stand diese Ablehnung indes nicht im Wege, was man an den medizinischen Interessen, aber auch an seinem Briefwechsel ablesen kann. So wird er in einem Brief seines Freundes Giovanni Cavalcanti dafür kritisiert, dass er sich so vor Saturn fürchte und ihn in negativen Farben darstelle; dabei habe Saturn ihm doch das gute Gedächtnis, die Konzentrationsgabe und die Lust an der *vita contemplativa*, also dem nachdenklichen Leben, geschenkt. Er solle deshalb lieber ein Loblied auf Saturn schreiben. Und in der Tat verfasste Ficino bald darauf einen Text, der dieser überaus positiven Deutung des Saturn als dem Planeten der «Melancholia Generosa», die geradezu als die intellektuelle Eigenschaft par excellence bezeichnet wurde, zu breiter Geltung verhalf (ausführlich dazu Klibansky et al. 1990, 367–394). Ficino schloss sich der Haltung des Aristoteles an, der die Melancholie als eine einzigartige göttliche Gabe des denkenden Menschen bezeichnet hatte, und schrieb ein dreibändiges Werk über die Symptome und die Therapie des saturnischen Charakters: *De vita triplici*. Darin weist er auch auf die Polarität der Gestirne hin, die es mit sich bringe, dass der Mensch frei sei, sich für die positive oder negative Seite des Planeten zu entscheiden.

Diese Sicht der Astrologie ist eingebunden in ein Bild des Kosmos und des Menschen, das Ficino in streng neuplatonischer Weise entwarf. Ausgehend vom Prinzip des allumfassenden Entsprechungsdenkens, das die himmlische Welt mit der irdischen und die ideelle mit der materiellen verbindet, beschreibt der Florentiner Philosoph ein Stufenreich, dessen Teile alle zur Vollkommenheit streben. In der Mitte des Stufenreiches befindet sich die Seele in ihrer dreifachen Gestalt, nämlich als Weltseele, Sphärenseele und menschliche Seele. Die menschliche Seele ist eine direkte Spiegelung der Weltseele, also in letzter Konsequenz eine Spiegelung Gottes, was Ficino bisweilen den Vorwurf der Hybris einhandelte. Auf jeden Fall ist der Mensch in dreifacher Weise mit dem Kosmos verbunden: Durch seinen Geist steht er mit der höheren Geisterwelt in Verbindung, seine Seele verbindet ihn mit der Weltseele, und sein Körper schließlich gehört dem Reich der Natur an und damit dem Bereich der Notwendigkeit. Der Mensch ist damit fest in die kosmische Ordnung integriert.

Zu beachten ist dabei, dass für Ficino der Mensch nur auf der materiell-körperlichen Ebene dem Schicksal und der Vorsehung unterworfen ist, auf der rational-seelischen Ebene dagegen ist er frei und der Erkenntnis fähig. Diese Unterscheidung muss man beachten, wenn man verstehen will, warum Ficino in seiner (unvollendeten) *Dispu-*

tatio contra iudicium astrologorum, also der «Widerlegung der urteilenden Astrologie», so vehement gegen die divinatorische Astrologie vorging. In seinem Hauptwerk *De vita* («Vom Leben») entwirft er ein überaus komplexes Bild der kosmischen Bezüge des Menschen. Aus oberen, dem Göttlichen näheren Ebenen emanieren planetarische Einflüsse auf die unteren Ebenen, die ihnen genau entsprechen. Zugleich ist für Ficino die ganze Welt belebt mit unzähligen Seelen, die miteinander in Verbindung stehen. Daraus ergibt sich eine eigenartige Spannung in der Bedeutung der Astrologie:

> Ficino negiert [...] die Abhängigkeit der Seele sowohl vom Körper, als auch – konsequenterweise – von den Sternen; doch gleichzeitig stattet er jeden Körper – vor allem aber den Himmel – mit Seelen aus und restituiert auf diese Weise die Verbindung der menschlichen Seele mit ihrem astralen Pendant bzw. mit allen astralen Seelen. (Garin 1997, 102)

Vor dem Hintergrund eines solchen Weltbildes, das alles Seelische auf geheimnisvolle Weise miteinander in Beziehung setzt, versteht man auch besser, welche Rolle die Magie für Ficino spielte. In vielen Schriften, besonders im dritten Buch von *De vita* («Über das Leben»), das den Titel *De vita coelitus comparanda* trägt («Das Leben aus himmlischer Perspektive», 1489), geht er ausführlich auf die astrologischen Elemente von Medizin und Magie ein; durch eine Verbindung sich entsprechender Symbole – Pflanzen, Töne, Zeichen, Planetensiglen etc. –, die man auf Talismane platziert oder in einem rituellen Kontext akkumuliert, ist der Mensch in der Lage, aktiv auf die seelische und materielle Umwelt einzuwirken. *Magia naturalis* ist der Begriff für diese praktische Anwendung des esoterischen Entsprechungsdenkens. Wenn alles in einem energetischen Netz der Korrespondenzen miteinander verbunden ist, dann fällt dem erkennenden und um die Korrespondenzen wissenden Menschen die Macht zu, ins komplexe Netz der Energieströme einzugreifen. An dieser Stelle erkennt man sehr deutlich die philosophisch-kosmologische Nähe zwischen der Magie der Renaissance und den gnostisch-hermetischen Entwürfen der Spätantike.

Giovanni Pico della Mirandola Mit seiner mystisch-esoterischen Position geriet Marsilio Ficino in eine lebhafte Diskussion mit anderen Denkern der Zeit. So einflussreich seine astrologisch geprägte Magia naturalis für die folgenden Jahrhunderte wurde, der Konkurrenzentwurf des Giovanni Pico della Mirandola (1463–1494) lieferte eine alternative Deutung von Mensch und Kosmos, die geradezu als Grunddatum der europäischen Neuzeit betrachtet werden kann. Wenn Pico in seiner (posthum so betitelten) Rede *De dignitate hominem* («Über die Würde des Menschen», 1486) die Freiheit des Menschen von allen Schicksalszwängen und transzendenten Mächten beschwört und darauf insistiert, dass es allein der Mensch ist, der die Natur strukturiert und formt, so bedeutet dies einen Bruch mit der mittelalterlichen Ordnung und eine Vorwegnahme menschlicher Selbstermächtigung durch das wissenschaftliche Denken, wie sie heute noch in der Bioethik-Debatte aufscheint. Das *Individuum* war zum Mittelpunkt des Diskurses geworden.

Die Fragen entzündeten sich besonders an der Astrologie. In seiner Streitschrift *Disputationes adversam astrologiam divinatricem* («Widerlegung der astrologischen Divination»), die im Druck von 1495 nicht weniger als 360 Seiten in Folio umfasst, entwickelt Pico vor dem Hintergrund seines Freiheitsentwurfes des Menschen eine fulminante Kritik der Astrologie. Doch wie bei Ficino sollte man sich hüten, vorschnell eine Eindeutigkeit der Kritik oder eine Trennung zwischen dem «frühen» Pico, der mystisch-kabbalistisch orientiert war – Pico war ein wichtiger Vermittler jüdischer Kabbalah ins Christentum –, und dem «späten» Pico vorzunehmen, der nun geläutert und aufgeklärt die Astrologie als Aberglaube bekämpft.

Bevor ich auf die Grundzüge dieser Argumentation eingehe, ist es sinnvoll, noch einen Blick auf die Biografie des Pico zu werfen. Zunächst war er der gefeierte Gelehrte an der platonischen Akademie der Medici in Florenz, geriet jedoch in Bedrängnis, als Papst Innozenz VIII. ihm eine öffentliche Debatte verbot, in der er die Vereinbarkeit der platonischen Philosophie mit der jüdischen Kabbalah und der christlichen Religion darlegen wollte. So wurde ihm der Einfluss der kirchlichen Machthaber auf die wissenschaftliche Freiheit schon früh zum Gräuel; was die Kritik an der Astrologie angeht, so dürfte ihn zusätzlich eine Prophezeiung angestachelt haben, die von drei Astrologen, darunter seinem Gegner Lucius Bellantius, einem Arzt aus Siena, erstellt wurde. Darin sagten sie voraus, Pico würde sein dreiunddreißigstes Lebensjahr nicht überleben. Als Pico kurz vor der Publikation der *Disputationes* am 17. November 1494, also im Alter von knapp zweiunddreißig Jahren, starb, waren sich viele bald darüber einig, dass «die Sterne Pico widerlegt haben». Auch seinen Freund und Verbündeten im Kampf gegen eine den Menschen knechtende Astrologie, den Florentiner Dominikanermönch Girolamo Savonarola (1452–1498) ereilte ein tragisches Ende, denn er wurde in Florenz öffentlich verbrannt. Kritiker der Astrologie waren oft auch Feinde der kirchlichen Obrigkeit, und während Ficino nach einer Synthese von Christentum, Platonismus und Sternkunde suchte, gerieten Pico und Savonarola durch ihr Insistieren auf die menschliche Freiheit notwendig ins Visier der christlichen Machthaber. Dreh- und Angelpunkt der Schriften Picos ist die Charakterisierung des Menschen als *magnum miraculum* und als *copula mundi*, also als «großes Wunder» und als «Vermittler» und Bindeglied der Wirklichkeit. Der Mensch ist hier nicht mehr bloß Teil der Welt, sondern autonomer und wunderbarer Beherrscher der Wirklichkeiten. Seine Freiheit bedeutet deshalb zugleich einen Bruch mit dem Ganzen. Natürlich bestreitet auch Pico nicht die Einflüsse astraler Bereiche auf irdische Verhältnisse, allerdings lässt er nur natürliche Ursachen gelten, etwa die physikalische Wirkung von Sonne und Mond. Mit Blick auf die Astrologie stellt er die Frage, wie eine Kausalität zwischen allgemeinen Prinzipien und Einzelereignissen bestehen könne. Etwas, das nicht Ursache ist, könne auch nicht als Zeichen angesehen werden. Radikal unterscheidet Pico zwischen einer rationalen Erklärung und dem Mythos, was ihn dazu bringt, alle Wissensgebiete gleichermaßen dem Zugriff der menschlichen Vernunft zu öffnen und von Glaubensresten zu reinigen. Das macht die Bedeutung seiner Schriften über das fünfzehnte Jahrhundert hinaus aus.

In seinen zwölf *Disputationes* zeigt sich dieser Ansatz in allen Einzelargumenten, von denen die wichtigsten kurz genannt seien. Die Natur müsse, so Pico, nach ihren eigenen Prinzipien – also den nächstliegenden Ursachen – gedeutet werden, nicht nach allgemeinen und empirisch nicht verifizierbaren Gesetzmäßigkeiten, wie die Astrologen es tun. Während man vernünftigerweise nur reale Wirkungen der Gestirne annehmen kann, operieren die Astrologen mit okkulten Qualitäten und Kräften, die am bloßen Ort, z. B. den Tierkreiszeichen oder Häusern, haften, selbst wenn Sonne oder Mond hier gar nicht in Erscheinung treten. Der Ort aber, so Pico unter Verwendung der Theorien des Cusanus, ist eine geometrisch ideelle und vom Standpunkt abhängige Größe, keineswegs komme ihm eine physisch-reale Bestimmtheit zu. Eine analoge Argumentation spielt

Pico auch an anderen Themengebieten durch, vom Zusammenhang zwischen Astrologie und Medizin über die Theorie der Großen Konjunktionen und ihrer Wirkung auf die Weltgeschichte bis hin zu Theorien der Gezeiten, des «Lichtes» und der «Wärme». Am Beispiel der Nativitäten erläutert er, dass man die Persönlichkeit nicht aus dem Horoskop und den allgemeinen Ursachen erschließen könne, sondern nur aus den Umständen und damit den unmittelbaren Ursachen:

> Wenn du Aristoteles als Inbegriff der Wissenschaft verehrst, dann bewundere ich ihn mit dir. Aristoteles' Ursache aber, so sagst du, sei der Himmel und die Sternenkonstellation zur Zeit seiner Geburt. Dies leugne ich. Weniger wegen des banalen Argumentes, dass aus vielen, die unter dem gleichen Stern das Licht der Welt erblickten, kein Aristoteles entstand; vielmehr meine ich, dass es – abgesehen vom Himmel, der für die Schweine Boethiens ebenso als Universalursache fungiert wie für attische Philosophen – näherliegende, eigene und besondere Ursachen gibt, auf die wir die Einmaligkeit eines Aristoteles zurückführen müssen [...]. Er empfing eine gute Seele, aber nicht vom Himmel; [...] und auch einen Körper, ebenso wenig vom Himmel, sondern von seinen Eltern [...] Die Intelligenz, die unkörperlich ist, kommt nicht von den Sternen, sondern von Gott, so wie man den Körper vom Vater und nicht vom Himmel erhält. (Aus dem 12. Buch der *Disputationes*, zitiert nach Garin 1997, 126 f.)

Die Nachwirkung der *Disputationes* war sehr stark (s. vanden Broecke 2003), nicht nur wegen ihrer konkret auf die Astrologie bezogenen Kritikpunkte, die ja keineswegs neu waren, sondern wegen der zuvor in dieser Weise noch nicht ausformulierten Begründung der hohen Stellung des Menschen gegenüber der Welt und gegenüber Gott sowie der damit einher gehenden Freisetzung der menschlichen Würde aus jenen Bezügen, die ihn früher einsperrten und zugleich sicherten.

Pietro Pomponazzi In Padua, einer Hochburg des Aristotelismus in der Lesart Avicennas, lehrte und wirkte Pietro Pomponazzi (1462–1524), der sich intensiv mit Ficino und Pico auseinander setzte und gewissermaßen eine dritte Möglichkeit anbot, mit den Themen Freiheit, Schicksalszwang, Wissenschaft, Magie, Religion und Astrologie umzugehen. Auch sein Werk sollte nachfolgende Jahrhunderte prägen. Pomponazzi ist sich mit Pico darüber einig, dass nur natürliche Ursachen zur Erklärung von Phänomenen gelten können; doch anders als Pico, der durch seine Betonung der menschlichen Freiheit gleichsam einen ontologischen Bruch zwischen Welt und Mensch herbeiführt, bindet Pomponazzi den Menschen wieder voll ins kosmische Geschehen ein, wenn auch nicht so, wie Ficino es tat, also durch seine Partizipation an der Weltseele und der Spiegelung der Korrespondenzen. Bei Pomponazzi ist der Mensch vollkommen an die Determiniertheit und Animalität gefesselt, die er zwar erkennen – und das ist die eigentliche Tragik des Weisen –, der er jedoch nicht entrinnen kann. Wie Prometheus ist der erkennende Mensch an den Felsen gefesselt und wird vom Geier gequält. Die Würde des Menschen besteht allein darin, dass er um seine Sterblichkeit weiß und dennoch von der Unsterblichkeit träumt. Mit dieser radikalen Aussage bestreitet Pomponazzi die Lehre der Unsterblichkeit der Seele sowie die Existenz von Geistern, die für Ficino eine so große Rolle gespielt hatte.

Seine Position legte er besonders in zwei Werken dar, einmal im Traktat *De incantationibus* («Von der Beschwörung»), und dann im Traktat «Vom Schicksal, vom freien Willen und von der Vorbestimmung» (*De fato, de libero arbitrio et de praedestinatione*). Darin führt er aus, dass in einem vollständig durchrationalisierten Kosmos kein Platz für freien Willen oder die Befreiung vom Schicksalsplan mehr ist. Sogar Gott selbst ist an dieses Muster gebunden, und die Planeten sind nicht die Anzeiger seines Willens, sondern direkte und unmittelbare Ursachen. Die Einheit zwischen irdischer und himmlischer Welt bedeutet, dass der Kosmos ein Räder- und Uhrwerk ist, das unaufhaltsam abläuft. Damit bestreitet Pomponazzi keineswegs die Berechtigung der Astrologie, aus den himmlischen Zeichen auf irdische Vorgänge zu schließen, allerdings deutet er den Zusammenhang zwischen diesen Ebenen anders als die Platoniker, indem er nach natürlichen und nicht nach metaphysischen Ursachen für irdische Ereignisse sucht. Beobachtet man beispielsweise paranormale Erscheinungen, Wunder oder das Handeln von «Dämonen», so steht für ihn dahinter keine symbolische oder geheimnisvolle Macht, sondern entweder ein ganz einfacher physikalischer Zusammenhang (der nur vielleicht noch nicht aufgedeckt worden ist) oder die Fähigkeit des menschlichen Geistes, durch Imagination und psychische Anspannung materielle Wirkungen zu erzielen. Ärzte und Philosophen, so der Autor, könnten ein Lied davon singen, was Glaube und Einbildungskraft zu bewirken im Stande sind.

Im zwölften Buch von *De incantationibus* legt Pomponazzi eine Deutung für die Abfolge von Religionen vor, die ein Skandal war. Weit davon entfernt, eine heilsgeschichtliche und auf ein Ziel gerichtete Interpretation des Christentums zu akzeptieren, sieht er den Religionswandel eingebettet in ein zwangsläufig ablaufendes Schema von Aufstieg und Niedergang. Wenn eine neue Religion auf den Plan tritt, um eine ältere abzulösen, so erkennt man dies an besonderen himmlischen Erscheinungen, die wiederum die Religionsstifter und ersten Anhänger mit paranormalen Fähigkeiten ausstatten. «Die in Kräutern und Steinen, in vernünftigen und unvernünftigen Wesen zerstreuten Kräfte können sich durch die Gabe Gottes und kraft höherer Intelligenzen in diesen Menschen konzentrieren, sodass man sie mit Recht für Söhne Gottes hält.» Diese «natürlichen» Ursachen hätten auch dazu geführt, dass das Kreuzzeichen zu Beginn des Christentums noch Wunder hervorbringen und Krankheiten heilen konnte, doch heute könne davon keine Rede mehr sein: «Unserem Glauben ist heutzutage alles erkaltet, es gibt keine Wunder mehr, nur noch falsche und lügnerische. Das Ende scheint nahe», nämlich das Ende eines Zyklus, in dem das Christentum seine Zeit gehabt hat. Pomponazzi greift hier auf die Theorie des Gründungshoroskops von Religionen zurück, die schon in der Antike bekannt war und von Plutarch und anderen angewandt worden ist. Doch er geht darüber hinaus und spricht davon, dass die Religionen nichts anderes seien als nützliche Fabeln zur Beherrschung des einfachen Volkes. In den Worten des Cesare Vanini, der Pomponazzis Ansicht im 52. Dialog seiner «Bewundernswerten Geheimnisse der Natur» (*De admirandis naturae arcanis*) wiedergibt: «Die Götter sterben, weil sie geboren wurden, auch wenn sie dann wieder im Zyklus der ewigen Wiederkehr wiedererstehen. Die Götter müssen untergehen, weil sie einen Anfang haben.» Fast meint man hier einen Vorläufer von Friedrich Nietzsche zu hören.

Ernst Cassirer hat davon gesprochen, dass Pomponazzi, der «Aufklärung in scholastischem Gewand» betrieb, die astrologische Kausalität «zur Bedingung der Begreiflichkeit der Natur» erhoben hat. «Die unbedingte Herrschaft der Gestirne über alles Irdische wird behauptet, um den unbedingten Primat der wissenschaftlichen Vernunft aufrecht zu erhalten» (Cassirer 1927, 86 und 110). Die Astrologie, und zwar verstanden als Abbildung eherner Naturgesetze, sei in der Lage, die Menschen von Aberglauben und naiver Wunderverehrung zu befreien. Täuschen wir uns nicht: Mit einer solchen «Verteidigung» der Astrologie hatte Pomponazzi in Wirklichkeit einen entscheidenden Schlag gegen jede mythologisch oder esoterisch konzipierte Astrologie gerichtet, der in den folgenden Jahrhunderten zur zunehmenden Trennung von wissenschaftlich-materialistischer Astronomie und religiös-psychologisch orientierter Astrologie führen sollte.

Zwischen Ficino, Pico und Pomponazzi wurden, das dürfte in diesem kurzen Abriss deutlich geworden sein, Themen verhandelt, welche die Grundfesten von Religion, Philosophie und Wissenschaft berührten. In ihrer je eigenen Radikalität entwickelten diese drei Gelehrten Perspektiven, die in der Folgezeit die europäische Kultur prägen sollten. Sie waren ein Vorgriff auf das entscheidende Merkmal dessen, was wir «Moderne» nennen: die zunehmende Reflexion des Menschen auf das Zustandekommen der eigenen Theorien und damit deren kritische Relativierung und eine zunehmende Trennung des Menschen vom Ganzen der Natur und des Kosmos, also das, was Anthony Giddens «Entbettung» nennt. Daraus sollte man zwar nicht schließen, dass ein esoterischer Holismus, wie Ficino ihn propagiert hatte, durch die Kritik von Pico, Pomponazzi und anderen einfach verschwand, doch die Ordnung der Welt war fraglich geworden, und es machte sich eine Irritation breit, die nach neuen Antworten verlangte. Im Paradigma der naturwissenschaftlichen Ergründbarkeit der Welt sollte bald ein Modell auf den Plan treten, das diese Antworten zu geben versprach. Dies blieb nicht ohne Auswirkung auf das Selbstverständnis der Astrologie, wie sich zeigen wird.

Magia naturalis, Hermetismus, Medizin

Die hermetischen Disziplinen, die in Italien eine Renaissance erlebt hatten, wurden bald auch in anderen Teilen Europas überaus populär. Neben Frankreich, in das es nicht wenige italienische Ärzte und Astrologen zog und dessen König Ludwig XI. (1461–1483) sich sehr für diese Wissenschaften interessierte, war es das Deutschland des späten fünfzehnten und frühen sechzehnten Jahrhunderts, das der Sternkunde und den mit ihr verbundenen Disziplinen weitere Impulse verlieh. Was die Magia naturalis und die Medizin betrifft (zur Medizin s. Azzolini 2005), so müssen Agrippa von Nettesheim (1486–1535) und Paracelsus (Theophrastus Bombastus von Hohenheim, 1493–1541) besondere Erwähnung finden. Sie sind Beispiele dafür, wie eng die Verbindung zwischen Hermetik, Naturphilosophie und Wissenschaft in der Frühen Neuzeit gewesen ist.

Agrippa von Nettesheim Im wechselvollen Leben des Agrippa, der eigentlich Heinrich Cornelius heißt, zeigt sich die Verbindung zwischen Hermetik und Naturwissenschaft in aller Deutlichkeit. Bekannt wurde der Kölner Denker durch sein 1510 verfasstes Werk *De occulta philosophia* («Von der verborgenen Philosophie»), das ihn trotz seines jugendlichen Alters mit allen philosophisch-hermetischen Traditionen auf eine erstaunliche Weise vertraut zeigt. Er unterscheidet darin die drei Welten der elementaren, der himmlischen und der göttlichen Sphäre, denen wiederum die menschliche Dreiheit Körper, Seele und Geist entspricht. Neben den vier irdischen Elementen beschreibt er die *quinta essentia* als eine Vermittlerin im Stufenreich der Natur, die im Mineral als geometrisches Gestaltungsprinzip, in der Pflanze als vegetative Kraft, im Tier als Trieb und Empfindung, im Menschen schließlich als Vernunft wirksam ist. Mithilfe der Magie gelingt es dem Menschen, das Obere mit dem Unteren zu verbinden und sich dadurch Gott anzunähern, ganz ähnlich wie Marsilio Ficino es beschrieben hatte. Analog zu den drei Welten gibt es auch drei Arten der Magie, nämlich eine natürliche, eine siderische und eine göttliche. Im zweiten Buch von *De occulta philosophia* geht Agrippa dezidiert auf die siderische, also die astrologische Magie, ein und listet die nach Zahlengruppen geordnete Hierarchie der Geister auf, gibt ihre Namen, Charaktere, Siglen an sowie ihre Entsprechungen im Mineral-, Tier- und Pflanzenreich. Die Astrologie ist hier gewissermaßen ein symbolischer Schlüssel für die Ordnung einer in neuplatonischer Manier holistisch konzipierten Welt.

In der Folgezeit schlug sich Agrippa mehr oder weniger erfolgreich als Arzt, Jurist, Philosoph, kaiserlicher Hauptmann und Diplomat durch und erlebte die Wirren der ersten Jahrzehnte des sechzehnten Jahrhunderts, auf die ich unten noch eingehen werde, hautnah. Seine Haltung gegenüber den okkulten Wissenschaften änderte sich dabei, und in seiner großen Abhandlung «Über die Ungewissheit und Eitelkeit der Wissenschaften und Künste» (*Declamatio de incertitudine et vanitate scientiarum atque artium*), die er im Jahre 1527 als eine Abrechnung mit der zeitgenössischen Wissenschaft verfasste, zeigt sich unser Magier als überaus kritischer Kopf. Oft wurde diese «Kehrtwende» als ein Bruch mit der «jugendlichen» Begeisterung für die okkulte Philosophie gedeutet, doch so leicht ist es nicht. Eher wird man von einer Dialektik sprechen müssen, die sowohl der Esoterik als auch der neuzeitlichen Wissenschaft selber inhärent ist und die sich ja nicht nur bei Agrippa, sondern auch bei weit wichtigeren Wissenschaftlern, etwa Kepler oder Newton, zeigt. Angriffspunkt der *Declamatio* ist nämlich nicht nur die Astrologie oder Magie, sondern die Wissenschaft überhaupt. Gleich im ersten Kapitel «Von den Wissenschaften insgemein» lässt er keinen Zweifel an seiner Abscheu gegen die Annahme, die Wissenschaft würde den Menschen dem Göttlichen näher bringen. Er hingegen will «diese Sache ganz umgekehret und mit andern Augen ansehen, und die Wissenschaften nicht mit Lob erheben, sondern vielmehr durch Verachtung guten Teils niederschlagen». Nicht die Wissenschaft, sondern der gute Wille vereinige nämlich den Menschen mit Gott. «Überdies», so Agrippa weiter, «sind ja alle Künste und Wissenschaften nichts als Menschensatzungen und dererselben einbildische Gedanken, welche sowohl schädlich als nützlich, sowohl vergiftet als heilsam, sowohl böse als gut, niemals aber vollkommen, sondern allzeit zweifelhaft und aller Irrtümer und Zänkerei voll sind.»

Die Argumentation läuft im Grunde darauf hinaus, dass Gewissheit in einem wissenschaftlichen Verfahren niemals erlangt werden kann und alle diesbezüglichen Behauptungen sich einer grotesken Selbstüberschätzung schuldig machen. Diesen Vorwurf bezieht er dann auch auf die Astrologie, insofern sie irdische Ereignisse aus der Bewegung der Gestirne vorhersagen möchte. Im 13. Kapitel «Von der Weissagung aus astronomischen Figuren» bekennt Agrippa:

> Von dieser Kunst haben geschrieben vor alters Haies, von den neuen Gerhardus Cremonensis, Bartholomäus Parmensis und Tundinus. Ich selber habe geschrieben von dieser Kunst, wiewohl ganz anders, jedoch ebenso abergläubisch und betrüglich, oder dass ichs sagen mag, wenn ihr wollt, ganz erlogen.

Die dann im 31. Kapitel «Von der Wahrsagekunst» vorgetragenen Argumente gegen die Astrologie sind wesentlich von Pico della Mirandola beeinflusst, den Agrippa auch ausdrücklich erwähnt. Durch ihre Behauptung, das menschliche Schicksal sei durch die Gestirne vorherbestimmt, untergrabe die Astrologie nicht nur die Freiheit des Menschen, ohne die kein ethisches Handeln mehr sinnvoll sei, sondern die Religion insgesamt. Darüber hinaus führt Agrippa die gesamte Astrologiegeschichte an, um die Widersprüchlichkeiten der Sterndeutung zu belegen; dabei zeigt sich, dass Agrippa nicht nur die unterschiedlichen antiken Traditionen kennt, sondern auch deren muslimische Fortschreibungen, die überaus divergenten Häuserberechnungen, die Theorie der Großen Konjunktionen und anderes mehr.

Aus all dem zieht er den Schluss, die Astrologie sei – wie die Wissenschaft überhaupt – nichts anderes als Scharlatanerie und Unsicherheit, die keinerlei Anspruch auf gültige Erkenntnis erheben könne. Eine solche Konsequenz zogen jedoch nicht alle aus Picos Abhandlungen. Andere Gelehrte, unter ihnen Picos Neffe Gian Francesco Pico, versuchten stattdessen, Bedingungen zu beschreiben, unter denen Vorhersage und Erkenntnis auf der Grundlage der Astrologie doch möglich wären. Ein ähnliches Projekt verfolgten auch Astronomen wie Kepler, woran man erkennen kann, dass Agrippa hier in seinem Relativismus tatsächlich eine Extremposition vertreten hat.

Paracelsus Damit komme ich zu Paracelsus, einem der größten Mediziner und Naturphilosophen der deutschen Renaissance. Seine alchemistischen und magischen Anschauungen, die er in einem riesigen Opus der Nachwelt hinterlassen hat, sind in einem Geist verfasst, der an vielen Stellen an Marsilio Ficino erinnert, der jedoch vor allem auf die Medizin ausgerichtet ist (zum Ganzen s. Müller-Jahncke 1985). Auch Paracelsus geht von der hermetischen Dreiteilung und vom Parallelismus zwischen Mikrokosmos und Makrokosmos aus. Der gestaltlose Urstoff (Iliaster) ist nach drei Prinzipien geordnet, die er in alchemistischer Manier als Sal, Sulfur und Mercurius bezeichnet. Was bei Agrippa die *Quinta essentia* ist, betrachtet Paracelsus als eine organisierende und formbildende Kraft (Archaeus), die auf alle drei Naturreiche wirkt. Damit die astralen Kräfte überhaupt im Menschen ihre Wirkung entfalten können, zieht der siderische oder Astralleib – eine Art Aura – des Menschen die entsprechenden Kräfte wie ein Magnet an und steht in Wechselwirkung mit den Planeten.

Dieser Zusammenhang ist, so hält Paracelsus fest, jedoch nicht als ein bloß kausaler zu sehen, indem die Planeten Krankheiten oder Merkmale auslösen; vielmehr sind menschlicher Körper und Kosmos als eine Einheit zu betrachten, in der sie sich wechselseitig spiegeln. Im zweiten Traktat des *Buches Paragranum* heißt es deshalb: «Im Menschen sind Sonne und Mond und alle Planeten, desgleichen sind auch in ihm alle Sterne und das ganze Chaos.» Um Krankheiten zu diagnostizieren und zu behandeln, bedarf es genauer astrologischer

Kenntnisse, wie Paracelsus in seiner unnachahmlichen Weise konstatiert:

> [A]lle Planeten haben im Menschen das gleiche Ansehen und Signatur und ihre Kinder, und der Himmel ist ihr Vater. Denn der Mensch ist nach dem Himmel und der Erden gemacht, denn er ist aus ihnen gemacht. [...] Das muß der Arzt wissen, wenn er vom Grund der Arznei reden will; wo nit, so ist er nix als ein klarer Bescheißer und arzneiet wie ein Bauer, der Koloquinten in Wein hängt und alle Menschen damit heilt.

Doch es reicht nicht aus, nur die Entsprechungen zwischen der körperlichen und der astralen Ebene zu kennen. Der Arzt muss auch genau wissen, zu welchem Zeitpunkt eine Medizin angemessen ist und wie der Krankheitsverlauf im Verhältnis zu den Planetenbewegungen zu deuten ist. Es kann also sein, dass ein Medikament zu einem bestimmten Zeitpunkt wirkt, zu einem anderen dagegen nicht, ein Umstand, den die durchschnittlichen Ärzte seiner Zeit, so Paracelsus, durch ihre naive Fixierung auf die Empirie und Wiederholbarkeit von Versuchen völlig übersehen.

Paracelsus' Nachwirkung war gewaltig (s. Grell 1998). Er etablierte eine ganzheitliche Medizin, die über ein reines Entsprechungsmuster von Planeten und Körperteilen hinaus ging und in ein naturphilosophisch-esoterisches Gesamtmodell eingebettet war. Noch heute greifen alternative medizinische Methoden wie die Homöopathie und die alchemistische Medizin (Spagyrik) auf seine Werke zurück.

Insgesamt kann man an Agrippa und Paracelsus erkennen, wie die Astrologie in die Auseinandersetzungen des frühen sechzehnten Jahrhunderts hineingezogen wurde, die um Neubeschreibungen von Wissenschaft, um die Freiheit des Menschen und seine Einbindung in ein Gesamtsystem des Kosmos kreisten. Magia naturalis, Neuplatonismus, Hermetismus, Medizin und Esoterik waren Diskurse, in denen sich die neuzeitliche Stellung des Menschen zur Welt entschied.

3. Berufsastrologen und Universitätsprofessoren

Nach dieser Beschreibung der gedanklichen Hintergründe wollen wir uns jetzt der praktischen Arbeit der Renaissance-Astrologen zuwenden. Anders als noch im Mittelalter wurde die Sternkunde im fünfzehnten und sechzehnten Jahrhundert nämlich zunehmend zu einer

Sache des öffentlichen Interesses. Astrologen waren als Berater für Privatleute (meist aus der Oberschicht) tätig und gründeten ihre Voraussagen auf ein gründliches empirisches Studium von Einzelhoroskopen; darüber hinaus hatten sie eine bedeutende Aufgabe im politischen Diskurs jener turbulenten Zeit, indem sie Gutachten zu historischen Entwicklungen und zu politischen Abläufen lieferten sowie – nachdem Luther die Reformation eingeläutet hatte – eine nicht zu unterschätzende Rolle in religiösen Auseinandersetzungen spielten.

Das astrologische Handwerkszeug

Bevor ich auf einige der zentralen Figuren jener Zeit eingehe, noch ein Wort zur verbesserten astrologischen Methodik der Renaissance. Die «klassische» oder «gelehrte» Astrologie, wie sie nun häufig genannt wurde, ruhte im Wesentlichen auf den beiden Säulen des Ptolemaios und der arabischen Sternkunde, die jeweils mithilfe neuer Techniken weiterentwickelt wurden. Viele Astrologen verfassten ihre Lehrbücher als Kommentare zu den Tetrabiblos des Ptolemaios, unter ihnen Valla (1502), Pontanus (1503), Schöner (1529), Camerarius (1535), Cardano (1553), Melanchthon (1553), Garcaeus (1576) und Junctinus (1580). Das Lehrgebäude Abu Maᶜshars wurde vielfach rezipiert, außerdem trugen Naibod und andere zur Verbreitung der Lehren des Ali ben Ragel und des Alcabitius bei. Scaliger edierte den Manilius und Pruckner den Firmicus (1583), was der Bekanntheit der hellenistischen Astrologie, gerade auch durch den Buchdruck, weiter Auftrieb gab.

Waren die Grundtechniken der Interpretation kaum der Veränderung unterworfen, so sah dies auf der technischen Seite anders aus. Algebra und Trigonometrie machten in der Renaissance große Fortschritte, und es kam zu einer Verbesserung der Direktionsmethoden und zur Etablierung neuer Häusersysteme. Die Berechnung der Zwischenhäuser, die Regiomontanus (Johann Müller, 1436–1476) vorlegte, sollte bald zum Standard der meisten Astrologen werden. Die Erfindung der Logarithmen (1619) bedeutete eine weitere Verbesserung, die von Kepler und Cavalieri für die Astrologie nutzbar gemacht wurde.

Man kann sich vorstellen, dass die Ausübung einer anspruchsvollen Astrologie von den Fachleuten erhebliches Wissen verlangte. Um die immer komplizierter werdenden Berechnungen zu vereinfachen, wurden nun zunehmend Tafelwerke publiziert, welche die mittelalterlichen Tafeln verbesserten und auf neue Anwendungen übertrugen. Dabei unterschied man Tafeln der ersten Bewegung, die sich auf die tägliche Drehung der Zodiakalzeichen, also deren Auf- und Untergänge sowie Kulminationen bezogen, was man für die Berechnung der Direktionen brauchte. Die Tafeln zweiter Bewegung enthielten die Eigenbewegung der Planeten im Zodiak. Schon länger bekannte Tafeln – vor allem die Alfonsinischen – wurden erweitert und als Jahres-Ephemeriden in großer Zahl gedruckt. Die ersten Ephemeriden, die Regiomontanus für die Jahre 1474 bis 1505 herausgebracht hatte, dienten Kolumbus und Vasco da Gama zur Orientierung auf See. Oft wurden die Ephemeriden als Jahrbücher konzipiert und mit Deutungen versehen; jene Almanache erreichten Auflagen von über 100 000 Exemplaren (ich komme in Kapitel 4 darauf zurück).

Für die praktisch arbeitenden Astrologen von unschätzbarem Wert waren sodann Direktions- und Häusertafeln, erstere ebenfalls von Regiomontanus als *Tabulae directionum* 1467 publiziert. Häusertafeln wiederum hatten den Vorteil, dass man die Häuserspitzen – meist nach Regiomontanus, später auch nach Placidus – für einen bestimmten Breitengrad direkt aus der Tabelle ablesen konnte, ohne die Berechnung selber beherrschen zu müssen (solche Übersichten werden noch heute verwendet). All dies führte dazu, dass die Astrologie die Studierzimmer einiger weniger Experten verließ und zur Angelegenheit der öffentlichen Debatte wurde; nicht nur, dass viele, die der komplizierten Berechnungswege nicht mächtig waren, nun deutend tätig werden konnten, durch die Verbreitung von Interpretationen durch den Buchdruck wurden bestimmte Deutungen auch breit diskutiert – berühmt wurde das Beispiel des Horoskops von Martin Luther –, und es entwickelte sich eine Auseinandersetzung um astrologische Themen, die wesentlich zur Diagnose der Gegenwart beitrug.

Man kann die Arbeit der Astrologen jener Zeit in zwei Bereiche unterteilen: einen privaten und einen öffentlichen (s. Rutkin 2005). Beide möchte ich nun getrennt erläutern.

Beratungspraxis und psychologische Studien: Girolamo Cardano

Im Jahre 1575, ein Jahr vor seinem Tod, schrieb der damals in ganz Europa bekannte Astrologe, Naturphilosoph, Mathematiker und Arzt Girolamo Cardano (1501–1576) seine Autobiografie *De vita propria*

(«Über ein außergewöhnliches [oder: privates] Leben»). Seit fünf Jahren schon befand sich der aus Pavia stammende Gelehrte bereits in Rom, nachdem die Inquisition ihn in Bologna 1570 wegen Häresie und okkulter Praktiken für mehrere Monate unter Hausarrest gestellt hatte. Cardano beginnt die Schilderung seines Lebens (im zweiten Kapitel) mit folgenden Sätzen:

Nachdem, wie man mir erzählt, vergebens Abtreibungsmittel angewandt worden waren, kam ich zur Welt im Jahre 1501, am 24. September [...]. Da die Sonne und die beiden Verderben bringenden Sterne, auch die Venus und der Merkur, gerade in männlichen Zeichen des Tierkreises standen, behielt mein Leib normale menschliche Gestalt. Und weil der Jupiter am Ort des Horoskopes [d. h. am Aszendenten] stand und die Venus Herrscherin der ganzen Konstellation war, so ward ich nirgends verletzt als an den Geschlechtsteilen, sodass ich von meinem 21. bis zum 31. Lebensjahre nicht mit Frauen verkehren konnte und deswegen oft mein trauriges Schicksal beklagt, jeden anderen um sein glücklicheres Geschick beneidet habe. Und obwohl, wie ich schon sagte, die Venus die ganze Konstellation beherrschte und der Jupiter in der Linie meines Horoskopes stand, ward mir doch ein wenig günstiges Los zuteil: Ich bekam eine etwas schwere, stammelnde Zunge und dazu eine geistige Neigung, die, wie Ptolemaeus sagt, zwischen einem kühl besonnenen Wesen und einer harpokratischen Natur, nämlich einer unwiderstehlichen, unbewussten Sehergabe, die Mitte hielt.

Obwohl Cardano auf antike Vorbilder dafür zurückgreifen konnte, wie man sein Leben in einer Autobiografie stilisiert, verblüfft die Offenheit, mit der er seine Defizite und Schwächen dokumentiert. Später wird er auch noch seine Rachsucht, seinen Jähzorn und seine Spielsucht beschreiben, die er jeweils vor dem Hintergrund bestimmter astrologischer Signaturen interpretiert. Die eigene Person war, so könnte man sagen, sein vornehmstes Untersuchungsobjekt für astrologische Studien. Kein Wunder, dass *De vita propria* von den Zeitgenossen begierig gelesen wurde und in den Augen nachfolgender Generationen – von Goethe bis Jacob Burckhardt – als *die* Autobiografie der Renaissance erschien. Interessant war sein Leben allemal, nicht nur, weil es trotz vieler Erfolge immer wieder von Schicksalsschlägen erschüttert wurde, sondern auch, weil Cardano über die Diskussionen seiner Zeit bestens informiert war und Kommentare zu vielen Horoskopen bedeutender Persönlichkeiten schrieb. Berühmt wurde seine Auseinandersetzung mit Julius Caesar Scaliger, der Cardanos Werk *De subtilitate* in seinem mehr als 900 Seiten umfassenden «Kommentar»

Exercitationes verriss, was beiden Büchern ein nur umso größeres Publikum verschaffte.

Cardano ist ein gutes Beispiel dafür, wie die gelehrten Astrologen der Renaissance in einer Situation, die von Konkurrenz untereinander und Gefährdungen seitens der Kirche geprägt war, ihren Weg gingen und sich mithilfe der Astrologie ihren Lebensunterhalt verdienten (s. dazu die hervorragende Studie von Anthony Grafton 1999). Cardano und viele seiner Kollegen verfügten über eine ansehnliche Zahl von Klientinnen und Klienten, die regelmäßig ihre Dienste in Anspruch nahmen, und zwar in einer Weise, die einer modernen Beratungspraxis überaus ähnlich war. Zunächst ging es darum, durch eine Deutung des Geburtshoroskops persönliche Grundprägungen zu eruieren, wobei insbesondere Fragen der Karriere, der privaten Lebensumstände (Ehe und Kinder) und der Gesundheit (Krankheiten und Lebensdauer) von Interesse waren. Mithilfe von Prognosetechniken – Direktionen und Progressionen, aber auch Transiten – musste der Astrologe sodann Auskunft über zeitliche Verläufe jener Konstitutionen geben: Zeitpunkt, Dauer und Therapie von Krankheiten, astrologisch «günstige» Termine für private und geschäftliche Entscheidungen und anderes mehr.

Das Faszinierende an Girolamo Cardano ist, dass er ausführlich Rechenschaft ablegt über die Schwierigkeiten der astrologischen Deutungspraxis. Ausdrücklich warnt er vor allzu einfachen Voraussagen, wie sie allenthalben von weniger gelehrten Astrologen gemacht wurden. Solche Astrologen erfüllten nicht die Ansprüche, die man an die Zunft stellen müsse, denn sie verwendeten viel zu wenig Mühe auf die Beachtung aller zu berücksichtigenden Faktoren, wenn sie die dahinter stehenden Techniken überhaupt beherrschten. Doch selbst wenn die mathematischen Grundlagen vorhanden wären, komme es auf die charakterliche Eignung des Astrologen an, verantwortlich mit seinem Wissen umzugehen. In seinem Lehrbuch *Libelli duo*, das 1543 erschien, betont er schon in der Widmung, dass

> jeder, dem das in diesem Büchlein auf engstem Raum gedrängte Wissen zur Verfügung steht und der trotzdem nicht fähig ist, die künftigen Dinge zu erkennen, es auch mit noch so viel weiterer Lektüre nicht erreichen wird. Denn da die Kunst unendlich ist, kann man sie nicht als vollständiges System lehren, sondern nur, indem man die Urteilskraft ausbildet.

Nachschlagewerke mit einfachen Rezepten zur Deutung bestimmter Signaturen führten demnach nicht zum Ziel; konsequent beschreibt

Cardano die Astrologie nicht als eine mathematische, sondern als eine *hermeneutische* Disziplin. Sie braucht ständige Überprüfung am tatsächlichen Leben, psychologische Kenntnisse und die Bescheidenheit des Astrologen. Deshalb legte Cardano auch großen Wert auf die genaue Untersuchung von Beispielhoroskopen. Seine umfangreiche Horoskopsammlung war die erste, die in Druckform publiziert wurde und so das astrologische Gespräch der Renaissance wesentlich bereicherte.

Unter Rückgriff auf antike Vorbilder erstellte Cardano ein genaues Anforderungsprofil an professionelle Astrologen. In seiner Ausgabe von Ptolemaios' Tetrabiblos (die erst 1578 erschien) sind es neun Dinge, die man beachten muss, um Erfolg zu haben: Der ideale Astrologe beginnt erst mit der Deutung, wenn er alle Techniken beherrscht und an sich selber ausgiebig getestet hat; er muss sich von Gefühlen frei machen, die seine Aussage beeinflussen; er soll sich nicht mit trivialen Fragen abgeben und keine öffentlichen Prognosen erstellen; er soll keine Voraussagen für jemanden machen, der ihn nur auf die Probe stellt, seine Geburtszeit nicht genau weiß oder zu wenig Honorar bezahlt; er soll erst dann eine Aussage machen, wenn er alle Techniken kontrolliert und die besonderen Lebensverhältnisse des Klienten (Stand, Alter, Bildung, familiäre Situation) ausführlich mit einbezogen hat; er soll nie einem Unbekannten, einem Bösewicht oder einem tyrannischen Fürsten das Horoskop deuten; er soll seine Prognose nur dem Klienten vortragen, und zwar kurz und bündig, ohne lange und unklare Ausschweifungen; er soll einem Herrscher nicht verschweigen, wenn schlimmes Unglück droht, doch niemals sollte er sagen, dass dies mit Bestimmtheit eintreten wird; und schließlich soll er bei jeder Vorhersage hinzufügen, diese treffe nur unter der Voraussetzung ein, dass der Klient sich nicht mutwillig Gefahren aussetzt, die unterschiedslos jeden bedrohen. Cardano schließt seine Empfehlungen mit dem Appell: «Der Astrologe selbst soll ein besonnener, freundlicher Mann sein, der seine Worte zu wählen weiß, stattlich und mit Geschmack gekleidet, ernst, loyal und ehrenhaft und in jeder Beziehung vorbildlich. Denn oft ziert der Künstler seine Kunst» (Ptolemaios, *Quadripartitum,* hrsg. von Cardano, 1578, 715; vgl. Grafton 1999, 37–41).

Natürlich handelt es sich hier um das stilisierte Idealbild eines Gelehrten, dem auch Cardano – wie er öfters bekennt – nicht immer entsprach. Doch wenn man sich die Forderungen genau ansieht, so geben sie eine recht genaue Auskunft über die prekäre und vielfach gefährdete Situation der Astrologen in einem öffentlichen gesellschaftlichen Raum. Und sie belegen, dass in den Augen Cardanos viele Kollegen unverantwortlich handelten, vorschnell mit ihren Prognosen hausieren gingen und dadurch sich selber und die gesamte Zunft geschädigt hätten.

Die Sternkunde war ein umkämpfter Markt, und Publikationen von Büchern und kleinen Abhandlungen wurden zunehmend zu einem Instrument der Profilierung. So wie Girolamo Cardano arbeiteten in der ersten Hälfte des sechzehnten Jahrhunderts viele Astrologen, wenn auch mit unterschiedlichem Erfolg. Zu den berühmtesten gehörten in Italien Lucas Gauricus (1476–1558) und dessen Schüler Julius Caesar Scaliger (1484–1558); in Frankreich Nostradamus (Michel Notredame, 1503–1566), Antoine Mizauld (1510–1578) und Francesco Giuntini (Junctinus, 1522 – ca. 1580/90); in den deutschen Ländern schließlich Georg Peurbach (1433–1461), Regiomontanus (1436–1476), Johannes Lichtenberger (um 1450 –1503), Johannes Stöffler (1452–1531), Johannes Schöner (1477–1547), Georg von Tannstetter (1482–1535), Philipp Melanchthon (1497–1560), Joseph Grünpeck (ca. 1473–1532), Johann Carion (1499–1537) und Heinrich Rantzau (1526–1599; s. zu Rantzau jetzt Oestmann 2003).

Politische und historische Diagnosen

In einer politisch, militärisch, wissenschaftlich und religiös so turbulenten Zeit, wie es das sechzehnte Jahrhundert gewesen ist, verwundert es nicht, dass astrologische Interpretationen in der politischen Öffentlichkeit eine große Rolle spielten. Schon seit 200 Jahren war die Astrologie an Universitäten mit einer medizinischen Fakultät Pflichtfach gewesen, und zu den Aufgaben der Professoren – etwa in Bologna – gehörte es, regelmäßige Gutachten über die Ereignisse des kommenden Jahres zu erstellen, von der Witterung über zu erwartende Krankheiten bis hin zu militärischen Fragen. Solche Kurzzeitprognosen, die auch von Hofastrologen in Frankreich abgegeben wurden, interpretierten auffällige Konstellationen wie Planetenballungen (das so genannte *Stellium*), aber auch – dann freilich im Nachhinein – Kometenerscheinungen. Ein eigenes Genre bildeten leicht verständliche

Kalender und Ephemeriden, die, weil ihnen eine Erklärung beigegeben wurde und sie in den Landessprachen erschienen, auch von Laien ausgiebig konsultiert wurden.

Die großen Zyklen der Geschichte Die Lehre von den Großen Konjunktionen der Planeten Jupiter und Saturn, die Abû Ma^{c}shar auf der Grundlage der antiken Tradition entwickelt hatte, wurde intensiv angewandt und zur Einordnung aktueller Ereignisse in länger ablaufende Prozesse und «Zyklen» benutzt, nicht selten unter Hinzunahme weiterer Techniken. Die daraus gewonnenen Interpretationen wurden dann häufig mit christlichen Prophezeiungen in Beziehung gesetzt. So rechnete der Augustiner-Mönch und spätere lutherische Pfarrer Michael Stifel (1486–1567) in seinem «Rechenbüchlein vom Endt Christi» aus, dass der Zeitpunkt der «Offenbarung des Herrn am 19. Oktober 1533, 8 Uhr Früh» zu erwarten sei. Diese Prognose beunruhigte die Öffentlichkeit, die gerade erst die «Sintflut» von 1524 glimpflich überstanden hatte (s. den nächsten Abschnitt), so sehr, dass Kurfürst Friedrich der Weise den Urheber der Prognose für einige Zeit einsperren ließ.

Der berühmte Abt Trithemius von Sponheim widmete Kaiser Karl V. 1534 einen Traktat «Von den 7 Geistern, welche nach Gottes Ratschluss die Welt regieren». Darin führt er aus, dass sieben himmlische Intelligenzen, die den sieben Planeten entsprechen, jede 354¼ Jahre regiert, also analog zum Mondjahr von 354¼ Tagen. Von Adam bis zur Gegenwart zählte und interpretierte er 20 Ordnungen; die zwanzigste reiche von 1525 bis 1819 und werde vom Erzengel Michael und der Sonne regiert. Derlei Geschichtsdeutungen hatten eine lange Tradition, doch sie erlebten im sechzehnten Jahrhundert, nicht zuletzt vor dem Hintergrund der Kirchenspaltung, einen ungeheuren Auftrieb.

Nostradamus In dieser Zeit wirkte auch Nostradamus, jener ebenso berühmte wie umstrittene Astrologe und Prophet, der die Lehre von den Großen Konjunktionen und andere astrologische Techniken mit einem visionären Blick in die Zukunft verband. Moderne Forschung geht davon aus, dass Nostradamus weniger in seinem astrologischen Handwerkszeug – es unterliefen ihm bei Horoskopberechnungen oft so grobe Schnitzer, dass Klienten und Kollegen sich über ihn lustig machten – als vielmehr in der Vermarktung seiner Person besondere

Fähigkeiten entwickelte (Brind d'Amour 1993). Seine vieldeutigen Prophezeiungen fasste er in Vierzeilern, so genannten Quatrains, zusammen – hundert Quatrains wiederum bildeten eine Centurie –, die in mehreren Publikationen nach 1555 ediert wurden und für großes Aufsehen sorgten. So fasste man folgende dunkle Prophezeiung im Nachhinein als Vorhersage des Todes Heinrichs II. von Frankreich (1559) auf: «Der junge Löwe schlägt den alten auf kriegsähnlichem Gefilde/Im Einzelkampf im goldenen Käfig wird die Augen er durchstechen/Aus zweiter Wunde eine dann wird grausamen Tod der alte Löwe sterben.» Dass Heinrich nach einem Duell an einer blutenden Wunde am Auge sterben würde, hatte jedoch schon der Astrologe, Professor und Bischof Lucas Gauricus vorhergesagt, von dem es Nostradamus möglicherweise geschickt übernahm. Aber auch Nostradamus ist bis heute immer wieder gefälscht worden, sind seine «Prognosen» doch so unkonkret, dass sie leicht auf jedes beliebige Ereignis bezogen werden können.

Die Anwendung astrologischer Techniken auf politische und geschichtliche Fragestellungen sowie die Instrumentalisierung solcher Deutungen durch die Herrschenden gehörte, das haben wir immer wieder sehen können, seit Beginn der Astrologie zu ihren wichtigsten Funktionen. Was in der Renaissance neu hinzu trat, war die ungeheure Verbreitung und Popularisierung dieser Geschichtsinterpretationen. Ich möchte dies nun am Beispiel von Endzeiterwartungen zu Beginn des sechzehnten Jahrhunderts darstellen, in denen astrologische Techniken, politische Wirren und christliche Apokalypsen eine ganz eigenwillige Melange bildeten, die ohne den massenhaften Druck von Flugschriften nicht hätte entstehen können.

4. Das erste mediale Massenereignis der Neuzeit

Schon zu Beginn des fünfzehnten Jahrhunderts vollzog sich in Europa eine Änderung der medialen Verarbeitung astrologischer Themen, indem – zumal im deutschen Südwesten – billige Holzschnitte die aufwändigen Prachtbände der höfischen Kultur abzulösen begannen (Blume 2000, 164–169). Kalender, Jahresprognosen und historische Deutungen, die in den Landessprachen abgefasst waren und durch die Hinzufügung von Bildern einem breiten Publikum verständlich wurden, verließen auf diese Weise die Studierstuben der Gelehrten und landeten in den Bücherregalen von Kaufleuten, Handwerkern und Laien.

Der Almanach des Johannes Stöffler

Ich hatte schon darauf hingewiesen, dass sich gegen Ende des fünfzehnten Jahrhunderts das Genre der kommentierten Ephemeriden etablierte. Neben den Kalendern des Regiomontanus wurde eine zweite Tafel überaus viel zitiert, die von dem Tübinger Astronomen Johannes Stöffler und seinem Ulmer Kollegen Jakob Pflaum im Jahre 1499 unter dem Titel *Almanach nova* herausgegeben wurde. Stöffler stellte auch eine Ortstafel mit Angaben der geografischen Längen und Breiten verschiedener Orte Europas zusammen, die man für die Zeitkorrektur bei Verwendung des Almanachs außerhalb Ulms und zur Benutzung von Häusertabellen brauchte. Diese praktischen Tafeln nebst Anleitungen und Kommentaren waren so beliebt, dass sie zwischen 1499 und 1551 gleich 13 Neuauflagen erlebten, obwohl sie ein hohes Maß an drucktechnischem Aufwand erforderten. Unter dem Jahr 1524 fand man folgende Prognose:

> Wir werden [im Jahr 1524] keine Verfinsterung der Sonne oder des Mondes erleben [eine Finsternis war nämlich für das Jahr 1523 beschrieben worden]. Aber im Verlauf des Jahres werden einige ganz erstaunliche Planetenkonfigurationen zu Stande kommen. So wird es im Februar 20 Konjunktionen von kleiner, mittlerer und großer Bedeutung geben. Sechzehn davon werden sich in einem wässrigen Zeichen ereignen. Sie werden Veränderungen und Wandlungen und Umwälzungen anzeigen, denen die ganze Welt, alle Regionen, Reiche, Provinzen, Stände, Schichten, alle Tiere auf dem Land, im Meer und alle Geschöpfe auf Erden unterworfen sein werden – Veränderungen, wie wir sie aus all den Jahrhunderten vor unserer Zeit nicht kennen, weder aus den Büchern der Geschichtsschreiber noch von unseren Vorfahren her.

Stöffler beschließt seine dunkle astrologische Prognose mit den Worten: «So erhebt denn eure Häupter, ihr guten Christen» (*Almanach nova plurimis annis venturis inservientia,* Venedig 1502, 2ro). In dieser Schrift deutet sich etwas an, was in den folgenden Jahrzehnten zunehmend zum Thema öffentlicher Debatten wurde: das Zusammenfügen zweier unterschiedlicher Traditionslinien zu einem spezifischen Weltuntergangsszenario, nämlich einer religiös-eschatologischen und einer astrologischen. Betrachtet man zunächst den religiösen Strang, so wird er gebildet aus jüdisch-christlichen, aber auch hellenistischen Prognosen der Spätantike – man denke an die große Verbreitung sibyllinischer Orakel. Neben den Sibyllinen gehörten zu den wichtigen Trägern von Prophezeiungen Autoren wie Joachim von Fiore, Pseudo-Methodius, Birgitta von Schweden und – auch damals schon – Hildegard von Bingen. In der Regel aktivierte man christlicherseits die biblischen Prophetien sowie die Offenbarung des Johannes, insbesondere die Vorhersage des Erscheinens des Antichrist.

Der europäische Umbruch nach der Wende zum sechzehnten Jahrhundert schien derartige Erwartungen voll zu bestätigen: Die heranrückenden Türken wurden zum Inbegriff des Antichristen stilisiert, die Schlacht um Wien geriet zur paradigmatischen Wiederholung der Alexanderschlacht, die ebenfalls eine Zeitenwende herbeigeführt hatte. Jene Vergegenwärtigung vergangener Epochenwechsel hat Reinhart Koselleck eindrücklich am Beispiel des Tafelwerkes Albrecht Altdorfers mit dem Titel «Die Alexanderschlacht» beschrieben, das 1528 entstand. Der Maler Altdorfer stand mit dem Astrologen Grünpeck in Verbindung und partizipierte daher an den astrologischen Gesprächen jener Zeit. «Die Alexanderschlacht», so Koselleck, «war zeitlos als Vorspiel, als Figur oder Typus des Endkampfes zwischen Christ und Antichrist; ihre Mitkämpfer waren Zeitgenossen all derer, die in Erwartung des jüngsten Gerichts lebten» (Koselleck 1995, 20). Luther hatte ebenfalls eine dezidierte Meinung zu jenem, fast möchte man sagen, vormodernen «Clash of Civilizations»; er sagte: «Wenn wir den Türken wegschlagen, so ist Daniels Prophezey aus und hinweg, alsdenn ist der jüngste Tag gewißlich fur der Thür» (*Tischreden* WA, 678; zitiert nach Koselleck 1995, 21).

Die Sintflutprognose für 1524

Hermeneutik vom Weltende Natürlich trug die Reformation dazu bei, den Glauben der Menschen an den Anbruch der letzten Tage zu stimulieren. Jener Trend in der Stimmung der europäischen Bevölkerung wurde zusätzlich forciert durch den Tod Maximilians I. im Jahre 1519 und die Kämpfe zwischen Habsburg und Frankreich, von der Bedrohung durch allenthalben grassierende tödliche Krankheiten wie

Syphilis und Pest ganz zu schweigen. Der Boden war also bereitet für jede Art radikaler Bestandsaufnahme und Zukunftsdeutung. Und so bringt Sebastian Brant, ein Straßburger Humanist, im Jahre 1520, kurz vor seinem Tod, auf den Punkt, was viele dachten:

> Versehe sich wiszlich alle welt
> wenn man tausendt fünffhundert zelt
> und vier unnd zweintzig an der Zall,
> so würdt solch werwer überall
> so gruselich Zufall uff erstan,
> alsz ob all welt solt undergan.
> Gott gelff der heyligen Christenheit!
> O Pfaffheit lasz dirs sin geseit
> dasz du nit werdtst vertilckht, zerstreit.
> Gott woll das nit ein Erdflus komb
> die alles Erdtrich umb und umb
> versenckht, oder der Heiden schar
> in aller Christenheit umbfar,
> die understandt verderben gar
> disze vilefältig. (Zitiert nach Talkenberger 1990, 182)

Die astrologische Tatsache, dass 1524 eine Ansammlung von Planeten in wässrigen Zeichen stattfinden würde, und die Lehre von den Planetenzyklen hatten sich nun endgültig mit christlich aufgeladenen Endzeiterwartungen verbunden. Anthony Grafton konstatiert: «Die Lehre von den großen Konjunktionen bot ein simples, leicht anwendbares Schema für die Deutung aktueller Ereignisse und die Vorhersage des Künftigen. Sie trug viel dazu bei, daß sich die Astrologie in eine ‹Hermeneutik vom Weltende› verwandelte» (Grafton 1999, 75). In Deutschland waren es die Gelehrten Johannes Lichtenberger und der schon genannte Joseph Grünpeck, die christliche Szenarien aufgriffen und in astrologische Sprachspiele überführten (Talkenberger 1990, 55–144; s. außerdem van den Broecke 2000, 127–192).

Die Prognose des Johann Carion Ich möchte an einem Beispiel vorführen, wie solche Deutungen vonstatten gingen. Dabei handelt es sich um die berühmte *Prognosticatio* des Johann Carion, erschienen 1521 (s. Abbildung 9). Dort wird die Konjunktion der vielen Planeten folgendermaßen aufgegriffen: «Prognosticatio und erklerung der großen wesserung/Auch anderer erschrockenlichenn würckungen. So sich begeben nach Christi unsers lieben hern geburt/funffzehenhundert un xxiiii. Jar.» Drei Bilder sind dem Titel als Illustration beigegeben, um die Deutung zu unterstreichen und die Wirkung auf die Leser zu erhöhen. Oben links sieht man die drastischen Auswirkungen der Sintflut, wenn sich gleichsam die «Schleusen des Himmels» öffnen. Daneben findet sich die Zahl 1521 sowie die Darstellung eines Sternes, der das kommende Unheil ankündigt. Dabei handelt es sich um den Kometen des Jahres 1521. In anderen Fällen konnten auch spektakuläre Lichterscheinungen wie jene über Wien im Januar 1520 als entsprechende Anzeiger aufgefasst werden. Auf dem großen Bild unten manifestiert sich die Korrespondenz zwischen einzelnen an der Großen Konjunktion beteiligten Gestirnen und der politisch-sozial-religiösen Wirklichkeit. Der Kaiser mit dem Symbol der Sonne an seiner Seite schlägt die Hände vor das Gesicht; Papst und Bischof – zu erkennen am Jupiter-Symbol – werden von einem Ritter arg bedrängt, der wiederum mit dem Symbol des Mars gekennzeichnet ist. Nur für den Bauern mit dem erhobenen Schwert fehlt die astrologische Auszeichnung. Warburg vermutet, dass sich der Künstler den Saturn als Repräsentanten der Bauernschaft vorstellte (Warburg 1998 [1920], 510).

Diesen Zuordnungen lässt sich unschwer entnehmen, dass allgemeine astrologische Deutungsmuster – etwa Mars als kriegerische Kraft – erst im konkreten kulturellen Milieu verankert werden müssen, bevor ein von allen geteiltes Sprachspiel überhaupt entstehen kann. So kommt es, dass trotz der beispiellosen Konstanz astrologischer Metaphern über die Jahrtausende die konkrete Ausformulierung in mundanen Kontexten starken Schwankungen unterlag. In einem christlichen Umfeld wurden selbstverständlich die zunächst neutralen Charakterisierungen der Planetenkräfte in ganz bestimmter Weise adaptiert, indem etwa der Papst mit Jupiter als dem höchsten Guten identifiziert wurde, was protestantische Astrologen übrigens nicht immer so sahen (s. u. Kapitel VI.1).

Die Katastrophe wird zum Massenphänomen Bisher habe ich lediglich darauf hingewiesen, wie die Begegnung von Christentum und Astrologie synergetische Effekte entfaltete, die – wie ja in der Astrologiegeschichte stets erkennbar – in eine ganz eigene Semantik mündeten. Zu einer gesellschaftlich breit angelegten Hysterie konnte es aber erst kommen, als solche Prognosen massenhaft auch in jenen Kreisen populär wurden, die des Lateinischen nicht mächtig waren. Die Buch-

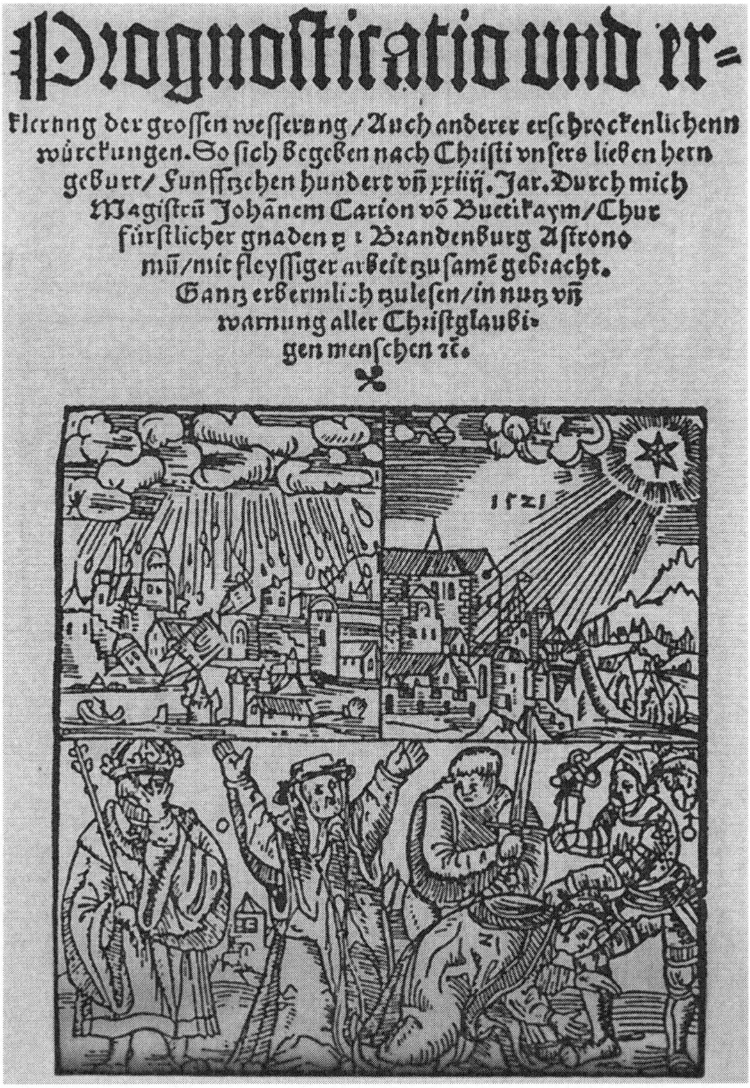
Prognosticatio und er=
klerung der grossen wesserung / Auch anderer erschrockenlichenn
würckungen. So sich begeben nach Christi unsers lieben herrn
geburt / Funffzehen hundert vñ xxiiij. Jar. Durch mich
Magistrũ Johãnem Carion võ Buetikaym / Chur
fürstlicher gnaden zu Brandenburg Astrono
mũ / mit fleyssiger arbeit zusamẽ gebracht.
Gantz erbermlich zulesen / in nutz vñ
warnung aller Christglaubi-
gen menschen rc.

Abb. 9 Titelblatt der *Prognosticatio* des Johannes Carion (1521). Der Text mit der Ankündigung der Sintflut wird durch Illustrationen ergänzt, welche die Konsequenzen für Klerus, Bauern und Ritter drastisch vor Augen führen.

druckerkunst stellt somit einen entscheidenden Wendepunkt in der Wirksamkeit astrologischer wie christlicher Prophetien dar. Paola Zambelli und, ihr folgend, Anthony Grafton sprechen hier vom *ersten großen Medienereignis der Moderne* (Zambelli 1986; Grafton 1999, 96). Hans-Joachim Köhler kommt anhand der Untersuchung der Flugschriften jener Zeit zu demselben Ergebnis und spricht von der Flugschrift als Massenmedium. Um das zu verstehen, muss man sich die Zahlen vor Augen halten: Zwischen 1501 und 1530 wurden im Heiligen Römischen Reich Deutscher Nation ca. 10000 verschiedene Flugschriftenausgaben gedruckt, wobei die Auflagenhöhe meistens 1000 Stück betrug. Das ergibt eine Zahl von 10 Millionen Flugschriften auf etwa 12 Mio. Einwohner. Sieht man genauer hin, so zeigt sich ein sprunghafter Zuwachs der Publikationen, nämlich um 530 %, in den Jahren 1517 und 1518 sowie ein «Produktionsboom» zwischen 1520 und 1526 (Köhler 1986, 249 f.).

Indem die eschatologische Erwartung zunehmend in die öffentlichen Räume eindrang, entfernte sie sich zugleich von der wissenschaftlich ambitionierten Astrologie. Freilich gab es nicht wenige Astrologen, die auf den Zug aufsprangen und sich ihres Anteils am Geschäft mit der Angst versicherten. Doch vielerorts hörte man warnende Stimmen, die auf die Grenzen astrologischer Prognosen aufmerksam machten und diese Hinweise nicht selten mit einer Diffamierung ihrer «laienhaften» Kollegen verbanden. Girolamo Cardano zum Beispiel schrieb über die Prognose Stöfflers:

> Er glaubte, die Sterne drohten in einer Zeit, da heiterste Ruhe herrschte, mit einer Flut und kündigte den Menschen großes Unheil an. Viele flohen ins Gebirge. Ich aber, damals erst zwanzig Jahre alt, versicherte unserem Herzog Francesco [Sforza], dass keine Gefahr bestand. In Wahrheit kündigte [die Konstellation] unserer Stadt die Pest für jenes Jahr an, die jedoch nur sehr vereinzelt auftrat. (*Aphorismi astronomici* VII.34; *Libelli quinque*, 1547, 282ro)

Cardanos Kollege Agostino Nifo sah sich angesichts der Tatsache, dass viele Italiener bereits anfingen, Archen zu bauen, ebenfalls zu einer gelehrten Widerlegung der Flutprophezeiung genötigt. Er machte darauf aufmerksam, dass Finsternisse viel bedeutendere kosmische Anzeiger seien als Planetenballungen. Besonders die Sonnenfinsternis am 23. August 1523 werde sich überaus günstig auswirken, halte doch Jupiter, der Segen spendende Planet, den bösen Saturn in Schach. Nifo hoffte, sein «Büchlein» werde «all diese vielen Menschen von ihrer großen Angst befreien» (*De falsa diluvii prognosticatione,* Florenz 1520, [A]^{vo}). Nifos Hoffnung wurde, wie wir wissen, enttäuscht, was vielleicht auch auf die Tatsache zurückzuführen ist, dass entgegen seiner Meinung Sonnenfinsternisse grundsätzlich als äußerst kritische Zeiten angesehen wurden. Dafür gibt es instruktive Beispiele aus der Antike.

Die Sintflut des Februar 1524 blieb aus. Zwar waren in Bologna heftiger Regen, Sturmböen und Gewitter zu verzeichnen, und Johannes Stadius schrieb später, 1524 sei ein nasses Jahr gewesen (andere Quellen sprachen dagegen von heiterem Wetter), doch all das entsprach natürlich nicht den hysterischen Erwartungen. Nur der Ausbruch des Bauernkrieges konnte als eine Bestätigung der kosmischen Signaturen angesehen werden.

Das Beispiel der Sintflutprognose belegt einen wichtigen Sachverhalt: Astrologie ist als eine kulturell nie unabhängige, aber doch im Grunde neutrale hermeneutische Disziplin aufzufassen, die zwar außerordentliche astrale Ereignisse dingfest machen kann, gleichwohl eine radikale eschatologische Prognose der entsprechenden mundanen Ereignisse niemals *aus sich selber* hervorbringen kann. Zu diesem Zweck müssen kulturelle Deutungssysteme hinzutreten, welche die besondere Semantik astrologischer Sprachspiele in endzeitlicher Weise überhöhen. Dabei kommt dem astrologischen Sprechen von Planeten- und Finsterniszyklen eine tragende Rolle zu, lässt es sich doch nahtlos in theologische Konzepte und die christliche Heilsgeschichte überführen. Neben der Verschmelzung christlicher und astrologischer Wirklichkeitsentwürfe zeigen die Auseinandersetzungen um die Finsternis des Jahres 1523 und das Stellium des Jahres 1524 zudem die hohe Bedeutung der Popularisierung akademischen Wissens. Erst die endzeitliche Katastrophe *als Medienereignis* liefert den notwendigen Zündstoff der öffentlichen Debatte.

VI

Das Ende der Astrologie? Wissenschaftliche Revolutionen und aufgeklärte Naturforschung

> Denn dieses eine steht fest: Wertvoll und wahrhaftig ist die Wissenschaft der Astrologie, eine Krone ist sie des Menschengeschlechtes und ihre ganze ehrwürdige Weisheit ein Zeugnis Gottes. *Philipp Melanchthon*

> Des Himmels Kraft entschlüssle der Mensch; denn erkannt wird sie nutzbar:
> Was wir nicht kennen, erweist sich nie als sprießlich für uns.
> Hart ringe, wer verlor, und es bringt der Sieg ihm Gewinn dann:
> Mit eurem Geiste, Menschen, erschließt die Kraft der Natur. *Johannes Kepler*

Was ich im letzten Kapitel als die Neuformatierung des astrologischen Diskurses beschrieben habe, setzte sich in jener Epoche, die wir heute so überzeugt als «Neuzeit» bezeichnen, auf vielen Ebenen fort. Da waren zum einen die so genannten naturwissenschaftlichen Revolutionen, die vor allem mit den Namen Kopernikus und Newton verbunden sind: Während Kopernikus das Selbstverständnis der Menschen, im Mittelpunkt des Kosmos zu leben, ein für allemal untergrub, sorgte Newton dafür, dass sich ein naturwissenschaftliches Paradigma durchsetzte, das nicht länger auf verborgene – okkulte – Kräfte zurückgriff, sondern nur solche Erklärungen akzeptierte, die sich aus physikalisch messbaren Versuchsreihen ergaben. Die Physik, zuvor im Kontext der Naturphilosophie betrieben, entwickelte sich bis ins neunzehnte Jahrhundert zur Leitdisziplin, an deren Maßstäben alle anderen Kulturbereiche sich zu bewähren hatten.

Zum anderen war da die Aufklärung, die sich mit der Deutungshoheit der Kirche in Sachen Welterklärung nicht mehr abfinden wollte und die Vernunft als alleinigen Wegweiser zur Erkenntnis der Wahrheit betrachtete. Um mit dem berühmten Diktum Kants zu sprechen, ging es den Aufklärern darum, den Menschen aus seiner selbst verschuldeten Unmündigkeit zu befreien. In seiner Vorrede zur ersten Auflage der *Kritik der reinen Vernunft* schreibt Kant 1781 programmatisch:

> Unser Zeitalter ist das eigentliche Zeitalter der Kritik, der sich alles unterwerfen muß. Religion, durch ihre Heiligkeit, und Gesetzgebung, durch ihre Majestät, wollen sich gemeiniglich derselben entziehen. Aber alsdann erregen sie gerechten Verdacht wider sich, und können auf unverstellte Achtung nicht Anspruch machen, die die Vernunft nur demjenigen bewilligt, was ihre freie und öffentliche Prüfung hat aushalten können.

Es ist klar, dass durch die wissenschaftlichen Revolutionen und die «freie und öffentliche Prüfung» vor dem Gerichtshof der Vernunft nicht nur die Kirche unter einem hohen Rechtfertigungsdruck stand, sondern auch die «okkulten» esoterischen Disziplinen, allen voran die Astrologie. Die Krise, in welche die Astrologie durch diese Herausforderungen gestürzt wurde, wird in vielen wissenschaftlichen Publikationen als ihr «Ende» bezeichnet, sei es doch fortan nicht mehr möglich, solche von der Empirie und der Vernunft nicht gedeckten Glaubensaussagen aufrecht zu erhalten, wie sie der Astrologie zugrunde liegen. In der jüngeren Forschung indes begann man, sich kritisch mit diesem Urteil auseinander zu setzen, denn immerhin ist die Trennung zwischen Naturwissenschaft und Esoterik keineswegs so einfach wie früher oft vermutet. Newton schrieb Kommentare zur hermetischen *Tabula smaragdina* und praktizierte die Alchemie, Kopernikus arbeitete nebenher als Astrologe, Aufklärer wie Leibniz oder Herder waren Mitglieder in esoterischen Geheimgesellschaften. Wie passt das zusammen? Könnte es sein, dass unsere heutigen Definitionen von «Rationalität», «Wahrheit», «Objektivität» und «Wissenschaft» historisch gebundene Konstrukte sind, die für die Zeit vor etwa 1850 gar nicht sinnvoll anzuwenden sind?

In diesem Kapitel möchte ich zeigen, dass wir in der Tat wesentlich differenzierter an die Sache herangehen müssen, wenn wir die Diskussion um die Astrologie und die Transformation der Sternkunde im Licht von wissenschaftlicher Revolution und Aufklärung verstehen wollen. Esoterische Welterklärungsmodelle sind nicht einfach weggebrochen, vielmehr traten sie in ein komplexes Gespräch mit den neuen Vorstellungen von Wissenschaft und Wahrheit ein. Aufklärer brachten zwar die Vernunft gegen die okkulten Disziplinen in Stellung und sorgten dafür, dass die Astrologie von den Universitäten verschwand und in andere Kulturbereiche, etwa in die Kunst oder in popularisierte Formen, überwechselte, doch zugleich produzierten sie ein Bild des Irrationalen und empirisch nicht Fassbaren, welches sie für das eigene Selbstverständnis benötigten. Was zuvor ineinander verschränkt war, wurde nun rhetorisch als Gegensatz aufeinander bezogen. In letzter Konsequenz könnte man sagen: Erst das neunzehnte Jahrhundert, das sich als aufgeklärtes verstand, hat die Astrologie als das «ganz Andere der Vernunft» hervorgebracht.

Diese Überlegung ist ein Leitmotiv für meine Beschreibung der neuzeitlichen Astrologiegeschichte. Das eine oder andere historische Detail und die Nennung aller hier interessierenden Vertreter – ausreichender Stoff für ein mehrbändiges Werk – müssen zurücktreten zugunsten einer überschaubaren Darstellung, die exemplarisch die wichtigsten Positionen und Entwicklungslinien dokumentiert und aufeinander bezieht.

1. Die Astrologie im Bannkreis der Konfessionalisierungen

Im letzten Kapitel ist bereits zur Sprache gekommen, wie die Astrologie dazu beigetragen hat, dass zu Beginn des sechzehnten Jahrhunderts eine ganz Europa erfassende Hysterie und Untergangsstimmung aufkam. An astrologische Prognosen knüpften sich Erwartungen und Ängste, die vonseiten der Herrschenden einerseits geteilt, andererseits jedoch auch geschickt instrumentalisiert wurden. Dies galt besonders für die Auseinandersetzung zwischen der katholischen Kirche und der von Martin Luther inszenierten Reformbewegung, die bald das europäische Christentum spaltete und verheerende Konflikte herauf beschwor, die schließlich im Dreißigjährigen Krieg ihren vorläufigen Höhepunkt fanden. Im Jahrhundert der Konfessionalisierungen, wie es meist genannt wird, wurde die Astrologie zu einem entscheidenden Mittel der Legitimierung eigener Ansprüche und der Delegitimierung der jeweiligen Gegner. Was das bedeutet, kann man sich gut am Streit um das Horoskop Luthers klar machen, dessen Datierung und Interpretation je nach Interessenlage überaus unterschiedlich ausfallen konnten.

Messias oder Satansbraten: Der Streit um Luthers Horoskop

Ein entscheidendes Mittel der öffentlichen Meinungsbildung, das hatten wir oben schon feststellen können, waren zu Beginn des sechzehnten Jahrhunderts die inflationär auftretenden astrologischen Prognosen und Flugschriften. Zwei fast gleich lautende Prognosen stachelten den Streit zwischen Katholiken und Protestanten ganz besonders an, nämlich jene des päpstlichen Hausastrologen Paulus von Middelburg (1486) und jene des kaiserlichen Hofastrologen Johannes Lichtenberger (1488), der von Middelburg vermutlich einiges schlicht übernommen hatte. Beide bezogen sich auf die Große Konjunktion vom 25. November 1484 und die anschließende Sonnenfinsternis im fixen Zeichen Löwe, von der man annahm, ihre Wirkung werde lange anhalten. In seiner *Prognosticatio,* die immerhin 40 Folio-Seiten umfasst, spricht Lichtenberger davon, dass bald nach 1485 ein geistlicher Mann von großer Heiligkeit erstehen wird, dass man einige Privilegien des Adels und Gesetze abschaffen müsse aufgrund der großen Not der Menschen und dass eine Reihe von falschen Propheten das Christentum in Aufruhr bringen werde. Doch dann werde ein kleiner Prophet die Bühne betreten, ein in der Auslegung der Schrift versierter Geistlicher, der eine gute Reformation und Besserung der Kirche in die Wege leiten werde.

Klar, dass Vertreter des Katholizismus in Luther einen der falschen Propheten erkannten, während dessen Anhänger sich sicher waren, der römische Antichrist sei damit gemeint, wohingegen ihr Reformator der verheißene kleine Prophet sein müsse. Diese Ansicht wurde offensichtlich auch von Luther selber geteilt, denn im Jahre 1527 ließ er die Schrift in Wittenberg und Erfurt drucken, und zwar in der deutschen Übersetzung durch Roth. Das war ein geschickter Schachzug, denn in eben diesem Jahr plünderten deutsche Landsknechte, die ihren versprochenen Sold nach der Verteidigung Roms vom Kaiser einforderten, die Heilige Stadt und vertrieben den Papst aus seiner Residenz. Luthers Wittenberg wurde nun als das «neue Rom» inszeniert, und es überrascht nicht, dass die *Prognosticatio* ein solcher Erfolg war, dass

Luther die Schrift 1535 in Straßburg noch einmal publizierte; tatsächlich wurde Lichtenbergers Prognose bis ins Jahr 1813 noch etliche Male nachgedruckt.

Der Anspruch Luthers auf die geradezu messianisch aufgeladene Rolle des Reformators wurde schon früh an seinem Geburtshoroskop geprüft, woran er selber zunächst ein durchaus eigensinniges Interesse hatte. Während Luther früher meist das Jahr 1483 als sein Geburtsjahr angegeben hatte, ging er vor dem Hintergrund der Großen Konjunktion und ihrer Bedeutung nun dazu über, das Jahr 1484 zu favorisieren. Das wurde von seinen protestantischen Freunden gern aufgegriffen, und Philipp Melanchthon diskutierte mit seinen Kollegen Philo-Pfeil und Carion ausführlich die Alternativen, die sich hier boten, wobei man sich auf den 22. Oktober 1484 festlegte, allerdings in der Uhrzeit uneins war. An seinen Freund Johannes Schöner, den berühmten Nürnberger Astrologen, schreibt er:

> Die Geburtsstunde Luthers, die Philo untersucht hat, verwandelt Carion auf die neunte Stunde. Die Mutter aber sagte, Luther sei in der Hälfte der Nacht (aber ich glaube, dass sie sich getäuscht hat) geboren worden.
>
> Ich selbst bevorzuge eine andere Nativität, und diese bevorzugt auch Carion, obgleich sie unangenehm ist, wegen des Ortes des Mars und der Konjunktion in den Häusern [um] 5°, welche eine große Konjunktion mit dem Aszendenten darstellt.
>
> Übrigens, in welcher Stunde auch immer er geboren ist, diese wunderbare Konjunktion im Skorpion kann keinen streitbaren Mann hervorbringen. (Nach Hoppmann 1998, 65)

Dass man die Ballung von fünf Planeten im Mars-geprägten Skorpion, dazu noch unter der Führung des Saturn, als «wunderbare Konjunktion» interpretieren konnte, verdankt sich wohl mehr der interessegeleiteten Politik als der astrologischen Tradition. Auf jeden Fall konnte Luther so seine Person in die Verheißung Lichtenbergers einordnen und die römischen Gegner als Ausgeburt satanischer Mächte diffamieren.

Diese Gegner schlugen jedoch schon bald mit gleicher Waffe zurück, und zwar in Gestalt des berühmten Astrologen Lucas Gauricus. Dieser Gelehrte, der bei Pietro Pomponazzi studiert hatte und dann als Astronom und Astrologe in Bologna, Mantua, Ferrara und Venedig wirkte, hatte dem damals noch unbedeutenden Alessandro Farnese die Papstwürde vorhergesagt. Als dieser 1534 als Paul III. den Heiligen

Stuhl erklomm, machte er Gauricus zum Bischof von Giffoni und später zum Bischof der Provinz Capitanata. 1530 fragte Gauricus bei Melanchthon nach, welche Geburtsstunde Luthers denn nun die richtige sei. Den Tag übernahm der italienische Astrologe daraufhin, nicht jedoch die Uhrzeit, die er auf 1:10 *post meridiem*, also auf 13:10 rektifizierte. Nun befand sich das Stellium im Skorpion plötzlich im neunten Haus, also dem Bereich der Religion, was Gauricus auch sogleich mit einer prägnanten Deutung versah, die sich in dem im Jahre 1552, also nach Luthers Tod, publizierten *Tractatus astrologicus* so liest:

> Martin war zuerst viele Jahre lang Mönch und lernte, sich mönchisch zu geben. Er heiratete eine Wittenbergische Äbtissin von hohem Stand und bekam von ihr zwei Kinder. Die Zusammenkunft von fünf Planeten im Zeichen Skorpion im IX. Himmelshause, das die Araber der Religion zuordneten, ist sonderbar und hinreichend erschreckend. Sie machte ihn zum Frevler, zum Ketzer, zum schärfsten Feind der christlichen Religion, und sie machte ihn profan. Bei der Direktion Aszendent Konjunktion Mars ging der Ungläubige zugrunde. Seine verworfene Seele fuhr zur Hölle, wo sie von Allectus, Tesiphon und Megera mit glühenden Geißeln auf ewig gequält wird. (*Tractatus astrologicus*, fol. 69vo, zitiert nach Hoppmann 1997, 67)

Obwohl mit harten Bandagen gekämpft wurde, respektierte Gauricus die Kompetenz seines Kollegen Melanchthon durchaus, was auch umgekehrt galt; wie der oben zitierte Brief zeigt, war sich auch Melanchthon keineswegs völlig sicher, dass die Geburtskonstellation Luthers nur Lichtvolles aufzuweisen hatte, und Gauricus' Deutung dürfte ihm zu denken gegeben haben, denn immerhin schätzte er dessen fachliches Urteil sehr.

Mit solchen Detailfragen mochte sich der Meister selbst indes nicht aufhalten. Die Astrologie, die Luther zumindest bis 1524 als ernst zu nehmende Disziplin betrachtet hatte, die göttliche Vorzeichen zu deuten im Stande sei, wurde ihm durch die unangenehmen Interpretationen seines Geburtshoroskops durch päpstliche Astrologen zunehmend verleidet. Mit seinem Freund Philipp Melanchthon geriet er darüber immer wieder in Streit, und in einer seiner berühmten Tischreden (vom Mai 1546) wurde er geradezu ausfallend: «Es ist ein Dreck um ihre Kunst, seine Kinder haben alle lunam combustam» (*lunam combustam*, der «verbrannte Mond», bezeichnet die Horoskopstellung des Mondes zwischen 16′ und 6° Abstand von der Sonne, deren Strahlen ihn also «verbrennen»).

Luther konnte es jedoch nicht verhindern, dass die Universität Wittenberg zu einem Zentrum der astrologischen Forschung des sechzehnten Jahrhunderts wurde (s. Oestmann 2003, 32–35). Und das lag vor allem an Philipp Melanchthon (1497–1560), der seine astrologischen Kenntnisse beim Tübinger Astronomen Stöffler in den Jahren 1512–1518 erworben hatte und fortan als vehementer Verteidiger der Astrologie auftrat und den Lehrplan der Wittenberger Universität entsprechend ausgestaltete. Er betrachtete die Sterndeutung als legitimes Instrument zur Ergründung des göttlichen Willens. Das menschliche Handeln könne jedoch, so Melanchthon, nicht fatalistisch vorhergesagt werden, da erstens der menschliche Wille frei sei, das Horoskop zu bekämpfen oder zu unterstützen, zweitens Gott in seiner Freiheit die Menschen auch entgegen ihren Neigungen lenken könne, und drittens sei der Teufel in der Lage, Menschen mit guten Anlagen in Verbrechen und ins Unglück zu treiben. Zwar war Melanchthon mit der muslimischen Astrologie durchaus vertraut, doch weil er sie als einen magischen Aberglauben betrachtete, lag sein Schwerpunkt auf den antiken Lehren, die er ausführlich studierte und im Lehrplan integrierte. Nach den Statuten von 1545 mussten die «niederen» Mathematiker Arithmetik und die Grundbegriffe der Astronomie nach Sacroboscos *De Sphaera* lehren, die «höheren» Mathematiker dagegen Euklid und den Almagest, also das astronomische Hauptwerk des Ptolemaios.

Die von Melanchthon propagierte christlich legitimierte Astrologie prägte viele Gelehrte (s. Kusukawa 1995), die mit Wittenberg in Berührung kamen, unter ihnen Georg Joachim Rheticus, Erasmus Reinhold, Heinrich Rantzau und der bedeutende dänische Theologe Niels Hemmingsen, der in einem Brief an Rantzau bekennt:

Daher sagen viele Weise, durch eine lange Beobachtung der Welt belehrt, die zukünftigen Dinge voraus, und die Sterne sind nicht deren Erbauer, sondern deren Ankünder, nicht deren Arbeiter, sondern deren Anzeiger. Denn die Geschehnisse selbst haben ihre eigenen Ursachen, teils notwendige und natürliche, teils auch freiwillige und zufällige. Weil das der besonders gute Philipp Melanchthon, ein Mann heiligsten Angedenkens (den wir zur gleichen Zeit in Wittenberg als Lehrenden gesehen und gehört haben) verstand, war er für seine Schüler ein Mahner, daß sie viel Mühe auf das Studium der Mathematik verwenden sollten, damit sie um so mehr zur Bewunderung Gottes des Schöpfers und der Vorsehung ermuntert würden. Wer also die Sternwissenschaft nicht hochschätzt, ist kein Mensch, sondern ein Tier, das die Gaben verachtet. Wer dagegen sich mit diesem Studium beschäftigt, der wird ein Gefährte der Engel, die ja daher die Materie für das Lob Gottes nehmen. (Zitiert nach Oestmann 2003, 35)

Der Einfluss Melanchthons (nicht nur) auf die protestantisch geprägte Astrologie des sechzehnten Jahrhunderts ist beachtlich gewesen.

Die katholische Kirche und die Diskurskontrolle

Die zunehmende Popularisierung der Astrologie, die damit staatlicher und kirchlicher Kontrolle entglitt, die vielen Prognosen der Endzeit, die zuerst die Massen aufwühlten und sich dann doch als haltlos herausstellten, die protestantischen Herausforderungen und nicht zuletzt die wissenschaftlichen Paradigmenwechsel verfehlten auch auf die Haltung der katholischen Kirche zur Astrologie ihre Wirkung nicht. Zwar galt die deterministisch-prognostische Sternkunde seit langem als unvereinbar mit der kirchlichen Lehre, doch bis ins sechzehnte Jahrhundert hinein wurden die professionellen Astrologen weithin geduldet, und etliche Vertreter des Klerus waren direkt involviert in astrologische Aktivitäten. Päpste wie Paul II., der sich in seiner Krönungsrede zur Wahrheit astrologischer Vorhersagen bekannte, oder Papst Sixtus IV., der sich von fest angestellten Astrologen die günstigsten Termine für seine politischen Entscheidungen errechnen ließ, stehen für eine gemäßigte und pragmatische Haltung zur sternkundlichen Zunft. Nicht wenige Päpste setzten die Astrologie ganz offen in ihrer Arbeit ein und unterstützten die gelehrte Sternkunde nach Kräften. Papst Leo X. etwa erlaubte dem berühmten Astrologen Augustinus Nifo, das Hauswappen der Medici zu tragen, und richtete an der von ihm gegründeten päpstlichen Universität – der Sapientia – im Jahr 1520 einen Lehrstuhl für Astrologie ein. Paul III. ist schon zur Sprache gekommen, denn er machte Lucas Gauricus zum Bischof, nachdem dieser ihm die Papstwürde vorhergesagt hatte.

Doch schon unter Paul III. änderte sich das Klima, hatte man doch das Gefühl, dass die Zügel enger angezogen werden müssten, um das, was Michel Foucault die *Diskurskontrolle* nennt, nicht aus der Hand zu geben. Der wichtigste Wendepunkt in der Gegenreformation war das Konzil von Trient, das mit einigen Unterbrechungen zwischen 1545 und 1563 tagte und die Grundsätze der katholischen Lehre sowie die Organisation der Institution neu regelte. Die Beschlüsse des Tridentinums sollten für die katholische Kirche in den Grundaussagen bis zum 2. Vatikanischen Konzil (1962–1965) Gültigkeit behalten. Eine Index-Kommission verbot mit Beschluss vom 4. Dezember 1563 alle Bücher, die mit Divination, Magie oder Zauberei zu tun hatten, sowie Werke der deterministisch orientierten Astrologie:

Alle Bücher und Schriften der Geomantie, Hydromantie, Aeromantie, Pyromantie, Oneiromantie, Chiromantie, Nekromantie, oder in denen Sortilegien, Anleitungen zu Zaubertränken, Augurien, Auspizien, Beschwörungen, magische Künste enthalten sind, werden durchaus verworfen. Die Bischöfe sollen außerdem noch sorgfältig darauf acht geben, daß keine Bücher, Abhandlungen, Verzeichnisse der Judizialastrologie gelesen und im Besitze gehalten werden, die es wagen, über künftig sich ereignende Erfolge oder zufällige Begebenheiten, oder solche Handlungen, die vom menschlichen Willen abhängen, etwas als gewiß geschehend zu behaupten. Erlaubt dagegen sind Bestimmungen und natürliche Beobachtungen, die zum Besten der Nautik, der Landwirtschaft oder der Arzneikunst geschrieben sind. (Zitiert nach Braunsperger 1928, 54)

Das war eine ziemlich weiche Formulierung, da sie nicht nur die auf Thomas von Aquin zurückgehende Trennung von (verbotener) Judizialastrologie und (erlaubter) «natürlicher» Astrologie anwandte, sondern diese Trennung selbst als schwer durchführbar erachtete, denn für medizinische Zwecke zum Beispiel wurde auch die deterministische Variante akzeptiert, da das Geburtshoroskop dem Arzt für den Krankheitsverlauf wichtige Informationen vermitteln konnte. Selbst die Judizialastrologie wird hier nur insofern verboten, als sie ihre Aussagen als *gewiss* und nicht als *möglich* darstellt – ein überaus schwierig zu überwachendes Verbot.

So verwundert es nicht, dass auch nach 1564, als der «Index der verbotenen Bücher» veröffentlicht worden war, noch Lehrbücher und Tafelwerke erschienen, die eigentlich dem Verbot hätten unterliegen müssen, allerdings meist in lateinischer Sprache, die von den Laien nicht verstanden wurde. Autoren waren oft hohe kirchliche Autoritäten, deren Schriften sogar die kirchliche Approbation erteilt worden war, wie beim berühmtesten Werk dieser Zeit, dem in zwei Bänden erschienenen *Speculum astrologiae* des Junctinus, das in Lyon 1580 bis 1581 mit kirchlicher Druckerlaubnis erschien.

Papst Sixtus V. versuchte sich deshalb in einer Verschärfung des Verbots. In seiner Bulle *Constitutio coeli et terra* aus dem Jahr 1586 heißt es, es seien vor allem die Astrologen, die, auf eine falsche und unhaltbare Sternwissenschaft gestützt, den Menschen Vergangenheit, Gegenwart und Zukunft sowie alle denkbaren Angelegenheiten enthüllen wollten und sogar das, was vom freien Willen abhängt, den Sternen zuschrieben. Die divinatorischen Disziplinen seien

> eingeführt von der Verschlagenheit ruchloser Menschen und von den Trügereien der Dämonen, durch deren Tätigkeit, Rat und Hilfe sich jede Divination ausbreitet, oder weil sie ausdrücklich zwecks Erforschung der Zukunft angerufen werden, oder weil sie selbst, aus eigener Verworfenheit und aus Haß gegen das Menschengeschlecht, sich heimlich und unbemerkt mit nichtigen Enthüllungen der Zukunft einschleichen und aufdrängen. (Nach Braunsperger 1928, 55)

Der Papst fordert deshalb, die Beschlüsse des Tridentinums strenger anzuwenden, als dies bis dahin geschehen war. Zugleich aber nimmt Sixtus V. sogar die Judizialastrologie vom Verbot aus, sofern sie im Dienst der Landwirtschaft, der Schifffahrt oder der Medizin steht. Doch nicht einmal in dieser kompromissbereiten Variante konnte die Doktrin einheitlich durchgesetzt werden. Zwar verboten die französischen Landtage in Orléans (1560), in Blois (1579) und in Bordeaux (1583) alle astrologischen Kalender und bestraften die jeweiligen Autoren, aber an bedeutenden Universitäten Italiens – etwa in Bologna und Neapel – waren die Professoren auch weiterhin sogar verpflichtet, jährlich einen Kalender mit astrologischen Prognosen zu verfassen. Der Astrologe Magini gab im Jahr 1604 ungestört seine *Tabulae primi mobilis* heraus, ein Tafelwerk zur Berechnung von Horoskopen und Direktionen (also zeitlichen Auslösungen); 1609 folgte sein einflussreiches, aus zwölf Büchern bestehendes *Primum mobile*, das in Bologna mit der Druckerlaubnis von Papst Paul V. erschien, obwohl es die gesamte Astronomie und Astrologie der damaligen Zeit behandelte und der Autor sich im neunten Buch wohlwollend zur Judizialastrologie äußert.

Einmal mehr zeigt sich, dass die astrologische Wissenschaft im Denken der Herrschenden einen so festen Platz hatte, dass – ähnlich wie bei den Edikten der römischen Kaiser gegen die Astrologie – nicht eine ganze Disziplin auf dem Index stand, sondern die missbräuchliche Verwendung der Sternkunde zur Zersetzung des Staatswesens oder zur Aufhebung der menschlichen Freiheit. Das gilt auch für die Bulle *Constitutio inscrutabilis*, die Papst Urban VIII. am 1. April 1631 erließ: Hintergrund war eine Prophezeiung desselben Jahres, die in der Bevölkerung Unruhe im Hinblick auf die Zukunft des Kirchenstaates aufkommen ließ. Urban VIII., der es sich übrigens nicht nehmen ließ, den Astrologen Campanella zu unterstützen, geißelte in dieser Bulle erneut nur die im Sinne der Kirche missbräuchliche Instrumentalisierung der Astrologie, ohne ihre Rechtmäßigkeit insgesamt in Zweifel zu ziehen. Dass dieses päpstliche Handeln selbst eine Instrumentalisierung der Astrologie zur Legitimierung von Machtansprüchen und zur Kontrolle der öffentlichen Meinung war, liegt auf der Hand. Eine neutrale Astrologie hat es nie gegeben.

2. Die wissenschaftlichen und philosophischen «Revolutionen»

Derselbe Papst Urban VIII. war es auch, der Galileo Galilei 1632 vor die Inquisition brachte, weil dieser mehrfach dafür eingetreten war, die neue Lehre des Kopernikus von der Rotation der Erde um die Sonne zu akzeptieren. Damit sind wir bei der Frage der so genannten wissenschaftlichen Revolutionen des späten sechzehnten und des frühen siebzehnten Jahrhunderts angelangt. Mit dem Begriff der «Revolution» bezeichneten Historiker des zwanzigsten Jahrhunderts – tatsächlich taucht das Schlagwort erstmals 1943 bei Alexandre Koyré auf – eine radikale und vollständige Neustrukturierung des Wissens von der Natur, welches die mittelalterlichen und Renaissance-Modelle vom Kosmos überwand, «objektive Wissenschaft» allererst ermöglichte und damit das Tor in die «Moderne» – also in unsere Zeit – aufstieß. In der heutigen Geschichtswissenschaft ist man sich des singulären Status dieser vermeintlichen Revolution nicht mehr so sicher; Steven Shapin etwa beginnt sein Buch zum Thema mit dem Satz: «Die sogenannte wissenschaftliche Revolution hat es nie gegeben […]» (Shapin 1998, 9). Aus einer kultur- und sozialgeschichtlichen Perspektive ist die Rede vom revolutionären Durchbruch hin zur Moderne eine mythische Stilisierung der eigenen Ursprünge, welche die Vielschichtigkeit und Widersprüchlichkeit der Prozesse ebenso nivelliert wie die Kontinuitäten und Vorläufer in der mittelalterlichen und frühneuzeitlichen Wissenschaft. Durch die Studien von Lorraine Daston (z. B. Daston 2001), Steven Shapin und vielen anderen ist es heute sogar zweifelhaft geworden, ob «es im siebzehnten Jahrhundert überhaupt eine einzelne, kohärente kulturelle Entität namens ‹Wissenschaft› gegeben hat, die einen revolutionären Wandel hätte erfahren können». So gesehen, handelt es sich lediglich um

> ein Bündel vielfältiger kultureller Praktiken, die dem Ziel dienten, die natürliche Welt zu verstehen, zu erklären und zu beherrschen, die aber über je eigene Besonderheiten verfügten und sich auf je eigene Weise veränderten. Wir sind heute sehr viel skeptischer gegenüber der These, daß es so etwas wie eine «wissenschaftliche Methode» gebe – einen kohärenten Satz universeller, effizienter Verfahren zur Gewinnung wissenschaftlicher Erkenntnisse – und noch skeptischer gegenüber historischen Darstellungen, nach denen diese Methode im siebzehnten Jahrhundert entstanden und von dort ohne weitere Probleme auf uns überkommen sein soll. (Shapin 1998, 11 f.)

Anstatt den Mythos der wissenschaftlichen Revolution weiterzuerzählen, neigt man heute dazu, die *kulturellen Verfahren zur Herstellung kollektiv geteilter Meinungen* über Wirklichkeit, Wahrheit, Mensch und Natur zu analysieren, womit die sozialen Kontexte in den Blick kommen, die zur Durchsetzung eines wissenschaftlichen oder philosophischen Modells beigetragen haben. Das ist auch für die Astrologie entscheidend, denn nur mit einem solchen Zugriff lässt sich erkennen, dass die Krise, in welche die Sternkunde ja zweifellos in dieser Zeit geriet, nicht von einer vermeintlichen wissenschaftlichen Widerlegung ihrer Grundannahmen ausgelöst wurde, sondern von gesellschaftlichen Faktoren und Maßnahmen der Diskurskontrolle, mit denen die Astrologie ihre öffentliche Reputation einbüßte – beispielsweise durch die Abschaffung astrologischer Lehrstühle an den Universitäten – sowie von der zunehmenden Durchsetzung eines mechanistischen Weltbildes, das alle «okkulten», also «verborgenen», Begründungen planetarischer Zusammenhänge als veraltet desavouierte. Der Übergang verlief dabei keineswegs so plötzlich, wie es der Begriff der Revolution nahe legt, vielmehr handelt es sich um einen langsamen Prozess der Trennung von (akzeptierter) kausaler Sternkunde, der Astronomie, und dem auf unsichtbare Zusammenhänge rekurrierenden Zweig der deutenden Astrologie, der nun zunehmend abgelehnt wurde.

Mit dieser Relativierung möchte ich keineswegs in Abrede stellen, dass es im siebzehnten Jahrhundert zu ganz entscheidenden Veränderungen auf wissenschaftlichem und philosophischem Gebiet gekommen ist. Allerdings betreffen diese Änderungen in erster Linie das, was fortan von der Mehrheit als objektiv und wissenschaftlich haltbar betrachtet wurde und die Verfahren, mit deren Hilfe man wissenschaftliche Erkenntnis zu gewinnen suchte. Dabei schrieb man Anregungen fort, die in Mittelalter, Renaissance und Reformation bereits formuliert worden waren, nun ergänzt um bahnbrechende Beobachtungen in der Physik. Eine Revolution ist das nicht gewesen, eher die Etablierung einer Methode als kulturelle Leitdisziplin.

Das Ende des geozentrischen Modells

Nikolaus Kopernikus Nikolaus Kopernikus (1473–1543) ist sicher einer der wichtigsten Wegbereiter des neuen Denkens. Seine Entdeckung der Bewegung der Erde um die Sonne galt den Späteren als epochaler Wandel, und pathetisch formuliert Goethe 1832 gegenüber dem Kanzler von Müller, dies sei «die größte, erhabenste, folgenreichste Entdeckung, die je der Mensch gemacht hat, wichtiger als die ganze Bibel». Allerdings konnte Kopernikus auf Rechenmodelle zurückgreifen, die vor ihm entwickelt worden waren, wie auch das Modell der Erde als Kugel seit der Antike stets ihre Anhänger besessen hatte (s. dazu Krüger 2000).

Kopernikus hatte zunächst in Krakau bei den bekannten Astronomen und Astrologen Johann von Glogau und Albert Brudzewo studiert, dann in Italien, wo er an der Universität Ferrara zum Doktor des kanonischen Rechts promoviert wurde. Doch sein Hauptinteresse galt weiterhin der Sternkunde, die er mit seinem platonisch geprägten christlichen Weltbild vereinte, indem er davon ausging, dass Gott doch wohl ein einfaches und elegantes System des Kosmos geschaffen haben müsse und nicht das komplizierte Modell, das man brauchte, um die Planetenbewegungen geozentrisch zu berechnen. Wie viele Gelehrte vor ihm ging auch Kopernikus davon aus, dass das merkwürdige Verschwinden und Wiederauftauchen von Venus und Merkur viel leichter damit erklärt werden könne, dass sie um die Sonne und nicht um die Erde kreisten. Nachdem er 1510 zum Kanzler des Domkapitels in Frauenberg ernannt worden war, widmete er sich vollständig der Erarbeitung des heliozentrischen Modells. Das Ergebnis dieser Arbeit war *De revolutionibus orbium coelestium* («Von den Umdrehungen der Himmelskörper»), dessen erste Druckfassung dem Autor am 25. Mai 1543, seinem Todestag, überreicht wurde. Schon zwischen

1510 und 1514 hatte Kopernikus einen ersten Entwurf seiner Theorie an namhafte Mathematiker und Astronomen gesandt, aber die verächtliche Reaktion der Gelehrten war für ihn so niederschmetternd, dass er sich verbittert zurückzog und nur durch Anraten von Freunden und Kollegen dazu gebracht wurde, die Schrift schließlich doch zu veröffentlichen.

Interessanterweise waren es vor allem Astrologen, die den Meister zur Publikation drängten, unter ihnen Rheticus (Georg Joachim), der selbst 1539 in Danzig einen Vorbericht zu Kopernikus' Theorie herausgegeben hatte und nun für das umfangreiche Manuskript die Druckerlaubnis des Königs von Polen und Sachsen einholte und die Publikation mitfinanzierte. Die neue Lehre, die sich aufgrund von Widerständen seitens der Kirche nur zögerlich durchsetzte, besagte im Kern, dass die Erde drei Bewegungen vollführte: eine um die eigene Achse, eine um die Sonne und eine Pendelbewegung der Erdachse um den Ekliptikpol, was wiederum die Präzession auslöst. Für die christliche Kirche, und zwar für Katholiken wie für Protestanten, war dieses Modell insofern ein Affront, als hier die singuläre Stellung der Erde – und damit des Menschen – als Mittelpunkt und letztes Ziel der göttlichen Schöpfung untergraben wurde. *Darin* lag die eigentliche Revolution, die für das christliche Selbstverständnis so lange ohne Gleichen blieb, bis Charles Darwin im neunzehnten Jahrhundert den Menschen noch weiter entthronte, indem er ihn vom Affen abstammen ließ. Für die Astrologie jedoch war die Herausforderung weitaus geringer, und das erkannte Kopernikus so gut wie seine Kollegen Galilei oder Kepler. Alle drei hielten an der Richtigkeit der Astrologie fest (Galilei und Kepler waren zudem praktizierende Astrologen), und im zehnten Kapitel von *De revolutionibus* äußert sich Kopernikus in astrologischer Manier, wobei er ausdrücklich auf Hermes Trismegistos rekurriert.

Johannes Kepler Kopernikus dürfte also derselben Meinung gewesen sein wie Johannes Kepler (1571–1630), der 1610 das Werk *Tertius interveniens* veröffentlichte, das den schönen Untertitel trägt: «Warnung an etliche Theologos, Medicos und Philosophos, sonderlich D. Philippum Feselium, dass sie bey billicher Verwerffung der Sterngruckerischen Aberglauben, nicht das Kindt mit dem Badt ausschütten und hiermit ihrer Profession unwissendt zuwider handlen. Mit vielen hochwichtigen zuvor nie erregten oder erörterten Philosophischen Fragen gezieret, Allen wahren Liebhabern der natürlichen Geheymnussen zu nothwendigem Unterricht, Gestellet durch Johann Kepplern.» In der 40. These des Buches beantwortet er die Auswirkung der neuen Theorie auf die Astrologie folgendermaßen:

Ebenmässge Antwort gehört auch auff den Zweiffel, ob Himmel oder Erde umbgehe? Welcher Zweiffel darumb die Astrologiam nicht verdächtig macht, weil er sie nichts angehet, denn da ist gnug, dass der Astrologe siehet, wie die Liechtstreymen [Lichtstrahlen] jetzto von Orient, dann von Mittag, endtlich von Occident daher gehen, und darauff gar verschwinden: Da ist gnug, dass man weiss, wenn zween Planeten neben einander gesehen werden, und wann sie gegen einander uberstehen, Item wann sie ein sextilem, quintilem, quadratum &c. machen, welches fleissige Astronomi bey nächtlicher weil an ihren Instrumentis circularibus zeigen können, so offt zween Planeten zumal erscheinen. Was fragt allhie der Astrologus oder vielmehr Natura sublunaris darnach, wie solches zugehe? Warlich, so wenig als der Bauwer darnach fragt, wie es Sommer und Winter werde, und doch nichts desto weniger sich darnach richtet. (*Opera omnia* ed. Frisch, Bd. I, 582 f.)

In seinen mathematisch-astronomischen Forschungen führte Kepler die kopernikanischen Ideen konsequent weiter und lieferte eine kohärente geometrische Begründung für sie, wobei er nicht zuletzt von Aufzeichnungen des großen Astronomen Tycho Brahe profitierte, die dieser ihm hinterlassen hatte. Besonders durch seine Entdeckung der drei Planetengesetze gelang es Kepler, die Plausibilität des kopernikanischen Modells zu zeigen; er bewies, dass die Planeten nicht auf Kreisbahnen, sondern in elliptischer Form um die Sonne kreisen. Und er wies auf die faszinierende Tatsache hin, dass die Abstände der fünf Planeten zur Sonne den regelmäßigen Körpern der platonischen Geometrie entsprachen, nämlich Kubus, Tetraeder, Dodekaeder, Ikosaeder und Oktaeder (s. Abbildung 10). Daraus ergab sich für ihn, dass es genau fünf Planeten geben müsse, da der Schöpfergott ein mathematisch vollkommenes System der Welt erdacht habe.

Kepler wollte die neuplatonische Auffassung einer universellen Weltenharmonie mit den geometrischen Gesetzmäßigkeiten in Einklang bringen und damit die rationale Struktur der gottgewollten Ordnung in ihrer ganzen einfachen Schönheit beschreiben. Das Ergebnis präsentierte er in seinen beiden Hauptwerken, der *Astronomia nova* und den *Harmonices mundi* (beide 1619). Was Naturphilosophen seit Pythagoras vermutet hatten, wurde nun zur wissenschaft-

ORBIVM PLANETARVM DIMENSIONES, ET DISTANTIAS PER QVINQVE REGVLARIA CORPORA GEOMETRICA EXHIBENS.

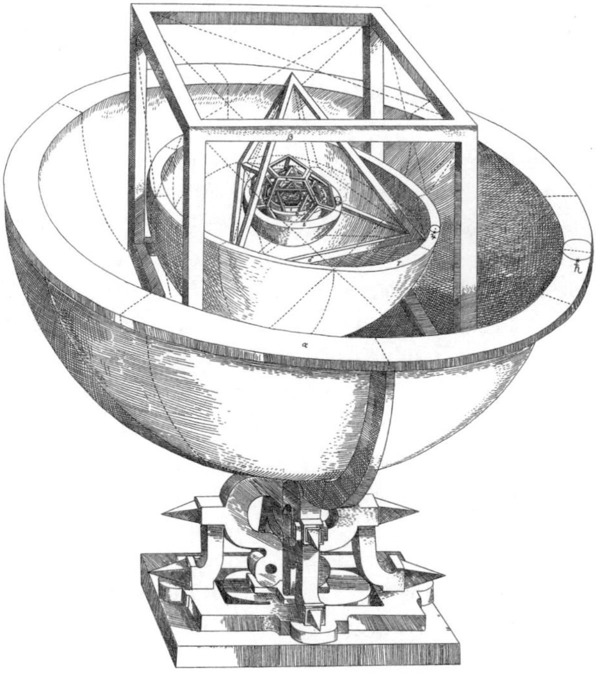

α Spharea ♄.
β Cubus primum corpus regulare Geometricum distantiam ab orbe ♄ usque ad ♃ exhibens.
γ Sphaera ♃.
δ Tetraedron siue pyramis, ♃ exterius Sphaeram ♃ attingens, interius ♂ maximam inter Planetas distantiam causans.
ε Sphaera ♂.
ξ Dodecaedron, 3. corpus a Sphaera ♂ usque ad Magnum orbem tellurem cum Luna ferentem repraesentans distantiam.
η Orbis Magnus.
ϑ Icosaedron ab orbe Magno ad Sphaeram ♀ veram distantiam indicans.
ι Sphaera ♀.
κ Octaedron a Sphaera ♀ ad ☿ orbem exhibens distantiam.
λ Sphaera ☿.
μ Sol Medium siue Centrum Vniversj immobile.

Abb. 10 Seite aus Johannes Keplers *Mysterium cosmographicum* von 1596. Kepler demonstriert hier die «wunderbaren Proportionen der himmlischen Sphären», wie er sie auf der Grundlage der fünf regelmäßigen geometrischen Körper ermittelt hatte.

lich begründeten Gewissheit: Gott war ein Mathematiker und die konsequente Anwendung mathematischer Prinzipien würde zur endgültigen Erkenntnis der göttlichen Schöpfungsordnung führen. Dieses rationale Modell des Kosmos wurde später von Newton, Leibniz und anderen festgezurrt, die das Bild der Natur als einer mechanisch funktionierenden, mathematisch darstellbaren Maschine entwickelten. Doch dazu später mehr.

Kepler sah also in den neuen astronomischen Modellen keineswegs eine Herausforderung für die Astrologie. Im Gegenteil: Wie viele andere Sterndeuter seiner Zeit sah er in der Interpretation der Planetenbewegungen ein legitimes und gottgefälliges Mittel, um die irdischen Ereignisse zu verstehen und zu prognostizieren. Deshalb betätigte er sich nicht nur in der Kunst der Horoskopdeutung, sondern lieferte auch ausführliche Prognosen des mundanen Geschehens. Ein Beispiel dafür ist seine Schrift *De fundamentis astrologiae certioribus* («Von den gesicherten Grundlagen der Astrologie»), die den Untertitel trägt: «Neue Erörterung im Rahmen der Kosmotheorie mit einer Prognose für das Naturgeschehen zu Beginn des Jahres 1602 nach Christi Geburt, für die Philosophen geschrieben». In dieser Schrift, die er Peter Wok von Rosenberg zu Böhmisch-Krumau widmete, setzt sich Kepler in 75 Thesen dezidiert mit den Möglichkeiten und Grenzen der astrologischen Prognosetechniken auseinander (s. auch das Motto dieses Kapitels, das dem Titelblatt des Keplerschen Buches entnommen ist). Seine Vorhersagen für das kommende Jahr sind vorsichtig abwägend und immer im Bewusstsein gehalten, dass die tatsächliche «Materialisierung» der kosmischen Kräfte nicht mit Sicherheit prognostizierbar ist. Darin grenzt er sich von vielen reißerischen Vorhersagen seiner Zeit ab, die Kenntnisse behaupten, die sie keineswegs besitzen. Doch auch auf die Gefahr hin, seinen guten Namen in Verruf zu bringen, indem er mit solchen Scharlatanen gleichgesetzt wird, fühlt er sich verpflichtet, sein fachmännisches Urteil abzugeben. In der Vorrede heißt es:

> Sollte aber jemand daran, dass diese Dinge vor der breiten Öffentlichkeit dargelegt werden, bei der die Hoffnung auf Erfolg doch allzu gering ist, Anstoß nehmen, so wünschte ich, er möge sich genau überlegen, dass wir auf anderem Wege an die wirklichen Kenner, die hier und dort verborgen leben, nicht herankommen, wenn nicht auf dem Wege der Öffentlichkeit. (*Opera omnia* ed. Frisch, Bd. I, 420)

Astrologie war also nichts für die breite Masse, sondern für die wenigen Gelehrten, die das rechnerische und interpretatorische Rüstzeug mitbrachten, um das Gesicherte vom Haltlosen zu unterscheiden.

Dass die Zeichen des Himmels irdische Ereignisse anzeigen oder auch ankündigen, war für Kepler wie für die meisten seiner Zeitgenossen selbstverständlich. Als am 10. Oktober 1604 eine Nova beobachtet werden konnte, nahm der Astronom dies zum Anlass, sich zur Frage des Messiassternes zu äußern (s. o. S. 142). In zwei Schriften – *De Stella Nova in pede Serpentarii* (1606) und *De anno natali Christi* (1614) – entwarf er die Theorie, dass, weil auch der Nova des Jahres 1604 eine Jupiter-Saturn-Konjunktion (hier im Schützen) vorausgegangen war, dasselbe Ereignis damals eine Art kosmisches Signal für das Kommen des Messias gewesen sei. Den Stern von Bethlehem selbst bezeichnete Kepler als eine Nova des Jahres 5 v. u. Z. Die Astronomen des beginnenden siebzehnten Jahrhunderts waren mithin aktive Gesprächspartner in einem Gesamtdiskurs von Zeitdeutung, christlicher Heilsgeschichte und neuen wissenschaftlichen Modellen und Methoden. Ihre Positionen waren natürlich keineswegs einheitlich, doch immerhin so kongruent, dass von einer schlichten Konstruktion eines Gegensatzes zwischen «neuer Wissenschaft» und «christlicher Beharrung» keine Rede sein kann.

Galileo Galilei Das gilt auch für Keplers Freund Galileo Galilei (1564–1642). Mit Kepler – und gegen Tycho Brahe – war er darin einig, dass die kopernikanische Lehre die einzig richtige sei, allerdings habe er es, so in einem Brief an den Freund vom 5. August 1597, bislang vermieden, diese Meinung öffentlich zu machen. Das änderte sich, als immer mehr Beobachtungen das kopernikanische Modell eindeutig stützten: Die Nova von 1604, die Entdeckung des Erdmagnetismus durch Gilbert 1600 und vor allem seine eigenen Entdeckungen, die er mithilfe des gerade erfundenen Teleskops machte, also die Existenz von vier Jupitermonden, die genau so um den Jupiter kreisen wie die Planeten um die Sonne, die dem Mondlauf entsprechenden Phasen der Venus, die «Dreigestalt» des Saturn (die sich später als Ring herausstellte) und schließlich die Entdeckung von Sonnenflecken, die eine Rotation des Sonnenballs eindeutig belegten. Nun konnte Galilei nicht mehr anders, als in seinem «Sternboten» (*Nuncius sidereus*) 1610 offen für die kopernikanische Lehre einzutreten.

Auch Galilei sah in diesen Entdeckungen keinen Gegensatz zum katholischen Glauben. Doch die Päpste, mit denen er darüber diskutierte (erst Paul V., dann Urban VIII.), waren ganz anderer Meinung, und so erhielt er im Jahre 1616 vom Kardinal Bellarmin die Anweisung, dass «die dem Kopernigk zugeschriebene Lehre der heiligen Schrift zuwider sei und darum nicht verteidigt oder für wahr gehalten werden dürfe». Galilei ließ sich davon zunächst nicht umstimmen und erklärte 1629 in einer, wenn auch hypothetischen, Diskussion der beiden Systeme das kopernikanische für das bessere. Dafür wurde er 1632 vor die Inquisition zitiert und willigte ein, dem heliozentrischen Weltbild feierlich öffentlich abzuschwören. Im Unterschied zu Giordano Bruno, der 1600 für seine feste Meinung auf dem Scheiterhaufen verbrannt worden war, entschied Galilei sich also für einen Kompromiss, der ihm das Leben rettete, auch wenn es zugleich das Ende seiner freien Publikationstätigkeit bedeutete, weil er bis zum Ende seines Lebens der vollständigen Kontrolle der Inquisition unterlag.

Galilei trug mit seinen Beobachtungen, aber insbesondere auch durch seine Fallversuche, die Analyse der Wurfbewegung, die hydrostatische Waage und vieles mehr dazu bei, dass eine neue Himmelsmechanik sich unaufhaltsam durchsetzte und in der Physik Forschungsmethoden entwickelt wurden, die nicht länger mit okkulten Kräften operierten, sondern allein das Sichtbare und Messbare zur Referenz eines wissenschaftlich akzeptablen Vorgehens machten. Wie Kepler sah auch Galilei darin keinen Widerspruch zur Astrologie, die er weiterhin ausübte und erforschte. Seine Tagebücher und Briefe enthalten eine Reihe von Horoskopen und astrologischen Berechnungen; seinem Schüler P. Dini etwa versicherte er in einem Brief, dass dessen besorgte Anfrage, ob nicht das neue Weltbild die Grundlagen der Astrologie in Zweifel ziehe, völlig unbegründet sei.

Newton und die Etablierung des mechanistischen Weltbildes

Obwohl die Widerstände gegen die physikalischen und astronomischen Beobachtungen und deren Konsequenzen erheblich waren, kam um die Mitte des siebzehnten Jahrhunderts kein kritischer Zeitgenosse an der Stichhaltigkeit des heliozentrischen Weltbildes mehr vorbei. Doch es sollte noch eine Generation dauern, bis im wissenschaftlichen Selbstverständnis das neue Paradigma endgültig die Oberhand gewann. Entscheidenden Anteil daran hatte bekanntlich Isaac Newton (1643–1727), dessen komplexes Werk in den Augen der Späteren überaus einseitig als der Inbegriff eines mechanistischen Weltbildes erschien, als Paradigma für das, was fortan die «klassische Physik» genannt wurde. Bereits im so genannten *annus mirabilis* Newtons, dem «Wunderjahr» 1666, entwickelte der Philosoph und Naturwissenschaftler die Grundzüge der drei Erkenntnisse, die ihn berühmt machen sollten. Erstens den Infinitesimalkalkül der mathematischen Analysis, dessen Entdeckung ihm, weil das Theorem erst posthum ediert wurde, ab 1690 von Leibniz streitig gemacht wurde; zweitens die Theorie der «universellen Gravitationskraft», die von der einheitlichen Gesetzmäßigkeit der Geschehnisse im Kosmos und auf der Erde ausging und damit sowohl für die Stabilität des Sonnensystems als auch für die Beschreibung erzwungener Bewegungen wie den freien Fall, die Pendelbewegung etc. als Erklärung diente; drittens dann die Entdeckung der farbigen Natur des Lichts, die Newton anhand der Spektralzerlegung des Lichts im Prisma nachweisen konnte.

Diese Entdeckungen, die er 1687 in seinem Hauptwerk, den *Philosophiae naturalis principia mathematica* darlegte («Die mathematischen Prinzipien der Naturphilosophie», man beachte, dass hier von «Naturphilosophie» und nicht von «Physik» die Rede ist), machten ihn bald über England hinaus berühmt. Ein wesentliches Moment bei der Durchsetzung seiner Ansichten, die in klarer Konkurrenz zur Naturphilosophie René Descartes' (1596–1650) standen, ist der enorme politische Einfluss, den Newton besaß und kontinuierlich ausbaute. 1669 berief man ihn zum Professor für Mathematik in Cambridge, 1672 wurde er Mitglied der «Royal Society of London for the Improvement of Natural Knowledge», 1696 erhielt er das erste politische Amt, 1701 wurde er ins Parlament gewählt, 1703 zum Präsidenten der Royal Society (bis zu seinem Tod), 1705 wurde er zum «Sir» geadelt.

Die Tatsache, dass Newton damit als die Personifikation des «neuen Denkens» betrachtet wurde, hat mit dazu beigetragen, dass ein erheblicher Teil seines Schaffens, das außerhalb der engen Grenzen der Mathematik lag, von der Nachwelt vergessen wurde. Erst heute beginnt man, dieses Bild zu korrigieren, indem verstärkt auf die esoterischen Interessen Newtons aufmerksam gemacht wird, auf seine Beiträge zum Hermetismus, zur Alchemie und zur Astrologie (Curry 1987; Dobbs 1991; Fauvel 1993). So verfasste er gegen Ende des siebzehnten

Jahrhunderts einen Kommentar zur hermetischen *Tabula smaragdina*, der als Manuskript im King's College Cambridge aufbewahrt wird. Auch in theologischen Schriften verband Newton seine naturphilosophischen Positionen mit einer Interpretation der Religionsgeschichte einerseits und einer Darstellung der Rolle Gottes im Weltprozess andererseits. Seine in Zusammenarbeit mit Edmond Halley zwischen 1681 und 1705 konzipierte neue Kometentheorie zum Beispiel, die erstmals auch die Kometenbewegung voraussagte (und damit gegen die überkommene astrologische Ansicht argumentierte, Kometen seien unvorhersehbare Omina), nahm er zum Anlass, seine Abscheu gegen die Macht des Klerus zum Ausdruck zu bringen. In seinen *Theologiae gentilis origines philosophicae* («Die philosophischen Ursprünge der heidnischen Theologie»), an deren Abfassung er 1683 zu arbeiten begann, legt er dar, dass es früher eine authentische naturphilosophische Religion gegeben habe, welche um die wahre Struktur des Kosmos wusste. In symbolischer Form sei dies im Pythagoreismus formuliert worden. Erst später sei dieses vollkommene Wissen korrumpiert worden, indem man die Sterne vergöttlicht und den Kosmos mit Seelen bevölkert habe. Im elften Kapitel geht er so weit, dass die christliche Religion mit ihrer machtbewussten Priesterschaft nicht weniger korrumpiert sei als ihre orientalischen und jüdischen Vorgänger. Hier wusste er sich übrigens mit Thomas Hobbes einer Meinung. Sternkult, so Newton schließlich, ist nur die andere Seite der falschen Kometentheorie, so wie auch heute die Ausstattung der Sterne mit Seelen und die Verehrung von Götzenbildern, Heiligen und untergeordneten Entitäten das Christentum von der echten Naturphilosophie wegführe, die, so war sich Newton sicher, Gott als einzige, absolute und gesetzgebende Instanz erkannt habe. Einmal mehr sieht man hier, wie eng die Sternkunde mit anderen Kulturbereichen verwoben ist: «[D]ie Reformation der Astronomie hatte direkte moralische, theologische und politische Funktionen.» (Simon Schaffer in Curry 1987, 241)

Worin bestand nun die Herausforderung des von Kopernikus, Galilei, Newton und anderen entwickelten neue Denkens, das zur Rede von der wissenschaftlichen Revolution geführt hat? Die eine Herausforderung, nämlich dass im heliozentrischen Weltbild die singuläre Stellung des Menschen als Mittelpunkt der Schöpfung verloren ging, ist schon zur Sprache gekommen. Um die Herausforderung in der neuen Physik Newtons zu verstehen, muss man sich den Konflikt zwischen aristotelischem Weltbild und einer platonischen Konzeption vor Augen führen, wie Newton sie – nicht zuletzt durch den Einfluss der «Cambridge Platonists» Ralph Cudworth und Henry More – entwickelt hatte. Von der Antike bis ins siebzehnte Jahrhundert war man sich im Grunde darüber einig, dass die Gesetze des Himmels und jene der Erde grundsätzlich verschieden seien, wie Aristoteles es gelehrt hatte. Nur der sublunare Bereich, also Geschehnisse auf der Erde und zwischen Erde und Mond, waren nach dieser Auffassung den Gesetzen der Veränderung und des Verfalls ausgesetzt, alle Bewegung verlaufe hier diskontinuierlich. Sonne, Sterne und Planeten dagegen galten als unveränderlich, kontinuierlich und vollkommen. Deswegen lokalisierte das traditionelle Denken die Kometen aufgrund ihrer ungleichmäßigen Bewegung im sublunaren Bereich.

Als Galilei 1610–1611 Flecken auf der Sonnenoberfläche beobachtete, sah man darin deshalb ein Ding der Unmöglichkeit. Und die Ansicht Newtons, dass die Gravitationsgesetze *überall* gleichermaßen gelten müssen, sowohl im sublunaren Bereich als auch im Universum, das er zudem als endlos konzipierte, war ein offener Affront gegen das traditionelle Denken. Hier gab es plötzlich den Anspruch, die Geschehnisse des Kosmos in einer einheitlichen Naturphilosophie abzubilden und damit dem ergründenden Zugriff des Menschen zu öffnen. Aus der neuen Philosophie folgte, dass aufgrund der Gleichheit von irdischen und himmlischen Gesetzen das Studium gewöhnlicher Dinge Aufschluss über universelle Eigenschaften des Kosmos geben kann. Nicht nur, dass damit das Studium unvollkommener sublunarer Prozesse Erkenntnis des wahren Wesens der Natur erlaubt, selbst künstlich erzeugte menschliche Effekte können zur Darstellung der universellen Natur dienen.

Neben der Universalisierung der Naturgesetze, die man in Form mathematischer Berechnung darzustellen suchte, bestand ein weiteres Problem in der Forderung, okkulte Eigenschaften von Gegenständen aus der Theorie vollständig zu eliminieren. Damit geriet sowohl die aristotelische Trennung von Materie und Form unter Beschuss als auch die Ansicht, es gebe verborgene Zusammenhänge, die beispielsweise auf die Anziehung («Sympathie») zwischen Planeten oder eine den Dingen innewohnende «Kraft» zurückgehen. Nach dem nun vertretenen mechanischen Weltbild können für solche Verbindungen allein physikalische Erklärungen wie die Schwerkraft der Teilchen herangezogen werden. Allerdings muss man festhalten, dass die Mathematisierung der Naturgesetze niemals erfolgreich durchgeführt wurde und dass auch die mechanistisch-materialistischen Erklärungsmodelle zum Teil auf apriorischen Setzungen beruhten, die sich nicht empirisch verifizieren ließen. Wie kann man beispielsweise zeigen, dass angenehme oder unangenehme Geruchs- oder Geschmacksempfindungen durch die raue oder glatte Oberfläche der Teilchen ausgelöst werden, welche jene «Körper» bilden? Kritische Historiker weisen heute darauf hin, dass es sich hier eher um ein *Gentlemen's agreement* darüber handelt, was man als Erklärung akzeptiert, als um den rationalen Beweis des Sachverhaltes.

Doch auch wenn man die Gründe für die Durchsetzung dieses Paradigmas im sozialen Habitus und nicht in der überlegenen Argumentation sucht, kann über die radikale Wirkung des neuen Denkens kein Zweifel bestehen. Diese Wirkung betraf auch das Selbstverständnis und die öffentliche Reputation der Astrologie.

Astrologie in der Krise

In der zweiten Hälfte des siebzehnten Jahrhunderts lässt sich in weiten Teilen Europas eine zunehmend kritische Haltung gegenüber der traditionellen Astrologie erkennen. Die Gründe dafür sind vielfältig, und erhebliche regionale Unterschiede verstärken zusätzlich den Eindruck, dass eine allgemeingültige Erklärung für diese Entwicklung schwer zu erbringen ist.

Der Dreißigjährige Krieg (1618–1648), in dem sich konfessionelle Konflikte sowie Auseinandersetzungen zwischen Landständen, Fürsten, Reichsstädten und dem Kaiser blutig entluden, hatte für die europäische Kultur kaum zu überschätzende Auswirkungen. Ein großer Teil der Bevölkerung war umgekommen, die Länder verwüstet und verarmt, was wiederum einfache apokalyptische, messianische und astrologische Erwartungshorizonte öffnete – ein guter Boden für Teufels- und Hexenkonstruktionen, ein schlechter für Prognosen, die sich allzu billiger Zukunftsdeutung enthielten.

Die erbitterten Konflikte zwischen den christlichen Konfessionen hatten neben diesen äußeren Wirkungen auch direkten Einfluss auf die Astrologie, wie sie in gelehrtem Kontext ausgeübt werden konnte. Die Gegenreformation führte dazu, dass die katholische Kirche ihren

Druck auf Wissenschaft und Philosophie erheblich steigerte. Viele Universitäten standen unter der Leitung von Jesuiten oder Dominikanern, die sich dem aufkommenden Platonismus vehement widersetzten und stattdessen eine neuscholastische Philosophie propagierten. Der spanische Jesuit Suarez hatte die aristotelische Lehre neu gefasst, und in dieser Form wurde sie an führenden Universitäten – darunter Oxford, Paris, Padua und Köln – gelehrt. Dadurch wurde die Astrologie gleichsam zwischen den Fronten zerrieben: Auf der einen Seite standen die neuscholastischen Traditionalisten, die sich gegen das kopernikanische System stemmten und weiterhin an einem aristotelischen Modell festhielten, das von der Trennung der sublunaren und der himmlischen Welt ausging und eine hinter den Planetensphären angesiedelte, empirisch nicht fassbare Welt der «ersten Bewegung» (*Primum mobile*) konstruierte; dieses Modell war jedoch auf verlorenem Posten, denn auf der anderen Seite wurden Jahr für Jahr Entdeckungen gemacht, die mit dem Modell schlichtweg unvereinbar waren. Darüber hinaus wurde die traditionelle Astrologie aus Sicht der mechanistisch-mathematischen Naturphilosophie dafür kritisiert, dass sie noch immer mit qualitativen Prinzipien arbeite, die sich jeder empirischen Erklärung entziehen und auf nicht beweisbaren Voraussetzungen beruhen. Unter dem Primat der rein quantitativen und auf die sichtbare Materie bezogenen neuen Lehre geriet die Astrologie in Erklärungsnotstand.

Die Ausdifferenzierung von Wissenszweigen Was wir hier beobachten, lässt sich vielleicht am besten als eine Ausdifferenzierung von Wissenszweigen beschreiben. Jene astrologische Tradition, die im Sinne einer *occulta philosophia* seit der Renaissance fester Teil der gelehrten Wissenschaften gewesen war, wurde aus dem Wissenschaftsdiskurs zunehmend verdrängt. Sie hatte an den Universitäten keine Entfaltungsperspektive mehr und wurde fortan in anderen Kulturbereichen – sei es im privaten Studium, sei es in einer vereinfachten populären Form, sei es in Kunst und Literatur – gepflegt. Nur wenige nahmen den oben genannten Hinweis Keplers auf, dass, sofern sich die Astrologie konsequent auf die symbolische Deutung der himmlischen Geschehen beschränke und die physikalischen Erklärungen anderen überlasse, sie ohne weiteres das neue Paradigma hätte annehmen können. Stattdessen hielten viele Astrologen am traditionellen Weltbild fest und wurden mit ihm der Lächerlichkeit preisgegeben. Auf längere Sicht hingegen, und zwar in letzter Konsequenz erst im neunzehnten und zwanzigsten Jahrhundert, ist es genau dies, was geschah: Die Astrologie wurde konsequent von der Astronomie getrennt, die qualitativ-deutende Sternkunde büßte ihren Status als quantitativ-mechanistische Wissenschaft ein und etablierte sich zugleich als psychologische Disziplin jenseits der Universitäten.

Wie reagierten die Astrologen? Die Erschütterungen des astrologischen Selbstverständnisses, die einerseits mit der Infragestellung des aristotelisch-ptolemäischen Modells des Kosmos, andererseits mit der Etablierung der mechanistisch-quantitativen Methode einher gingen, lassen sich in den Biografien und Werken der Astrologen des siebzehnten Jahrhunderts deutlich nachzeichnen. Die Reaktionen auf die kopernikanische Herausforderung verlief in einzelnen Ländern sehr unterschiedlich, sodass man von groben Verallgemeinerungen Abstand nehmen muss. Grundsätzlich jedoch gilt, dass es der Kampf zwischen Aristotelismus – oder genauer: Neuscholastik – und dem neuen Denken gewesen ist, an dem sich die Wege trennten. Jene Astrologen, die gegen die kopernikanische Sicht der Welt ankämpften und noch immer die Kongruenz mit christlicher Interpretation suchten, gerieten zunehmend ins argumentative Hintertreffen, während jene, die einem von Kepler vorgezeichneten Weg des mystizierenden Platonismus folgten oder sich um die heliozentrische Astronomie schlicht nicht scherten, die Grundlage schufen für ein Fortbestehen astrologischer Systeme innerhalb des neuen Weltbildes. Die wichtigsten Astrologen, die in der zweiten Hälfte des siebzehnten Jahrhunderts teilweise überaus umfangreiche Werke schufen, möchte ich nun vorstellen.

Italien Beginnen wir mit Italien, wo trotz kirchlicher Verbote noch etliche astrologische Abhandlungen und Prognostiken erscheinen konnten, darunter der populäre *Almanaco perpetuo* des Benincasa, der vom Astronomen Ansaleoni 1655 auf 700 Seiten erweitert wurde. Selbst in Rom wurden zwischen 1672 und 1684 eine Reihe von Prognostiken publiziert, was die bisweilen inkonsistente Behandlung der Astrologie durch die Kirche verdeutlicht. Die meisten Astrologen, die in dieser Zeit wirkten, wurden deswegen akzeptiert, weil sie das aristotelisch-neuscholastische System gegen den kopernikanischen Angriff zu verteidigen suchten. Der bekannteste von ihnen war P. Placido de Titis (1603–1668). Der aus einem umbrischen Adelsgeschlecht stammende Gelehrte war mit 21 dem Orden der Olivetaner beigetreten, einer Benediktinerkongregation mit Sitz in Siena. Später wurde er Lektor für Mathematik und Physik an der Universität Padua und Professor der mailändischen Universität in Pavia. Placidus, wie er bis heute genannt wird, verfasste eine große Anzahl von Schriften zur Sternkunde, in denen er die Vereinbarkeit der wissenschaftlichen Astrologie mit dem christlichen Glauben darlegte. Insbesondere auf die Kritik seines Landsmannes Pico della Mirandola reagierte Placidus, indem er jegliche «qualitative» Ausrichtung der Astrologie zu eliminieren suchte. Tierkreiszeichen, Häuser, Aspekte und alle anderen Faktoren betrachtete er als *physisch-reale* Elemente, die aus natürlichen Prinzipien herzuleiten seien. Vermittelt werden diese Prinzipien durch das Licht, was einen direkten *Einfluss* der astrologischen Faktoren und nicht eine simple qualitative Entsprechung bedeute. Statt geometrischer Einteilungen und ihrer platonisch-mystischen Aufladung im Sinne Keplers bestand Placidus auf der physikalisch-kausalen Interpretation des Wirkzusammenhanges, wie er sich aus der aristotelischen Tradition herleiten ließ.

In seinem Hauptwerk, der *Physiomathematica sive coelestis philosophia* («Physiomathematik oder Philosophie des Himmels»), zuerst pseudonym 1650 publiziert und dann posthum in verbesserter Ausgabe 1675 in Mailand erschienen, wendet sich Placidus konsequent gegen die rein geometrisch abgeleiteten Häusersysteme und Direktionsmethoden, etwa jene von Campanus oder Regiomontanus. Im Anschluss an Ptolemaios fordert er – weil das Licht ja den realen Einfluss darstelle – eine Häuserteilung «durch zwei Temporalstunden, also durch die proportionale Teilung der Bewegungsbogen der Himmelspunkte von einem zum nächsten Eckpunkt» (1675, 189). Diese Methode hatten schon Cardano und Magini gelehrt, und zwar aus rein geometrischen Gründen, was der Autor jedoch nicht erwähnt. Die Häuserlehre des Placidus fand schon bald eine große Verbreitung; selbst heute ist seine Methode die weltweit meist benutzte. Die starke Wirkung verdankte sich nicht nur der *Physiomathematica*, sondern vor allem dem viel gelesenen Tafelwerk *Tabulae primi mobilis*, das in siebzig Thesen die Grundsätze seiner Lehre enthielt, ergänzt durch

Häusertafeln zum Nachschlagen und Rechenanleitungen mit dreißig Horoskopbeispielen.

Dass es sich bei der Astrologie um reale Einflüsse handelt, die letztlich vom Primum Mobile jenseits der Sphären herrühren, wie Aristoteles es erklärt hatte, wurde von den meisten italienischen Astrologen propagiert, wodurch sie des Rückhalts vonseiten der Kirche sicher sein konnten. Zu nennen wären hier A. Francesco Bonatti aus Padua, Antonio Tattoni aus Terni und P. Giambattista Riccioli, der mit seinem umfangreichen *Almagestum novum* an Ptolemaios anschloss, eine scharfe Kritik an Kopernikus und Galilei formulierte und nicht zuletzt eine astrologische Geschichtsbetrachtung unter Auflistung aller Großen Konjunktionen von 3980 v. u. Z. bis 2358 u. Z. vorlegte. Die Werke des Placidus und seiner Kollegen waren mit kirchlicher Druckerlaubnis erschienen, doch 1688 änderte die Kurie ihre Haltung und setzte alle astrologischen Bücher auf den Index (auch die des Placidus). Das Verbot wurde 1709 verschärft, was dazu führte, dass sich der Schwerpunkt der Astrologie von Italien nach England und in die Niederlande verlagerte. Einen Anlass für die neuerliche Geringschätzung der Sternkunde dürfte der bekannte Astronom Giovanni Montanari geliefert haben, der in Bologna 1676 ein Prognostikon herausgegeben hatte, das bis 1686 fortgeführt wurde und dessen zutreffende Voraussagen ihm allenthalben Anerkennung einbrachten. Dumm nur, dass Montanari 1685 in einer weiteren Publikation zugab, die scheinbar so wohl überlegten Prognosen vollkommen willkürlich gemacht zu haben, um den Nachweis zu führen, dass man per Zufall ebenso viele Treffer landen könne wie mit der «gelehrten» Astrologie. Das war ein ziemlicher Schlag für die astrologische Zunft.

Frankreich Auch in Frankreich gab es starken Widerstand gegen das neue Weltbild, allerdings auch namhafte Befürworter. Als paradigmatisch kann man die Diskussion am Pariser Collège de France betrachten, wo die Positionen direkt aufeinander prallten. Auf der einen Seite stand Jean-Baptiste Morin de Villefranche (1583–1656), der erst spät, nämlich durch die Bekanntschaft des schottischen Alchemisten und Astrologen Davison, in die Sternkunde eingeführt worden war, nach seiner Berufung zum Professor für Mathematik am Collège de France im Jahre 1630 aber bald zum berühmtesten Astrologen seiner Zeit aufstieg. Bei den Königinnen von Frankreich, Schweden und Polen sowie bei den Kardinälen Richelieu und Mazarin stand Morin in sehr hohem Ansehen; er war der Hofastrologe Ludwigs XIII. und als solcher auch bei der Geburt Ludwigs XIV. im Jahr 1638 zugegen. Obwohl er zahlreiche Publikationen vorlegte, in denen er sich kritisch mit Kopernikus und Placidus auseinander setzte, gründete Morins Ruhm auf seinem 26 Bücher umfassenden Lebenswerk, der lateinisch geschriebenen (und deshalb erst nach späteren Übersetzungen breit rezipierten) *Astrologia gallica*, an der er dreißig Jahre geforscht hatte, deren Veröffentlichung – Den Haag 1661, finanziert durch seine ehemalige Klientin, Königin Marie Louise von Polen – der Meister jedoch nicht mehr erlebte. Dieses riesige Werk, bestehend aus über 800 Seiten, 39 Tabellen und 80 Beispielhoroskopen, versteht sich als eine komplette Enzyklopädie der praktizierenden Astrologie, ganz im Stile des Junctinus. Auf die vielen innovativen Techniken und hoch komplexen Deutungsregeln, die Morin entwickelte, kann ich hier nicht eingehen (einzelne Bücher sind in englischen und französischen Übersetzungen erhältlich; s. ferner Selva 1897 und Schwickert & Weiss 1925, Bd. 2). Festzuhalten ist allerdings, dass auch Morin das hinter den Planetensphären angesiedelte Primum mobile als die zentrale physische Ursache allen Geschehens betrachtete. Von dort strömen die siderischen Kräfte herab und beeinflussen die sublunare Welt, die wiederum aus vier Urqualitäten zusammengesetzt ist. Der Zodiak ist fest mit dem Primum mobile verbunden; die Tragik Morins besteht darin, dass mit dem Einsturz dieses aristotelischen Systems auch seine Schlussfolgerungen an Überzeugungskraft einbüßen mussten.

An dieser Schwachstelle setzten seine Widersacher am Collège de France den Hebel an, allen voran der Dompropst, Physiker und Mathematiker Peter Gassendi (1592–1655). Gassendi widersprach der aristotelischen Konzeption eines krafterfüllten ersten Raumes und setzte dem ein epikuräisch-mechanistisches Modell entgegen, welches Gott als die erste Ursache allen Geschehens betrachtete. In einem leeren Raum bewegen sich die Körper der Atome und bringen durch diese Bewegung die irdischen Ereignisse hervor. Deswegen folgte Gassendi der kopernikanischen Weltsicht, allerdings mit der entschärfenden Kompromisslösung Tycho Brahes – die Sonne kreist weiter um die Erde als Mittelpunkt, doch die fünf Planeten kreisen um die Sonne –, da diese der Bibel nicht zu widersprechen schien. Das war auch die Meinung seines Freundes Marinus Mersenne (1588–1648), der eng mit Descartes, Hobbes und dem Astrologen Campanella zusammenarbeitete. In seinen 1623 erschienenen *Quaestiones celeberrimae in genesin* entwickelte er eine ähnliche platonisierend-mystisierende Position wie Kepler, auf den er sich später auch ausdrücklich bezog (*Harmonie universelle*, 1636).

Trotz dieser Versuche, die Astrologie an das neue Weltbild zu adaptieren, geriet auch in Frankreich die Sternkunde zusehends in den Ruf, eine altmodische und unwissenschaftliche Methode zu sein. Zunächst ging der Gründer der französischen Akademie, der Minister J.B. Colbert, 1666 persönlich gegen die Astrologie vor, indem er den Mitgliedern der Akademie das Studium dieser Wissenschaft streng verbot. Und als König Ludwig XIV., dessen Geburtshoroskop Morin noch hatte stellen dürfen, am 31. Juli 1682 das schon zuvor in mehreren Provinzen geltende Verbot astrologischer Kalender und Almanache auf ganz Frankreich ausdehnte, war der gelehrten Astrologie endgültig der Boden entzogen.

England In England verlief die Geschichte ganz anders. Auch wenn die führenden Universitäten – sowohl die den Empirikern folgenden als auch die *Cambridge Platonists* – die Astrologie als seriöse Disziplin ablehnten und sich einige Gelehrte lediglich insgeheim mit ihr beschäftigten, führte dies nicht zum Verschwinden der Sternkunde aus dem öffentlichen Diskurs. Im Gegenteil: In keinem anderen europäischen Land gab es eine so breite Beschäftigung mit der Astrologie jenseits der Universitäten wie in England (s. die hervorragende Studie von Curry 1989). Wir werden noch sehen, dass dieses fortgesetzte Interesse wesentlich dazu beitragen sollte, dass die Astrologie gegen Ende des neunzehnten Jahrhunderts auch in anderen Teilen Europas wieder heimisch wurde.

Eine große Anzahl von so genannten *Professionals* praktizierten Horoskopdeutungen und gaben politisch-wirtschaftliche Prognosen heraus. Dabei liefen sie immer Gefahr, dem von König Jakob I. 1603 erlassenen Gesetz gegen Gaukler, Wahrsager und Astrologen zum Opfer zu fallen, das allerdings nur solche Handlungen, welche «die Grenzen erlaubter Astrologie überschreiten» oder in betrügerischer Absicht geschehen, unter Strafe stellte. Und da der sich betrogen fühlende Klient selbst vor Gericht ziehen musste, was vielen durchaus peinlich war, hatte dieses Gesetz keine durchschlagende Wirkung. Und aufgrund der politischen Umstürze wurde die offizielle Zensur im Jahre 1641 völlig abgeschafft, wodurch plötzlich ein riesiger Markt für astrologische Literatur sichtbar wurde – Curry spricht hier von den «glücklichen Tagen» der englischen Astrologie (1989, 19–22). Vor 1640 gab es keine gedruckten Zeitungen astrologischen Inhalts, 1645 waren es etliche Hundert; während 1640 nur 22 astrologische Neuerscheinungen zu verzeichnen waren, sind es 1642 plötzlich 1966; in den folgenden Jahrzehnten erschienen im Schnitt drei Flugschriften pro Tag.

Auch der berühmteste aller Professionals, William Lilly (1602–1681), der gerne als «true father of British astrology» bezeichnet wird, wurde wiederholt vor Gericht gebracht, doch profitierte auch er von der Hochkonjunktur der Astrologie nach 1641 (zur Biografie Lillys s. Parker 1975). Lilly stammte aus einfachen Verhältnissen. 1620 musste er den Besuch der Lateinschule aufgeben, weil sein Vater wegen Schulden verhaftet worden war, und sich in London als Laufbursche und Diener durchschlagen. Doch er hatte Glück, denn nach dem Tod seines Herrn heiratete er dessen reiche Witwe und konnte sein neues Vermögen durch Häuserspekulationen noch erheblich erweitern. Im Alter von dreißig Jahren begann er seine Beschäftigung mit der Astrologie; das erste Ergebnis seines Interesses für mundanastrologische Techniken waren 1644–1645 unter dem Pseudonym «Merlinus anglicus» herausgegebene politische Almanache, für die er vor Gericht gestellt, doch aufgrund seiner überaus geschickten Verteidigung nicht bestraft wurde.

Lilly, der hervorragend Latein konnte und deshalb alle verfügbaren Abhandlungen las, widmete sein Leben vollständig dem Studium der Astrologie und trug dazu bei, dass das siebzehnte Jahrhundert in der Tat das «Goldene Jahrhundert der Astrologie» in England wurde. Er pflegte Kontakt zu vielen Fachleuten, unter ihnen Sir Elias Ashmole (1617–1692), mit dem ihn bald eine enge Freundschaft verband. Dem Begründer des berühmten Ashmolean Museums widmete Lilly denn auch seine Autobiografie, die erst 1715 unter dem Titel *Mr. William Lilly's History of his Life and Times* erschien und so interessante Details enthüllte wie eine Schatzsuche in Westminster Abbey. Lillys Hauptwerk jedoch ist die 1647 in London publizierte und schon 1659 nachgedruckte *Christian Astrology, modestly Treated of in three Books.* Das beinah 900 Seiten umfassende Werk führt im ersten Teil grundsätzlich und mit vielen Tafeln in die Astrologie ein; der zweite Teil ist eine überaus detaillierte Darstellung der Stundenastrologie, mit Dutzenden Beispielhoroskopen aus seiner eigenen Praxis; im dritten Teil behandelt der Autor die Geburtshoroskopie. Im Anhang findet sich zudem eine Bibliografie mit astrologischen Werken (die alle in Lillys Bibliothek standen) und sogar ein Register.

In der Stundenastrologie hatte Lilly es zu einer hohen Kunst gebracht, und nachfolgende Generationen – so W. J. Simmonite und Zadkiel im neunzehnten Jahrhundert – schrieben aus seinem Werk mehr oder weniger nur noch ab. Ein Beispiel für diese Art der Horoskopdeutung möchte ich hier anführen: In Kapitel 43 behandelt Lilly den Fall eines nahe Henley verlorenen oder gestohlenen Pferdes und die Frage, ob, wo und wann es wieder auftauchen werde:

> Merkur, der hier als Herrscher des Zwölften (Hauses) für das Pferd steht, sehen wir rückläufig und auf eine Konjunktion mit der Sonne zueilen, die zugleich der Herrscher des Substanzhauses des Klienten ist; weil Merkur durch seine retrograde Bewegung zum Herrscher des Substanzhauses des Klienten gehört, darüber hinaus der Mond lokal im Zweiten und sowohl Jupiter als auch Mars retrograd in der Nähe der Spitze des Zweiten sind, kam ich zu dem Ergebnis, dass der Klient seinen Besitz oder sein Pferd zügig und unvorhergesehen zurück erhalten werde, und zwar innerhalb von einem oder zwei Tagen nach der Befragung. Und weil das Siebte Haus vom Drachenschwanz betroffen ist [womit der aufsteigende Mondknoten am Aszendenten steht], urteilte ich, dass der Dieb die Sache nicht behalten werde.

Durch ähnliche Schlussfolgerungen findet Lilly sogar heraus, dass das Pferd aus Westen zurückkommen werde, genau zur Konjunktion von Merkur und Venus. Er räumt ein, dass dies ein besonders einfaches Beispiel sei, weil so viele «klare Indizien» vorhanden seien, und tatsächlich sei die Sache genau so ausgegangen.

Nicht nur die virtuose Beherrschung der Stundenastrologie (Interrogation) begründete Lillys Ruhm, sondern auch seine Prognosen. König Karl I. konsultierte ihn mehrfach, beherzigte Lillys Rat, London sofort zu verlassen, jedoch nicht und wurde auf Betreiben Cromwells am 30. Januar 1649 in London hingerichtet. Eine andere Prognose indes schlug noch höhere Wellen: 1651 gab Lilly die Schrift *Monarchy or No Monarchy in England* heraus, in der er eine Katastrophe für London vorhersagte. Als 1665 die Pest ausbrach und 1666 die Hauptstadt einem verheerenden Brand zum Opfer fiel, wurde Lilly vor die

Kommission zur Untersuchung des Brandes geladen und zu seiner Prognose befragt. Er erklärte, den genauen Zeitpunkt nicht im Voraus gewusst zu haben, zeigte sich aber überzeugt, dass es natürliche Ursachen des Brandes geben müsse. Die Kommission ließ es dabei bewenden.

Die von Lilly verantworteten Almanache wurden nach dem Tod des Meisters von seinem Adoptivsohn und Schüler, Henry Coley, weitergeführt. Dieses Genre behielt überhaupt seine Popularität in England kontinuierlich bis ins neunzehnte Jahrhundert (ausführliche Übersicht bei Capp 1979). Neben Lilly und Coley, der mit seinen Werken *Clavis Astrologiae* (London 1669) und *Clavis Astrologiae elimata* (London 1676) zwei exzellente Handbücher schrieb, gab es in jener Zeit noch weitere produktive Astrologen. John Gadbury (1627–1704) wäre da zu nennen, der zunächst ein Schüler und Freund Lillys war, sich dann aber von seinem erfolgreichen Lehrer abwandte und eine «Gegenschule» aufmachte. Dies führte dazu, dass sich Londoner Astrologen entscheiden mussten, zu welchem Lager sie gehören wollten. Sogar nach Lillys Tod kulminierte der Streit noch, als nämlich John Partridge seine polemische Schrift *Nebulo Anglicanus, or the First Part of the Black Life of John Gadbury* (London 1693) herausbrachte.

John Partridge (1644–1715) war auch der erste englische Astrologe, der die Berechnung der Zwischenhäuser nach Placidus propagierte (Lilly kannte zwar das neue System, arbeitete aber weiter mit Regiomontanus). In zwei recht technischen Büchern, dem *Opus reformatum* (London 1693) und der *Defectio geniturarum* (London 1697, beide auf Englisch), legte er ausführlich dar, warum die neue Technik der alten vorzuziehen sei. Außerdem schuf Partridge eine sehr erfolgreiche Almanach-Serie, die ab 1680 unter dem Titel *Merlinus Liberatus* erschien und bis 1783 unter seinem Herausgeber-Pseudonym «Merlinus redivivus» weitergeführt wurde. Doch es wurde Partridge nicht leicht gemacht. Nicht nur, dass er immer wieder mit Gerichten zu tun hatte und unter König Jakob II. England für eine Zeit verlassen musste, bis König Wilhelm III. ihn rehabilitierte. In der öffentlichen Debatte spielte ihm eine andere Episode übel mit: Jonathan Swift publizierte nämlich unter dem Pseudonym Isaac Bickerstaff einen satirischen Almanach für das Jahr 1708, in dem er prophezeite, dass Partridge «unweigerlich» am 29. März 1709 um 23 Uhr sterben werde. Ein Jahr später legte Swift sogar noch nach und gab die Schrift heraus «Die erfüllten Prophezeiungen des Mr. Bickerstaff», in der er den Tod Partridges verkündete, zusammen mit dessen Eingeständnis des Scheiterns, der Beschreibung der Leichenfeier und dem Text der Grabinschrift. «Bickerstaff» ergänzte: «Weep all you customers that use/His pills, his almanacks, or shoes» («Weint, all ihr Kunden, die ihr seine Pillen, seine Almanache oder Schuhe benutzt habt»). Diesen Scherz fand Partridge gar nicht «very British», zumal es ihn viel Aufwand kostete, der verwirrten Öffentlichkeit zu beweisen, dass er noch am Leben war. Doch die Episode bietet einen Einblick in das Klima und die öffentliche Rolle, welche der Astrologie jener Zeit in England zukam.

Swifts Rechnung, die Engländer durch seine Satire von ihrer Leichtgläubigkeit abzubringen, ging nicht auf. 1697 erhielt der Arzt und Astrologe Francis Moore (ca. 1657–1715) von König Wilhelm III. eine Lizenz zur Herausgabe eines «loyalen» Almanachs, der unter dem Titel *Francis Moore's Vox Stellarum or a loyal almanac for the year 1697* erstmals erschien und bis zum Zweiten Weltkrieg fortgeführt wurde. *Moore's Almanac* wurde zum Vorbild für die vielen und sehr erfolgreichen astrologischen Prognosereihen des neunzehnten Jahrhunderts (s. u. Kapitel VII.1). Und dass trotz einer zunehmend feindlichen Haltung gegenüber der Astrologie die Sternkunde auch unter angesehenen Astronomen weiter betrieben wurde, zeigt das Beispiel John Flamsteed (1646–1719), dem Gründer der Sternwarte von Greenwich und dem ersten «Royal Astronomer». Das Horoskop der Grundsteinlegung der Sternwarte – es war der 10. August 1675 (nach Julianischem Kalender), 15:14 Uhr – wurde von Flamsteed persönlich erstellt und getreulich verwahrt. Wer auf das Blatt mit dem Horoskop geschrieben hatte: *Risum teneatis amici* («Haltet euer Lachen zurück, Freunde»), ist bis heute ungeklärt. Manche vermuten, dies sei ein Scherz, der gegen Flamsteed gerichtet war, doch wahrscheinlicher ist, dass der Satz von Flamsteed selbst angebracht wurde, um seiner Neigung zur Astrologie Ausdruck zu verleihen, ohne sich öffentlich dazu bekennen zu müssen. Wie Günther Oestmann in einer neuen Studie zeigt (2003a), war Flamsteed ein mit allen astrologischen Techniken vertrauter Wissenschaftler.

3. Von der Aufklärung zur Romantik

Aufklärung, Esoterik, Astrologie

Zu Beginn des achtzehnten Jahrhunderts hatte die Astrologie ihre Reputation in gelehrten Kreisen Europas maßgeblich eingebüßt. Im Zuge jener Anstrengungen, die man gemeinhin als «Aufklärung» bezeichnet, verstärkte sich dieser Prozess noch einmal, und es kam zur endgültigen Eliminierung der deutenden Sternkunde aus dem an den Universitäten beheimateten Fächerkanon. Eine Astrologie, die am aristotelisch-scholastischen Modell festhielt oder aber sich den neuen Rationalitäts- und Wissenschaftskriterien entzog, konnte schlichtweg nicht mehr ernst genommen werden. Was zunächst noch akzeptiert wurde – davon zeugen entsprechende Dissertationen an europäischen Universitäten –, war die Untersuchung der Sterneinflüsse auf das Wetter oder auf den menschlichen Körper, doch nach 1750 wurden auch diese Fragen mitsamt der Astrologie dem Bereich des Aberglaubens überantwortet. Als König Friedrich der Große die astrologischen Voraussagen in den Hauskalendern verbieten wollte, scheiterte er lediglich am Protest der Bauern, die auf diese Form der Witterungsprognosen nicht verzichten wollten. Kaiserin Maria Theresia war da weniger kompromissbereit und verbot im Jahr 1756 «alle astrologischen Wahrsagereyen und abergläubischen Mutmaßungen» in den Kalendern. Noch wichtiger aber als das Verbot von Jahresprognosen war die Unterdrückung von Ephemeriden, also dem wichtigsten Werkzeug für praktizierende Astrologen. Die großen Tafelwerke wurden nicht mehr aufgelegt, und nach 1710 sind keine neuen Listen mehr erschienen. Damit war der deutenden Sternkunde der Boden entzogen.

Die Aufklärer betrachteten die Astrologie fortan als «Pseudo-Wissenschaft» oder als Aberglauben. Als 1785–1789 Johann Christoph Adelung seine einflussreiche *Geschichte der menschlichen Narrheit* (7 Bände) herausgab, kam auch die Astrologie vor den Richterstuhl. Zum Beispiel nahm Adelung sich Lucas Gauricus vor und lieferte dessen vorgebliche Kompetenz dem Spott des achtzehnten Jahrhunderts aus. In der Renaissance, so der Autor, hätte der Astrologe noch Anhänger gehabt, denn «da es zu seiner Zeit eine Menge Thoren gab, welche an [die Astrologie] glaubten, so ist es kein

Wunder, daß Gauricus durch einige auf Schrauben gesetzte Weissagungen, welche von ungefär eintrafen, und nach geschehener Sache von der lieben Einfalt vergrößert wurden, berühmt ward» (Band II, S. 256). Ein ähnliches Bild zeichnete auch das wichtigste Dokument der Aufklärung überhaupt, nämlich die von Denis Diderot und anderen herausgegebene *Encyclopédie, ou Dictionnaire raisonné des sciences, des arts, et des métiers* (17 Bände, 1751–1765). Der Artikel «Astrologie» (Band I, S. 780–783) unterscheidet zwischen *Astrologie naturelle* und *Astrologie judiciaire*, wobei die «natürliche», also der Zusammenhang von Planeten und Wetter etc., durchaus Bestand hat, während die Horoskopastrologie als Aberglauben betrachtet wird, von dem, so die Autoren, «wir selber in früheren Jahrhunderten infiziert waren» (S. 781). Für die französischen Aufklärer um Diderot und Voltaire war die Astrologie geradezu eine Wahnwissenschaft, die von den Priestern erfunden worden war, um die Bevölkerung zu unterjochen. Freiheit der Vernunft vom Machtanspruch religiöser Doktrinen führte so zwangsläufig zur Freiheit von astrologischem Despotismus. Die Abgrenzung von der Astrologie wurde zur Vergewisserung des eigenen aufgeklärten Status.

Auch wenn damit wissenschaftsgeschichtlich die Sache (relativ) eindeutig ist, sieht es kulturgeschichtlich keineswegs so einfach aus, denn zum einen gab es ein ungebrochenes Interesse an der Interpretation von Zeitabläufen und persönlichen Lebenszusammenhängen, zum anderen erwuchs aus der Vernunftbetonung der Aufklärer selbst eine inhaltlich wie gesellschaftlich relevante Gegenoption, welche sich in Philosophie, Kunst und Literatur Ausdruck verschaffte. Dieser als Ambivalenz der Aufklärung diskutierte Zusammenhang ist ein Strukturelement europäischer Geistesgeschichte seit dem achtzehnten Jahrhundert. Er lässt sich nur dann verstehen, wenn man in Rechnung stellt, dass die damals entwickelten Rationalitätsstandards – die ihre Negationen bereits in sich tragen – nicht deckungsgleich sind mit dem, was wir heute unter «Ratio» verstehen.

Die Suche nach «höherem Wissen» und die Ambivalenz der Aufklärung Wir haben schon an vielen Punkten feststellen können, dass die Trennung zwischen vernünftiger Wissenschaft und unvernünftiger Esoterik der gegenseitigen Durchdringung dieser Kulturbereiche und Welterklärungsmodelle in der europäischen Neuzeit in keiner Weise gerecht wird. Wie Erich Meuthen in seinem Standardwerk zum fünfzehnten Jahrhundert prägnant sagt, haben bei der Antikerezeption der Renaissance «in starkem Maße gerade nicht die ‹aufgeklärten› Seiten des antiken Heidentums, sondern das [...] Dunkle, Geheimnisvolle und Mythische» gewirkt (Meuthen 1996, 183). Eine ähnliche Ambivalenz zeigt sich auch in den Diskursen des achtzehnten Jahrhunderts, was seit einiger Zeit von vielen Historikern betont wird. Zunehmend wird erkannt, dass die Rede vom Dunklen als dem «Anderen der Vernunft», welches oft dichotomisch der «Fackel der Aufklärung» und dem Licht des Verstandes gegenüber gestellt wird, einerseits einer Rhetorik aufgeklärter Selbstvergewisserung entspringt, andererseits aber selber Erkenntnismetaphern gebraucht, die aus der esoterischen Tradition stammen.

Einer der ersten, die diesen Zugriff konsequent verfolgten, war der Germanist Rolf-Christian Zimmermann. Ausgehend von der Beobachtung, dass die religiöse Popularphilosophie der Frühaufklärung die Hermetik Jakob Böhmes «in die Gleise der Vernunft zu lenken suchte» (Zimmermann 1969, 129), entwickelte er den Begriff der «Vernünftigen Hermetik», um die geistigen Strömungen, aus denen Goethe und andere schöpften, auf den Punkt zu bringen (1969, 128–171). Dies wurde von geschichtswissenschaftlicher Seite bestätigt: Reinhart Koselleck sprach 1959 (^{2}1973) davon, dass das Geheimnis der Freimaurerlogen im Zeitalter des Absolutismus die Funktion besaß, den neuen, selbstbewussten Bürger vor dem Staat zu schützen. Damit trugen die Geheimgesellschaften ebenso zur Schaffung demokratischer Strukturen bei wie die Kritik der Aufklärer: «Aufklärung und Geheimnis treten von Anbeginn auf als ein geschichtliches Zwillingspaar» (1973, 49). Die Kritik – jener Kampfbegriff des achtzehnten Jahrhunderts – entwickelte jedoch eine dialektische Eigendynamik, indem sie die Fundamente untergrub, auf denen sie gründete:

> Gesetzte Begriffe setzten ihre Gegenbegriffe, die im selben Vollzuge abgewertet und meist auf diese Weise «kritisiert» wurden [...] Die dualistischen Spaltungen, derer sich die Kritiker bedienten, erweisen sich damit als eine einzige Paradoxie: sie dienten als Ferment, alle Unterschiede und Gegensätze zu beseitigen, d. h. die dualistisch konstruierten Spannungen aufzuheben, aus denen die Aufklärung gerade ihre Evidenz bezog. (Koselleck 1973, 103)

In der neueren Esoterikforschung sieht man in dieser Dynamik ein generelles Strukturelement aufgeklärter Diskurse, in denen die Faszination für das Dunkle und Irrationale sowie dessen Auflösung im Licht des Verstandes einen Dreh- und Angelpunkt darstellt. Inzwischen liegen einige Studien vor, die sich mit diesem Zusammenhang ausführlich befassen (Neugebauer-Wölk 1999, Trepp & Lehmann 2001; s. auch Kippenberg & von Stuckrad 2003, 70–81). Es zeigt sich dabei, dass die Verherrlichung von Aufklärung und Erkenntnis, wie sie von vielen Intellektuellen des achtzehnten Jahrhunderts betrieben wurde, gerade *nicht* an Vernunftmodellen eines René Descartes anschließt, sondern an der Suche von Renaissance-Autoren nach dem «Licht der Wahrheit». Durch die Verbindung von Esoterik und Aufklärung erkennt man, wie sehr es den Beteiligten um *höheres* Wissen, um *absolute* Erkenntnis und eine den bloßen Verstand *transzendierende* Wahrheit zu tun war. Der ganze Mensch sollte von dieser Aufklärung erfasst werden, was eine Neugeburt des Menschen in die Wege leiten würde, die man dann auch auf politische und kulturelle Kontexte übertrug.

Wie bereits angedeutet, geschah die Anknüpfung aufgeklärter Diskurse an der Vergöttlichung der Vernunft zur Zeit der Renaissance wohl am Deutlichsten innerhalb der Geheimgesellschaften des achtzehnten Jahrhunderts.

Astrologische Semantik in den Geheimgesellschaften des achtzehnten Jahrhunderts Die Esoterik ist für die europäische Kultur nämlich nicht nur ideengeschichtlich relevant, sondern fand ihren Ausdruck auch in gesellschaftsgeschichtlichen Prozessen, und zwar gerade im achtzehnten Jahrhundert. Die Zirkel der Freimaurer, Rosenkreuzer, Illuminaten und anderer so genannter «Geheimgesellschaften» lassen sich im Sinne einer *institutionalisierten Esoterik* begreifen, in denen Aufklärung und Bürgertum eine spezifische Verbindung eingingen (Neugebauer-Wölk 1999). Hier war der Ort, an dem aufgeklärte Geister wie Leibniz, Herder oder Goethe sowohl ihre politisch-philosophischen Ideale diskutierten als auch die Rationalität im Sinne einer «vernünftigen Hermetik» und im Suchen nach der «absoluten Erkenntnis» esoterisch überhöhten.

Inhaltlich wie gesellschaftsgeschichtlich knüpften jene Geheimgesellschaften am Programm der platonischen Akademien der Renaissance an. Zwar liegen die bis heute dunklen Ursprünge der Freimaurer-Bewegung im Hochmittelalter (die frühesten Spuren sind das

Regius-Gedicht um 1390 und das Cooke-Manuskript um 1430–1440), und die ältesten Konstitutions-Handschriften datieren aus der Mitte des fünfzehnten Jahrhunderts, doch den öffentlichen Raum betraten diese Gruppen erst im siebzehnten Jahrhundert, als sich einzelne Logen zu größeren Vereinigungen zusammenschlossen und versuchten, ihre Systeme zu ordnen. Den eigentlichen Beginn der Freimaurer-Geschichte bildet deshalb die Gründung der Londoner Großloge im Jahre 1717. Parallel dazu machten die Rosenkreuzer zunehmend auf sich aufmerksam. Diese hatten in ihren Manifesten *Fama Fraternitatis* (1614) und *Confessio* (1615/1616) den legendären Begründer Christian Rosenkreutz als einen Adepten eingeführt, der das «Buch der Welt» (*liber mundi*) gelesen habe und der in die Tradition des Hermes und der Tabula Smaragdina eingeweiht gewesen sei. Die Legende um die Öffnung seines Grabes 1604 ähnelt außerdem der Auffindung der antiken Schriften im Grabmal des Hermes Trismegistos. Auf diese Weise verband sich der neuzeitliche Hermetismus mit religiösen und politischen Forderungen, die im achtzehnten Jahrhundert zunehmend auch in aufgeklärten Kreisen auf Resonanz stießen.

Im Hinblick auf die kulturgeschichtliche Bedeutung der Astrologie ist es bemerkenswert, dass innerhalb jener Gruppierungen eine Symbolik entwickelt wurde, die von astrologischen Elementen geprägt war. Die Gradsysteme folgten – wie in antiken Mysterien – astrologischer Semantik, und die Einweihungen vollzogen sich unter Bezugnahme auf hermetisch-esoterische Traditionen, die auf einer neuplatonischen Kosmologie aufbauten. Diese Kosmologie wurde jedoch im Zuge der wissenschaftlichen Revolutionen weit gehend psychologisiert, womit sie auch für aufgeklärte Denker zugänglich blieben. Beispielsweise repräsentierten die sieben Planeten im «Alten und Angenommenen Schottischen Ritus» der Freimaurerei die sieben Cherubim: Michael stand für Saturn, Gabriel für Jupiter, Uriel für Mars, Chamaliel für die Venus, Raphael für Merkur, Tsaphiel für den Mond und Zerachiel für die Sonne. In den Ritualen wurden die entsprechenden Gottheiten und Engel, die jeweils spirituelle und ethische Prinzipien vertraten, die der Adept kennen musste und auf seinem Weg zu integrieren hatte, auch performativ in Szene gesetzt.

In der «Ägyptischen Maurerei» konnte das so aussehen: Die Wände des Raums, in dem die «Magier von Memphis» ihre Rituale durchführten – das Sanktuarium – waren mit rotem Damast ausgekleidet, an dem Abbildungen des Saturn, des Osiris, der Isis, des Horus und des Harpokrates angebracht waren. Der Raum wurde mit fünfzehn Kerzen beleuchtet, die auf die Himmelsrichtungen verteilt waren. Im Osten stand der Altar. Vom schwarz gekleideten Saturn, der über dem Eingang hing, sagte man, er sei der Vater der Götter, aus einem Baumstamm gewachsen und das Symbol der Urmaterie. Osiris, in gelben Farben im Süden an die Wand gemalt, war das Symbol des verborgenen Feuers der Sonne, königlicher Sohn des Saturn, Gatte der Isis und Vater des Horus. Isis, in weißen Farben dargestellt und Sinnbild der Feuchtigkeit, Natur und Erde (Mond), war die älteste Tochter Saturns und als Königin Schwester und Gattin des Osiris. Hermes (Merkur oder Thot) war ihr Minister. Im Osten schließlich befand sich Horus als Gott der Vernunft, der die Figuren des Glücks und des Todes in den Händen hielt. Links fand sich die Darstellung des Harpokrates, des Bruders des Horus und Gottes des Schweigens. Saturn trug auf der rechten Seite seiner Brust das Zeichen der Sonne, auf der linken das des Mondes; vor sich hielt er das Zepter Merkurs, welches Licht und Finsternis teilte. In der Mitte des Sanktuariums stand ein Sarg zwischen zwei Palmen und am Kopfende ein Tamarindenzweig, darüber das Zeichen des Merkur. Vor dem Sarg lag ein ebenfalls mit Symbolen ausgestatteter Teppich.

Die Inszenierung dient im Grunde dazu, den Adepten äußerlich vor Augen zu führen und sie körperlich erleben zu lassen, was eigentlich in ihrem Innern stattfindet – eine Initiation in neue Bewusstseinsebenen, in Erkenntnisprozesse, die ihnen auf ihrem Weg zur höheren Vernunft helfen mögen. Die astrologische und alchemistische Semantik wird dabei integriert in ein kosmisch-religiöses Gesamtsystem, das nichts mehr mit Geburtshoroskopie oder Mundanastrologie zu tun hat, dafür aber in besonderer Weise geeignet war, die Elemente der astrologischen Interpretation als psychische Kräfte zu verstehen. Die in diesem Kontext entstandenen Werke – etwa Georg Wellings *Opus mago-cabbalisticum et theosophicum* (1735, Nachdrucke 1760 und 1785) oder das Werk *Geheime Figuren der Rosenkreuzer aus dem 16. und 17. Jahrhundert* (1789) – stellen die Astrologie denn auch konsequent als eine «Urwissenschaft» dar, die, jenseits von Streitigkeiten über heliozentrische oder geozentrische Systeme, kosmische Symbolik mit seelischen Dispositionen zu verbinden vermag und dadurch allererst das «höhere Wissen» der Aufklärer begründet.

Romantik und die Restauration der antiken Sternkunde

Gegen Ende des achtzehnten Jahrhunderts war also die Astrologie aus den wissenschaftlichen Debatten mehr oder weniger verschwunden. Die empirische Naturwissenschaft war im Begriff, sich zur Leitdisziplin zu entwickeln und im neunzehnten Jahrhundert endgültig die Oberhand zu gewinnen. Doch erneut wäre es falsch, diese Entwicklung als eine einseitige und klare zu beschreiben, zu stark waren die Gegenkräfte und die inhärenten Ambivalenzen der modernen Wissenschaft, die der Astrologie – wenn auch in gewandelter Form – ihre Existenz sicherten. Auf die Situation in Großbritannien werde ich im nächsten Kapitel ausführlicher eingehen. An dieser Stelle möchte ich das Augenmerk auf jene Kulturbereiche richten, die sich mit der Durchrationalisierung des Kosmos und der Lebenswelten nicht zufrieden gaben und stattdessen einer ganzheitlichen Integration des «Lebendigen» auch in der Wissenschaft das Wort redeten. Dadurch und durch eine neuerliche Begeisterung für das antike Griechenland wurde auch die Astrologie wie selbstverständlich weiter tradiert. Der Unterschied bestand im Wesentlichen darin, dass im neunzehnten Jahrhundert die Sterne *ästhetisiert* und *psychologisiert* wurden, also als symbolische Repräsentanten von universellen Kräften aufgefasst wurden, die im Innern des Menschen wie auch im holistisch konzipierten Universum wirksam sind. Was das bedeutet, möchte ich am Beispiel der «Naturforschung» der Goethezeit und der eigentlichen Romantik erläutern.

Astrologie in der Goethezeit

Am 28. August 1749, mittags mit dem Glockenschlage zwölf, kam ich in Frankfurt am Main auf die Welt. Die Konstellation war glücklich: die Sonne stand im Zeichen der Jungfrau und kulminierte für den Tag; Jupiter und Venus blickten sie freundlich an, Merkur nicht widerwärtig, Saturn und Mars verhielten sich gleichgültig; nur der Mond, der soeben voll ward, übte die Kraft seines Gegenscheins um so mehr, als zugleich seine Planetenstunde eingetreten war. Er widersetzte sich daher meiner Geburt, die nicht eher erfolgen konnte, als bis diese Stunde vorübergegangen.

Diese guten Aspekten [sic!], welche mir die Astrologen in der Folgezeit sehr hoch anzurechnen wußten, mögen wohl Ursache an meiner Erhaltung gewesen sein: denn durch Ungeschicklichkeit der Hebamme kam ich für tot auf die Welt, und nur durch vielfache Bemühungen brachte man es dahin, daß ich das Licht erblickte. Dieser Umstand, welcher die Meinigen in große Not versetzt hatte, gereichte jedoch meinen Mitbürgern zum Vorteil, indem mein Großvater, der Schultheiß Johann Wolfgang Textor, daher Anlaß nahm, daß ein Geburtshelfer angestellt und der Hebammen-Unterricht eingeführt oder erneuert wurde; welches denn manchem der Nachgeborenen mag zugute gekommen sein.

Mit diesen Sätzen beginnt Johann Wolfgang von Goethe seine Autobiografie *Dichtung und Wahrheit*. Indem er an den Beginn seiner Darstellung die Beschreibung seines Geburtshoroskops setzt, schließt er an Traditionen an, die spätestens seit Girolamo Cardano in intellektuellen Kreisen gang und gäbe waren und die einen ganz selbstverständlichen Umgang mit der astrologischen Interpretation des Geburtsmomentes zeigen. Die leise Ironie des zweiten Absatzes macht überdies deutlich, dass Goethe wie viele seiner Zeitgenossen sich keineswegs von der Deutung durch die Astrologen abhängig machte, sondern spielerisch und kreativ mit der Sternkunde verfuhr.

Goethe war seit seinen Jugendjahren mit der esoterisch-hermetischen Tradition Europas vertraut (s. dazu Zimmermann 1969). Die esoterischen Zweige der Alchemie, der Magia naturalis und der Astrologie finden in seinem Werk an vielen Stellen explizite Aufnahme, so im «Märchen», im Fragment «Die Geheimnisse», in «Wilhelm Meisters Wanderjahren» und natürlich im «Faust», dessen Abfassung seine zweite Lebenshälfte prägte. Berühmt geworden sind zudem seine «Orphischen Urworte», die bis heute das Selbstverständnis von Astrologen prägen, da sie den Zusammenhang von Determinismus und lebendiger Freiheit auf besonders glückliche Weise zum Ausdruck bringen:

Wie an dem Tag, der dich der Welt verliehen,
Die Sonne stand zum Gruße der Planeten,
Bist alsobald und fort und fort gediehen,
Nach dem Gesetz wonach du angetreten.
So mußt du sein, dir kannst du nicht entfliehen,
So sagten schon Sibyllen, so Propheten;
Und keine Zeit und keine Macht zerstückelt
Geprägte Form die lebend sich entwickelt.

Goethe war bekanntlich nicht nur ein Dichter, sondern betätigte sich auf beinah allen Gebieten der Wissenschaft, der Politik und der Kunst. Seine wissenschaftlichen Bemühungen standen im Kontext der *Naturforschung* seiner Zeit, die noch keine strikte Trennung zwischen empirischer Naturwissenschaft und spekulativer Naturphilosophie kannte. Wie Schelling und andere Philosophen war Goethe an dem interessiert, was man damals das «Weltganze» nannte, also einem lebendigen geistigen Prinzip, das in der materialisierten Wirklichkeit sichtbar und erforschbar ist, das sich jedoch nicht auf diese reduzieren lässt.

Den Hintergrund dieser Position bildet eine kritische Reflexion auf die von Kopernikus, Newton und anderen ausgelöste wissenschaftliche Revolution, die von nicht wenigen als eine «Entseelung» des Kosmos betrachtet wurde. Am Ende des achtzehnten Jahrhunderts suchte man nach Alternativen zu dieser Konzeption und fand sie einmal mehr – in der griechischen Antike. Wenn Goethe ausruft, «Jeder sei auf seine Art ein Grieche!», dann drückt er die Haltung vieler Zeitgenossen aus, die Griechenland als Bildungserlebnis betrachteten, welches für die Gegenwart jene goldene Alternative bereit hielt, die zwar vergangen war, jedoch neu belebt werden könne. Neben der reinen Verstandeswissenschaft fand man einen weiteren Schuldigen an der Misere der Gegenwart im jüdisch-christlichen Monotheismus, der die heitere griechische Kultur entmachtet und damit das Spießbürgertum und die erlebnisfeindliche Gesellschaft geschaffen habe. Goethes Freund Friedrich Schiller nahm in seinem Gedicht «Die Götter Griechenlands» kein Blatt vor den Mund und löste damit eine große Kontroverse aus:

Da ihr noch die schöne Welt regiertet,
An der Freude leichtem Gängelband
Glücklichere Menschenalter führtet,
Schöne Wesen, aus dem Fabelland! […]
Wo jetzt nur, wie unsere Weisen sagen,
Seelenlos ein Feuerball sich dreht,
Lenkte damals seinen goldenen Wagen
Helios in stiller Majestät. […]
Einen zu bereichern unter allen,
Mußte diese Götterwelt vergehen.

Gegenüber dem «seelenlosen Feuerball» eines Kopernikus wird hier also der Sonnengott Helios als mythisches Gegenrezept beschworen, das die verlorene Einheit des Menschen mit dem Kosmos wiederherzustellen vermochte.

Über die Restauration der antiken Götterwelt gelangte auch die Astrologie zu neuen literarischen Ehren, schien sie doch, zumindest in ihrer gelehrten philosophischen Form, ein Modell des lebendigen Kosmos zu sein, welches die Dynamik von Freiheit und Notwendigkeit, von Geschichte und Religion abbildete. Wie Schiller diese Dynamiken verarbeitete, lässt sich dem *Wallenstein* entnehmen, dessen Horoskop ja schon seit Keplers berühmter Deutung immer wieder Gegenstand öffentlicher Debatten war. Schiller, der der Astrologie durchaus skeptisch gegenüberstand und der sich – das bezeugen die Briefwechsel – von Goethe erklären ließ, wie eine philosophisch reflektierte Astrologie aussehen könnte, bringt in seinem Drama mit der Figur des Astrologen Seni die antike Deutungskunst noch einmal eindringlich zur Geltung. Doch eine neue Auffassung von der Rolle der Sternkunde, wie sie sich dann im neunzehnten Jahrhundert durchsetzen sollte, wird schon im *Wallenstein* sichtbar, etwa in der Rede des Max Piccolomini (3. Aufzug, 4. Auftritt):

> O! nimmer will ich seinen Glauben schelten
> An der Gestirne, an der Geister Macht.
> Nicht bloß der *Stolz* des Menschen füllt den Raum
> Mit Geistern, mit geheimnißvollen Kräften,
> Auch für ein liebend Herz ist die gemeine
> Natur zu eng, und tiefere Bedeutung
> Liegt in dem Mährchen meiner Kinderjahre,
> Als in der Wahrheit, die das Leben lehrt.
> Die heitre Welt der Wunder ist's allein,
> Die dem entzückten Herzen Antwort gibt,
> Die ihre ew'gen Räume mir eröffnet,
> Mir tausend Zweige reich entgegenstreckt,
> Worauf der trunkne Geist sich selig wiegt.
> Die Fabel ist der Liebe Heimatwelt;
> Gern wohnt sie unter Feen, Talismanen,
> Glaubt gern an Götter, weil sie göttlich ist.
> Die alten Fabelwesen sind nicht mehr,
> Das reizende Geschlecht ist ausgewandert;
> Doch eine Sprache braucht das Herz, es bringt
> Der alte Trieb die alten Namen wieder,
> Und an dem Sternenhimmel gehn sie jetzt,
> Die sonst im Leben freundlich mit gewandelt;
> Dort winken sie dem Liebenden herab,
> Und jedes Große bringt uns *Jupiter*
> Noch diesen Tag, und *Venus* jedes Schöne.

Obwohl Seni noch immer die strenge Macht des in den Sternen sichtbaren Schicksals vertritt, ist es doch diese Haltung aufgeklärter Intellektueller, die nun in den Vordergrund tritt. Astrologie ist nicht mehr Wissenschaft, sondern verspielte Kunst und Religion, die als Zeichensprache des lebendigen, beseelten und dem liebenden Herzen zugänglichen Universums ihren kulturellen Ort beansprucht.

Romantik Der Ton, der hier angeschlagen wurde, sollte im neunzehnten Jahrhundert wie ein Generalbass weiter zu hören sein. Die Ästhetisierung und Psychologisierung der astralen Kräfte wurde in Kunst und Naturforschung der Romantik zu einem nicht unwichtigen Element des Nachdenkens, das sich der Suche nach ganzheitlicher und nicht-reduktionistischer Erklärung des Kosmos verdankte. Ausgehend von der Naturphilosophie Schellings (1775–1854), die selbst aus esoterischen Traditionen schöpfte, versuchten nicht wenige Philosophen der deutschen Romantik, die Astrologie als metaphysische Wissenschaft neu zu etablieren. August Wilhelm Schlegel spricht 1803 in seinen Vorlesungen *Über Literatur, Kunst und Geist des Zeitalters* davon, dass die Menschen infolge der Aufklärung nur noch in Kategorien von Quantität und Nützlichkeit denken und darüber den Sinn für das Wunderbare eingebüßt haben. Astronomie, so Schlegel deshalb, müsse wieder zur Astrologie werden, denn es erhebe den die Sterne betrachtenden Menschen mehr, wenn er vom Beistand des Himmels überzeugt sei, als wenn er sich als «Leibeigenen der Erde» sähe.

Andere schlugen in die gleiche Kerbe. Wenn Novalis (Friedrich von Hardenberg, 1772–1801) von der qualitativen Bedeutung von Zahlenverhältnissen spricht und die Astronomie als die «wahre Metaphysik» und «richtige Astrologie» bezeichnet; wenn im Anschluss an die Arbeiten Franz Anton Mesmers – dessen Dissertation den bezeichnenden Titel trägt *De influxu astrorum in corpore humano* («Der Einfluss der Sterne auf den menschlichen Körper») – zahlreiche Naturforscher, unter ihnen der Dichter Justinus Kerner, nach einem das ganze Weltall und die Materie durchfließenden Urprinzip suchen, das auch in der Astrologie abgebildet wird; und wenn Philosophen wie Gustav Theodor Fechner spekulative Überlegungen über die Beseelung der Planeten und den Anteil der sich immer wieder neu inkarnierenden Menschenseelen an der göttlichen Weltseele anstellen – dann zeigt sich darin eine alternative Option zu jener Wissenschaft, die vom Primat der reinen Vernunft und dem Paradigma der mechanistischen Durchrationalisierung des Kosmos ausgeht.

Diese naturphilosophisch begründete Aufwertung der Astrologie als «metaphysische Astronomie» ist allerdings klar zu unterscheiden von einer praktisch deutenden Horoskopierkunst, wie sie in England betrieben wurde. Auf dem Kontinent gab es im neunzehnten Jahrhundert nur wenige, die sich trauten, mit eigentlich astrologischen Werken an die Öffentlichkeit zu treten. Eine Ausnahme bildete der Münchner «Seher und Astrologe» J. K. Vogt, der den Fall von Sebastopol und den Untergang Napoleons III. vorhergesagt haben soll und der sich 1860 erschoss, als ein von ihm errechneter Lotteriegewinn ausblieb. Wichtiger jedoch war der Erlanger Professor Johann W. Pfaff (1774–1835), der in einer Schrift über *Astrologie* (1816) davon sprach, dass die Astrologie wieder ihre Heimat «im Kreis der musegepflegten Wissenschaften» suche und diese auch bekommen müsse, weil ihre Tradition ehrenvoll und wahrhaftig sei. In den Jahren 1822–1823 gab Pfaff unter Mitwirkung seines Universitätskollegen G. H. Schubert *Astrologische Taschenbücher* heraus, die eine vollständige deutsche Übersetzung der *Tetrabiblos* des Ptolemaios sowie etliche Abhandlungen über Große Konjunktionen, den Stern von Bethlehem und andere traditionelle Themen enthielten. Auch Pfaff vertrat die Ansicht, das Weltall sei von einem einzigen geistigen Prinzip durchflutet, an dem alles teilhabe. Dies führte er aus in seiner Aufsatzsammlung *Der Mensch und die Sterne. Fragmente zur Geschichte der Weltseele* (1834).

Doch von diesen Versuchen zur Restauration der Sternkunde im gebildeten Milieu abgesehen, muss man konstatieren, dass die Astrologie im neunzehnten Jahrhundert ein gesellschaftlich verachtetes Dasein fristete, dass zwar praktizierende Astrologen durchaus noch ihrer Tätigkeit nachgingen, in der öffentlichen Wahrnehmung und an den Universitäten jedoch keinerlei Einfluss geltend machen konnten. Nur in der letztlich «spiritualisierten» Form bürgerlicher Griechenbegeisterung wurde eine von Spezialwissen weithin entkernte Sternkunde propagiert, die eher eine erbauliche Spekulation für romantisch gesinnte Naturforscher darstellte als eine Fortsetzung astrologischer Traditionen. Eine derartige Kontinuität hat es nur in Großbritannien gegeben, von wo gegen Ende des neunzehnten Jahrhunderts die Astrologie gewissermaßen neu auf den Kontinent importiert werden musste.

VII

Entwicklungslinien der modernen Astrologie

> Genauso wie Gott hilft die Astrologie denen, die sich selbst helfen. [...] Der Mensch *kann* der Meister seines Schicksals sein. Doch sollte der Mensch nicht zu sehr darum kämpfen, der Meister zu sein. Der Unbedachte wird es nie werden; der Weise wünscht selten, es zu sein. *Evangeline Adams*

> Every man and every woman is a star.
> *Aleister Crowley*

Weder die wissenschaftliche Revolution noch die Aufklärung hatte zum Ende der Astrologie in den Kulturen Europas und Nordamerikas geführt. Zwar veränderte sich die Sterndeutung unter Bedingungen der Moderne und passte sich neuen Bedürfnissen und Argumentationen an, doch kann kein Zweifel daran bestehen, dass auch heute noch die Astrologie zu einem festen Element moderner Kultur zu zählen ist. Die Grundlinien dieser Entwicklung möchte ich in diesem Kapitel nachzeichnen, und zwar beginnend mit der Situation in Großbritannien, die – wie bereits angedeutet – von einer erstaunlichen Kontinuität astrologischer Praxisfelder geprägt war. In Frankreich und Deutschland dagegen musste die Astrologie um 1900 aus England neu eingeführt werden, doch bald darauf entwickelte sich, besonders im deutschsprachigen Raum, eine sehr lebendige astrologische Szene mit eigenen Verbänden, Zeitschriften, Kongressen und einem hohen Maß an öffentlicher Wahrnehmung. Ein entscheidender Grund für das neuerliche Interesse an der Astrologie war die Entwicklung der Psychologie einerseits, die eine seelische Symbolsprache zur Verfügung stellte, die hervorragend auf die astrologische Symbolik angewandt werden konnte, und der Einfluss der Theosophischen Gesellschaft andererseits, aus der viele esoterische Gruppierungen hervor gingen, die ihrerseits astrologische Schulen begründeten.

Will man die Astrologie im zwanzigsten Jahrhundert beschreiben, ist neben der Ausdifferenzierung in einzelne Schulrichtungen auch die Infragestellung des mechanistischen Weltbildes in Betracht zu ziehen, also die neuerliche «wissenschaftliche Revolution» durch Relativitätstheorie und Quantenmechanik. Viele Astrologen sind heute der Meinung, dass die Quantenmechanik ein Modell bereitstellt, welches die nicht-kausale Sterndeutung glänzend zu belegen vermag. In dem folgenden historischen Aufriss werde ich den damit verbundenen Überlegungen ebenso nachgehen wie einem weiteren Diskussionsfeld: den Versuchen, die methodischen Errungenschaften der empirischen Sozialforschung auf die Aussagen der Astrologie anzuwenden.

Doch beginnen wir mit Großbritannien, das als Zentrum der Astrologie im neunzehnten Jahrhundert bezeichnet werden kann.

1. Großbritannien im neunzehnten Jahrhundert

Im Rückblick ist es durchaus erstaunlich, in welchem Maße sich die Astrologie in Großbritannien nach ihrer «Goldenen Zeit», also der zweiten Hälfte des siebzehnten Jahrhunderts, hat behaupten können. Immerhin setzte die vorherrschende philosophische Richtung des Empirismus der Sterndeutung arg zu, und ein Austausch mit kontinentalen Vertretern professioneller Astrologie war im achtzehnten Jahrhundert kaum mehr vorhanden. Eine Reihe von Gründen für die dennoch vorhandene Kontinuität wären zu nennen: neben der in England, Deutschland und Frankreich doch sehr unterschiedlichen Nachwirkung des Dreißigjährigen Krieges und der Anbindung der Astrologie an die Monarchie in England war es insbesondere die Reputation der Sternkunde in der öffentlichen – von Laien getragenen – Wahrnehmung, die den Astrologen Einfluss sicherten. Der Ruhm von *Professionals* wie William Lilly, John Gadbury und John Partridge wirkte durch das achtzehnte und auch noch das neunzehnte Jahrhundert nach, und die von ihnen geschaffenen Handbücher und Almanache erfreuten sich weiterhin großer Beliebtheit. Die *Stationer's Company*, eine der vielen noch aktiven mittelalterlichen Handwerksgilden der

Stadt London, sorgte mit der fortgesetzten Edition von Jahrbüchern und Almanachen dafür, dass die von den Professionals des siebzehnten Jahrhunderts erarbeiteten Deutungsstandards nicht in Vergessenheit gerieten. Tatsächlich waren derartige Publikationen eines der wichtigsten Medien, in denen aktive Astrologen unterschiedlichen Niveaus in die Öffentlichkeit wirkten und einen Markt schufen, der im neunzehnten Jahrhundert bereits jene Konturen aufwies, wie sie noch heute zu finden sind.

Doch bevor ich darauf ausführlicher eingehe, gilt es, sich die neueren Diskussionen der astrologischen Zunft zu vergegenwärtigen, die mit der Entdeckung von weiteren Planeten und der Spekulation über etwaige Himmelskörper verbunden waren.

Planeten über Planeten

Mehr als 2000 Jahre arbeiteten Astrologen mit sieben Planeten (einschließlich Sonne und Mond) und einer Reihe von Rechnungspunkten wie der Mondknotenachse, dem Aszendenten oder dem Glückspunkt. Der Grund hierfür lag in der schlichten Tatsache, dass man mit bloßem Auge nur bis zum Planeten Saturn schauen kann, das Erkennen etwaiger «Transsaturnier» also die Verwendung eines Teleskops voraussetzt. Man kann sich leicht vorstellen, wie elektrisiert Astronomen und Astrologen waren, als mit der Entwicklung von Teleskopen der Blick in immer fernere Regionen des Universums möglich wurde. Zwar war es eine Frage der Interpretation, was sich hinter den Erscheinungen tatsächlich verbarg – der Streit um Galileo Galileis Behauptungen und empirische «Beweise» macht dies deutlich –, doch über kurz oder lang setzte sich die Erkenntnis durch, dass das Universum noch eine Reihe von Überraschungen bereit hielt.

Für die astrologische Deutung war dies ein Gewinn und eine Gefahr zugleich. Wenn es nämlich Transsaturnier oder andere relevante Gestirne gibt, so ist mit deren Einbeziehung eine Ausdifferenzierung der Deutung möglich, die den Blick auf ganz neue Aspekte der Horoskopinterpretation freigibt. Zugleich aber stellt sich die Frage, ob das bisher erarbeitete Deutungsmaterial dadurch nicht vollkommen relativiert wird, weil es offensichtlich nur einen kleinen Teil des tatsächlich vorhandenen kosmischen Kräftespiels abbildet. Bis heute ist diese Ambivalenz bei der Diskussion neuer Gestirne zu spüren, denn im zwanzigsten Jahrhundert werden jährlich Hunderte von Planeten, Planetoiden, Asteroiden, Kometen oder schlichten Gesteinsbrocken entdeckt, die sich im Grunde alle als Kandidaten für eine astrologische Deutung anbieten würden. Das Institut für Theoretische Astronomie in Sankt Petersburg veröffentlich jährlich eine Liste von Asteroiden und ihren Bahnen. Inzwischen sind es über fünftausend. Welche davon astrologisch relevant sind, ist schwer zu sagen.

Wie soll man also mit diesem Problem umgehen? In der Zunft gibt es unterschiedliche Fraktionen, die sich einen bisweilen erbitterten Streit liefern. Auf der einen Seite stehen die Traditionalisten, die strikt an den sieben klassischen Planeten – höchstens ergänzt durch Uranus, Neptun und Pluto – festhalten, und zwar mit dem zweifellos schlagkräftigen Argument, dass man schon genug Probleme damit habe, die vielfältigen und überaus komplexen Beziehungen dieser Faktoren angemessen zu interpretieren. Eine Ausdehnung würde nicht zur Klärung beitragen, sondern allenfalls der Willkür Tür und Tor öffnen. Außerdem: Warum soll man alles gleichermaßen deuten, bloß weil man es am Himmel erblicken kann?

Auf der anderen Seite stehen jene, die – durchaus im Einklang mit der esoterischen Tradition – darauf beharren, dass die Entdeckung neuer Faktoren eine spezifische *Bedeutung* haben müsse und man sich auf die Ausdifferenzierung der Interpretation einlassen sollte. Pluto ist ein gutes Beispiel dafür: Im Nachhinein wurde seine Entdeckung im Jahre 1930 als klarer Hinweis auf den Zweiten Weltkrieg, den Nationalsozialismus und die Atombombe (Plutonium!) genommen; es war also «kein Zufall», dass nun die Zeit «reif» war, diesen Planeten in die Deutung mit einzubeziehen. Ähnlich verhielt es sich mit Uranus, der heute – als Repräsentant des Wassermannzeichens – Ideale der Freiheit und Revolution verkörpert. Dass er ausgerechnet 1781 kurz vor der Französischen Revolution entdeckt worden war, musste doch zu denken geben! – Es ist nicht leicht, hier Ursache und Wirkung auseinander zu halten. Da man sich erst im Laufe einer längeren Diskussion über die Bedeutung neu entdeckter Planeten und ihre Zuordnung zu den Zodiakalzeichen einigt, ist es jedoch selbstverständlich, dass die kulturelle und historische Deutung des Zeitgeschehens maßgeblich auf die Herausbildung von astrologischen Interpretationen einwirkt. Astrologen werden das nicht abstreiten, jedoch in der Regel darauf beharren, dass die kulturelle Diskussion eben ein *Spiegel* der übergreifenden Entwicklung ist, wie sie auch auf der planetarischen Ebene abzulesen ist.

Im Einzelnen geht es vor allem um die folgenden Himmelskörper: Nach der Entdeckung von Uranus wurden fünf Asteroiden gefunden, denen man die Namen Ceres (1891), Pallas (1802), Juno (1804), Vesta (1807) und Astraea (1845) gab. Der nächste große Planet nach Uranus wurde 1846 entdeckt, und man nannte ihn Neptun. Da Merkur sich nicht im Einklang mit den Newtonschen Gravitationsgesetzen bewegte, vermutete man (zu Recht), dass es noch weitere Faktoren geben müsse, die eine solche Abweichung verursachten. Manche (z. B. der Amerikaner Lewis Herman Weston) behaupteten, einen Planeten namens «Vulkan» zwischen Sonne und Merkur entdeckt zu haben; die vergebliche Suche nach Vulkan hielt selbst dann noch an, als man mithilfe von Einsteins Relativitätstheorie die Abweichung der Merkurbahn schlüssig erklären konnte.

Besser lief es bei einem anderen Planeten: Der französische Astrologe Fomalhaut (der Priester Abbé Charles Nicoullaud) sprach in seiner Schrift *Manuel d'astrologie sphérique et judiciaire* (Paris 1897, 316) davon, dass es einen Transneptunier geben müsse, den man Pluto nennen solle. Nach einer intensiven Suche am Lowell Observatorium wurde Pluto im Jahre 1930 tatsächlich entdeckt. Der Fund war jedoch insofern enttäuschend, als dieser «Planet» viel zu klein war, als dass er für so fundamentale Deutungen in Anspruch genommen werden konnte, wie sie sich bald in der Zunft entwickelten. Dennoch gibt es heute kaum eine astrologische Schule, die den Faktor Pluto nicht – aufgrund ihrer eigenen umfangreichen Deutungsprüfungen – als unverzichtbar betrachtet. Abzuwarten bleibt, wie die Astrologen mit der Entdeckung des größten Objektes im Sonnensystem seit 1930 umgehen werden, den nach einem indianischen Mythos Quaoar genannten Himmelskörper im Kuiper-Gürtel. Astronomen des California Institute of Technology, die Quaoar 2002 entdeckten, vermuten dort noch weitere Brocken in der Größe Plutos, dessen Planetenstatus damit fraglich geworden ist.

1977 wurde der Asteroid Chiron entdeckt, der sich ebenfalls schnell zu einem Hauptdarsteller vieler astrologischer Schulen entwickelte, da er eine recht exzentrische Bahn zwischen Saturn und Uranus vollzieht und damit so etwas wie der «Botschafter» ist zwischen den «persönlichen Planeten», deren Reihe mit Saturn abschließt, und den «überpersönlichen» Planeten, also den Transsaturniern. Neben Chiron und den Asteroiden des neunzehnten Jahrhunderts spielt heute auch der «Schwarzmond» eine große Rolle. Der englische Astrologe Sepharial (hebräische Engelnamen waren damals als Pseudonyme sehr beliebt, eigentlich hieß er Walter Richard [Gorn] Old) beschrieb diesen 1897 «entdeckten» Faktor als erster und schlug den Namen Lilith vor (*The Science of Foreknowledge*, London 1918), was von der Amerikanerin Ivy M. Goldstein-Jakobsen in ihrem Buch *The Dark Moon Lilith in Astrology* (Pasadena 1961) popularisiert wurde. Die Suche nach einem Himmelskörper namens Lilith verlief allerdings im Sande, und heute hat sich der Name zur Bezeichnung des Brennpunktes der Mondumlaufbahn (des Mondapogäums) durchgesetzt.

John Varley erlebt den Uranus Für die astrologischen Deutungsansätze waren die Transsaturnier Uranus, Neptun und Pluto aber zweifellos die wichtigsten Neuerungen, womit ich auf das neunzehnte Jahrhundert zurückkomme. Es dauerte eine ganze Zeit, bis die Entdeckung von Uranus in einschlägige Deutungen umgesetzt wurde, was nicht zuletzt mit der Schwierigkeit der Erstellung von verlässlichen Ephemeriden zusammenhängt. Einer der wichtigsten Protagonisten dabei war der Aquarellist und Amateurastrologe John Varley (1778–1842), den Patrick Curry als astrologischen «Magus» bezeichnet (Curry 1992, 18–45). Varley hatte sich angewöhnt, die Position des Uranus in die von ihm gedeuteten Horoskope einzutragen, seine Transite zu beobachten und nach Regelmäßigkeiten zu suchen, die sich verallgemeinern ließen. Dabei entdeckte er, dass vor allem der Kontakt zwischen Uranus und Mars wiederholt plötzliche und heftige Wendungen im Leben der Nativen anzeigte. Am Morgen des 21. Juni 1825 – Varley hatte wie jeden Tag seine Konstellationen des Tages berechnet –, bat er seinen Sohn Albert, seine Taschenuhr zum Uhrmacher zu bringen, da er das Haus nicht verlassen könne. Um zwölf Uhr sei nämlich ein explosives Aspektgemisch zu erwarten unter Federführung des Uranus. Kurz vor zwölf Uhr kamen ihm Zweifel, ob seine Deutung richtig sei; doch plötzlich rief jemand von draußen «Feuer», Varley lief hinaus und sah, dass von der benachbarten Klaviermanufaktur ein Feuer auf sein Haus übergegriffen hatte. Anstatt sich an den Löschversuchen zu beteiligen, setzte sich Varley beglückt nieder, um dieses Ereignis aufzuschreiben. Er sah mit an, wie seine ganze, nicht versicherte Habe in

Flammen aufging; später wurde er von dem Maler Copley Fielding gefragt, ob der Verlust ernst sei. «Nein», antwortete er, «nur das Haus brannte nieder. Ich wusste ja, dass etwas passieren würde» (Curry 1992, 19).

John Varley war eine beeindruckende Persönlichkeit; während seine künstlerische Begabung ihm bis heute einen wichtigen Ort in der Geschichte der Malerei im neunzehnten Jahrhundert sicherte, geriet der Umstand, dass er die Astrologie als eine ebenso wichtige Tätigkeit für sein Leben einschätzte, bisweilen in Vergessenheit. Durch seine Freundschaft mit William Blake (1757–1827) wusste er beide Interessen sogar zu verbinden. Mit Blakes Hilfe entwarf er Bilder, welche die Physiognomie von Menschen nach dem aufsteigenden Zeichen ihres Horoskops darstellten; bis zum Tode Blakes waren allerdings nur Widder, Stier und Zwilling fertiggestellt, sodass das Werk unvollendet blieb und die interessierte Öffentlichkeit mit dem Buch *A Treatise on Zodiacal Physiognomy* (London 1828) Vorlieb nehmen musste.

Neue Deutungen brauchen Zeit Mit Uranus hatten sich auch andere Astrologen beschäftigt. Einer von ihnen war John Corfield, der im Jahre 1814 sogar eine Zeitschrift nach ihm benannte und darin Deutungen vorschlug, die jenen John Varleys durchaus ähnlich waren. Allerdings hatte er mit seiner *Urania* kein Glück und stellte die Publikation nach der ersten Ausgabe ein; das Exemplar des Britischen Museums enthält die resignierende Anmerkung von Corfields Hand:

> Angebliche Liebhaber der Wissenschaft versprachen mir jede Unterstützung bei der Durchführung dieser Unternehmung, versagten sie mir jedoch; allein gelassen mit der Redaktion und den Kosten, musste sie scheitern. [...] Die Leserbriefe habe ich aus Mangel an Einsendungen selbst verfasst. (Nach Howe 1995, 40)

Die Entdeckung der Asteroiden löste noch weniger Enthusiasmus bei den Astrologen des neunzehnten Jahrhunderts aus. James Wilson steht für manch andere, wenn er in seinem ausführlichen und einflussreichen *A Complete Dictionary of Astrology* (London 1819, der Band ist heute noch erhältlich) ausführt, es gebe zwar vier zusätzliche kleinere Planeten, die man zwischen den Umlaufbahnen von Mars und Jupiter entdeckt habe – nämlich Pallas, Ceres, Juno und Vesta –, ihr Einfluss dürfe jedoch nur gering sein, wenn man ihre doch sehr unbedeutende Größe bedenke. Eine breitere Untersuchung der möglichen Bedeutungen der Asteroiden war im Grunde erst nach 1970 möglich, als Computerprogramme die Anwender mit einigermaßen verlässlichen Umlaufdaten versorgten. Im Falle des Neptun dauerte es zwar nicht ganz so lange, bis er sich eindeutig durchsetzen sollte, doch scheint die erste vorläufige Interpretation seiner Energie ins Jahr 1890 zu datieren, also 44 Jahre nach seiner Entdeckung. Es handelt sich dabei um ein Schreiben des «Professors» John Ackroyd an den Herausgeber von Simmonites *Complete Arcana of Astral Philosophy* (s. u.), das diesem Werk beigefügt wurde. Darin bringt Ackroyd seine Unsicherheit zum Ausdruck, welchem Zeichen man Neptun zuordnen solle: eigentlich Wassermann, doch Skorpion oder Stier kämen ebenfalls in Frage, da beide eine schillernde und mystische Natur hätten. Erst im zwanzigsten Jahrhundert einigte man sich auf die Zuordnung zum Zodiakalzeichen Fische.

Almanache, Zeitschriften, öffentliche Arenen

Die Stationer's Company, in der Drucker, Buch- und Schreibwarenhändler organisiert waren, verfügte seit 1603 über das Publikationsmonopol für die Almanache. Auch nachdem die großen Astrologen des siebzehnten Jahrhunderts gestorben waren, publizierte man angesichts des enormen Erfolges der Almanache die Prognosen und Jahrbücher unter ihrem Namen weiter. Am bekanntesten war *Vox Stellarum* («Stimme der Sterne») von Francis Moore; da «der Moore» geradezu ein eigener Markenartikel geworden war, ist es kein Wunder, dass auch im achtzehnten und sogar im neunzehnten Jahrhundert die entsprechenden Prognosen als Deutungen Francis Moores liefen – mit beachtlichem Erfolg: 1768 verkaufte sich die *Vox Stellarum* immerhin 107 000 Mal (Partridge brachte es mit 5600 weit abgeschlagen auf den zweiten Platz), im Jahre 1803 belief sich die Auflage des Moore bereits auf 393 750, während die Almanache der Mitbewerber zusammen lediglich 7750 Exemplare zählten. Den Höhepunkt erreichte *Vox Stellarum* jedoch im Jahre 1839, als die Company nicht weniger als 560 000 Exemplare verkaufen konnte, bei einer Bevölkerungszahl von 17 Millionen Menschen ein erstaunliches Ergebnis. Danach gingen die Absatzzahlen kontinuierlich zurück, doch erst 1927, bei einer Auflage von 16 000, verkaufte der Verlag die Rechte an Moores Almanach (Howe 1995, 36).

Im August 1791 kam *The Conjurer's Magazine* auf den Markt. Neben einer Reihe von eher anspruchslosen Artikeln über allerlei Zaubertricks oder chemische Rezepte enthielt dieses Magazin auch Aufsätze zu astrologischen Fragestellungen. Wie es damals üblich war – und dies sagt einiges über die Reputation der Astrologie aus –, schrieben viele der Autoren unter Pseudonym, z. B. Astrologus, Mehmet, Mercurius of Bath oder Tarantabobus. Hinter dem fleißigsten Autor «B.» verbarg sich William Gilbert, der nicht nur als Astrologe, sondern auch als Fachmann für Talismane und andere okkulte Beschäftigungen bekannt war. Doch es war die gelehrte Astrologie, die bald einen größeren Platz im *Conjurer* einnahm, und konsequent änderte man 1793 den Titel des Journals in *The Astrologer's Magazine*. Allerdings war dem Magazin das Schicksal nicht hold, sodass es nach der siebten Nummer im Januar 1794 wieder eingestellt wurde. Ähnlich erging es *The London Correspondent*, das von Januar bis August 1814 acht Ausgaben erlebte, die sich vor allem an Amateurastronomen und Astrologen wendeten.

Für die praktizierenden Astrologen waren solche Magazine eine gute Gelegenheit, öffentlich für ihre Dienste zu werben. Dabei war man nicht bescheiden. William Gilbert beispielsweise inserierte im *Conjurer* (Mai 1792) seine Tarife für Privatunterricht in *Astrology and Spirit*, «einschließlich der Natur und dem Gebrauch von Talismanen». Das Honorar betrug je nach benötigtem Unterrichtspensum zwischen 20 und 150 Pfund pro Jahr, eine recht hohe Summe. «Der Unterricht erfolgt brieflich oder persönlich, je nach den Umständen», und zwar

> entweder im Hause des Schülers oder bei Mr. Gilbert; und sobald für 200 £ gezeichnet ist, wird er einen entsprechenden Platz einrichten, um Schüler öffentlich oder privat zu empfangen, wie es am besten passt […]. Kein Talisman wird fürderhin für jemand anderen als für meine Schüler hergestellt werden, *und ich werde die Wirkung all derer aufheben*, die nicht unter meiner Anleitung oder von mir selbst hergestellt wurden. (Nach Howe 1995, 39)

Zu dieser Zeit war es durchaus üblich, dass man Anzeigen in Tageszeitungen schaltete, um auf astrologische Beratungspraxen hinzuweisen. Ellic Howe hat solche Belege ausgegraben, unter anderem das Beispiel einer Astrologin namens Mrs. Williams, die hauptsächlich während der Sommersaison in Heilbädern wie Bath und Bristol Hot-Wells tätig war. Im Oktober 1786 inserierte Frau Williams in *The Morning He-*

rald, sie könne, wenn sie in London weile, «ausschließlich von Frauen [konsultiert werden] von morgens zehn bis acht Uhr abends in ihrem Haus, dem Artificial Flower Warehouse, Store Street, Bedford Square. Die Ladies werden angenehm überrascht sein, es ist ein kleines Haus mit grünen Fensterläden» (Howe 1995, 37).

Fachleute unter Pseudonym: Raphael … Anfang des neunzehnten Jahrhunderts tat sich nicht viel auf der Publikationsbühne. Die *Vox Stellarum* war inzwischen auf ein solch niedriges Niveau gefallen – die Herausgeber nahmen einfach die Prognosen aus früheren Ausgaben und druckten sie nach dem Zufallsprinzip neu –, dass die Astrologie insgesamt in einem schlechten Ansehen stand. Dies änderte sich erst in den 1820er Jahren, und zwar nicht zuletzt durch die Bemühungen von Robert Cross Smith und Richard James Morrison. Diese beiden Autoren traten als astrologische Fachleute auf, die der Öffentlichkeit eine neue Form der prognostischen Almanache lieferten und im neunzehnten Jahrhundert deutliche Spuren hinterließen. Zunächst war es Smith (1795–1832, s. dazu Curry 1992, 46–60), der sich mit seinem Pseudonym *Raphael* an diversen Magazinprojekten beteiligte: Der am 3. Juni 1824 erstmals erschienene *The Straggling Astrologer* (16 Seiten, 4 Pence) war weltweit die erste Wochenzeitschrift, die sich ausschließlich der Astrologie widmete. Herausgeber war der Verleger William Charlton Wright, der schon die zwölfte Nummer umbenannte in *The Straggling Astrologer of the Nineteenth Century* und seinen Leserinnen und Lesern ein ganzes Arsenal von höchst erstaunlichen Mitarbeitern vorstellte: Die «gefeierte Mademoiselle Le Normand, Ihre Königliche Hoheit die Prinzessin Olive von Cumberland, die Mitglieder der Mercurii, der Herausgeber von The Prophetick Almanack und andere berühmte Astrologen» (s. Abbildung 11). Mademoiselle Le Normand war eine berühmte Wahrsagerin aus Paris, die von ihrer Redaktionsarbeit im *Astrologer* vermutlich nichts wusste (noch heute verkaufen sich die «Lenormand-Karten» sehr gut), hinter der «Prinzessin» verbarg sich Olivia Serres, die den Anspruch erhob, legitime Tochter des Herzogs von Cumberland zu sein, die Mercurii schließlich waren eine kleine astrologische Gemeinschaft unter dem Vorsitz von Smith.

Interessant ist *The Straggling Astrologer* auch deshalb, weil hier zum ersten Mal eine regelmäßige astrologische Wochenvorschau ein-

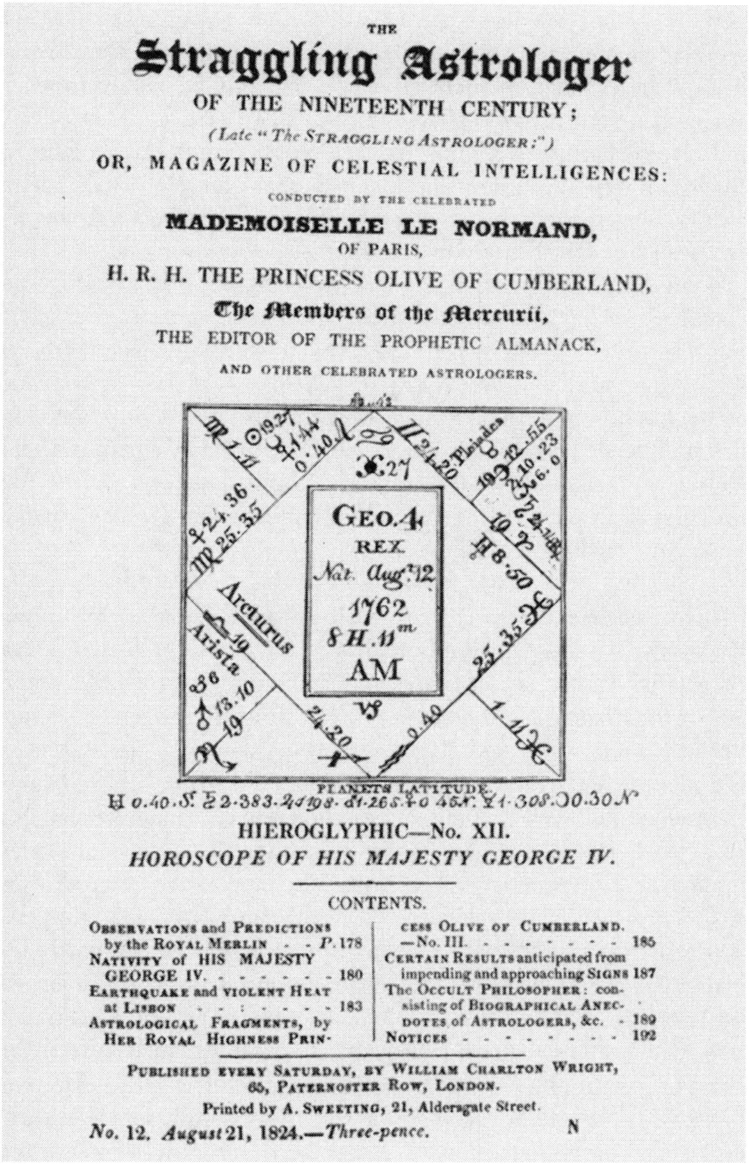

THE

Straggling Astrologer

OF THE NINETEENTH CENTURY;

(Late "The Straggling Astrologer;")

OR, MAGAZINE OF CELESTIAL INTELLIGENCES:

CONDUCTED BY THE CELEBRATED

MADEMOISELLE LE NORMAND,

OF PARIS,

H. R. H. THE PRINCESS OLIVE OF CUMBERLAND,

The Members of the Mercurii,

THE EDITOR OF THE PROPHETIC ALMANACK,

AND OTHER CELEBRATED ASTROLOGERS.

HIEROGLYPHIC—No. XII.

HOROSCOPE OF HIS MAJESTY GEORGE IV.

CONTENTS.

Published every Saturday, by William Charlton Wright, 65, Paternoster Row, London.

Printed by A. Sweeting, 21, Aldersgate Street.

No. 12. *August* 21, 1824.—*Three-pence.* N

Abb. 11 Titelseite der ersten astrologischen Wochenzeitschrift, London 1824. Die 12. Ausgabe des *Straggling Astrologer of the Nineteenth Century* vom 21. August zeigt das Horoskop von König Georg IV.

geführt wurde, eben jenes journalistische Genre also, das noch heute aus keinem populären Massenblatt wegzudenken ist. Allerdings wurde auch dieses Magazin mit der Ausgabe vom 30. Oktober 1824 wieder eingestellt; Smith alias Raphael, der noch eine Reihe von Manuskripten vorrätig hatte, wurde vom Verleger Wright beauftragt, das Blatt in Buchform weiterzuführen. Smith kam diesem Wunsch nach, handelte sich für seinen Versuch, astrologische Prognosen populär aufzubereiten, jedoch erheblichen Spott vonseiten seiner professionellen Kollegen ein. Smith war noch an einer weiteren Publikation beteiligt, die ebenfalls von Wright verlegt wurde – dem 1826 erstmals erschienenen *The Prophetic Messenger.* Dieses ziemlich erfolgreiche Jahrbuch unterschied sich von der *Vox Stellarum* dadurch, dass es fast nur astrologische Prognosen enthielt, und zwar für jeden einzelnen Tag des kommenden Jahres. «Raphael» war inzwischen zu einem gut verkäuflichen Namen geworden, was dazu führte, dass nach Smiths Tod im Jahre 1832 noch etliche Prognosen unter seinem Pseudonym geschrieben wurden.

... und Zadkiel Einen noch weitaus größeren Erfolg hatte Smiths Kollege Richard James Morrison alias *Zadkiel* (1795–1874, zu seiner Biografie s. Curry 1992, 61–108 und Howe 1995, 53–70). Morrison, aus vornehmem Elternhaus, ging schon mit elf Jahren zur Königlichen Marine, wo er eine Karriere als Schiffsleutnant machte, bis er 1829 aus dem aktiven Dienst ausschied, um die Nichte eines irischen Adligen zu heiraten. Aus dieser Ehe gingen neun Kinder hervor. Ein weiterer Grund für seinen Rückzug war Morrisons in den 1820er Jahren erwachtes Interesse für die Astrologie. Als Freund von R. C. Smith war er Mitglied der «Mercurii» und trat seit 1824 als Autor astrologischer Texte hervor. 1831 machte er ein Konkurrenzblatt zu Raphaels *Prophetic Messenger* auf mit dem Titel *The Herald of Astrology,* 1836 in *Zadkiel's Almanac* umbenannt. Wie sein Freund und Mitbewerber Raphael zielte auch Zadkiel auf einen Markt, der sich von jenem der *Vox Stellarum* insofern unterschied, als hier ein breites Publikum ohne spezifische Fachkenntnisse angesprochen wurde. Neben Vorhersagen für die Tage des Jahres gab es Berichte über die astralen Konstellationen im Verhältnis zur königlichen Familie oder Persönlichkeiten des öffentlichen Interesses. Morrison lieferte auch bisweilen höchst eigenwillige Beiträge zu okkulten Nachbardisziplinen der Astrologie. Da er hier von lateinischen, griechischen und hebräischen Begriffen Gebrauch machte und durchaus ein Bildungsinteresse für seine Leserinnen und Leser verfolgte, konstatiert Ellic Howe: «Möglicherweise spielte *Zadkiel's Almanac* eine bedeutendere Rolle in der Erwachsenenbildung der viktorianischen Ära als man heute gemeinhin annimmt» (1995, 53).

Morrison, der «Inbegriff eines Viktorianischen Mannes» (Curry 1992, 61), stieg schnell zu einem der bedeutendsten Gelehrten der Astrologie in der feinen Londoner Gesellschaft auf. Zugleich entfaltete er unter seinem Pseudonym Zadkiel eine intensive Publikationstätigkeit und suchte das Ansehen der Sterndeutung in einem breiten öffentlichen Raum zu verbessern. Die Identität von Zadkiel und Morrison war vielen unbekannt, auch wenn es immer wieder Gerüchte darüber gab. In seinem 1833 publizierten Werk *Grammar of Astrology, containing All things Necessary for Calculating a Nativity*, das er der Universität Cambridge widmete, postulierte Zadkiel, dass bei der Deutung von Geburtshoroskopen die Sterne als Ursachen, bei der Stunden- und Frageastrologie jedoch nur als Zeichen zu interpretieren seien. Morrisons Interrogationsregeln stammten im Wesentlichen von William Lilly, dessen *Introduction to Astrology* im Jahr 1835 von Zadkiel neu ediert worden war (als stark gekürzte und kommentierte Version der Teile 1 und 2 von Lillys *Christian Astrology* [1647]).

Es war ein riskantes Geschäft, im England des neunzehnten Jahrhunderts offen einer astrologischen Tätigkeit nachzugehen, wie man am Fall des J. Bradshaw erkennen kann, der 1844 in Manchester wegen Wahrsagerei für einen Monat ins Gefängnis wanderte. Auch Morrison wurde wiederholt angegriffen, sowohl von anderen Astrologen als auch von christlichen Theologen und Laien – entsprechend nennt Patrick Curry (1992) sein Kapitel über Zadkiel deshalb «Astrologie vor Gericht». Aufsehen erregte seine Auseinandersetzung mit dem Mathematiker T. H. Moody, der in seiner Schrift *Complete Refutation of Astrology … in Reply to the Arguments of Lieutenant Morrison and others* (1838) die Astrologie aus religiösen Gründen ablehnte. Die Debatte wurde bis in den Londoner Athenaeum-Klub hineingetragen.

Ein weiteres Diskussionsfeld bestand in der meteorologischen Astrologie. Morrison war wie viele seiner Zeitgenossen an naturwissenschaftlichen Fragen der Wetterprognosen überaus interessiert und trat der *London Meteorological Society* bei, in deren Rat er 1840 gewählt wurde. Hier diskutierte man auch astrologische Erklärungsansätze, zumal die Astrologen davon ausgingen, dass es gerade das Feld der Meteorologie sei, auf dem man die Gültigkeit der Sterndeutung empirisch zeigen könne. Als C. Murphy aufgrund von Merkur-Mond-Stellungen vorhersagte, dass der 20. Januar 1838 der kälteste Tag jenes Jahres werden würde und man tatsächlich an diesem Tag in London –20° Celsius maß, waren selbst manche Skeptiker überrascht. Die Öffentlichkeit jedenfalls behielt noch lange den kalten «Murphy-Winter» im Gedächtnis. Morrison gründete im Jahre 1860 die *Astrometeorological Society*, die schon bald angeblich 200 Mitglieder hatte; eines dieser Mitglieder war der homöopathische Mediziner Alfred John Pearce (1840–1923), der bald mit Morrison Freundschaft schloss (Curry 1992, 109–113). Ab 1864 gab Pearce *The Weather Guide Book* heraus sowie mehrere Zeitschriften und ein hervorragendes allgemeines Einführungswerk: *The Textbook of Astrology* (Teil I 1879, Teil II 1889). Damit gehörte Pearce zu den bedeutendsten Astrologen seiner Zeit. Nach Morrisons Tod übernahm Pearce – *Zadkiel II* – die Verantwortung für *Zadkiel's Almanac* und führte ihn beinah fünfzig Jahre lang.

William Joseph Simmonite Die enge Verbindung zwischen astrologischen und wissenschaftlichen Traditionslinien lässt sich auch an William Joseph Simmonite (ca. 1800–ca. 1861) studieren, neben Smith, Morrison und Pearce einer der produktivsten Autoren jener Zeit. Der aus Sheffield stammende Arzt interessierte sich gleichermaßen für Astrologie wie für naturwissenschaftliche Sachverhalte, etwa die planetarische Wirkung auf das Wetter. Seit 1839 gab Simmonite, der ebenfalls Mitglied der *London Meteorological Society* war, einen astrologischen Wetterkalender heraus. 1848 folgte ein Werk zur Kräuterheilkunde unter dem Titel *Medical Botany or Herbal Guide to Health*. Im Vorwort führt der Autor aus, dass er schon seit neun Jahren die Heilpflanzentherapie betreibe und von seinen «berühmten Jupiter-Pillen» seit Aufnahme seiner Privatpraxis mehr als 9000 Schachteln zu je einem Schilling in alle Teile des Vereinigten Königreiches verkauft habe.

Neben seiner medizinischen führte Simmonite auch eine große astrologische Praxis und trat als Autor wichtiger Werke zur Astrologie hervor. Berühmt wurde *Complete Arcana of Astral Philosophy* (erste Fassung 1844), das der ebenfalls in Sheffield ansässige John Story 1890 neu herausgab. Story verantwortete auch die Neuausgabe von Simmonites *Horary Astrology. The Key to Scientific Prediction* (6. Aufl. 1896). Diese Bücher zeigen ein anspruchsvolles Niveau und setzen bei den Lesern eine Reihe von astrologischen Techniken – Trigonometrie, Berechnung der Häuserspitzen ohne Tabellen etc. – voraus. Sie sind Ausdruck von Simmonites Versuch, die Gültigkeit der Astrologie auch mit naturwissenschaftlichen Verfahren zu belegen. Anstatt also durch die Vereinfachung der Lehren das Niveau unnötig zu senken oder aber, wie Morrison und andere, die Astrologie mit naturphilosophischen Spekulationen zu vermengen, gehörte Simmonite zu jenen, die an einer rationalen Durchdringung der Astrologie interessiert waren. Dieses streng empirische Interesse teilte er mit Autoren wie A. J. Pearce und Richard Garnett (1835–1906, s. Curry 1992, 113–121), denen aber mehr und mehr eine gegnerische Lesart der Astrologie zu schaffen machte: die Theosophie.

Da die wissenschaftliche Reputation der Sternkunde in der zweiten Hälfte des neunzehnten Jahrhunderts auch in Großbritannien zunehmend verloren ging, waren es jedoch gerade diese Astrologen im Umfeld der Theosophischen Gesellschaft, die den Fortbestand und ein Wiederaufleben der Sternkunde sicherten. Die theosophische Bewegung auf der Schnittstelle von Wissenschaft, Religion und Esoterik sollte für die Kulturgeschichte des zwanzigsten Jahrhunderts eine kaum zu überschätzende Bedeutung gewinnen.

Eine neue Verbindung von Esoterik und Astrologie

Das neunzehnten Jahrhundert war die Zeit des optimistischen Aufbruchs in die Moderne. Die «exakten» Wissenschaften, die Empirie und der Glaube an eine Ergründbarkeit von Natur und Kosmos avancierten zum vorherrschenden Paradigma, das alle Kulturbereiche gleichermaßen beeinflusste. Evolutionsmodelle, in denen die Idee des Fortschritts sowohl in biologischer als auch in geschichtstheoretischer Weise die Gegenwart deuteten und die Zukunft idealisierten, waren an der Tagesordnung. Was Max Weber die «Entzauberung» der Welt nennt, hängt direkt mit diesen kulturellen Neuerungen zusammen. Die Entzauberung betraf, wie wir im letzten Abschnitt sahen, auch die

Astrologie, die dem Paradigma der exakten empirischen Überprüfbarkeit folgte und auf diesem Wege ihre Gültigkeit nachzuweisen trachtete. Doch die Entzauberung und Durchrationalisierung von Kosmos und Lebenswelt war – und das hat Weber ebenfalls erkannt – nur die eine Seite der Medaille. Ein Merkmal der Romantik ist es ja gerade, dass sie gegen diese Prozesse der Vereinseitigung des menschlichen Lebens und der vollständigen Mechanisierung des Kosmos aufbegehrt und eine vitalistische Weltdeutung entwickelte, die – gerade auch im Hinblick auf die Astrologie – ältere esoterische und naturphilosophische Modelle erneut in den Vordergrund rückte.

Einmal mehr zeigt sich die Ambivalenz von Aufklärung und Esoterik, von Wissenschaft und Naturphilosophie, die ich als ein Strukturelement der europäischen Neuzeit bezeichnet habe. Im neunzehnten Jahrhundert kommt nun noch ein weiteres hinzu: das enorme Anwachsen von kulturgeschichtlichem Wissen, das neue Disziplinen wie die Religionswissenschaft, die Ethnologie und die Altertumskunde hervorbrachte. Die Entzifferung von vormals unbekannten Schriften, die Erforschung von Sprachfamilien, der Zuwachs an archäologischen und ethnologischen Daten und die Erforschung der biologischen Evolution durch Darwin veränderten die Wahrnehmung der eigenen Gegenwart erheblich (ausführlich dazu Kippenberg 1997). Es ist hier nicht der Ort, diesen Entwicklungen im Einzelnen nachzugehen. Für die Geschichte der Astrologie sind sie aber insofern von Bedeutung, als die Sternkunde selbst in diese Prozesse hineingezogen wurde, was man am Erstarken einer esoterischen Konzeption der Wirklichkeit ablesen kann sowie am zunehmenden Interesse für psychologische Interpretationen. Auf Letztere werde ich später eingehen; hier geht es zunächst darum, die wichtigste Trägerin einer esoterischen Astrologie zu beleuchten: die Theosophische Gesellschaft.

Kosmos und Karma: Madame Blavatsky Man kann die Bewegung, die 1875 zur Gründung der Theosophischen Gesellschaft in New York führte, als ein Zusammenwirken von drei Größen interpretieren: Spiritismus, Esoterik und Religionswissenschaft. Was das bedeutet, lässt sich gut an Leben und Werk der zentralen Figur der Bewegung, der gebürtigen Ukrainerin Helena Petrovna Blavatsky (1831–1891), veranschaulichen. Als Blavatsky – nach einem turbulenten Leben, das ich hier nicht referieren kann (zur Biografie s. Meade 1980) – im Juli 1873 in New York eintraf, nahm sie sehr bald Kontakt zur spiritistischen Szene auf, die sich in den USA seit Mitte des Jahrhunderts kontinuierlich vergrößert und Geisterphänomene aller Art zum Gegenstand der Untersuchung gemacht hatte. HPB, wie man sie gewöhnlich nennt, arbeitete zunächst als Medium. Nicht zuletzt durch die Begegnung mit Henry Steel Olcott (1832–1907) gegann sie sich jedoch zunehmend für religionsgeschichtliche und esoterische Zusammenhänge zu interessieren und rezipierte die entsprechenden wissenschaftlichen Forschungen ihrer Zeit. Überhaupt pflegten führende Theosophen den brieflichen Austausch mit Wissenschaftlern, beispielsweise dem Indologen Friedrich Max Müller (s. Kippenberg & von Stuckrad 2003, 45–47).

1875 gründeten Blavatsky, Olcott, William Q. Judge und andere in New York die Theosophische Gesellschaft. Die Ziele dieser Organisation wurden folgendermaßen definiert: (1) Den Kern einer universalen Bruderschaft der Menschheit zu bilden, ohne Unterschied von Herkunft, Glaube, Geschlecht oder Hautfarbe; (2) zum Studium der vergleichenden Religionswissenschaft, Philosophie und Naturwissenschaften anzuregen; (3) ungeklärte Naturgesetze und die im Menschen verborgenen Kräfte zu erforschen. Dass die Gesellschaft schon bald eine große Zahl von Mitgliedern aufweisen konnte, liegt vor allem an der hohen literarischen Produktivität Helena Blavatskys. 1877 erschien ihr erstes großes Werk – *Isis Unveiled. A Master Key to the Mysteries of Ancient and Modern Science and Theology* –, dessen Auflage von 1000 Exemplaren binnen zehn Tagen verkauft war (bis heute wurden ca. 500 000 Exemplare abgesetzt). Im Jahr darauf reiste HPB nach Indien und ließ sich in Bombay nieder, wo die Theosophische Gesellschaft in der Folgezeit eine überaus große Resonanz erfuhr, weil ihre Konstruktion einer «östlichen Spiritualität» als «Urweistum» der Menschheit in Indien wesentlich zur Stärkung einer antikolonialen Identität beitrug. 1882 wurde der Hauptsitz der Gesellschaft nach Adyar bei Madras verlegt.

Die Bücher Madame Blavatskys sind weder wissenschaftliche Abhandlungen noch schlichte Spekulationen oder romanhafte Berichte; nach Überzeugung ihrer Anhängerinnen und Anhänger wurden sie von HPB «empfangen», stammen also aus transzendenten Bereichen der Wirklichkeit, von wo aus sie mithilfe von «aufgestiegenen Meistern» oder «Mahatmas» an Blavatsky weitergegeben wurden (heute sagt man auch gern «gechannelt»). Das gilt insbesondere für das Hauptwerk der Theosophischen Gesellschaft, das zu einem Eckpfeiler der Esoterik im zwanzigsten Jahrhundert wurde: Im Herbst 1888 – Blavatsky war inzwischen wieder in Europa – erschienen die ersten beiden Bände von *The Secret Doctrine. The Synthesis of Science, Religion and Philosophy* («Geheimlehre»; Band I «Kosmogenesis», Band II «Anthropogenesis», der dritte Band «Esoterik» erschien posthum 1897). Hierin entfaltete Blavatsky die Grundlagen einer komplexen theosophisch-esoterischen Theorie der Entstehung des Menschen, vom Aufbau des Kosmos und von den «Urwahrheiten» der Religionen, die alle auf einen gemeinsamen Kern zurückgehen. Dabei griff sie insbesondere auf Vorstellungen über die hinduistische und buddhistische Religionsgeschichte zurück, die sie zum Inbegriff der Religion überhaupt stilisierte. Damit war sie in ihrer Zeit nicht allein, wie wir aus den wissenschaftlichen Diskussionen des ausgehenden neunzehnten Jahrhunderts wissen.

Mit Blick auf die Astrologie waren zwei Dinge entscheidend: Zum einen wurde im Fahrwasser der Indienbegeisterung die Idee des *Karma* in Europa und Nordamerika populär. Zwar waren Vorstellungen über Seelenwanderung und Wiedergeburt in Europa seit der Antike durchgängig vorhanden (Zander 1999), doch erst jetzt verband sich dieses Konzept als ein Ursache-Wirkungs-Mechanismus mit der astrologischen Deutung. Ausführlich erläutert Blavatsky, wie das «unfehlbare *Gesetz der Vergeltung*» (*Geheimlehre*, Bd. I, 695) sowohl die Geschichte von Völkern («Rassen») und Epochen bestimmte als auch die zyklische Wiedergeburt von Individuen. Das Horoskop ist demnach ein symbolisches Abbild der karmischen Kräfte, mit denen der Native in ein kosmisches Geschehen eingebunden ist und Verantwortung übernehmen muss für Taten, die er in früheren Inkarnationen beging. Dies, so will es Blavatsky, sei den indischen Weisen der grauen Vorzeit vollständig bekannt gewesen, und sie hätten individuelle und staatliche Schicksale präzis prognostiziert (ebd., 708).

Der zweite wichtige Impuls betrifft die mystisch-esoterische Aufladung der Astrologie. Blavatsky wird nicht müde, ihren Spott über die materialistischen Astronomen auszuschütten, die nicht erkannt hätten, dass es in Wahrheit um metaphysische Gesetze und Urwahrheiten des Kosmos geht. Demgegenüber hält sie fest, daß, wenn die Planeten des Sonnensystems erwähnt oder symbolisiert werden […], man nicht annehmen darf, daß auf die Planetenkörper selbst Bezug genommen ist, ausgenommen als auf Typen auf einem rein physischen Plane für die siebenfältige Natur der psychischen und geistigen Welten. Ein materieller Planet kann nur einem materiellen Etwas entsprechen. Wenn es also heißt, daß Merkur dem rechten Auge entspricht, so bedeutet das nicht, daß der objektive Planet irgend einen Einfluß auf das rechte Sehwerkzeug hat, sondern daß beide vielmehr als einander mystisch durch Buddhi entsprechend stehen. Der Mensch zieht seine geistige Seele (Buddhi) aus der Wesenheit der Mânasa Putra, der Söhne der Weisheit, die die Göttlichen Wesen (oder Engel) sind, die über den Planeten Merkur herrschen und ihm vorstehen. (*Geheimlehre*, Bd. III, 458)

Es waren mystische Ergüsse wie diese, die auf den erbitterten Widerstand professioneller Astrologen in England und den USA stießen. Zugleich aber eröffneten solche Spekulationen der Astrologie neue Möglichkeiten, sich aus dem argumentativen Engpass zu befreien, in den die wissenschaftlich orientierte Sterndeutung des neunzehnten Jahrhunderts geraten war.

Helena Blavatsky selbst hatte keine tiefer gehenden Kenntnisse der astrologischen Deutungstradition; die Übersetzung ihrer Kosmologie in die astrologische Praxis wurde von anderen durchgeführt, allen voran von Alan Leo.

Esoterische Spekulationen und die Sorgen des Geldverdienens: Alan Leo William Frederick Allen (1860–1917), der sich, weil er am 7. August im Sonnenzeichen Löwe geboren war, Alan Leo nannte, gehört zu den interessantesten Figuren an der Schwelle zum zwanzigsten Jahrhundert. Nicht nur, dass er eine theosophisch gefärbte Astrologie in Europa bekannt machte, auch im Hinblick auf Strukturen der astrologischen Beratungspraxis und der öffentlichen Wirksamkeit hat der aus London stammende Leo Impulse gesetzt, die bis heute nachwirken (zum Ganzen s. Curry 1992, 122–159; Howe 1995, 82–95). Mit der Astrologie kam Leo erst in den 1880er Jahren in Kontakt; zuvor arbeitete er als Handlungsreisender in einer Saatmaschinenfabrik, wechselte dann nach Manchester, wo er die Leitung zweier Lebensmittelgeschäfte übernahm, um mit 25 bei einer anderen Saatmaschinenfabrik in der Londoner City einzusteigen. Alle diese Projekte – das schrieb Leo später dem Uranus an seinem Radix-MC zu – scheiterten, und schon bald saß er wieder auf der Straße. 1888 fand er zwar eine Stelle als

Handelsvertreter für Konfekt, doch seine Lebensverhältnisse blieben weiterhin prekär.

Die Grundlagen der Astrologie lernte Leo in Manchester kennen, und zwar durch die Freundschaft mit einem «Dr.» Richardson, der in der medizinischen Tradition Simmonites stand. Er war ein überaus gelehriger Schüler, was er später damit begründete, dass er in früheren Leben bereits als Astrologe gearbeitet habe und dieses Wissen deshalb leicht reaktivieren konnte. Als Leo in der 1887 ins Leben gerufenen Monatszeitschrift *The Astrologer* eine Zuschrift von F. W. Lacey las, in der dieser astrologischen Kontakt in seiner Londoner Umgebung suchte, meldete er sich bei Lacey – auch bekannt als «Aphorel» – und fand auf diese Weise bald den Weg in die engeren theosophischen Zirkel der Hauptstadt. Dafür war vor allem ein weiteres Mitglied des Laceyschen Kreises verantwortlich: der oben schon erwähnte Walter Richard Old alias Walter Gorn Old alias *Sepharial* (1864–1929). Dieser Astrologe und Esoteriker, der sich auch mit Sanskrit, ägyptischen Hieroglyphen, Medizin und Betriebswirtschaft befasste, war 1889 von Birmingham nach London gezogen, wo er trotz seines jugendlichen Alters bald zur *inner group* der Theosophischen Gesellschaft um Helena Blavatsky gehörte und es sogar bis zum Vizepräsidenten schaffte. Eine andere «Eingeweihte» schrieb im Nachhinein über Old: «H. P. B. nannte ihn oft den ‹astralen Tramp› wegen seiner Gewohnheit, ‹sich nachts mit seinem Astralleib herumzutreiben›, wie sie es nannte» (nach Howe 1995, 86 f.).

Alan Leo wurde von Old zu den Treffen mitgenommen und trat 1890 offiziell der Theosophischen Gesellschaft bei. Zusammen mit Lacey gründete er eine Nachfolgezeitschrift des in Schwierigkeiten geratenen *Astrologer*; die erste Ausgabe von *The Astrologer's Magazine* erschien im August 1890. Obwohl es mehrere konkurrierende Zeitschriften in London gab, hatte dieses Magazin einen recht großen Erfolg. Das lag vor allem an dem betriebswirtschaftlichen Schachzug, allen Abonnenten ein kurzes Gratishoroskop zu versprechen; Vorauszahlungen für zwei Jahre wurden gar mit einer persönlichen astrologischen Jahresvorschau über diesen Zeitraum honoriert. Das brachte nicht nur eine Menge neuer Abonnenten, sondern auch viel Arbeit. Zwischen 1890 und 1894 verschickten Leo und Lacey mehr als 4000 Gratishoroskope.

Später wurde Leo alleiniger Inhaber der Zeitschrift, da Lacey sich anderweitig orientierte. Das Magazin hieß nun *Modern Astrology*, und im

Editorial der ersten Ausgabe (Juli 1895) formulierte Leo seine zutiefst theosophische Vision: «Der Herausgeber möchte diese Zeitschrift dem intelligenten Teil der Menschheit ans Herz legen und insbesondere jenen, auf die symbolische und metaphysische Studien eine eigenartige Anziehungskraft haben. Die Zeit ist reif für eine Modernisierung des alten Systems der Astrologie.» Zu diesem Zeitpunkt war Leo nebenher noch immer als Handlungsreisender tätig, was auf Dauer aber nicht funktionierte. Deshalb unternahm er zwei wichtige Schritte: Erstens gründete er 1896 die *Astrological Society*, mit Robert C. Cross (dem gegenwärtigen «Raphael») als Vizepräsident und H. S. Green als Schatzmeister, die nach einem Jahr etwa hundert Mitglieder hatte. Zweitens baute Leo 1898 eine astrologische Praxis auf, die in der damaligen Zeit ihresgleichen suchte. Seine zunehmende Bekanntheit, gerade in theosophischen Kreisen, führte dazu, dass er Aufträge an einen Mitarbeiterstab delegieren musste, der 1903 auf neun Personen angewachsen war. Bald gründete *The Modern Astrology Publishing Company* Filialen in Paris und New York. Diesen Erfolg verdankte die Firma im Wesentlichen der Massenproduktion billiger Horoskopdeutungen, die Leo geschickt zu automatisieren verstand, indem er Textbausteine, die sich regelmäßig wiederholten, vervielfältigen und wie ein Puzzle jeweils neu zusammensetzen ließ. Damit perfektionierte Leo eben jene Technik, die heute bei Computer-generierten Horoskopdeutungen angewandt wird. Jedenfalls brachte es die Firma auf diese Weise innerhalb von drei Jahren auf 20000 verschickte Horoskope.

Leo und seine theosophisch orientierte Frau Bessie (die Ehe war im Jahre 1895 geschlossen worden, eine Ehe übrigens ohne sexuelle Beziehung) sahen keinen Widerspruch zwischen diesen Geschäftspraktiken und einem hohen astrologischen Anspruch. Schließlich dienten jene billigen «Testhoroskope» lediglich dazu, die Kunden für die Astrologie zu interessieren und ihnen später eine «seriöse» Deutung angedeihen zu lassen. Die wahre Astrologie war für Leo immer die theosophisch-esoterische, wie im pathetischen Vorwort zu *Practical Astrology* deutlich wird:

Die Weisheitsreligion hat inzwischen im Westen Wurzeln geschlagen bei jenen, die aus den schweren Ketten der Konventionalität ausgebrochen sind, und ihre Führer haben nun die Möglichkeit, mithilfe ihrer Verstandeskraft und ihrer Reinheit im Leben eine Wende der Evolution hin zu Fortschritt und Freiheit zu bewirken. Doch ihre Theorien von Schicksal und freiem Willen sowie ihr Gesetz von Handlung und Reaktion benötigen für den Erweis ihrer Richtigkeit die Hilfe der Astrologie. Ich bin bestimmten Mitgliedern der Theosophischen Gesellschaft zutiefst verpflichtet, deren unermüdliche Anstrengung und selbstlose Arbeit mehr zur Rettung der Welt beigetragen haben, als die gegenwärtige Menschheit anerkennt. Aus ihrer Quelle trank ich die Wasser der WAHRHEIT, und in den folgenden Seiten habe ich unbeholfen versucht, etwas von dieser Wahrheit einzubringen. (Leo 1907, v)

1903 brach Leos astrologische Firma zusammen. Aufgrund der unzumutbaren Arbeitsbedingungen und dem Gefühl der Ausbeutung kam es zu Massenkündigungen, die Leo selbstverständlich seinem uranischen MC und den astrologischen Auslösungen des Jahres zuschrieb. Fortan konzentrierte er sich auf die Publikation von größeren Abhandlungen, von denen *Esoteric Astrology* (1907) die wirkmächtigste, obwohl zugleich auch die «theosophischste» sein sollte; in den 1920er Jahren erstmals ins Deutsche und in andere europäische Sprachen übersetzt, findet dieses Werk noch heute seine Leser. Auf jeden Fall trug es entscheidend dazu bei, die theosophisch-astrologischen Lehren zu popularisieren und dadurch neues Interesse in einer breiten Öffentlichkeit zu wecken. Dasselbe erreichte Leo mit mehrbändigen Lehrbuchsammlungen – *Astrological Manuals* und *Astrology for All*, auch diese wurden vollständig ins Deutsche übersetzt –, in denen er die Astrologie als ein einfaches System der Kombination von Teildeutungen präsentierte (der erste Band der *Manuals*, 1901 erschienen, trug den programmatischen Titel *Everybody's Astrology*), ganz im Gegensatz zu Simmonite, Pearce und anderen, die an einer zwangsläufig verfälschenden Vereinfachung der Lehre kein Interesse hatten. In den Worten Ellic Howes: «Tatsächlich glaubten viele, ein Horoskop zu deuten sei ebenso einfach wie einen Kuchen zu backen» (1995, 92). Zu den von Leo eingeführten Vereinfachungen gehörten auch technische Neuerungen; so verabschiedete er sich von den früheren Methoden der prognostischen Primärdirektionen, die überaus schwierig zu berechnen sind, und führte auf Grundlage der Sekundärprogressionen nach Placidus (die man sehr einfach aus den Ephemeriden errechnen kann) ein «Progressionshoroskop» ein, welches eine Mischung aus Sekundärdirektionen und zodiakalen Primärdirektionen darstellt.

Alan Leo wurde besonders jenen ein Begriff, die sich in das Studium der Astrologie vertieften. Da der theosophische Astrologe keine prognostischen Jahrbücher herausgab, blieb er einer breiteren Öffentlichkeit jedoch weit gehend unbekannt, die sich an die Almanache der Raphaels und Zadkiels hielt. Seine Bedeutung liegt woanders: «Leo verwirklichte seine Idee, die Astrologie zu ‹modernisieren›. Das gelang ihm, indem er die populäre Astrologie in einen esoterischen Okkultismus integrierte. Das Ergebnis war eine dauerhafte neue Kreation: Astrologie als eine Art populärer, oder besser: Mittelklasse-Okkultismus» (Curry 1992, 159). Eine ebenfalls nicht zu unterschätzende Bedeutung Alan Leos besteht darin, dass er, nachdem er seit 1914 in mehrere Prozesse wegen «Wahrsagerei» verwickelt war, auf Anraten seines Anwalts dazu überging, konkrete Vorhersagen äußerer Ereignisse zugunsten der Prognose psychischer Entwicklungen zu unterlassen. Dies würde ihm nicht als Wahrsagerei angekreidet. Auf diese Weise trug Leo dazu bei, eine neue Grundkonzeption der Astrologie zu schaffen, die im zwanzigsten Jahrhundert bald zum führenden Paradigma wurde.

Als wichtigster englischer Publizist wurde Leo nur von W. R. Old erreicht, der als Sepharial bis zu seinem Tod 1929 über vierzig Bücher publizierte, zumeist eher anspruchslosen Niveaus (dennoch sind in Großbritannien und den USA heute noch knapp ein Dutzend seiner Bücher lieferbar). Eine Ausnahme bildet das 1962 neu aufgelegte *Manual of Astrology in Four Books. Treating of the Language of the Heavens, the Reading of a Horoscope, the Measure of Time, and of Hindu Astrology; Includes the Influence of the Planet Pluto*, das umfangreiche Deutungen in leicht zugänglicher Weise präsentiert. Von der Bindung an die Theosophie hatte sich Sepharial nach dem Tod Blavatskys am 8. Mai 1891 (bei dem er anwesend war, obwohl seine eigene Mutter am selben Tag an einer schweren Krankheit starb) zunehmend gelöst und sich eher pragmatischen Anwendungsgebieten der Astrologie zugewandt. So analysierte er die Börsenkurse auf astrologischer Grundlage und entwickelte in den 1920er Jahren sogar eine Vorhersagemethode für den Ausgang von Pferdewetten.

Die Blütezeit der britischen Astrologie war in diesen Jahren schon Vergangenheit. Nicht zuletzt durch den Einfluss der Theosophischen Gesellschaft auf dem Kontinent war ein neues Zentrum astrologischer Forschung entstanden, das bald neue Ansätze und eine sehr anspruchsvolle Sternkunde hervorbrachte. Dieses Zentrum lag in Deutschland.

2. Die Entwicklung in anderen Ländern

Die Kontinuität astrologischer Publikations- und Beratungstätigkeit im Großbritannien des neunzehnten Jahrhunderts ist ein singuläres Phänomen. Schaut man auf die anderen europäischen Staaten und auf die USA, so sucht man eine ähnlich gelagerte Stellung der Sternkunde vergeblich. Ich werde in diesem Kapitel den Fortgang der Geschichte nach Ländern geordnet erzählen, was insofern gerechtfertigt ist, als ein Austausch von Positionen über Ländergrenzen (oder besser: über Sprachgrenzen) hinweg, kaum anzutreffen ist, sieht man einmal vom Einfluss der Theosophischen Gesellschaft auf den deutschsprachigen Raum ab. Ich beginne mit Frankreich.

«Splendid Isolation» auch in Frankreich

Kabbalisten und Rosenkreuzer In Frankreich, wo die Religionskritik besonders stark entwickelt war, verschwand die Astrologie beinah völlig, auch wenn es eine eigene französische Esoterik im neunzehnten Jahrhundert gab, die sich in der Literatur und Kunst der Romantik zeigte. Im Anschluss an den Mesmerismus, an die Arbeiten von Claude de Saint Martin, Martines de Pasqually und anderen entwickelten sich spiritistische und okkultistische Strömungen, in denen esoterische Überlegungen angestellt wurden, die nicht selten auch die Astrologie thematisierten. Doch das war etwas ganz anderes als professionelle astrologische Beratungspraxis. Zwei Autoren sind hier zu nennen: Der erste ist Abbé Louis Constant (1810–1875), besser bekannt als Eliphas Lévi, der sich intensiv mit der Kabbalah und esoterischen Traditionen der Renaissance auseinander setzte; 1856 erschien sein *Dogme et rituel de la haute magie* (deutsch als *Transzendentale Magie. Dogma und Ritual*, München 2000), in dem er kabbalistische Lehren mit magischer Arbeit kombinierte, eine auch in vielen Geheimgesellschaften – etwa bei den Rosenkreuzern – beliebte Praxis. Ein weiterer wichtiger Autor dieser Epoche war Gérard Encausse (1865–1916), der unter dem Pseudonym Papus eine Reihe von Publikationen verfasste, die noch heute aufgelegt werden, darunter der umfangreiche *Traité méthodique de la science occulte* («Methodischer Traktat über die okkulte Wissenschaft», 1891). Papus beschreibt, wie Lévi auch, die (christliche) Kabbalah als okkulte Wissenschaft, die alle verborgenen Dynamiken des Universums abbildet. «Die Astrologie», so konstatiert er, «ist eine der antiken divinatorischen Wissenschaften, deren Regeln heute vollkommen verloren sind» (S. 1043). Daran kann man erkennen, wie wenig die englische Literatur in Frankreich gelesen wurde.

Erst in den 1890er Jahren erlebte die Astrologie im Zuge eines erstarkenden Okkultismus eine gewisse Renaissance, angestoßen von Leuten, die aus einem rosenkreuzerischen und okkultistischen Milieu kamen. Die Schriften der Theosophischen Gesellschaft hatten dagegen in Frankreich nur eine geringe Wirkung. Das erste astrologische Lehrbuch seit Morins berühmter *Astrologia gallica* (1661) wurde von Eugène Jacob alias Ely Star (1847–1942) verfasst: *Les mystères de l'horoscope* (1887), eine Abhandlung, die ganz im Stil von Lévi und Papus eine esoterische Astrologie mit kabbalistischen Traditionen verknüpfte. Interessant ist die Anwendung der astrologischen Symbolik auf das Tarot-Spiel, die hier mithilfe von Abbildungen einer größeren Leserschaft zugänglich gemacht wurde. Der Tarot lässt sich zwar bis in die Renaissance zurück verfolgen, doch die Verwendung der Karten in der astrologischen Magie ist ein Phänomen des ausgehenden neunzehnten Jahrhunderts. Wir finden sie nicht nur in Frankreich, sondern insbesondere auch in der zeremoniellen Magie, wie sie in diversen Geheimorden gepflegt wurde (der wichtigste war der *Hermetic Order of the Golden Dawn*, 1888 gegründet, der auf die Magie des zwanzigsten Jahrhunderts – v.a. vertreten durch Aleister Crowley – eine starke Wirkung hatte).

Erinnerung und Fortführung Eine Rezeption der traditionell arbeitenden britischen Astrologie erfolgte erst durch F. Ch. Barlet (Albert Faucheux, 1838–1921), einen prominenten Kabbalisten und Rosenkreuzer, der sein Wissen an den Apotheker Abel Thomas weitergab. Dieser wiederum publizierte 1895 unter dem Namen Abel Haatan den kurzen Traktat *Traité d'astrologie judiciaire*. Der oben schon erwähnte Fomalhaut, ein Pariser Priester mit Namen Charles Nicoullaud (1854–1925) gab zwei Jahre später sein *Manuel d'astrologie sphérique et judiciaire* heraus, in dem er nicht nur die Existenz des Planeten Pluto ankündigte, sondern auch die Analogien zwischen astrologischer Symbolik und Tarot darstellte. Doch eine neue Popularität gewann die

Astrologie in Frankreich erst durch Henri Selva (1861–ca. 1962) und Paul Choisnard (1867–1930). Ersterer baute auf den Studien Morins auf und machte sie mit dem Buch *La théorie des déterminations astrologiques de Morin de Villefranche* bekannt; anders als in Großbritannien war man in Frankreich der Meinung, dass ein Rekurs auf die eigene «klassische» Tradition Grundvoraussetzung für eine Neubelebung der Astrologie sein müsse. Das «System Morin» hatte deshalb hier – wie übrigens auch in Deutschland – eine breite Wirkung ins zwanzigste Jahrhundert (Hiéroz 1962), während es in Großbritannien kaum Beachtung fand.

Die meisten französischen Astrologen – ein weiterer Unterschied zu England – gingen der Sternkunde in ihrer Freizeit nach. Henri Selva war an der Pariser Börse beschäftigt, und auch Paul Choisnard, der seine ersten Bücher unter dem Pseudonym Paul Flambart schrieb, war hauptberuflich Artillerie-Offizier, nachdem er die renommierte École Polytechnique absolviert hatte. Choisnard war einer der ersten, die systematisch nach statistischen Belegen für die Astrologie suchten, ein Sujet der soziologischen Empirie, das Anfang des zwanzigsten Jahrhunderts methodisch noch in den Kinderschuhen steckte. Zwar hatte A. J. Pearce schon im Jahre 1880 in der Zeitschrift *Urania* an so etwas gedacht, doch erst Choisnard legte eine ausführliche Analyse von Horoskopsammlungen vor, und zwar unter dem Titel *Preuves et bases de l'astrologie scientifique* (^{2}1908), das wiederum auf zwei früheren Werken aufbaute (*Influence astrale: essai d'astrologie expérimentale*, ^{2}1901; und *Étude nouvelle sur l'hérédité: hérédité astrale*, 1903). Darin untersucht er die These, bestimmte astrologische Themenstellungen würden sich in Familien gleichsam «vererben», also beispielsweise Sonne im Löwen bei den Eltern und Aszendent Löwe bei den Kindern. Natürlich war die Datenbasis viel zu gering, um hier zu statistisch gesicherten Ergebnissen zu kommen. Dennoch betrachtete Choisnard diese These als bewiesen, eine Einschätzung, die von seinen französischen Kollegen geteilt wurde. In England indes wurde davon kaum Kenntnis genommen. Das sollte sich erst ändern, als das Ehepaar Gauquelin die Bühne betrat und die statistische astrologische Forschung mit einer bis dahin unvorstellbar großen Datenmenge weiterführte (s. u. S. 360–362).

Zunehmende öffentliche Resonanz Das Interesse an der Astrologie nahm nun stetig zu. Nach dem Ersten Weltkrieg wurde in Frankreich, wenn auch beinah unbemerkt von der ausländischen Zunft, auch inhaltlich einiges erarbeitet. Als ein Beispiel sei Eudes Picard (1867–1937) genannt, der 1932 ein Werk vorlegte unter dem Titel *Astrologie judiciaire.* In diesem Arbeitsbuch behandelt Picard überaus detailliert die traditionellen Häuserdeutungen, die Dekanlehre mit den jeweiligen Herrschern der Zeichenabschnitte sowie eine Reihe von «sensitiven Punkten» wie dem Glückspunkt, die für eine detaillierte Horoskopdeutung verwendet wurden. Dies illustriert er anhand der Nativitäten von 37 berühmten Persönlichkeiten. Interessant und innovativ ist sodann sein System der «sekundären Häuserdeutung», eine symbolische Ableitungsmethode, die von Bedeutungen der (traditionellen) «primären» Häuser auf verborgene Analogien in anderen Häusern schließt. Dass man das achte Haus sekundär auch als «zweites Haus des Partners» betrachtete (das siebte Haus wird ja mit dem Partner assoziiert), welches deshalb Auskunft über die finanziellen Verhältnisse des Partners gibt, war auch früher schon allgemein bekannt; Picard ging einen Schritt weiter und baute ein komplexes System der sekundären Verbindungen auf, indem er beispielsweise von «Saturn im Löwen im zehnten Haus» (das traditionell auf Probleme mit den Kindern verweist) eine Verbindung zum fünften Haus ableitet (das mit Kindern assoziiert wird). Derartige Ableitungssysteme, die traditionelle Verknüpfungen systematisch weiterentwickelten, wurden im Laufe des zwanzigsten Jahrhunderts vielfach vorgelegt, sodass man die Arbeiten von Picard und anderen als Vorläufer von Theorien bezeichnen kann, die heute zum gängigen Instrumentarium von Astrologen gehören (wie beispielsweise das System der Häuserherrscher, die im jeweiligen Radix in andere Häuser «ausgewandert» sind, aber dennoch eine inhaltliche Verbindung zu ihrem «Herkunftshaus» aufweisen).

Das erstarkende Interesse an der Astrologie in Frankreich dokumentiert sehr anschaulich die umfangreiche «Enzyklopädie der astrologischen Bewegung in französischer Sprache» von Vicomte Charles de Herbais de Thun (1944), in welcher der belgische Astrologe Biografie und Publikationstätigkeit von etwa 170 französischen Astrologen seit 1890 dokumentiert – ein Schatz an Informationen, der noch der Auswertung harrt. Eine breitere Öffentlichkeit wurde nach 1930 erreicht, als Tageszeitungen und viel gelesene Zeitschriften wie *Votre Destin* und *Sous le Ciel* damit begannen, Horoskopprognosen abzudrucken. Einen Versuch der Institutionalisierung der astrologischen

Zunft, wie in England oder in Deutschland, gab es jedoch nicht, was den Austausch der Astrologen – gerade auch über Frankreich hinaus – behinderte. Prägnant konstatiert Ellic Howe:

Die Franzosen waren offenbar völlig ignorant gegenüber allem Geschehen auf der astrologischen Bühne anderer Länder, doch diese insulare Attitüde fand man auch in Großbritannien und Deutschland. Eine europäische Astrologie-Bewegung gab es nie, von einer weltweiten ganz zu schweigen. (Howe 1995, 109)

Am Zustand der nationalen Isolierung hat sich bis heute wenig geändert.

Mehr als ein britischer Ableger: Die Vereinigten Staaten von Amerika

Bis in die Mitte des neunzehnten Jahrhunderts hinein rezipierten amerikanische Astrologen die aus Großbritannien bekannten Werke und Traditionslinien. Auch die von der Stationers' Company herausgegebenen Ephemeriden und Jahrbücher prägten die Szene in den USA, sodass Historiker oft die Meinung vertreten, US-amerikanische Astrologie sei im Grunde nur ein Ableger der britischen. Das stimmt jedoch nur zum Teil, denn ab 1840 entwickelte sich eine eigenständige amerikanische Literatur, die auf Themen fokussierte, die insbesondere die dortige Öffentlichkeit beschäftigten (ausführlich dazu Holden & Hughes 1988). Hinzu kam der große Erfolg der theosophischen Bewegung in den USA und die Entstehung einer psychologisch orientierten Astrologie im zwanzigsten Jahrhundert. Für die Zeit nach 1950 lässt sich sogar konstatieren, dass es amerikanische Astrologinnen und Astrologen waren, die umgekehrt die europäische Szene inspirierten.

Wahlprognosen und der Kampf um öffentliche Anerkennung: Broughton und Chaney Erste eigenständige Publikationen begannen in den 1840er Jahren, als Thomas Hague aus Philadelphia die Zeitschrift *The Horoscope* herausbrachte (1840–1844), an die sich 1845–1858 *Hague's Horoscope and Prophetic Messenger* anschloss. Damit wurde ein zunächst noch recht kleiner Markt bedient, der sich jedoch erheblich vergrößerte, als der «Stammvater» der frühen amerikanischen Astrologie die Bühne betrat: Dr. Luke D. Broughton (1828–1899). Broughton entstammte einer astrologisch gebildeten Familie aus Leeds, von wo er 1855 – wie seine Brüder, die ebenfalls als Astrologen tätig waren – nach Philadelphia auswanderte. Dort promovierte er am medizinischen College. Zeitlebens praktizierte er die homöopathische Medizin, in die er astrologische Diagnosemethoden integrierte. In Annoncen warb er mit einer Geld-zurück-Garantie, sollte seine Behandlung nicht zum gewünschten Erfolg führen.

Im Jahre 1860 begann er mit der Herausgabe seines *Monthly Planet Reader and Astrological Journal*. Darin prognostizierte er, dass Abraham Lincoln die Präsidentschaftswahl gegen Stephen A. Douglas verlieren würde – ein grober Schnitzer, wie sich bald zeigen sollte. Broughton erklärte den Fehler später damit, dass er mit einem fiktiven Horoskop hatte arbeiten müssen und zudem die Umstände nach der Wahl nicht ausreichend berücksichtigt hatte. Als im Jahre 1861 in Pennsylvania ein Gesetz gegen Wahrsagerei erlassen wurde, hielt er sich mit Publikationen zurück und zog nach New York. Zwischen 1864 und 1869 konnte er dort relativ ungehindert arbeiten. 1864 wagte Broughton für die kommende Präsidentschaftswahl erneut eine Prognose, diesmal zugunsten Lincolns. Allerdings prognostizierte er einige üble astrologische Auslösungen für den Präsidenten im Anschluss an die Wahl, was er in der Frühjahrsausgabe des *Monthly Planet Reader* 1865 mit der Erwartung ergänzte, dass um den 17. und 18. April des Jahres ein hoher General oder eine hochgestellte Persönlichkeit ums Leben kommen werde. Als am 14. April auf Lincoln geschossen wurde und er am folgenden Tag starb, wurde Broughton schlagartig einer breiten Öffentlichkeit bekannt, ein durchaus ambivalenter Erfolg, denn fortan sah er sich auch massiver Feindschaft gegenüber: Es gab aggressive Störungen seines Lehrbetriebs, sein Wohnhaus wurde von einem randalierenden Mob geplündert und seine Zeitschrift unterdrückt.

Bis zu seinem Tod 1899 kämpfte Broughton gegen eine mitunter gewalttätige öffentliche Geringschätzung der Astrologie. Im Laufe der Zeit wuchs jedoch die allgemeine Akzeptanz, und Broughton konnte seinen Ruf als führender Astrologe des Kontinents mithilfe von Lehrtätigkeit und Publikationen ausbauen. 1898 erschien das Standardwerk *Elements of Astrology* (New York: The Author), ein anspruchsvolles Lehrbuch, das sich besonders auch der prognostischen Mundanastrologie widmete. Abgesehen davon, dass Broughton offenbar der erste war, der auf den denkwürdigen «20-Jahre-Zyklus» der Attentate auf amerikanische Präsidenten hinwies, äußerte er sich in *Elements of Astrology* über die Horoskope europäischer Machthaber. Bei König Alphonso XIII. lag er mit seiner Prognose zwar ziemlich daneben, doch seine Vorhersage zu Kaiser Wilhelm II. – er werde eines natürlichen Todes sterben, sein Leben beginne in Reichtum, doch es werde in Armut enden bzw. Deutschland werde in Schulden gestürzt – traf die Sache schon etwas besser.

Unterstützt wurde die Arbeit Broughtons durch seinen bekanntesten Schüler, «Professor» W. H. Chaney (1821–1903). Chaney, dessen unehelicher Sohn mit der Spiritual-Sängerin Flora Wellman unter dem Namen Jack London berühmt wurde, durchlief eine sehr wechselhafte Karriere (als Kind wollte er Pirat werden, was er später der Sonne-Mars-Konjunktion in seinem Radix zuschrieb). Gemeinsam mit seinem Lehrer kämpfte er für die gesellschaftliche Reputation der Astrologie. Auch Chaney trat als Schriftsteller hervor. Zu seinen bekanntesten Büchern gehören *Chaney's Ephemeris from 1800 to Date* (Salem 1877) und *Chaney's Primer of Astrology and American Urania* (St. Louis 1890). Neben Llewellyn George (1876–1951), dessen Verlagshaus bis heute astrologische Literatur ediert, sind Broughton und Chaney deshalb als die wichtigsten Vertreter ihrer Zeit anzusprechen.

Die First Lady der amerikanischen Astrologie: Evangeline Adams Die ersten Jahrzehnte des zwanzigsten Jahrhunderts wurden besonders von einer Frau geprägt: Evangeline Adams (1868–1932) arbeitete zunächst als professionelle Astrologin in Boston, bevor es sie im Jahre 1899 nach New York zog. Am 16. März mietete sie sich im Windsor Hotel ein und wurde vom Hotelmanager Warren Leland vor die Wahl gestellt, die erste oder fünfte Etage zu beziehen. Trotz des höheren Preises entschied sie sich für die erste. Da sich Leland auch ein wenig für Astrologie interessierte, legte er ihr noch am selben Tag sein Horoskop vor. Adams sah darin sofort, dass er sich am folgenden Tag in akuter Gefahr befinden würde und fragte ihn nach Ereignissen der Vergangenheit, die bei zwei ähnlichen Auslösungen eingetreten waren. Es stellte sich heraus, dass damals jeweils kleinere Feuer im Hotel ausgebrochen waren, doch die Warnungen vor neuerlicher Gefahr schlug Leland scherzend in den Wind. Am nächsten Tag sei schließlich

St. Patrick's Day, die Börse sei geschlossen und er könne deshalb kein Geld verlieren. Als Leland am nächsten Morgen mit dem Aufzug in den fünften Stock fuhr, stand das ganze Stockwerk bereits in Flammen; das Feuer breitete sich rasch aus und zerstörte das gesamte Windsor Hotel. In dem Inferno kamen Lelands Tochter, Mitglieder seiner Familie und viele Gäste ums Leben, er selber starb drei Wochen später. Adams im Rückblick dazu:

> Ein bitterer Erfolg, werden Sie sagen – meine erste astrologische Deutung in New York. Und das war sie wirklich! Ich hätte all meinen damaligen Besitz dafür gegeben, wenn meine Vorhersage nicht so schrecklich wahr geworden wäre. Doch die Sterne hatten anders entschieden. Und sie hatten beschlossen, soweit es mich betraf, dass aus dem Schlechten etwas Gutes wurde: Die zweitwichtigste Meldung nach dem Feuer war nämlich die Mitteilung Mr. Lelands – in großen Lettern auf der Titelseite gedruckt –, dass Evangeline Adams aus Boston das Desaster vorhergesagt habe. (Adams 1926, 39)

Wieder so eine Geschichte, in der eine exakte Vorhersage zu astrologischer Reputation führte. Evangeline Adams eröffnete bald darauf eine Praxis in der Carnegie Hall und wurde zur bekanntesten Astrologin Amerikas. Sie schrieb zwei viel gelesene Bücher (*Astrology: Your Place in the Sun*, 1927; *Astrology: Your Place in the Stars*, 1930; letzteres teilweise verfasst durch Aleister Crowley) und veröffentlichte im Alter von 58 Jahren die eben zitierte Biografie, aus der man viele Details über das Leben als professionelle Astrologin in jener Zeit und über Ereignisse im Leben ihrer Klienten erfährt. Adams entwickelte die traditionelle Methode der Stundenastrologie weiter, indem sie die Radixplaneten in die Häuser des Stundenhoroskops eintrug. Ein geplantes Buch zum Thema wurde aufgrund ihres frühen Todes nicht vollendet.

Bekannt wurde Adams jedoch auch durch einen viel beachteten Prozess. Eine erste Anklage wegen «Wahrsagerei» wurde 1914 vom Gericht abgewiesen, denn der Richter fand in der astrologischen Arbeit nichts, was als Wahrsagerei gelten könnte; doch das war Adams nicht genug:

> Ich habe immer versucht, einen Schritt nach dem anderen zu gehen in dem, was ich gerne meine «Karriere» nenne: Erstens wollte ich meiner gelähmten Mutter die Sorge und Zuwendung geben, die sie so wunderbar verdiente. Zweitens suchte ich mich als bekannteste Astrologin Amerikas zu etablieren. Und jetzt hatte ich nur noch ein Ziel: Astrologie im Staate New York zu legalisieren. (Adams 1926, 53)

In einem zweiten Prozess bekam sie bald Gelegenheit dazu. Adams, vertreten durch den bekannten Rechtsanwalt Clark L. Jordan, führte darin aus, die Astrologie sei eine Wissenschaft auf Grundlage von exakten Regeln und habe nichts mit Magie oder dem Übersinnlichen zu tun. Sie bot sogar an, vor Gericht ein beliebiges Horoskop öffentlich zu deuten. Richter Freschi ging darauf ein und nannte ihr die anonymisierten Daten seines eigenen Sohnes. Die von Adams daraufhin vorgetragene Deutung beeindruckte den Richter so stark, dass er sie am 11. Dezember 1914 freisprach. In seiner Begründung finden sich die Sätze:

> Die Verteidigung erhebt die Astrologie in die Würde einer exakten Wissenschaft. [...] In der Deutung des Horoskops gelangt sie in einem absolut mechanischen, mathematischen Prozess zu ihrem Ergebnis. Sie führt aus, dass die Astrologie niemals Fehler macht, sondern nur die Astrologen, und dass, wenn die Zahlen richtig sind, die daraus gewonnene Information ebenfalls zutrifft. (Adams 1926, 54)

Dieses Grundsatzurteil wird bis heute immer wieder als Präzedenzfall herangezogen. Es zahlte sich also für Evangeline Adams aus, dass sie «den Gerichtssaal betreten hatte mit einem Stapel von Fachbüchern, der fast bis zur Decke reichte und einer riesigen Menge von Belegen, die bis auf die babylonischen Seher zurückgingen» (1926, 55).

An Broughton, Chaney und Adams erkennt man, wie sehr die Astrologie bis in die 1930er Jahre hinein vom Paradigma einer exakten Wissenschaft geprägt war, die Techniken zur Vorhersage konkreter Ereignisse bereitstellt, sowohl im Leben Einzelner als auch in politischen Kontexten. Gerade in den USA hat diese Form der astrologischen Disziplin bis heute ihre Anhänger. Parallel dazu gab es jedoch auch in Amerika eine spirituell oder esoterisch orientierte Sternkunde, deren wichtigste Vertreter ich nun kurz nennen möchte.

Noch einmal die Theosophen Der Einfluss der Theosophischen Gesellschaft in den USA hielt auch nach dem Tode Helena Blavatskys im Jahre 1891 an. Ihre Nachfolgerin Annie Besant (1847–1933), die fortan mit Col. Olcott die Geschicke der Gesellschaft lenkte, öffnete sich zunehmend dem indischen Gedankengut, was wiederum Gegenkräfte herauf beschwor. In Deutschland war es Rudolf Steiner (1861–1925), der, nachdem er es 1902 zum Generalsekretär der Gesellschaft in Deutschland gebracht hatte, vom neuen Kurs abwich und 1913 die

Anthroposophische Gesellschaft gründete, die stärker christlich orientiert war. Ebenfalls christlich war eine andere Abspaltung, diesmal in den USA: Alice Ann Bailey (1880–1949) entstammte einem fundamentalistischen christlichen Hintergrund; 1915 der Theosophischen Gesellschaft beigetreten, wurde sie im Jahre 1923 aufgrund dieses christlichen Bekenntnisses aus der Gesellschaft ausgeschlossen und gründete die so genannte «Arkan-Schule», die bis heute international aktiv ist. Ziel der Arkana-Theosophie, in die nur Erwachsene nach strengen Kriterien aufgenommen werden, ist das Erkennen der individuellen Karma-Bilanz. Im Zentrum der Lehre steht die «Große Invokation», eine Art Mantra oder magische Formel, die möglichst oft von den Adepten zu rezitieren ist. Dies dient dazu, die alte kosmische Ordnung wiederherzustellen und die Wiederkehr Christi vorzubereiten.

Obwohl selber der «klassischen» Astrologie unkundig, schrieb Bailey umfangreiche Werke über die esoterische Bedeutung der Sternkunde. Wie schon Blavatsky zuvor, machte auch Bailey geltend, dass diese Schriften von einem «aufgestiegenen Meister» (in ihrem Fall dem Tibeter Dwal Khul) geschrieben und von ihr lediglich empfangen wurden. Jedenfalls entstand daraus ein fünfbändiges Opus unter dem Titel *A Treatise on the Seven Rays* (dt. «Eine Abhandlung über die Sieben Strahlen»), dessen dritter Band *Esoteric Astrology* gänzlich einer mystisch überhöhenden Astrologie gewidmet ist. Auch wenn es vermutlich nur wenige gibt, die sich tatsächlich durch dieses umfangreiche und phasenweise schwer verständliche Buch hindurchgearbeitet haben, war die Wirkung der «Esoterischen Astrologie» groß. Für manche spirituell gesinnte Astrologen hatte das Werk Offenbarungscharakter, und noch heute fehlt es in keiner guten esoterischen Buchhandlung. Alice Bailey beeinflusste damit ganze Schulen von Astrologen, nicht nur im direkten theosophischen Kontext, sondern auch darüber hinaus, wie man am «Astrologisch-psychologischen Institut» von Louise und Bruno Huber in der Schweiz erkennen kann (s. u.).

Natürlich wurden die theosophischen Arbeiten von Alan Leo auch in den USA zur Kenntnis genommen. Daneben gab es jedoch amerikanische Autoren, die dem dortigen esoterischen Milieu entsprangen und eine große Leserschaft erreichten. Einer von ihnen ist Marc Edmund Jones (1888–1980), der in seinem langen Leben die amerikanische Astrologenszene des zwanzigsten Jahrhunderts mit prägte. Bekannt wurde er durch sein Arbeitsbuch *Guide to Horoscope Inter-*

pretation (Philadelphia 1941) sowie durch seine Studien über die «Sabischen Symbole» (*Sabian Symbols*, New York 1953), eine astrologische Deutung der Einzelgrade des Zodiaks, von denen Jones behauptet, sie sei von den antiken Sabäern entwickelt worden (zur Bedeutung der Sabäer s. o. S. 167 f.). Ein zweiter, der hier genannt werden muss, ist Elbert Benjamin Williams (1882–1951), der unter seinem Pseudonym C. C. Zain eine Serie von 21 Lehrbüchern zur Astrologie vorlegte. Williams war seit 1900 Mitglied der *Brotherhood of Light*, einer esoterischen Gemeinschaft, für die er seine Bücher konzipierte. Bald schon wurden sie aber über die Grenzen der Gemeinschaft hinaus populär, und viele Studenten erlernten die Astrologie aus seinen Schriften.

Schließlich möchte ich Dane Rudhyar erwähnen, da sein Werk in zahlreiche Sprachen übersetzt wurde und noch heute viel gelesen wird. Gebürtig aus Frankreich, emigrierte Daniel Chennevière (1895–1985), wie er eigentlich hieß, zunächst nach Kanada und dann in die USA. Auch Rudhyar war esoterisch orientiert, verband dieses Interesse jedoch mit einer psychologischen Komponente, die ihn das entwickeln ließ, was er «humanistische Astrologie» nannte. Unter diesem Titel gab er ein sechsbändiges Werk heraus, das seinen Ruhm begründete (*Humanistic Astrology*, Lakemont 1970–1971). Später entwickelte er die humanistische Astrologie weiter in eine spirituell orientierte «transpersonale Astrologie», die den Menschen eingebunden sieht in ein unendliches Geflecht von Kräften und ihm aufzeigen möchte, in welche Wesensform er sich verwandeln kann (s. sein Büchlein *Von humanistischer zu transpersonaler Astrologie*, München 1979). Auch wenn Rudhyar den Begriff der «Esoterik» dafür ablehnt – weil seine Astrologie nichts «Geheimes» beinhalte –, ist die Rolle der Transformation tatsächlich ein wesentliches Merkmal dessen, was religionswissenschaftlich als Esoterik bezeichnet wird. Dane Rudhyar gehört deshalb zweifellos in eine solche Traditionslinie hinein.

Insgesamt zeigt dieser Überblick, dass sich in den Vereinigten Staaten zwischen 1840 und 1950 eine reiche und vielschichtige astrologische Szene herausgebildet hatte. Sie blieb auch darüber hinaus lebendig und fächerte sich weiter auf, zugleich trat sie in zunehmende Interaktion mit der europäischen Astrologie. Ich werde in Abschnitt 4 darauf zurückkommen. Zuvor möchte ich das Augenmerk auf Deutschland richten sowie auf die grundlegenden Akzentverschiebungen, die sich aus der Entwicklung der Tiefenpsychologie für die Astrologie ergaben.

Die Renaissance der Astrologie in Deutschland

In den deutschsprachigen Ländern führte die gelehrte Astrologie im neunzehnten Jahrhundert ein Schattendasein, trotz eines gewissen Interesses romantischer Autoren an der paganen Wissenschaft (s. o.). Von Ausnahmen abgesehen sucht man in dieser Zeit in eigener Praxis arbeitende Astrologen ebenso vergeblich wie einführende oder gar spezielle Literatur zum Thema. Eine dieser Ausnahmen war der oben S. 286 schon genannte Johann W. Pfaff. Neben seiner Professur für Mathematik an der Universität Erlangen beschäftigte sich dieser Gelehrte mit antiker Geschichte, Ägyptologie, Philologie und auch Astrologie. 1816 erschien in Nürnberg seine *Astrologie*, eine Zusammenstellung von Aphorismen alter Autoren. Wichtiger war die vollständige deutsche Übersetzung der *Tetrabiblos* des Ptolemaios, die Pfaff anfertigte (abgedruckt im *Astrologischen Taschenbuch* für die Jahre 1822 und 1823).

Import aus England Erst gegen Ende des Jahrhunderts änderte sich das Bild, und zwar durch das Wirken von Theosophen in Deutschland. Anders als in Frankreich, wo die Theosophische Gesellschaft, wie erwähnt, kaum Einfluss geltend machen konnte, wurde Deutschland von Anfang an in die Entwicklung der Gesellschaft einbezogen. 1884 wurde die Deutsche Sektion der Theosophischen Gesellschaft gegründet, zu deren Vorsitzenden man den erst zwanzigjährigen Wilhelm Hübbe-Schleiden (1864–1916) wählte. Dieser gab das Monatsmagazin *Die Sphinx* heraus, in dem theosophische und esoterische Themen behandelt wurden, darunter auch die Astrologie. Einer der Autoren war Karl Kiesewetter (1854–1895), dessen *Geschichte des neueren Okkultismus* (1891) noch heute ein Standardwerk ist. Kiesewetter starb an einer Vergiftung mit Drogen, die er eingenommen hatte, um hellseherische Fähigkeiten zu erlangen.

Ein einflussreicher Theosoph war auch Franz Hartmann (1838 bis 1912); seinen medizinischen Doktortitel erwarb er in St. Louis, USA, wo er auch die Theosophie kennen lernte. Nach einem längeren Aufenthalt im indischen Adyar kehrte er 1885 zusammen mit Helena

Blavatsky nach Europa zurück. Für die Astrologie in Deutschland noch wichtiger indes war der Schüler und Sekretär Hartmanns, der 1877 geborene Hugo Vollrath. Im Alter von dreißig Jahren brach er seine Universitätsausbildung ab, um sich ganz in den Dienst Hartmanns und der Theosophie zu stellen (er nannte sich dennoch Dr. Vollrath). Als er begann, in Leipzig eine «literarische Abteilung» der Deutschen Sektion auf die Beine zu stellen, überwarf er sich mit anderen Theosophen. Rudolf Steiner, der Generalsekretär der Sektion, warf ihn 1908 aus der Gesellschaft. Vollrath, dem von Annie Besant die Mitgliedschaft in der internationalen Gesellschaft garantiert wurde, machte nun als Publizist von sich reden, indem er ein Konkurrenzblatt zur neuen Monatsschrift *Zentralblatt für Okkultismus* (herausgegeben von Max Altmann) auf den Markt brachte: *Prana. Journal für experimentelle Geheimwissenschaften*, so der Name, erfreute sich einer großen Verbreitung, besonders weil es nicht nur in der Aufmachung dem *Zentralblatt* zum Verwechseln ähnlich war, sondern auch, weil Vollrath den (zumindest astrologisch) versiertesten Autoren der Konkurrenz engagierte, nämlich Karl Brandler-Pracht (1864–1945).

Die Zusammenarbeit des Verlegers Vollrath mit dem Autoren Brandler-Pracht war der entscheidende Schritt zur Bekanntmachung der Astrologie im deutschsprachigen Raum. Schon 1905 (noch bei Altmann) war Brandler-Prachts *Mathematisch-instruktives Lehrbuch der Astrologie* erschienen, das jedoch in technischer Hinsicht noch Fehler aufwies, die der Autor später, als er sich der englischen Horoskoptechnik angeschlossen hatte, ausbügelte. Zugleich verband er diese Tradition mit theosophischen Elementen, mit Yoga, animalischem Magnetismus und anderem. Auch für den zunehmenden Institutionalisierungsprozess der Astrologie tat Brandler-Pracht einiges. Zunächst gründete er 1907 in Wien die erste «Astrologische Gesellschaft», der eine weitere in München folgte. Als er nach Leipzig gezogen war, um für *Prana* zu schreiben, gründete er dort die «Deutsche Astrologische Gesellschaft». Bald gestattete ihm Vollrath, *Prana* einen monatlichen Anhang beizulegen, die *Astrologische Rundschau*, die sich zur wichtigsten und einflussreichsten astrologischen Zeitschrift entwickelte, bis sie 1938 von den Nationalsozialisten verboten wurde. (Das erste deutsche Fachblatt für Astrologie, der seit 1909 von Alexander Bethor – alias Aquilin Backmund, 1876–1938 – herausgegebene *Zodiakus*, hat sich nur drei Jahre halten können.)

Hugo Vollrath zerstritt sich später auch mit Brandler-Pracht, und seit dem Jahre 1914 gingen die beiden getrennte Wege. Die von Vollrath herausgegebene «Astrologische Bibliothek», von der Brandler-Pracht schon die ersten Bände geschrieben hatte, lief dennoch weiter und wurde zu einem recht erfolgreichen Projekt. Der Erste Weltkrieg stoppte jedoch zunächst alle weiteren Versuche einer Etablierung der Astrologie in Deutschland. Das gilt auch für die Ambitionen anderer Astrologen, namentlich des schon erwähnten Alexander Bethor, außerdem für den Theosophen Otto Pöllner, für Albert Kniepf aus Hamburg und für Wilhelm Becker aus Berlin, der die Arbeiten Alan Leos in Deutschland bekannt machte.

Entwicklung neuer Schulen in der Weimarer Zeit Nach dem Ersten Weltkrieg wurde der begonnene Prozess der Etablierung der Astrologie in Deutschland rasch fortgesetzt. Die Weimarer Zeit kann man sogar als eine Blütezeit der anspruchsvollen Sternkunde bezeichnen, profitierte doch diese Disziplin von einem insgesamt gestiegenen Interesse an alternativen Weltdeutungen und einer, wenn auch kurzlebigen, staatlichen Duldung eines weltanschaulichen Pluralismus. Intellektuelle, die im Kontext des Ersten Weltkrieges in heftige Debatten um Zivilisationskritik, nationalen Kulturkampf und Krisenszenarien verstrickt waren, ergriffen oft auch das Wort, wenn es um die Astrologie ging. Zugleich entwickelten führende Astrologen in Deutschland neuartige Deutungstechniken und festigten den kulturellen Ort der Astrologie durch die Gründung von Gemeinschaften und die Herausgabe von Schriften. 1933 bestanden in Deutschland zwei große Dachverbände, Hunderte astrologischer Vereine und Studienkreise, sechs regelmäßig erscheinende Monatsschriften und Almanache sowie ein halbes Dutzend unterschiedlicher Schulzweige, die in ihren Techniken mitunter erheblich voneinander abwichen. Zwischen 1920 und 1940 wurden in Deutschland fast 400 astrologische Bücher und Broschüren publiziert, die meisten vor 1935. Binnen fünf Jahren (1926–1931) erschienen 26 verschiedene Jahrbücher oder prognostische Almanache. Ephemeriden, Häusertabellen und Horoskopformulare erleichterten die Arbeit der zahlreichen Astrologen zusätzlich.

Beginnen wir den Überblick mit *Alfred Witte* (1878–1941), dem Begründer der «Hamburger Schule», die noch heute Anhänger hat. Während seines Einsatzes im Ersten Weltkrieg meinte der Hamburger Vermessungsbeamte im Sternbild des Löwen einen beweglichen Himmelskörper erblickt zu haben, den er alsbald für einen Transneptunier hielt und Cupido nannte. Er «entdeckte» noch drei weitere Himmelskörper – Hades, Zeus und Kronos –, bevor sein Mitarbeiter Friedrich Sieggrün (1877–1951) die Liste der vermeintlichen Transneptunier sogar noch um vier weitere ergänzte: Apollon, Admetos, Vulkanus und Poseidon. Keiner dieser Himmelskörper ist jemals astronomisch bestätigt worden, was Witte nicht davon abhielt, ihre Wirkung im Horoskop akribisch zu beschreiben (heutige Anhänger der Hamburger Schule bezeichnen die Transneptunier als «immaterielle Energiezentren»). Doch das war nur ein Teil seiner Neuerungen. In den Jahren 1919–1923 veröffentlichte Witte ein komplexes und völlig neues Deutungsschema des Horoskops, indem er dieses in mehrere Teilhoroskope zerlegte (durch Rotation des Radix über die äqualen Hausspitzen); Aspekte spielten bei ihm keine Rolle mehr, stattdessen errechnete er jeweilige Halbdistanzpunkte zwischen den Planeten und verband diese zu so genannten Planetenbildern. Nimmt man die acht hypothetischen Planeten hinzu, die Witte in einem neuen System den einzelnen Zeichen als Herrscher zuordnete, kann man sich vorstellen, wie unübersehbar die Horoskopdeutung tatsächlich wurde. Auch nachdem Wittes Schüler W. Hartmann und F. Sieggrün im Jahre 1925 in ihrer Broschüre *Die Hamburger Astrologenschule* den Versuch einer systematischen Darstellung der neuen Richtung gemacht hatten und im Jahre 1928 Wittes *Regelwerk für Planetenbilder* erschienen war – die «Bibel» der Hamburger Schule, 1959 in fünfter überarbeiteter Auflage erschienen –, blieben die meisten deutschen Astrologen der Hamburger Schule gegenüber skeptisch. Auf mehreren Astrologenkongressen wurde Witte stark angegriffen, dennoch wuchs die Anhängerschaft des neuen Systems, wenn auch in bescheidenem Maß. Aus heutiger Sicht dürfte die nachhaltigste Wirkung Wittes in der Lehre der Halbdistanzpunkte zu sehen sein, die von der Ebertin-Schule unter dem Namen «Halbsummen» bekannt gemacht wurden (s. u.).

Ebenfalls in Hamburg wirkte ein Schüler Wittes, der Betriebsmanager *A. Frank Glahn* (1865–1941), dessen «Glahn-Methode» eine Reihe von Anhängern fand. In seinem 1923 erschienenen Werk *Erklärung und systematische Deutung des Geburtshoroskopes* entwickelte er zahlreiche astrologische Reformen, darunter die Einführung des

«Lebenskreises»: In den Upanischaden hatte Glahn gelesen, dass die Lebensspanne des Menschen hundert Jahre beträgt. Dies übertrug er auf das Horoskop. Beginnend am Aszendenten verläuft ein Auslösungspunkt im Uhrzeigersinn mit einer Geschwindigkeit von $8^1/_3$ Jahren pro Haus durch den Radix (also fünfundzwanzig Jahre für einen Quadranten), um nach hundert Lebensjahren wieder am Aszendenten anzukommen. Doch auch einen linksdrehenden Auslösungsfaktor brachte Glahn ins Spiel, der bei der Geburt ebenfalls am Aszendenten beginnt, doch nun $8^1/_3$ Jahre für ein Hausdekanat braucht, was fünfundzwanzig Jahre pro Haus ergibt. Glahns Schüler Rudolf Engelhardt ergänzte diese beiden Techniken um 1928 durch einen 7er-Rhythmus, der sich im Uhrzeigersinn vom Aszendenten aus bewegt. Eine solche Dynamisierung des Horoskops wurde von anderen übernommen, wobei heute insbesondere die Lehre des «Alterspunktes» der noch zu besprechenden Huber-Schule zum Erfolg dieser Reform beigetragen hat. Ferner zerlegte Glahn die zwölf Häuser in 36 Häuserdekanate, deutete die Antiszien neu und übernahm von Witte die Halbsummenlehre sowie das so genannte «Erd- oder Mundanhoroskop», was insgesamt zu einer recht unübersichtlichen, auf jeden Fall der Tradition entgegen laufenden Interpretation des Horoskops führte.

Im Deutschland der 1920er Jahre gab es eine ganze Reihe von einflussreichen Astrologen, die einen hohen Anspruch an die eigene Arbeit stellten und sich erbittert gegen die ebenfalls zunehmende populäre Astrologie wandten, die sie als Aberglauben, Wahrsagerei und Scharlatanerie bekämpften. Um dieser «Verflachung» der Lehre entgegenzutreten, gründeten der Staatsanwalt Dr. Uberhorst, ein Dr. Winterberg und andere im Jahre 1924 in Berlin die *Akademische Gesellschaft für astrologische Forschung*, bald gefolgt von der *Deutschen Kulturgemeinschaft zur Pflege der Astrologie*, die ebenfalls namhafte Hochschullehrer und Gelehrte zu ihren Mitgliedern zählte. 1927 erschien sogar im angesehenen philosophischen Verlag Meiner Karl Bayers Abhandlung *Die Grundprobleme der Astrologie*, welche die *astrologia sana* als eine hoch stehende Wissenschaft von der zu verurteilenden Vulgärastrologie abzusetzen suchte.

Ebenfalls im Jahre 1927 erschien *Herbert Freiherr von Klöcklers* einflussreiches Werk *Astrologie als Erfahrungswissenschaft*. Der adlige Offizier (1896–1950) hatte aus finanziellen Gründen während der Inflationsjahre 1922–1933 die Medizin aufgegeben und sich der

Astrologie zugewandt; in vielen Publikationen setzte er sich kritisch mit der Sternkunde auseinander und suchte sie mit wissenschaftlich-empirischen Methoden zu prüfen. Schon 1926 veröffentlichte er *Grundlagen für die astrologische Deutung*, in denen er etliche ältere Traditionen modernisierte und den Bedürfnissen und Fragestellungen des zwanzigsten Jahrhunderts anpasste. Wie stark eine anspruchsvolle Reflexion über die Grundlagen der Astrologie damals Eingang in die Anwendung fand, zeigt nicht zuletzt das Vorwort zur *Astrologie als Erfahrungswissenschaft*, das von keinem Geringeren als dem Philosophen Hans Driesch geschrieben wurde. Driesch betrachtet die Astrologie – ganz im Sinne der Definition einer esoterischen Disziplin – als Beschreibung von *akausalen Zusammenhängen* und nicht als Untersuchung von Sterneinflüssen. Ein entsprechender Artikel Drieschs im *Handbuch der Philosophie* (Abt. II. Metaphysik der Natur) brachte die Philosophenzunft gegen den Autor auf. In den angesehenen *Süddeutschen Monatsheften* erschien im Mai 1927 zur Vertiefung der Diskussion ein Sonderheft «Astrologie», in dem Anhänger und Gegner ebenso heftig wie fruchtlos miteinander stritten und auch namhafte Gelehrte (unter ihnen Wilhelm Gundel) zu Wort kamen (einen Überblick zur damaligen Diskussion aus Sicht eines akademischen Astrologen gibt Bayer 1927). Von Klöckler selbst legte bald darauf das mehrbändige Standardwerk *Kursus der Astrologie* (1929–1932) vor, das für nachfolgende Generationen zu einem unentbehrlichen Hilfsmittel wurde, besonders für die psychologisch orientierte Horoskopdeutung. Aus dem Leipziger Kreis um von Klöckler gingen namhafte Astrologen hervor, unter ihnen Otto Kellner, der mit seinem Werk *Charakterkunde und Astrologie* (1927) erstmals versuchte, die Kombination von Graphologie und Astrologie für charakterologische Untersuchungen zu nutzen.

Damit sind wir bei *Hubert Korsch* (1883–1942) angelangt, einem Rechtsanwalt aus Düsseldorf, der sich seit 1926 zu einer der umstrittensten Figuren der deutschen Astrologenszene entwickelte. Korsch bemühte sich um eine wissenschaftlich abgesicherte Astrologie, die jeden theosophischen oder okkultistischen «Ballast» abwerfen sollte. Das Ergebnis war eine scharfe Kontroverse zwischen den kritisch orientierten Astrologen um Korsch und den Sterndeutern esoterischer Provenienz, ein Streit, der die deutsche Zunft – organisiert in der «Astrologischen Zentralstelle» (1923 gegründet) und vor allem der 1924 ins Leben gerufenen «Astrologischen Gesellschaft in Deutschland AGiD» – in verschiedene Lager spaltete (dazu ausführlich Howe 1995, 143–161). Korsch legte eine kleine historische Schrift vor (*Grundriss der Geschichte der Astrologie*, 1935), aber auch Untersuchungen zur Berufsastrologie und zum Strafrecht. Internationalen Ruf erwarb er sich indes mit der Zeitschrift *Zenit*, die erstmals im Januar 1930 erschien und wegen ihres hohen wissenschaftlichen Anspruchs auch im Ausland viel gelesen wurde. 1938 wurde sie von den Nationalsozialisten verboten.

Eine ebenso wichtige Figur jener Zeit war *Walter Koch* (1895–1970). Aus einer Unternehmerfamilie stammend, wandte sich Koch nach dem Ersten Weltkrieg, an dem er als Soldat teilgenommen hatte, dem Studium der klassischen Literatur und Geschichte zu. Nach seiner Promotion arbeitete er als Oberstudienrat und begann 1924, in astrologischen Zeitschriften zu publizieren. Seine Versiertheit in der antiken Astrologiegeschichte dürfte der Grund dafür gewesen sein, dass er allen Reformen der klassischen Tradition ablehnend gegenüber stand, insbesondere der «Kosmobiologie» und «Kosmopsychologie», wie sie von der Ebertin-Schule und theosophischen Richtungen vertreten wurde. Zugleich trat er in vielen Publikationen für ein philosophisch reflektiertes Verständnis der Astrologie ein, das die Willensfreiheit des Menschen gegenüber einem schlichten Fatalismus behauptete. Dennoch war er Themen, die wir heute als esoterisch bezeichnen würden, durchaus aufgeschlossen: 1930 erschien seine Abhandlung über *Astrologische Farbenlehre* (mit O. von Bressendorf), 1934 folgte *Die Seele der Edelsteine*.

Berühmt geworden ist Koch jedoch durch seine Forschungen zu den Häuserteilungen des Horoskops. Nach dem Zweiten Weltkrieg analysierte er detailliert die Vor- und Nachteile der Häusersysteme nach Regiomontanus und Placidus, ließ bald jedoch beide fallen zugunsten eines eigenen Systems, das er als «Häusersystem des Geburtsorts» bezeichnete. Nur sein System berechne auch die Spitzen der Zwischenhäuser vom jeweiligen Geburtsort des Nativen her, während alle anderen mit künstlichen Zwischenwerten operierten, was zu Verzerrungen führe. Wie immer bei der Berechnung der Zwischenhäuser ist es mehr oder weniger eine Glaubensfrage, mit welchem System man in der Deutung zu besseren Resultaten zu kommen meint. Heute verwenden zahlreiche Astrologen das von Koch vorgelegte System, doch die Mehrheit arbeitet mit den Häusern nach Placidus. Eine ganze Reihe von Astrologen experimentiert auch mit beiden Systemen, ohne sich eindeutig festzulegen.

Der letzte hier zu nennende Astrologe, *Reinhold Ebertin* (1901 bis 1988), wird über diese Diskussion nur milde gelächelt haben, denn er gehört zu jenen, die ganz auf die Zwischenhäuser verzichten. Als Sohn der bekannten Astrologin Elsbeth Ebertin (1880–1944), die vor allem durch ihre Deutung des Hitler-Horoskops Berühmtheit erlangte (s. u.), war Reinhold Ebertin von früh an in die vielfältigen Diskussionen der deutschen Astrologieszene involviert, und die «Ebertin-Schule» etablierte sich als ein führender Zweig der Astrologie nach dem Zweiten Weltkrieg (heute von Baldur R. Ebertin in dritter Generation geführt, s. u. S. 354 f.). Ebertin schrieb mehr als 60 Bücher und gab eine Zeitschrift namens *Mensch im All* heraus (später in *Kosmobiologie* umbenannt, dann in *Meridian*). Der unbestrittene Klassiker Ebertins ist jedoch zweifellos seine *Kombination der Gestirneinflüsse*, in der Zunft schlicht als «KdG» bekannt. Darin liefert er für alle denkbaren Zusammenstellungen von astrologischen Deutungselementen – immerhin 1117 an der Zahl – kurze und prägnante Schlüsselsätze, die als Anregung zur Deutung dienen sollen, nicht selten aber auch als schlichter Baukasten verwendet worden sind.

Entscheidend für die Ebertin-Schule ist neben der Ausblendung der Zwischenhäuser die von Alfred Witte übernommene Deutung der Halbsummen, also jener Orte im Horoskop, die genau in der Mitte zwischen zwei Deutungsfaktoren liegen, unabhängig davon, ob ein «klassischer» Aspekt vorliegt oder nicht. Mithilfe der Halbsummenanalyse ergeben sich Zusammenhänge zwischen auf den ersten Blick getrennten Faktoren, die ein komplexes Gesamtgefüge entstehen lassen. Esoterisch betrachtet ist eine solche Methode keineswegs willkürlich, denn schließlich sind auch die Aspekte durch eine fortschreitende Teilung des Gesamtkreises entstanden, die schon in der Antike (Pythagoras) mit geheimnisvollen Korrespondenzen in Zusammenhang gebracht worden war. Um die Tatsache zum Ausdruck zu bringen, dass der Mensch in ein vielschichtiges Kräftesystem und in die Rhythmik des Kosmos eingebunden ist, spricht Ebertin von der «Kosmobiologie», in der die Astrologie lediglich das zentrale Messinstrument ist. Der Begriff wurde 1914 erstmals von dem homöopathischen Mediziner und Astrologen Friedrich Feerhow ins Gespräch gebracht.

Die Spekulationen der Hamburger Schule über hypothetische Planeten hat Ebertin indes nicht geteilt, wie auch seine «Kombinationen» andere Wege einschlugen als die Halbsummendeutungen Wittes. Wenn Witte beispielsweise den in der Halbsumme von Saturn und Uranus stehenden Mars als «Gewaltsames Ende durch Verletzung» interpretiert, sei diese Deutung «so schwerwiegend, daß ihre Anwendung nur in wenigen Fällen bestätigt werden wird» (Ebertin 1996, 41). Die «KdG» hat für diese Stellung denn auch einen anderen Lehrsatz parat: «Gewalttätigkeit, außergewöhnliche Energie nicht immer richtig einsetzen, sich abplagen. – Gewaltsame Lösung von Spannungen, zum Entscheidungskampf herausfordern. – Verletzung, Unfall, Freiheitsberaubung» (Satz 0871 [1996, 195]).

Damit sind wir bereits in der Nachkriegszeit angelangt, in der die astrologischen Schulen mühsam an dem anknüpfen mussten, was in der Weimarer Zeit erarbeitet worden war. Eine ähnlich anspruchsvolle und an philosophischen, historischen und wissenschaftlichen Debatten orientierte Astrologie sollte jedoch auf Jahrzehnte der Vergangenheit angehören. Dafür setzte sich zunehmend eine psychologisch ausgerichtete Sternkunde in Deutschland durch, die neben esoterischen Schulen das heutige Bild prägt.

Astrologie und Nationalsozialismus Der Nationalsozialismus war kein Unwetter, das einfach über Deutschland hereinbrach, sondern das Ergebnis einer Entwicklung, die sich schon länger abgezeichnet hatte. Astrologen waren nicht unwesentlich an der zunehmenden Umformatierung der öffentlichen Diskurse beteiligt, an der Stilisierung einer «deutschen» Sternkunde, die immer auch die Abwertung einer «nicht-arischen» oder «jüdischen» Astrologie implizierte, und zwar schon vor 1933 und der sich anschließenden Gleichschaltung der Wissenschaften und Medien durch die Nationalsozialisten. Parallel dazu wurden die Astrologen jedoch auch in die zwiespältige Behandlung der Sternkunde durch die nationalsozialistische Ideologie hinein gezogen, die missliebige Interpretationen in zunehmendem Maße unterdrückte. Das Ergebnis war eine höchst prekäre Situation für viele Astrologen, denen die Möglichkeit zum öffentlichen Wirken beinah vollständig versagt wurde.

Da Ellic Howe zum Thema eine ausführliche Studie vorgelegt hat (1995), kann ich mich hier auf die entscheidenden Punkte beschränken. Zunächst gilt es, sich klar zu machen, dass führende nationalsozialistische Persönlichkeiten bereits in den 1920er Jahren mit den astrologischen Kreisen in Kontakt kamen. Als Ernst Tiede, der Nachfolger von Karl Brandler-Pracht, im Herbst 1920 seine Redakteurstätigkeit für Vollraths *Astrologische Rundschau* aufgab, wurde kein Geringerer als Rudolf Freiherr von Sebottendorff sein Nachfolger (der eigentlich Adam Alfred Rudolf Glauer hieß und Sohn eines Lokomotivführers war). Der Freiherr wurde bekannt als prominentes Mitglied des 1912 gegründeten Germanen-Ordens, einer rechtsradikalen antisemitischen Vereinigung mit einer «Geheimloge», die Einfluss auf die Ausarbeitung nationalsozialistischer Ideologie hatte. Als Gründungsmitglied der Thule-Gesellschaft, die mit dem Germanen-Orden eng verzahnt war, erwarb von Sebottendorff 1918 den *Münchener Beobachter* und machte ihn zum antisemitischen Hetzblatt der Thule-Gesellschaft. 1919 wurde der *Münchener Beobachter* zum *Völkischen Beobachter*, und gleich darauf betrat Adolf Hitler die Bühne, der als Vorsitzender der NSDAP im Dezember 1920 den *Völkischen Beobachter* für die Partei erwarb. Von Sebottendorff trat zur selben Zeit auch als Redakteur der *Astrologischen Rundschau* in Erscheinung und wurde zu einem der meist gelesenen astrologischen Autoren jener Jahre. 1923 veröffentlichte er eine *Geschichte der Astrologie*, die unverhohlen an die rassenideologischen Auswüchse Guido von Lists und G. Lanz von Liebenfels' anknüpfte, die ihrerseits zu den «esoterischen» Wegbereitern des Nationalsozialismus gehörten.

Die Person Hitlers fand in den 1920er Jahren nur sehr sporadisch das Interesse von Astrologen, da nur wenige damit rechneten, dass die NSDAP tatsächlich mehrheitsfähig werden könnte. Eine Ausnahme bildet Elsbeth Ebertin, eine der erfolgreichsten Astrologinnen und Graphologinnen der Weimarer Zeit. Als eine fanatische Hitler-Anhängerin ihr 1923 das Geburtsdatum des «Führers» schickte (ohne Angabe der Geburtszeit), deutete Ebertin dieses Horoskop und veröffentlichte im Almanach *Ein Blick in die Zukunft* für das Jahr 1924 eine Prognose. Darin spricht sie davon, dass der nicht namentlich genannte Widder, ein «geborener Kämpfer»,

> durch allzukühnes Vorgehen in persönliche Gefahr geraten und möglicherweise bald dazu beitragen [kann], den Stein ins Rollen zu bringen! Nach der Gestirnskonstellation ist der Mann durchaus ernst zu nehmen und zu einer bedeutenden Führerrolle in zukünftigen Kämpfen bestimmt. Es scheint fast so, als ob der, den

ich meine, unter diesem starken Widder-Einfluß vom Schicksal dazu ausersehen ist, sich für das deutsche Volk zu opfern und tapfer alles zu ertragen; auch wenn es um Leben oder Tod gehen sollte, zum mindesten aber den Anstoß zu einer deutschen Freiheitsbewegung zu geben, die dann ganz plötzlich elementar hervorbrechen wird.

Der Almanach kam Ende Juli 1923 in den Handel und machte in München einigen Wirbel. Elsbeth Ebertin schickte ein Exemplar an den *Völkischen Beobachter*, und Hitler selbst bekam die «Prophezeiung» zu Gesicht. Schon im November 1923 sollte sich die Prognose bewahrheiten, als Hitlers Gefolgsleute in München putschten und den «Marsch auf Berlin» proklamierten. Nach einem kurzen Aufenthalt im Gefängnis 1924, wo er *Mein Kampf* verfasste, stieg Hitler zum unangefochtenen «Führer» der Partei und später der Deutschen auf. Zu dieser Zeit war schon E. Ebertins *Sternenwandel und Weltgeschehen* auf dem Markt, ein Buch, das sie zusammen mit dem bayerischen Journalisten L. Hoffmann verfasst hatte und das in wenigen Wochen über 20000 Mal verkauft wurde.

Nach der «Machtergreifung» Hitlers im Jahre 1933 häuften sich in den astrologischen Publikationen nationalsozialistische Aussagen, und in den astrologischen Verbänden wurden erbitterte Diskussionen über die neue Lage ausgefochten, die Austritte, Ausschlüsse und massive Veränderungen mit sich brachten. Hugo Vollrath und Theobald Becher traten schon 1933 in die NSDAP ein, um in der Aprilausgabe der *Astrologischen Rundschau* zu versichern: «Das Wissen um unser nationales Erbe und die Blutsbande der arischen Rasse ist unteilbar mit der astrologischen Wissenschaft verbunden.» Mit Ausnahme des *Zenit* von Korsch erschienen nun in allen astrologischen Zeitschriften rassistische Artikel über die vermeintlich «nordische» Wissenschaft der Sterndeutung. Man verstieg sich sogar dazu, den Tierkreis durch den «Tyrkreis» zu ersetzen. Zu einem der schlimmsten antisemitischen Hetzblätter avancierte Reinhold Ebertins *Mensch im All*, das indirekt mit Lanz von Liebenfels' pathologisch rassistischer «Ariosophischen Bewegung» in Verbindung stand. R. Ebertin war 1933 auch an der Gründung der «Geistigen Front» beteiligt, einem Zusammenschluss von professionellen Charakterologen. In der Oktoberausgabe von *Mensch im All* findet sich die Aussage: «Grundsätzlich nicht aufgenommen werden: Juden oder andere rassisch minderwertige Personen, körperlich Mißgebildete oder Krüppel (außer Kriegsversehrten),

Scharlatane, Quacksalber sowie Personen, die als unzuverlässig anzusehen sind.»

Nach einer ersten Welle von «Säuberungen» der astrologischen Szene durch die Nationalsozialisten kehrte vorübergehend so etwas wie Ruhe ein. In manchen Städten wurde astrologische Tätigkeit in Maßen geduldet, auch Publikationen wurden nicht zwangsläufig unterdrückt. Hubert Korsch, der sich in den Jahren zuvor heftig mit der «nationalen» Fraktion Vollraths in den Haaren gelegen hatte, organisierte im September 1936 sogar den größten internationalen Astrologie-Kongress, der jemals in Deutschland stattgefunden hatte. 400 Teilnehmer aus 16 Ländern waren nach Düsseldorf gereist, und als nach der Begrüßung durch Parteifunktionäre und den örtlichen Gauleiter auch noch ein Grußtelegramm Adolf Hitlers eintraf, gaben sich viele Astrologen der Illusion hin, dies sei ein Zeichen seiner Unterstützung.

Es sollte für lange Zeit der letzte große deutsche Astrologie-Kongress bleiben. Die 1937 in Baden-Baden geplante Konferenz wurde ohne Angabe von Gründen abgesetzt, und 1938 durfte eine Zusammenkunft in Starnberg bei München nur unter der Auflage stattfinden, dass es keine Publikation geben werde. Zu diesem Zeitpunkt war die deutsche Astrologenszene bereits zerschlagen oder in den Untergrund abgewandert: 1937 wurde der deutsche Zweig der Theosophischen Gesellschaft eliminiert, das Theosophische Verlagshaus Vollraths geschlossen, die *Astrologische Rundschau* eingestellt und die AGiD – zuletzt in *Deutsche Astrologische Gesellschaft* umbenannt – aufgelöst. Vollrath zog sich auf ein Landgut bei Leipzig zurück. Ob er den Krieg überlebte, ist ungewiss. 1937 wurde auch *Die Astrologie* von Wilhelm Becker und *Ein Blick in die Zukunft* von Elsbeth Ebertin eingestellt, 1938 folgte die *Astrale Warte* und Korschs *Zenit*, womit die Astrologische Zentralstelle, vormals die wichtigste deutsche Organisation, endgültig zerschlagen war. Nur zwei Organe überlebten bis zum Frühjahr 1941: Das von Freiherr von Klöckler gegründete, doch seit 1935 nicht mehr von ihm betreute Blatt *Sterne und Mensch* sowie Reinhold Ebertins *Mensch im All*.

Nachdem sich der Vizekanzler Rudolf Hess am 10. Mai 1941 nach Großbritannien abgesetzt hatte, kam es zur Verhaftung aller bekannten Astrologen. Hubert Korsch wurde 1942 im Konzentrationslager umgebracht, ebenso die Professoren Theodor Lessing und Johannes Maria Verweyen (1945 in Bergen-Belsen). Selbst Karl Ernst Krafft

(1900–1945), ein Schweizer Astrologe, der in den Kriegsjahren die Nähe zu den führenden Nationalsozialisten gesucht hatte und um den sich eine Reihe von Legenden rankten, kam im Januar 1945 auf dem Transport ins Konzentrationslager Buchenwald ums Leben. Krafft ist eine besonders interessante Figur, weil er für die enge Verzahnung von Politik und Astrologie steht; wie Ellic Howe in seiner Biografie des vermeintlichen «Astrologen Hitlers» ausführlich erläutert (Howe 1995), wurden gefälschte Nostradamus-Prophezeiungen und astrologische Prognosen zur psychologischen Kriegsführung eingesetzt (übrigens auch von Engländern), und die ambivalente Haltung Hitlers und seiner Führungselite zur Astrologie wurde nicht zuletzt in ihrer Behandlung Kraffts deutlich.

Ein weiterer «Astrologe Hitlers» war Wilhelm Wulff, dem jedoch, ganz im Gegensatz zu K. E. Krafft, der Umgang mit Heinrich Himmler und den führenden Personen des Reichssicherheitshauptamtes äußerst unangenehm war. In den letzten Jahren des Zweiten Weltkrieges kam Wulff eine nicht unbedeutende Rolle in der «okkulten Kriegsführung» der Nationalsozialisten zu, beispielsweise als man versuchte, mittels Pendel und astrologischer Berechnung die britischen U-Boote oder den Aufenthaltsort des verhafteten Mussolini zu lokalisieren (s. Howe 1995, 317–324). Wulff beschrieb später in seinen Memoiren viele interessante Einzelheiten über die Rolle der Astrologie in der nationalsozialistischen Ideologie und Politik (Wulff 1968). Nach dem Krieg bestand durchaus ein Interesse an derartigen Berichten, was man auch daran erkennen kann, dass *Der Spiegel* 1949/1950 eine 29teilige Serie zu «Glanz und Elend der deutschen Kriminalpolizei» brachte, in der auch die Astrologie und das Wirken Wulffs zur Sprache kamen. Die erste Folge (40/1949) erschien mit einem Horoskop auf der Titelseite.

Zaghafte Neuanfänge 1945 war die deutsche Astrologie jedoch so gründlich zerstört, dass es lange dauerte, bis sie sich wieder neu zu formieren vermochte. Erschwerend wirkte sich sodann die Aufteilung Deutschlands in Besatzungszonen aus, da vonseiten der Alliierten jeweils sehr unterschiedlich mit den Astrologen verfahren wurde. Während in der russisch verwalteten Ostzone die Ausübung der Astrologie grundsätzlich verboten blieb – eine Haltung, die sich später in der DDR nicht änderte –, wurden die Verbote der nationalsozialistischen

Regierung in den anderen Zonen nach und nach gelockert. So erhielt als eine der ersten Gemeinschaften im Jahre 1946 die *Kosmobiosophische Gesellschaft* in Hamburg eine Arbeitserlaubnis von der Militärregierung und die Lizenz zur Herausgabe der *Astrologischen Monatshefte,* die bis 1963 erschienen und kritische Beiträge publizierten, vor allem über die astrologische Bewegung im Ausland. Die Kosmobiosophische Gesellschaft sah sich der traditionellen englischen Horoskoptechnik verbunden und pflegte einen engen Austausch mit der *American Federation of Astrologers* (AFA, 1938 von Ernest A. und Catharine T. Grant ins Leben gerufen) und dem 1946 von E. Symours gegründeten *Centre international d'astrologie* (CIA) in Frankreich.

Nach der Einstellung der *Astrologischen Monatshefte* kam es zur Publikation diverser Nachfolgeorgane, darunter der *Neuen Aspekte* (herausgegeben von K. F. Voss), *Sein und Werden* (K. Kolbe) und der *Berliner Beiträge.* Von größerem Einfluss war jedoch die vom Witte-Schüler L. Rudolph wiederbelebte Hamburger Schule, die nach einer Vereinfachung der ursprünglichen Lehren auch im Ausland auf Interesse stieß. Dasselbe gilt für Reinhold Ebertin, der in Aalen ein Forschungszentrum gründete und im eigenen Verlag die Zeitschrift *Mensch im All* – nun unter dem Titel *Kosmobiologie* – herausgab.

1946 wurde das Land Hessen gegründet und mit einer liberalen Vereinigungs- und Koalitionsordnung ausgestattet. Daraufhin trafen sich führende Astrologen in Wiesbaden und riefen am 16. Oktober 1947, um 10:06 MEZ, den *Deutschen Astrologen-Verband e. V.* (DAV) ins Leben, der bewusst an die Arbeiten Vollraths, Korschs und anderer führender Persönlichkeiten anschloss. Auch die von Korsch 1933 angeregte verbindliche Verbandsprüfung für «wissenschaftlich arbeitende Astrologen» wurde übernommen und formal festgeschrieben. Zu den Gründungsmitgliedern gehörten Walter Koch, Willy Bischoff, Fritz Brunhübner, Erich Carl Kühr, Heinrich Reich, Friedrich L. Thilo, Johannes Vehlow, Fritz Werle, Hellmut Wolff, Heinz W. Duphorn und andere. Schnell entwickelte sich der DAV zum führenden Berufsverband in Deutschland. 1950 waren bereits etwa 100 Mitglieder registriert, davon 54 mit Verbandsprüfung; heute sind über 1000 Astrologen im Verein organisiert.

Eine Beschreibung der Astrologie-Szene im Nachkriegsdeutschland wäre unvollständig ohne die Nennung des wichtigsten Mentors einer kritisch orientierten Astrologie: *Thomas Ring* (1892–1983).

Wie kein anderer hat Ring, der nicht nur Astrologe, sondern auch Psychologe, Maler und Dichter war, die astrologische Forschung des zwanzigsten Jahrhunderts bereichert und geprägt. In zahlreichen Publikationen, die seit den 1920er Jahren erschienen, setzte er sich für eine «revidierte Astrologie» ein, welche die fatalistische Prognose zugunsten einer organischen Gesamtdeutung der Horoskopkräfte als Symbole psychischer Dynamiken interpretiert. Das führt zur Bestimmung von «Aussagegrenzen» der astrologischen Deutung: Ring betrachtete das Geburtsbild oder Kosmogramm als Ausdruck eines Flechtwerks von Kräften, die nicht starre Eigenschaften bezeichnen, sondern eine Gefügeordnung bilden, in die hinein sich ein Mensch entwickeln kann – oder auch nicht. Um eine Deutung vorzunehmen, muss der Astrologe deshalb die Lebensumstände des Nativen und seine soziale Prägung studieren, um die Verwirklichungsebene des Anlagegefüges zu verstehen. Nicht zufällig stehen die «Orphischen Urworte» Goethes (s. o. S. 282) als Motto vor Thomas Rings einflussreichstem Werk, der vierbändigen *Astrologischen Menschenkunde* (der erste Band erschien 1956).

Rings Ansatz ist – neben den Einflüssen der Psychologie – sehr stark von naturwissenschaftlichen Modellen und philosophischen Überlegungen geprägt. So beruft sich Ring auf Hans Driesch und dessen Rede von den «Ganzheitskräften», auf die «Allgemeinen Lebensgesetze» nach Raoul Francé und auf die «Vier Ebenen des Seins», wie Nicolai Hartmann sie beschrieben hatte. Sein Bestreben war also durchaus ein naturwissenschaftliches Verständnis der Astrologie, deren Geltung den psychologischen Bereich übersteigen sollte. Deshalb unterschied er in der *Astrologischen Menschenkunde* verschiedene Ebenen der Deutung: das «allgemeine Prinzip», die «psychische Ebene» und die «geistige Ebene».

Die Wirkung dieses Werkes verdankt sich nicht zuletzt einer meisterhaften Sprache, mit der Thomas Ring die psychischen Kräfte neu formuliert. Als Beispiel seien die Stichworte für die Planeten – die «Wesenskräfte» – genannt, die im ersten Band erläutert werden: Mond ist das Traumhafte, Merkur das Intelligenzhafte, Venus das Ästhetische, Sonne das Lebensschöpferische, Mars das Trieb- und Dranghafte, Jupiter das Sinngebende, Saturn das Grenzsetzende, Uranus das Umschwungbewirkende, Neptun das Grenzüberschreitende und Pluto das Gestaltwandelnde. Die jeweiligen Kombinationen dieser Wirkkräfte ergeben einen «Kosmotypus», der die formale Grundlage der Gestaltwerdung der Persönlichkeit ausmacht.

Zeit seines Lebens suchte Ring den Austausch mit Psychologen, Intellektuellen und Wissenschaftlern und warb für die Astrologie als eine ganzheitliche geisteswissenschaftliche Disziplin. Dabei ließ er sich auch auf öffentliche Streitgespräche und wissenschaftliche Experimente ein, beispielsweise mit Hans Bender, dem Gründer des Freiburger *Instituts für Grenzgebiete der Psychologie und Psychohygiene*. Bender, der während des Krieges bereits Kontakte mit Karl Ernst Krafft unterhalten hatte, führte 1944–1945 und dann zwischen 1952 und 1954 empirische Studien mit etwa 150 Astrologen durch, deren «Blinddiagnosen» mit den Befunden geschulter Psychologen verglichen wurden. Die Ergebnisse waren eher trivial, doch einige wenige Astrologen – unter ihnen Walter Böer und Thomas Ring – entwickelten aus den Geburtsdaten Charakterdarstellungen, die auf eine erstaunliche Weise mit denen der Psychologen korrespondierten, die lange mit den Patienten gearbeitet hatten. Selbst Ellic Howe fühlt sich zu der Bemerkung veranlasst: «Es ist offensichtlich, daß nur sehr wenige Astrologen, ob Amateure oder Profis, es mit den Fähigkeiten eines Böer oder eines Ring aufnehmen können» (1995, 208; s. auch das Vorwort zur *Astrologischen Menschenkunde* von Hans Bender).

3. Seele statt Ereignis

Der Versuch, astrologische Symbole auf psychische Dispositionen zu übertragen, ist beinah so alt wie die Astrologie selbst. Und intensive psychologische Studien wurden spätestens seit der Renaissance von vielen Astrologen betrieben, wie oben am Beispiel Girolamo Cardanos gezeigt worden ist. Aber dennoch veränderte sich seit dem Ende des neunzehnten Jahrhunderts die Rolle der Psychologie in der astrologischen Deutung signifikant. Verantwortlich dafür war zunächst die allgemeine Anerkennung, welche die Psychologie zuvor schon erfahren hatte, als sie sich als eine eigenständige wissenschaftliche Disziplin zu etablieren begann. Das empirisch-medizinische Paradigma wurde auf die Wissenschaft des Seelischen übertragen, während zuvor die Seele eher das Thema von Philosophie, Literatur, Kunst und Religion gewesen war. Sigmund Freud kam in dieser Entwicklung eine besondere Rolle zu, lieferte er doch ein – recht mechanistisches – Modell der menschlichen Triebstruktur und ihrer komplexen Entfaltung im Laufe des menschlichen Lebens. Durch die Analyse verdrängter und unbewusster Seeleninhalte wurden sowohl individuelle als auch kollektive Prozesse als verstehbar und, sofern ein Krankheitsbefund diagnostiziert wurde, auch als heilbar betrachtet.

Für die Astrologie von überragender Bedeutung wurden aber nicht die Studien von Freud, Wundt und anderen, sondern die Theorie, welche Carl Gustav Jung (1875–1961) im Anschluss an Freud entwickelte. Jung war es, der eine Verbindung zwischen Religion, Psychologie, Philosophie und Astrologie herstellte, deren Einfluss bis heute spürbar ist. Mehr noch: C. G. Jung ist auch über vierzig Jahre nach seinem Tod noch eine unhinterfragte Autorität für westliche Astrologen, die sich erstaunlich wenig für andere psychologische Traditionen und die psychologische Kritik an Jungs Überlegungen interessieren. Dieser Primat der tiefenpsychologischen Interpretation hat dazu geführt, dass – insbesondere in Kontinentaleuropa – die Astrologie stärker auf das Verständnis innerseelischer Vorgänge konzentriert ist, als dass sie versucht, konkrete Vorhersagen zukünftiger Ereignisse zu treffen. Mit dem verstärkten Blick auf das Individuum und sein Inneres ging darüber hinaus eine gewisse Abwendung von mundanastrologischen Fragestellungen einher, die in früheren Jahrhunderten zum Hauptarbeitsgebiet von Astrologen gehört hatten.

Carl Gustav Jung

Um diese Entwicklung zu verstehen, ist es notwendig, die Modelle von C. G. Jung etwas genauer zu betrachten. Jung, der seit der Jahrhundertwende einen intensiven Austausch mit Theosophen pflegte, nahm spirituelle und esoterische Konzepte in seine Psychologie auf und interessierte sich besonders für die Übergänge zwischen der individuellen Seele und den überpersönlichen Symbolsystemen, die er aus der Kulturgeschichte herauslas. Seine Bedeutung für die Esoterik des zwanzigsten Jahrhunderts besteht in der religiösen Aufladung des Seelischen, einer Aufladung, die einerseits die Psychologie sakralisierte, andererseits aber das Sakrale psychologisierte, indem er es ins Innere des Menschen projizierte. Daraus entwickelte er eine Theorie, die sich ebenso gut als Psychologie wie als Religion bezeichnen lässt; Richard Noll (1997) spricht deshalb in einer ausgezeichneten Studie vom «Jung-Kult».

Astrologische Prinzipien als «Ursymbole der Seele» Die Idee des Unbewussten, also jener Seelenanteile, die dem Menschen nicht rational zugänglich sind, gleichwohl aber seine Persönlichkeit prägen, entstammt dem neunzehnten Jahrhundert. Carl Gustav Carus (1789 bis 1869), ein Maler, Arzt und Naturphilosoph, war der erste, der den Begriff des Unbewussten in die Diskussion der Romantik einbrachte. Allerdings ist diese Konzeption erst durch Freud und dann durch Jung zum Allgemeingut psychologischer Sprachspiele geworden. Wenn Jung vom *kollektiven Unbewussten* spricht, so meint er damit eine Ebene psychischer Symbolsysteme, auf der individuelle Symbole mit gemeinschaftlichen, letztlich sogar mit menschheitsgeschichtlich relevanten Symbolen zusammenfallen. Was man also aus der Analyse von unbewussten Kräften im einzelnen Menschen gewinnt – ein wesentliches Instrument dafür sind Traumanalysen –, ist zugleich ein Abbild allgemeiner menschlicher Dispositionen. Umgekehrt lassen sich «Ursymbole» der Kulturgeschichte und der Mythologie zum Verständnis individueller psychischer Dispositionen heranziehen, da sie in jedem Einzelnen nach wie vor präsent sind.

Jung betrachtet die Symbole als Sprache des kollektiven Unbewussten, wobei die Universalien menschlichen Erlebens – also Geburt, Tod, Sonnenaufgang, Schmerz etc. – entsprechend dem kulturellen und historischen Kontext gedeutet werden; die dahinter stehenden Deutungsmuster sind durchaus universell. Durch eine solche Generierung von allgemeinen Symbolen, die jenseits von Raum und Zeit existieren und sich lediglich in unterschiedlichen Formen immer wieder manifestieren, bindet C. G. Jung die individuelle Psyche in ein größeres kosmisches Geschehen ein. Zugleich enthebt er die Psyche der geschichtlichen Veränderung und betrachtet die Kulturgeschichte als Ausdruck einer zeitlosen Explikation mythologisch fassbarer Ursymbole. Dass dies eine tautologische Konstruktion ist und der enthistorisierende Zugang den Bedeutungswandlungen von Symbolen nicht genug Raum lässt, wurde vor allem von Historikern bemängelt. Unterstützung fand Jung hingegen bei Religionswissenschaftlern, die –

wie Mircea Eliade und Henry Corbin – ihrerseits an der «zeitlosen Wahrheit» des Religiösen interessiert waren.

Um diese zeitlosen Symbole zu systematisieren, entwickelte Jung seine Lehre der *Archetypen*, also gewissermaßen Urformen kultureller und religiöser Ideen, die sich im Laufe der Menschheitsgeschichte mit, so Jung, erstaunlicher Kontinuität gebildet und bewahrt haben. Selbst wenn Archetypen durchaus unterschiedliche Grade an Universalität besitzen und sich ihre Manifestation in jeweiligen kulturellen Kontexten ändern kann, sind sie doch als Archetypen diesem Wandel entzogen. Ein Beispiel ist der Archetyp des Weiblichen: Diese Idee wurde mit der Idee des Empfangenden, Passiven und Gefühlsbetonten zu einem Archetypus verbunden, während das männliche Prinzip mit dem Aktiven und Verstandesbetonten zusammenfiel (zum religionsgeschichtlichen Kontext s. Kippenberg & von Stuckrad 2003, 81–91). In jeder individuellen Psyche sind diese Elemente insofern präsent, als das «Urweibliche» im Mann als *anima* (lat. «Seele») vorkommt, das «Urmännliche» dagegen als *animus* in der Frau (gleichberechtigt sind jene Archetypen freilich nicht, was zu einer heftigen Kritik an Jungs patriarchalem Entwurf führte).

Vor diesem Hintergrund leuchtet es ein, warum die Archetypenlehre Jungs für astrologische Deutungen ein überaus passendes Hilfsmittel ist. Die zwölf Prinzipien der astrologischen Tradition werden als kosmische Urkräfte ins Innere des Menschen projiziert: Mond wird zum Empfangenden und Weiblichen, Sonne zum Männlichen, Mars zum dynamisch Fortschreitenden etc. Jung selbst hat diese Übertragungen unterstützt, indem er sich intensiv mit esoterischen Disziplinen, allen voran der Alchemie, auseinander setzte. Doch auch die Sternkunde fand immer wieder sein Interesse. Nachdem um 1910 eine Reihe von theosophischen Schriften zur Astrologie auf den Markt gekommen waren, schrieb Jung am 12. Juni 1911 an Sigmund Freud, er habe sich ausführlich mit dieser Disziplin beschäftigt. Später äußerte er sich wiederholt zum Thema und vertrat die Ansicht, dass die Astrologie eine Wissenschaft sei, die zu Unrecht von den Gelehrten verachtet werde.

Die Bedeutung Jungs für die Astrologie des zwanzigsten Jahrhunderts kann kaum überschätzt werden. Nach 1945 entwickelte sich die psychologische Astrologie zur führenden Kraft, sowohl in Schulen, die sich auf die Psyche des Einzelnen konzentrierten, als auch bei jenen, die an spirituellen und überpersönlichen Dimensionen des «Schicksals» interessiert waren. Die Sprache Jungs wurde zum «Esperanto» der Astrologie, zu einer allgemeinen Währung, die in vielen unterschiedlichen Systemen als Zahlungsmittel anerkannt wurde.

Der Pauli-Jung-Dialog und seine Nachwirkung

C. G. Jung war ein Denker, der sich intensiv mit den intellektuellen Debatten seiner Zeit auseinander setzte und diese auch seinerseits mit prägte. Die so genannten *Eranos*-Gespräche, an denen Wissenschaftler ganz unterschiedlicher Herkunft beteiligt waren, sind ein viel sagender Ausdruck dieser Prägung, die weit über die 1920er Jahre hinaus wirkten (s. Hakl 2001). Doch nicht nur mit Kulturwissenschaftlern pflegte Jung Umgang, sondern auch mit Naturwissenschaftlern, zumindest jenen, die seinem eigenen Zugang zur Geschichte gegenüber aufgeschlossen und bereit waren, die Naturwissenschaft als das zu betrachten, was sie immer (auch) ist: als Naturphilosophie.

Mit dem Aufkommen von Relativitätstheorie und Quantenmechanik war dazu der Boden gut bereitet, wurde doch der Newtonschen Mechanik, die vor allem durch ihre Grundannahme des Determinismus natürlicher Vorgänge gekennzeichnet war, eine radikale Alternative an die Seite gestellt. Die fundamentale Krise aber, in welche die Newtonsche Mechanik dadurch gestürzt wurde, ist auch nach beinah hundert Jahren noch immer nicht voll erfasst worden. Zu Recht schreibt Thomas Arzt, die damit einhergehenden Paradigmenwechsel seien «bislang kaum innerhalb eines kollektiven Bewußtseins präsent geworden in dem Sinne, daß heute schon eine substantielle Wandlung im Verhältnis zwischen Mensch und Welt konstatiert werden könnte» (Arzt et al. 1992, 14). Hier ist eine weitere Erosion auf philosophischem und geisteswissenschaftlichem Gebiet zu erwarten, die bislang mit der naturwissenschaftlichen Entwicklung kaum Schritt zu halten vermag.

Unter den vielen namhaften Wissenschaftlerinnen und Wissenschaftlern, die an der Entwicklung der physikalischen Weltbilder des zwanzigsten Jahrhunderts und deren philosophischen Implikationen entscheidenden Anteil gehabt haben, nimmt Wolfgang Pauli (1900–1958), der 1945 den Nobelpreis für Physik verliehen bekam, sicherlich eine Sonderposition ein. Dies gilt nicht zuletzt für die theoretischen Grundlagen der Astrologie, denn Pauli beschäftigte sich immer wieder in Aufsätzen, Vorträgen und Briefwechseln mit der Problematik der Kausalität, der Determiniertheit, der Objektivität von Wissenschaft und Realität sowie der Synchronizität. Erstaunlicherweise ist die Erinnerung an diesen außergewöhnlichen Denker im Vergleich zu Einstein, Heisenberg und Bohr längst nicht so präsent, wie man es erwarten sollte. Erst in den letzten Jahren, seitdem die Holismus-Debatte auch die Gespräche zwischen Physik, Philosophie und Religion prägt, lässt sich eine Rückbesinnung auf das Denken Paulis konstatieren (s. insbesondere Laurikainen 1988 und Peat 1991).

Synchronizität und Quantenmechanik Natürlich ist hier nicht der Ort, ausführlich auf die genannten Themenbereiche einzugehen. Wichtig scheint mir aber doch zu sein, wenigstens die Bedeutung der *Synchronizität* zu erläutern, über die Wolfgang Pauli wiederholt reflektierte. Diesen Begriff übernimmt Pauli im Wesentlichen von Carl Gustav Jung, mit dem er einen regen und freundschaftlichen Gedankenaustausch pflegte. Die Kooperation des Physikers mit dem Psychologen ist von herausragender Bedeutung, denn beide Disziplinen können von den Ergebnissen der jeweils anderen wertvolle Anregungen beziehen. In einem gemeinsam herausgegebenen Buch – *Naturerklärung und Psyche* – bringen Pauli und Jung dies zum Ausdruck. Der Band enthält Jungs Aufsatz «Synchronizität als ein Prinzip akausaler Zusammenhänge» sowie Paulis Abhandlung «Der Einfluß archetypischer Vorstellungen auf die Bildung naturwissenschaftlicher Ideen bei Kepler». Grob gesprochen, versteht Jung unter dem Phänomen der Synchronizität eine «sinngemäße Koinzidenz (zweier oder mehrerer ursächlich nicht miteinander verbundener Ereignisse, die dieselbe oder ähnliche Bedeutung haben)», «akausale Parallelismen», «Schöpfungsakte» usw. Schon diese wenigen Schlagworte belegen die große Nähe des Jungschen Verständnisses der Synchronizität zum esoterischen Prinzip des «Wie oben, so unten», also zu einem Entsprechungsdenken, welches auch in der Astrologie vorausgesetzt ist. So überrascht es nicht, dass Jung im genannten Aufsatz auch auf die Sternkunde zu sprechen kommt (eine Übertragung, die Pauli übrigens nie nachvollziehen konnte). Der Schwerpunkt liegt in diesem Falle auf der Gleichzeitigkeit von Phänomenen, die durch die Ähnlichkeit ihrer

Bedeutung miteinander verbunden sind, nicht jedoch durch ein kausales Verhältnis.

Die Quantenmechanik bietet faszinierende Ausblicke auf eine physikalische Deutung der Synchronizität. Albert Einstein hat dies einmal mit zwei «Quantenwürfeln» zu verdeutlichen versucht. Der eine Würfel befindet sich dabei in Wien, der andere in Budapest. Wann immer gleichzeitig mit beiden Quantenwürfeln gewürfelt wird, sei zwar das Resultat völlig zufällig – sie zeigten aber jeweils die gleiche Zahl. Außerdem gibt es zwischen den Ergebnissen keinerlei zeitliche Verzögerung; selbst wenn ein dritter Würfel Tausende Lichtjahre entfernt wäre, würde er *zur selben Zeit* dasselbe Ergebnis zeigen. Es gibt einen Zusammenhang zwischen den Würfeln, doch lässt er sich nicht mit dem Modell der Billardkugel erklären. Wolfgang Pauli bildete den akausalen Zusammenhang in seinem so genannten *Pauli-Prinzip* ab, das darin besteht, dass die Verteilung der Elektronen im Grundzustand eines Atoms so festgelegt ist, dass zwei Elektronen nicht denselben Satz von Quantenzahlen besitzen können. Erst durch diese Voraussetzung können die Elemente in ihrer Verschiedenheit entstehen. Nun besteht eine Implikation des Ausschließungsprinzips, wie es auch genannt wird, darin, dass der gegenseitige Ausschluss der Elektronen *akausal* verläuft, denn die inneren Wechselbeziehungen der Elektronenbewegungen werden nicht durch eine physikalische Kraft oder einen Energietransfer gesteuert, sondern durch

> die direkte Manifestation der Gesamtform der Wellenfunktion im ganzen System [...]. Man könnte deshalb sagen, daß die Elektronenbewegungen die Manifestation eines globalen Musters oder einer Gesamtform darstellen, die sich nicht örtlich begrenzen läßt – ein wahrer Ausdruck also von Synchronizität. (Peat in Arzt 1992, 211 f.)

Neben dem Pauli-Prinzip muss auch auf die so genannten EPR-Korrelationen (benannt nach dem «Einstein-Podolsky-Rosen-Paradox»), die durch Bell mit dem Bell'schen Theorem bzw. der Bell'schen Ungleichung bewiesen worden waren. Jene «nicht-klassischen Korrelationen» wurden etwa zwanzig Jahre später zwischen weit auseinander liegenden Quantenteilchen experimentell bestätigt. Dabei handelt es sich nicht um eine irgendwie kausale Verbindung, sondern tatsächlich um eine gleichzeitige Manifestation einer Wellenfunktion an allen ihren Orten zur selben Zeit. Dass es sich bei diesem Phänomen in der Tat um eine *augenblickliche Änderung der Wellenfunktion des ge-*

samten Universums handelt, macht auch S. Weinberg, Träger des Nobelpreises für Physik, unmissverständlich klar (s. Weinberg 1992, 81). Der Physiker N. Herbert schließlich weist darauf hin, dass «die tiefere Realität der Welt durch eine unsichtbare Quantenverknüpfung aufrecht erhalten [wird], deren allgegenwärtiger Einfluß unvermittelt, ungeschwächt und unmittelbar ist» (Herbert 1990, 326; s. auch S. 283).

Physik als hermetische Naturphilosophie Von manchen Astrologen ist die Nähe einer solchen Konstruktion zum astrologisch-hermetischen Grundsatz «Wie oben, so unten» begeistert zur Kenntnis genommen worden. Einer von ihnen ist Theodor Landscheidt:

> Somit ist der *astrologische Grundsatz vom Kosmos als ganzheitlichem Gefüge,* das alle in ihm enthaltenen Teilsysteme miteinander verbindet, nicht nur mit moderner Naturwissenschaft vereinbar, sondern sogar von ihr bewiesen. [...] [D]ie Grundvorstellung der Astrologie vom Kosmos als einem organischen Prozeß, der alle mikrokosmischen und makrokosmischen Teilprozesse zu einer Einheit verbindet, [erweist sich] als fortschrittliches Konzept. (Landscheidt 1994, 28)

Man braucht den weit reichenden und spekulativen Konsequenzen, die Landscheidt aus diesem Befund zieht, nicht zu folgen, um anzuerkennen, dass die moderne Physik auf dem besten Wege ist, zu einer Naturphilosophie zu werden, die bisher getrennte Wirklichkeitsbereiche systematisch aufeinander bezieht und so das Universum in seiner vitalen Gesamtheit zu erklären sucht. Die – von einem «esoterischen» Standpunkt aus betrachtet – aufregendsten Theorien sind dabei sicherlich jene, die Quantentheorie und Relativitätstheorie miteinander vereinigen. Man denke an die so genannte *String-Theorie,* die eine Vielzahl von Dimensionen annimmt, die nur durch unterschiedliche Schwingungen der «Strings» (also «Fäden») entstehen (s. dazu Greene 2000) – was zu einem Platonismus erster Güte führt –, oder die Entwürfe des Oxford-Physikers David Deutsch, der die Welt als «Multiversum» beschreibt und die Zeit nicht mehr als Raumzeit konzipiert, sondern als Quantenbegriff, der Zeitreisen und andere Dinge prinzipiell möglich macht (Deutsch 2000).

In Zukunft wird sich erweisen, ob solche Modelle dazu geeignet sind, das Gespräch zwischen Naturwissenschaften und Geisteswissenschaften weiter zu vertiefen, welches durch den Dialog zwischen Jung und Pauli so viel versprechend begann.

4. Die heutige Situation

Die Astrologie wurde in der zweiten Hälfte des zwanzigsten Jahrhunderts durch eine Reihe von Veränderungen und Entwicklungen stark belebt und ist heute in allen Kulturen der westlichen Welt fest verankert. Die meisten Menschen kennen ihr Sternzeichen, viele auch ihren Aszendenten, und die (oft genug durch Zufallsgenerator erzeugten) Horoskopprognosen in Zeitschriften und Tageszeitungen werden von einer Reihe von Lesern studiert, wenn auch nur selektiv ernst genommen. Diese Form der spielerischen Auseinandersetzung mit der Astrologie wird von berufsmäßigen Astrologen als Unfug kritisiert, die dem Ansehen der Sternkunde mehr schadet als nützt. Dass sie dennoch so populär ist, dürfte einer allgemeinen Deutungsnatur des Menschen zuzuschreiben sein sowie der vagen Möglichkeit, dass «an der Sache ja doch etwas sein könnte», wie viele Befragte erklären.

Doch nicht die Zeitungshoroskopie soll hier beschrieben werden, sondern die Vielfalt der auf Seriosität pochenden astrologischen Schulen und Institutionen Europas und Nordamerikas. Für ihre Entwicklung waren vor allem zwei Dinge von entscheidender Bedeutung: die zunehmende Durchsetzung des psychologischen Paradigmas, wie C. G. Jung es entwickelt hatte, und die religiös-kulturellen Erscheinungen, die man gewöhnlich mit dem Begriff «New Age» zu fassen sucht. Damit ist eine Bewegung gemeint, die in den 1960er Jahren von Kalifornien aus die Erwartung einer Zeitenwende propagierte, welche durch die Präzession des Frühjahrspunktes ins Zeichen des Wassermanns angedeutet sei und mit einer vollständigen Transformation des Menschen einher gehe (das «Wassermannzeitalter»). Zwar war weder die astronomische Bestimmung dieses Zeitpunktes einheitlich noch etwa die inhaltliche Charakterisierung der Veränderung und deren Beziehung zum Zeichen Wassermann, doch die aus der amerikanischen Gegenkultur entstehende Bewegung etablierte sich bald als ein überaus populäres religiöses Feld, das so unterschiedliche Traditionen wie Paganismus, Feminismus, alternative Heilmethoden, Theosophie, östliche Philosophien, Naturfrömmigkeit und eben auch die Astrologie vereinte (das Standardwerk zum Thema ist Hanegraaff 1996). Auf diesem religiösen Feld – das ich gewöhnlich «moderne Esoterik» nenne, um die Kontinuitäten zu älteren Traditionsbeständen zu kennzeichnen – wurden die von der Theosophischen Gesellschaft kommenden Impulse aufgenommen und im Gespräch mit Psychologie, Wissenschaft und Religion kreativ fortgeschrieben. Was man heute «spirituelle Astrologie» nennt, wäre ohne diesen Austausch sicher nicht entstanden.

Doch bevor ich die wichtigsten Gruppen dieser astrologischen Interpretationsrichtung vorstelle, soll der Blick auf die Schulen und Vergemeinschaftungen der psychologischen Astrologie gerichtet werden, die zweifellos den Hauptstrom gegenwärtiger Sternkunde bilden.

Psychologische Astrologie

Die enge Verknüpfung von Tiefenpsychologie und Astrologie ist heute so selbstverständlich, dass man kaum eine astrologische Schule finden wird, die ihre Deutungsarbeit ohne Rekurs auf grundlegende psychologische Symbolsysteme vornimmt. Dabei ist C. G. Jung nach wie vor ein unangefochtener Gewährsmann, und selbst wenn nicht explizit auf ihn Bezug genommen wird, ist der Einfluss seiner Archetypenlehre allenthalben zu spüren. Für Kontinentaleuropa im Allgemeinen und für den deutschsprachigen Raum im Besonderen kann man feststellen, dass durch den Einfluss der Tiefenpsychologie andere astrologische Betätigungsfelder – von der Mundanastrologie über Wirtschaftsastrologie bis zur Prognose – tendenziell in den Hintergrund traten; auch ein nachhaltiges Interesse an historischen Fragen der Astrologie ist hier wenig verbreitet. In der englischsprachigen Welt verhält es sich etwas anders. Ich hatte oben schon darauf hingewiesen, dass viele nordamerikanische und britische Astrologen auch im zwanzigsten Jahrhundert an differenzierten Prognosetechniken zur Vorhersage konkreter Ereignisse festhielten. Und das Interesse an der Vorgeschichte ihrer Disziplin zeigt sich beispielsweise darin, dass in London astrologische Zirkel die Techniken von Renaissance-Astrologen studieren oder in den USA eine Gruppe um den Astrologen Robert Hand sich um die Herausgabe und Übersetzung verschollener oder schwer zugänglicher astrologischer Abhandlungen aus Antike und Mittelalter bemüht.

Was die psychologische Ausrichtung der Deutung angeht, so kann jedoch von einem gemeinsamen Interesse gesprochen werden. Zwar wurde Thomas Ring bis heute nicht ins Englische übersetzt, doch umgekehrt sind etliche Werke, die inzwischen beinah als «moderne Klassiker» gelten, aus Amerika und Großbritannien nach Europa gelangt. Dazu zählt Stephen Arroyos *Astrologie, Psychologie und die vier Elemente* (amerikanisches Original 1975) ebenso wie die zahlreichen Arbeiten Liz Greenes. Gemeinsam mit ihrem 1992 verstorbenen Mitarbeiter Howard Sasportas baute sie das Londoner *Centre for Psychological Astrology* zum bekanntesten astrologischen Institut Großbritanniens auf. Im Mittelpunkt ihrer Publikationen und ihrer Ausbildung steht die Anwendung Jungscher Analyseinstrumente auf die Horoskopdeutung. Bücher wie *Dimensionen des Unbewussten in der psychologischen Astrologie* (englisches Original 1988) greifen zudem Jungs Forschungen zur Alchemie und zur westlichen Kulturgeschichte auf und versuchen sie astrologisch nutzbar zu machen.

Berufsverbände, Kongresse, Zeitschriften Die Auseinandersetzungen mit der skeptischen öffentlichen – und wissenschaftlichen – Meinung sowie die Abgrenzungsbemühungen von einer «Boulevardastrologie» haben in den meisten Staaten Verbände entstehen lassen, die versuchen, Standards astrologischer Deutung zu definieren, Forschung voranzutreiben und in die breite Öffentlichkeit hineinzuwirken. Dass die Berufsvereinigungen meist in der ersten Hälfte des zwanzigsten Jahrhunderts entstanden waren und dass es auf internationaler Ebene kaum übergeordnete Vereinigungen oder auch nur einen regelmäßigen Austausch gibt, habe ich oben schon erläutert. Deshalb genügt es an dieser Stelle, die wichtigsten Vereinigungen und ihre Kongress- und Publikationsarbeit noch einmal kurz zu nennen.

1938 gründeten Ernest A. und Catharine T. Grant mit befreundeten Astrologen in Washington die *American Federation of Astrologers* AFA. Neben einer Stärkung der Astrologie in den USA bestand ein Ziel der Organisation in der Sammlung von Fachliteratur, was zur Gründung der *National Astrological Library* führte. 1975 verlegte die AFA ihren Sitz nach Tempe, Arizona. Schon bald wurde sie die führende astrologische Vereinigung in den USA (und im Grunde weltweit), der auch viele Mitglieder aus anderen Ländern angehören. Die AFA verlegte Hunderte von Büchern und betreibt heute einen umfangreichen Vertrieb von Literatur und astrologischer Software (www.astrologers.com).

Von ebenso großer Bedeutung ist die *Astrological Association of Great Britain* AA (www.astrologer.com/aanet/). Gegründet in London am 21. Juni 1958, 7:22 Uhr, als Nachfolgeorganisation der von Alan Leo 1915 ins Leben gerufenen *Astrological Lodge of London*, ist die AA mit ihren etwa 1600 Mitgliedern (1000 aus dem Vereinigten Königreich und 600 weltweit) heute die wichtigste Standesvertretung in Europa. Sie unterscheidet sich deutlich von anderen Organisationen durch ihren hohen historisch-wissenschaftlichen Anspruch. Das Fachmagazin *Culture and Cosmos* widmet sich der Geschichte der Astrologie; nicht nur die Herausgeber (zurzeit Nicholas Campion und Patrick Curry) sorgen für ein überdurchschnittliches Niveau der Beiträge, sondern auch das *editorial board*, auf dem sich so bedeutende Namen finden wie Anthony F. Aveni, David Brown, John North, Francesca Rochberg, David Ulansey, Charles Webster und Paula Zambelli. Auch eine zweite Zeitschrift – *Correlations* – hat einen wissenschaftlichen (diesmal stärker empirischen) Anspruch. Die Ziele der Vereinigung sind dreifach: eine Stärkung der öffentlichen Reputation der Astrologie, eine wissenschaftliche und historische Auseinandersetzung mit der Tradition sowie ein klares Bekenntnis zur psychologischen Astrologie, die die Zukunft nicht mehr voraussagen, sondern gestalten möchte. Ihre regelmäßigen Kongresse bilden Höhepunkte des Gedankenaustauschs auf internationaler Ebene.

Sowohl die AFA als auch die AA sind Organisationen, die für Laien wie für Berufsastrologen offen stehen. Anders verhält es sich mit den deutschsprachigen Organisationen, allen voran dem *Deutschen Astrologen-Verband* DAV (www. dav-astrologie. de), dessen Entstehung ich oben schon beschrieben habe (s. S. 334). Der DAV mit seinen heute rund 1000 Mitgliedern grenzt sich von Laienastrologen und der «Boulevardastrologie» insofern ab, als er eine Verbandsprüfung einführte und die Ausbildungsgänge der angegliederten Schulen regelmäßig überprüft. Das gewährleistet eine gewisse Qualitätskontrolle, zugleich marginalisiert es alternative Schultraditionen durch die starke Betonung der tiefenpsychologischen Astrologie. Sowohl in den Publikationen des Verbandes als auch in den großen Kongressen zeigt sich ein weniger vielfältiges Bild, als dies bei den amerikanischen und britischen Organisationen sichtbar wird. Das wichtigste Organ der deutschen Astrologenszene insgesamt stellt die Zeitschrift *Meridian* mit ihrer Auflage von 4800 Exemplaren (2002) dar.

Das Grundsatzpapier astrologischer Vereinigungen Heute verfügen praktisch alle europäischen Staaten über nationale Vereinigungen von Astrologen. Neben den bereits genannten gehören dazu auch der *Schweizer Astrologen-Bund* (SAB) und das 1946 gegründeten *Centre international d'astrologie* (CIA) in Frankreich. Inhaltlich gibt es nur wenig Unterschiede zwischen den Verbänden. Deshalb verzichte ich darauf, sie einzeln in ihrer Geschichte darzustellen. Stattdessen möchte ich an dieser Stelle das «Grundsatzpapier astrologischer Vereinigungen» zitieren, weil es wie kaum ein anderes Dokument den gemeinsamen Nenner der vielfältigen astrologischen Schulen mit tiefenpsychologischer Orientierung darstellt. Das im *Meridian* 6 (1983) veröffentlichte Papier wurde unterzeichnet von Peter Niehenke für den DAV, Herbert Böss für die Kosmobiologische Akademie Aalen (KAA), Udo Rudolph für die Astrologische Studiengesellschaft (Hamburger Schule) und von Edith Wangemann für die Kosmobiosophische Gesellschaft (KBSG). Anlässlich des Weltkongresses in Luzern schloss sich 1984 Bruno Huber für den Schweizer Astrologen-Bund an.

These 1

Astrologie ist die älteste Typologie der Menschheit und damit die älteste Lehre von den Erscheinungsformen körperlicher, seelischer und geistiger Beschaffenheit des Menschen. Sie ist die Deutung räumlicher Verhältnisse und zeitlicher Abläufe in unserem Sonnensystem, d. h., sie ist das einzige Wissensgebiet, das sich der Bewegung der Planeten und Bezugspunkte unseres Sonnensystems bedient, um das Wesensgefüge eines Menschen zu erfassen.

Ein für Astrologen bedeutsamer Zeitpunkt ist der Augenblick, in dem ein Prozeß seinen Anfang nimmt; für das eigenständige menschliche Leben ist dies der Geburtsmoment. Die Struktur der kosmischen Situation dieses Moments spiegelt die Struktur des hier beginnenden Ablaufs als Ganzheit.

These 2

Die Konstellation der Gestirne unseres Sonnensystems bildet in jedem Moment eine «Gestalt». Die Arbeit des Astrologen besteht in der Entschlüsselung der Bedeutung dieser Gestalt.

Astrologische Prognose beruht auf der Deutung der Veränderungen dieser Gestalt durch den Lauf der Gestirne.

These 3

Die Existenz des angesprochenen Zusammenhangs ist eine Realität, die der empirisch-wissenschaftlichen Überprüfung prinzipiell zugänglich ist, wie eine Reihe sehr sorgfältig durchgeführter wissenschaftlicher Untersuchungen neuerer Zeit eindeutig belegen.

These 4

Welcher Natur dieser Zusammenhang ist – ob es sich also z. B. um physikalisch nachweisbare «Wirkungen» der Planeten handelt oder eher um ein «kosmisches Analogie-Prinzip» – läßt sich beim heutigen Wissensstand nicht entscheiden.

Die eindeutig bestehenden rein physikalischen Einflüsse kosmischer Prozesse auf irdische Abläufe (deren augenfälligstes Beispiel wohl die Jahreszeiten und die Gezeiten der Meere darstellen) sind nicht ausreichend, den komplexen kosmisch-irdischen Zusammenhang im Sinne der Astrologie umfassend zu beschreiben.

These 5

Wie in anderen Wissensgebieten mit komplexen Fragestellungen (etwa in der Psychologie) gibt es in der Astrologie unterschiedliche Auffassungen über methodische Einzelheiten. Viele dieser Auffassungen beruhen auf den Erfahrungen einzelner Astrologen. Aus diesem Grunde besteht Einvernehmen über die Notwendigkeit des Austauschs solcher Erfahrungen sowie der Objektivierung persönlicher Erfahrungen durch Bemühen um Vergleich und wissenschaftliche Überprüfung.

These 6

Das Horoskop, auch Kosmogramm oder Geburtsbild genannt, ist die graphische Darstellung der Konstellation der Gestirne unseres Sonnensystems für den Moment der Geburt eines Menschen. Es zeigt die Konstellation so, wie sie sich einem Beobachter vom Standpunkt des Geburtsortes aus darstellt. Aus diesem Grund ist das Horoskop geozentrisch berechnet. Der Tierkreis ist für Astrologen ein «Meßkreis». Er nimmt seinen Anfang im sog. «Widderpunkt» (eine der beiden Tagundnachtgleichen). Hier beginnt das Zeichen Widder, das 1. Zeichen der 12 Zeichen des Tierkreises. Es ist den Astrologen seit dem Altertum bekannt, daß dieser Widderpunkt (durch eine Kreiselbewegung der Erdachse bedingt: die Präzession) bezüglich der als feststehend zu betrachtenden Fixsterne «wandert», so daß sich die Tierkreiszeichen des tropischen Tierkreises nicht mit den Sternbildern des siderischen Tierkreises decken. Die in Jahrtausenden gewonnene Erfahrung hat jedoch gezeigt, daß die Stellung der Gestirne unseres Sonnensystems im tropischen Tierkreis zu treffenderen Deutungen führt.

Die Wanderung des Widderpunktes durch den siderischen Tierkreis wird allerdings mit epochalen Veränderungen auf der Erde in Verbindung gebracht. Die Dauer für einen vollständigen Umlauf beträgt etwa 26 000 Jahre. Man nennt diesen Zeitraum ein «platonisches Weltenjahr».

These 7

Für alle astrologischen Aussagen gilt, daß sie auf «Strukturentsprechungen» beruhen. Die Verwirklichung jeder Struktur ist vielfältig denkbar. Man kann beispielsweise auf viele Weisen ein Dreieck zeichnen, dennoch ist ein Dreieck immer etwas anderes als ein Viereck. So auch kann jede Struktur sich zwar auf verschiedene, nicht aber auf beliebige Weise realisieren.

Im Bewußtsein dieses Unterschieds zwischen Struktur und Verwirklichung löst sich der Scheinwiderspruch zwischen «Willensfreiheit» und «Determiniertheit»: Unsere Struktur ist determiniert, in ihrer Entfaltung aber sind wir frei.

Aus diesen Überlegungen ergeben sich für die Deutung klare Aussagegrenzen: So kann man keine Aussage über das Niveau (etwa der Intelligenz) eines Menschen machen, wohl aber über die Struktur (im Falle der Intelligenz etwa mehr theoretischer Schwerpunkt oder mehr Schwerpunkt auf praktischer Intelligenz etc.).

Auch bei der Prognose ist nicht das «konkrete Ereignis» faßbar, sondern seine sich aus der Struktur ergebende «Bedeutung», eine Bedeutung, die sich in verschiedenen «sinngemäß gleichen» Ereignissen manifestieren kann.

Die Prognose muß also auf ein bestimmtes Umfeld bzw. eine Umweltsituation wie Elternhaus, soziale, politische oder andere Einbindung bezogen sein.

Die Deutung des Geburtsbildes ist eine Hilfe auf dem Weg zu mehr Selbsterkenntnis und zur Bestimmung von Begabungen und Schwächen des Menschen. Diese Erkenntnis kann von der Kindheit bis zum Alter Wegweiser sein für Erziehung, Bildung und Wirkungskreis. Damit ist der Schwerpunkt der Diagnose erkennbar.

Ein genauerer Blick auf das Grundsatzpapier ist aufschlussreich. Während einige Thesen zweifellos von allen Astrologen und Schultraditionen unterstützt werden (etwa die Thesen 1 und 2), lassen andere erkennen, dass man sich von spirituell-religiösen Richtungen der Astrologie sowie von einer deterministisch arbeitenden Prognosetechnik distanziert; außerdem möchte man die Sternkunde in der Öffentlichkeit als seriöse Erfahrungswissenschaft etablieren. Der Einfluss der Tiefenpsychologie und der «revidierten Astrologie» Thomas Rings ist dabei unverkennbar. Weder die Mundanastrologie, die bis ins neunzehnte Jahrhundert hinein der wichtigste Zweig der Sternkunde gewesen ist, noch eine Auseinandersetzung mit der Geschichte der eigenen Disziplin spielt im Thesenpapier eine Rolle, womit ein Unterschied zur angelsächsischen Astrologie markiert ist.

Was die spirituell orientierte Astrologie angeht, so fehlt jeder Hinweis auf die Idee einer Seelenwanderung, also auf die Möglichkeit, über die Deutung des Horoskops Charakterisierungen von früheren Existenzen und karmischen Prägungen vorzunehmen. Auch die aus der Renaissance-Astrologie bekannte Verknüpfung der individuellen Seele mit der neuplatonisch gefassten «Weltseele» wird hier nicht übernommen, vermutlich weil eine solche religiös-esoterische Zuspitzung der Astrologie dem Anspruch auf empirische Prüfung entgegen zu laufen schiene. Derselbe Grund dürfte hinter der Ablehnung konkreter Prognosen zu suchen sein, immerhin eine Disziplin der Astrologie, die – besonders in den USA und in Großbritannien – auch heute noch zahlreiche Anhänger besitzt.

Im Hinblick auf den Anspruch, die Astrologie sei eine Erfahrungswissenschaft, weicht das Grundsatzpapier einer kritischen Auseinandersetzung aus. Dass die in These 3 genannten wissenschaftlichen Untersuchungen die Gültigkeit astrologischer Aussagen «eindeutig belegen», ist eine Behauptung, die aus Sicht empirischer Sozialforschung alles andere als haltbar ist (s. dazu u. Abschnitt 5). Auch der schlichte Hinweis darauf, dass sich die Frage, *wie* die Astrologie funktioniere, heute noch nicht beantworten lässt (These 4), dürfte Kritiker der Astrologie kaum überzeugen, da alle Studien zur Prüfung einer direkten Korrelation zwischen himmlischen und irdischen Ereignissen zu negativen Ergebnissen führen. Eine Alternative wäre gewesen, die Astrologie als esoterische Disziplin zur Entschlüsselung von Strukturzusammenhängen zu konzipieren und gleichzeitig den Wissenschaftsanspruch (im *heutigen* Sinne von Wissenschaft!) fallen zu lassen. Insofern ist das Grundsatzpapier zwar ein wichtiger Beitrag zur Positionsbestimmung der Mehrheit heutiger praktizierender Astrologen, doch entscheidende Fragen alternativer Traditionen und wissenschaftstheoretischer Ansätze werden nicht beantwortet.

Das Erbe der Theosophischen Gesellschaft: Karmische und spirituelle Astrologie

Neben der tiefenpsychologischen Astrologie entwickelten sich andere astrologische Schulen, die in ihren Ansätzen stärker auf spirituelle Aspekte ausgerichtet sind. Die meisten von ihnen können als Fortschreibung theosophischer Konzepte unter Einbeziehung neuerer tiefenpsychologischer Elemente beschrieben werden. Nicht nur für die eigentliche «New Age»-Bewegung, sondern auch für die Astrologie seit 1950 insgesamt kommt der Theosophischen Gesellschaft dadurch eine Bedeutung zu, deren Ausmaß oft nicht ausreichend dargestellt und den jeweiligen Schulen mitunter auch gar nicht bewusst ist.

Auf Alice A. Bailey und die Arkana-Theosophie bin ich oben schon eingegangen (s. o. S. 319). Baileys Verbindung christlich-esoterischer und astrologischer Traditionslinien wurde von vielen Gruppierungen aufgenommen, darunter der Schule von Bruno und Louise Huber, die mit ihrem *Astrologisch-Psychologischen Institut* (API) international Beachtung fanden.

Die Huber-Schule Bruno Huber (geb. 1930) und seine Frau Louise (geb. 1924) entstammen einem theosophischen Hintergrund und sind ein gutes Beispiel dafür, wie flexibel dieses Erbe gehandhabt werden kann und wie eigenständig sich die astrologische Tradition im zwanzigsten Jahrhundert entwickelte. Nachdem die Hubers drei Jahre lang Baileys Arkanschule in Genf mit aufgebaut hatten, durchliefen sie eine psychologische Ausbildung bei Roberto Assagioli, dem Begründer der so genannten «Psychosynthese» (s. u. S. 355). Die dort gesammelten Erfahrungen bilden den Ausgangspunkt dessen, was sie fortan als die wichtigste Aufgabe der Astrologie ansahen: psychologische Lebenshilfe und spirituelle Orientierung. Diese «neue Richtung in der Astrologie zielt auf das Einbeziehen geistiger Wachstumsgesetze, die weit mehr mit dem Evolutionsgedanken, mit Religion und Meditation zu tun haben, als man ursprünglich angenommen hat» (Huber 1996, 13). In ihrer Ausbildung spielen deshalb nicht nur kognitiv-analytische Ansätze eine Rolle, sondern auch meditative Zugänge zum Horoskop – etwa Tierkreismeditationen oder die Betrachtung von Aspektfiguren als «kosmische Bilder» – und rituelle Arbeiten, beispielsweise im Vollzug der «Großen Invokation» Alice A. Baileys (Huber 1989, 401 f.).

Der Idee eines Wachstumsgesetzes der Seele kommt dabei eine besondere Rolle zu, und in den letzten dreißig Jahren wurden am Schweizer Astrologisch-Psychologischen Institut, dessen Zeitschrift *Astrolog* eine Vielzahl von Lesern erreicht, neue Techniken entwickelt, die auf die Sichtbarmachung der evolutionären Entwicklung des Seelischen hin zu einer «integralen» Persönlichkeit zielen. Eine dieser Techniken ist der «Alterspunkt», welcher – in Anlehnung und Abwandlung der Methode Frank Glahns – bei der Geburt am Aszendenten beginnt und sich im Uhrzeigersinn jeweils sechs Jahre durch ein Haus bewegt, um nach zweiundsiebzig Jahren wieder am Aszendenten anzukommen (je nachdem wie groß das einzelne Haus ist, bewegt sich der Alterspunkt also unterschiedlich schnell). «Transitiert» der Alterspunkt die Horoskopfaktoren, führt dies zu Wachstumsschritten im Leben und zur Bearbeitung der dadurch angezeigten Themengebiete. Außerdem kommt jeder Lebensphase eine je eigene

Bedeutung zu, die der Entwicklung der gesamten Persönlichkeit dient. Die damit verbundene Integration und Erkenntnisarbeit ist, weil sie die Persönlichkeit in kosmisch-spirituelle Dimensionen erweitert, mehr als die «Individuation» C. G. Jungs. Letzten Endes möchten die astrologischen Techniken der Huber-Schule den Menschen zur Bewusstheit seiner Verbindung mit dem «Ätherleib» der Planeten und dem «planetarischen Logos» bringen, der von einem «galaktischen Zentrum» aus auf feinstofflicher Ebene alles Seiende durchdringt und steuert (Huber 1989, 15–43). An dieser Stelle wird der Unterschied zur (nicht-esoterischen) psychologischen Astrologie deutlich.

Neben der Lehre vom Alterspunkt entwickelten die Hubers eine Reihe weiterer neuer Techniken, die von anderen Schulen teils völlig abgelehnt, teils übernommen wurden. Eine dieser Lehren ist das so genannte «Häuserhoroskop», das den Umweltbezug des Nativen dadurch betonen möchte, dass hier nicht mehr die Zeichen mit je 30° als fest betrachtet werden, sondern die Häuser, auf die dann die Zeichen auf gleichsam «inäquale» Weise appliziert werden. Ein Vergleich zwischen Radix und Häuserhoroskop ergibt dann einen Unterschied zwischen Anlagegefüge (Radix) und Umwelteinfluss (Häuserhoroskop). Doch damit nicht genug: Für eine vollständige Deutung im Sinne Hubers ist die Einbeziehung eines dritten Horoskops notwendig, das «Mondknotenhoroskop» (MKH) genannt wird. Auch hier handelt es sich um ein fiktiv erstelltes Bild, indem die Mondknotenachse des Radix zum Aszendenten des MKH gemacht wird, in welches dann die Radixplaneten entsprechend eingetragen werden. Da das MKH aber einen «Einstieg» in karmische Prägungen des Nativen darstellt, also in die Vergangenheit, wird die Reihenfolge der Zeichen bzw. der Häuser umgekehrt.

In der Deutung springt der bei Huber ausgebildete Astrologe also ständig zwischen drei Horoskopen hin und her, wobei insbesondere das MKH wichtig ist, gibt es doch Auskunft über die im Grundhoroskop nicht erkennbaren karmischen Prägungen, die mit der Gegenwart in Beziehung zu setzen sind, oftmals sogar als die eigentlichen Beweggründe des Handelns und Fühlens betrachtet werden. Daraus ergibt sich eine regelrechte «Mondknotenastrologie» (Huber 1993), die nicht nur mit dem MKH, sondern auch mit der Stellung des Mondknotens im Radix, mit der Wanderung des Alterspunktes durch das MKH und sogar mit der Koppelung des «Mondknoten-Alterspunktes» mit dem «normalen» Alterspunkt arbeitet. Die damit einhergehende Ausweitung der Analyseinstrumente stellt einerseits einen überaus hohen Anspruch an den Astrologen, andererseits sehen Kritiker die Gefahr einer gewissen Willkür, denn wenn man im Grundhoroskop nicht das Passende findet, wird man nach einem Blick in Häuserhoroskop oder Mondknotenhoroskop mit Sicherheit eine relevante Stellung nennen können, die dem Gewünschten entspricht.

Ob es sich nun um eine Ausweitung der Erkenntnismöglichkeit astrologischer Deutung handelt oder um eine willkürliche Konstruktion, die vom Horoskop eher ablenkt, braucht uns hier natürlich nicht zu interessieren. Ich habe die Huber-Schule deshalb herangezogen, weil sie die wichtigste esoterisch-theosophische Richtung der Gegenwart darstellt und weil sie wie kaum eine andere erkennen lässt, wie disparat und innovationsfreudig sich die Astrologie im zwanzigsten Jahrhundert entwickelt hat.

Die Ebertin-Schule Eine weitere international bekannte Schule ist mit dem Namen Ebertin verbunden. Die so genannte «Kosmobiologie» und «Kosmopsychologie», die Reinhold Ebertin entwickelt hatte (s. o. S. 328 f.), wurde von dessen Sohn Baldur R. Ebertin weiter ausgebaut, der aufgrund seines eigenen Psychologiestudiums zunehmend professionelle psychologische Elemente in die Kosmobiologie einführte. Unter «Kosmobiologie» versteht Baldur R. Ebertin

> eine Erfahrungswissenschaft mit einem naturwissenschaftlichen und einem geisteswissenschaftlichen Zweig. Kosmobiologie geht dabei über die ausschließliche Betrachtung des Menschen hinaus. Es soll neben dem Menschen auch die ganze Natur gesehen werden, die in das kosmische Geschehen und seine Rhythmik einbezogen ist. (Ebertin 1989, 21)

Auch wenn sich die Kosmobiologie mit dem Anspruch, eine Erfahrungswissenschaft zu sein, die naturwissenschaftlicher Begründung zugänglich ist, von theosophischen Ansätzen unterscheidet, gehört die Ebertin-Schule dennoch in den Kontext spirituell orientierter Astrologie, da ihr Wissenschaftsbegriff an romantischer Naturphilosophie einerseits und esoterischen Holismus-Konzepten andererseits anschließt. Geistes- und Naturwissenschaft werden als eine Einheit betrachtet, die Astrologie wiederum als eine zentrale Disziplin zur Entschlüsselung der vielfältigen Zusammenhänge zwischen Individuum, Kollektiv und Kosmos.

Der karmische Entwicklungsgedanke spielt hier, ähnlich wie in der Huber-Schule, eine wichtige Rolle. Ebertin geht davon aus, «daß die menschliche Seele unsterblich ist, der Mensch durch zahlreiche Inkarnationen hindurchgehen will und muß, um durch eine Vielzahl von Reifungsprozessen vollkommen zu werden» (Ebertin 1995, 16). Anders als in der Huber-Schule entwickelte Ebertin jedoch keine zusätzlichen Analyseinstrumente, sondern verwendet das Grundhoroskop als eine Matrix, die neben Aussagen über das jetzige Leben auch Rückschlüsse auf karmische Prägungen erlaubt, die wiederum die Ursache für die jetzige Inkarnation bilden. Besonders in Fällen, wo psychologische und psychosomatische Krankheitsbilder aus den Erfahrungen der Kindheit nicht ausreichend erklärt werden können, liegt, so Ebertin, gewöhnlich ein karmisches Trauma vor, das durch die Analyse des Horoskops und dann vor allem durch eine Rückführungstherapie verstanden und integriert werden soll, um einen Heilungsprozess in Gang zu bringen.

Transpersonale Astrologie Zu den astrologischen Schulen, welche die tiefenpsychologische Interpretation durch spirituelle Ansätze zu erweitern suchen, gehören auch jene, die im Anschluss an Roberto Assagioli, Dane Rudhyar, Ken Wilber und andere eine so genannte «transpersonale Astrologie» etabliert haben. Roberto Assagioli (1888–1974) hatte Medizin studiert und als Facharzt für Neurologie und Psychiatrie gearbeitet, bevor er eine Technik entwickelte, die er «Psychosynthese» nannte. Während im Allgemeinen die Psychosynthese durchaus mit anderen integrativen Therapieformen vergleichbar ist, wurde ihr besonderer Zweig der spirituellen oder auch transpersonalen Psychosynthese von esoterisch orientierten Denkern breit rezipiert (etwa von der Huber-Schule). Der Ausdruck *transpersonal* bezieht sich auf geistig-spirituelle Ebenen der Persönlichkeit (das «Überbewusste»), die von Assagioli als ebenso real betrachtet werden wie sexuelle oder aggressive Impulse. Anstatt die Spiritualität als Sublimierung solcher Impulse abzuwerten, wie dies Freud getan hatte, betrachtet Assagioli sie als einen wesentlichen Faktor der Ganzwerdung des Menschen, letztlich als die höchste Stufe der Entwicklung des «Selbstes».

Im Laufe der 1970er Jahre entwickelte sich in den USA – teils mit Bezug zu Assagioli, häufiger jedoch als Weiterentwicklung Jungscher

Ideen – eine einflussreiche transpersonale Bewegung, die in enger Wechselwirkung zur New Age-Bewegung die Transformation des menschlichen Bewusstseins propagierte und das «Spektrum des Bewusstseins» (um einen Buchtitel Ken Wilbers zu zitieren) als in spirituelle Dimensionen hineinreichend betrachtete. Aus dieser Sicht ist das menschliche Selbst mehr als die individuelle Person oder das Ich, vielmehr kann es in transpersonale Bewusstseinsräume durchbrechen. Mystische Traditionen vor allem der östlichen Religionen, aber auch das Experimentieren mit bewusstseinsverändernden Substanzen sind vergleichbare Methoden, mit deren Hilfe ein Verständnis für die kosmische Einbindung des Selbstes geschaffen werden kann.

Auf die vielfältigen Unterschiede und Diskussionszusammenhänge innerhalb der transpersonalen Bewegung kann ich hier nicht eingehen. Wichtig ist an dieser Stelle lediglich, dass die transpersonale Psychologie ein Erklärungsmodell und Menschenbild entwickelte, das von Astrologen aufgegriffen wurde, um einen Zusammenhang zwischen individuellen Horoskopfaktoren und ihren kosmischen, überpersönlichen Entsprechungen herzustellen. Der Entwicklungsprozess der menschlichen Seele, wie er im Horoskop erkennbar ist, endet demnach nicht mit der Integration verdrängter Erfahrungen oder unterschiedlicher Anteile der Persönlichkeit in ein Erwachsenen-Ich, sondern mit der Öffnung und Entfaltung der spirituellen Ebenen des Bewusstseins. Erst wenn sich das Individuum als Teil eines kosmischen Prozesses erkennt, als Teil einer gesamtmenschlichen Transformation, hat es die höchste Entwicklungsstufe seines Horoskopes erreicht.

Damit sind die wichtigsten Strömungen und Positionen innerhalb der gegenwärtigen Astrologie zur Sprache gekommen. Trotz der sichtbar gewordenen Unterschiede sei noch einmal betont, dass sich die als Hauptlinien beschriebenen Positionen keineswegs gegenseitig ausschließen. Eher wird man von unterschiedlichen Schwerpunktsetzungen und Interessen sprechen müssen, mit denen astrologische Schulen sich um die Deutung des individuellen und kollektiven Lebens bemühen. Beispielsweise hat seine theosophische Grundanschauung Bruno Huber nicht davon abgehalten, das Grundsatzpapier astrologischer Vereinigungen zu unterschreiben, und selbst spirituell orientierte Astrologen können ein Interesse an Stundenastrologie oder konkreter Prognose haben. Nur wird ihr Hauptaugenmerk nicht auf dem Ereignis an sich liegen, sondern auf der hinter dem Ereignis vermuteten Bedeutung.

Und ein Merkmal teilen alle genannten Schulrichtungen: Ihre Grundpositionen werden von einer empirisch arbeitenden Sozialwissenschaft und erst recht von der naturwissenschaftlichen Zunft als Unfug betrachtet. Die dahinter stehenden Diskussionen sind das Thema des folgenden Kapitels.

5. Die Astrologie in der empirischen Sozialforschung

Der Streit darüber, ob die Aussagen der Astrologie einer empirischen Überprüfung Stand halten oder nicht, ist beinah so alt wie die Sternkunde selbst. Schon die antiken Astrologen verstanden ihre Arbeit als eine Bildung von Hypothesen und deren anschließende Prüfung am tatsächlichen Lebensverlauf der Horoskopeigner, seien dies nun Staaten oder Personen. Und die großen Horoskopsammlungen der Spätantike, des Mittelalters und der Frühen Neuzeit dienten nicht zuletzt dazu, einer sich als Wissenschaft verstehenden Disziplin gesichertes Material zur Verfügung zu stellen, um sowohl induktiv – vom Befund zur Theorie –, als auch deduktiv – von der Theorie zur Prüfung am Material – zu neuen Erkenntnissen zu gelangen. Insofern ist es grundsätzlich richtig, wenn man die Astrologie als eine *empirische* Disziplin bezeichnet. Allerdings muss man an dieser Stelle gleich fragen, was unter «Empirie» verstanden werden soll. Wissenschaftstheoretisch würde man heute von einer empirischen Disziplin verlangen, dass ihre Befunde exakt beschreibbar, reproduzierbar und falsifizierbar sein müssen. Alle bislang vorliegenden Studien, die sich um den Erweis dieser Kriterien bemühen, sind jedoch gescheitert, zumindest sofern sie einzelne Horoskopfaktoren zum Gegenstand haben und sich nicht auf allgemeine mundanastrologische Theorien (wie die Wirkung des Vollmonds etc.) beschränken.

Die Gründe dafür sind vielfältig. Ein zentrales Problem liegt in der Komplexität und Vernetztheit eines jeweiligen Horoskopfaktors, von der jedoch reduktionistisch abgesehen werden muss, will man zu statistischen Aussagen gelangen. Da jedes Horoskop anders ist, gibt es nicht genügend gleich strukturierte Daten, um zu verlässlichen Vergleichen zu kommen. Ein einfaches Beispiel: Zwar hat jeder zwölfte Horoskopeigner den Mars im zehnten Haus (was ihn nach der Tradition für gesellschaftlichen Erfolg prädestiniert), aber nicht bei jedem dieser Gruppe steht der Mars im selben Zeichen. Nimmt man noch den unterschiedlichen Haussektor hinzu und erst recht die Aspekte des jeweiligen Mars, so steigen die Deutungsmöglichkeiten exponentiell an. Weder eine exakte Beschreibung ist deshalb möglich («Mars in X in den Fischen» wäre etwas ganz anderes als «Mars in X im Löwen», ebenso «Mars in X Konjunktion Mond» oder «Mars in X Opposition Saturn») noch eine genaue Reproduzierbarkeit. Und eine Falsifizierbarkeit der Befunde ist deshalb nicht gegeben, weil selbst bei einer Widerlegung von Prognosen über «Mars in X» jeder Astrologe einer Reihe von sekundären Erklärungen beibringen könnte, warum im jeweiligen Fall die Prognose durch Aspekte und Zeichenstellung verändert würde; außerdem ist es keineswegs ausgemacht, was unter «Gesellschaftlichem Erfolg» verstanden wird (selbst wenn er faktisch ausbleibt, könnte ein Streben danach noch diagnostiziert werden, womit die Prognose astrologisch betrachtet dennoch eingetroffen wäre).

Mit der fehlenden Exaktheit ihrer Befunde haben auch andere empirische Disziplinen zu kämpfen. Man denke allein an die Psychologie, deren Deutungen ebenfalls, sieht man einmal von streng behavioristischen Modellen ab, weder exakt noch falsifizierbar sind. Zwei Wege sind denkbar, um argumentativ aus diesem Labyrinth herauszufinden: Erstens sollte grundsätzlich darüber reflektiert werden, was wir unter «Gültigkeit», «Wissenschaft», «Beweis» etc. verstehen. Ich habe in Kapitel VI darauf hingewiesen, dass die so genannten wissenschaftlichen Revolutionen im Grunde nur eine Transformation der Kriterien darstellen, womit sich eine kritische Öffentlichkeit als Erklärung zufrieden gibt. Dass sich auf Kommunikation und Deutung gründende Disziplinen wie die Astrologie oder die Psychologie den Gültigkeitskriterien naturwissenschaftlicher Versuche zu unterwerfen haben – die, wie man heute zunehmend erkennt, ihre «Beweise» selber aufgrund von sozialen Prozessen generieren (s. Latour & Woolgar 1986, Knorr Cetina 2002; grundlegend ist Hacking 1996) –, ist das Ergebnis einer neuerlichen Veränderung der Gültigkeitskriterien anerkannter Wissenschaft seit dem neunzehnten Jahrhundert.

Zweitens sollte die Konsequenz gezogen werden, dass man mit *quantitativen* Methoden empirischer Sozialforschung die Behauptungen der Astrologie kaum ausreichend prüfen kann. Vielmehr sollte *qualitativen* Methoden der Vorrang eingeräumt werden, Methoden also, welche die Kontexte von Einzelfällen in Rechnung stellen. Damit soll keineswegs die eine gegen die andere Methode ausgespielt werden, vielmehr sind auch verschiedene Mischvarianten mit einigem Erfolg versucht worden. Hinzu kommt, dass Astrologen, auch wenn sie statistische Methoden ablehnen, im Grunde doch auf Aussagen zurückgreifen, die genau auf diese Weise entwickelt worden sind. Jede prognostische Horoskopie arbeitet zwangsläufig mit statistischen Wahrscheinlichkeiten, die sich im Umkehrschluss auch prüfen lassen. Dennoch müsste das Hauptaugenmerk auf qualitativen Methoden liegen. Eine statistische Quantifizierung ist auf diese Weise zwar nicht zu erreichen, wohl aber vorsichtige Verallgemeinerungen und vor allem ein genaueres Verständnis darüber, ob und wie Astrologie «funktioniert».

Versuche einer Quantifizierung

Will man die Behauptungen astrologischer Tradition statistisch überprüfen, so gibt es zwei Möglichkeiten: Entweder man richtet sein Interesse auf mundanastrologische Zusammenhänge, beispielsweise die Frage, ob zu Vollmond mehr Verkehrsunfälle zu verzeichnen sind, ob in Zeiten rückläufiger Venus mehr Scheidungen eingereicht werden oder anderes mehr. Eine Prüfung dieser Behauptungen aufgrund empirisch gesicherten Materials ist relativ einfach, zumal heute eine riesige Datenmenge zur Verfügung steht, die mithilfe des Computers ausgewertet werden kann. Die Ergebnisse derartiger Studien sind insgesamt für die Astrologie enttäuschend, denn entweder beschränken sich die signifikanten Befunde auf physikalisch zu beschreibende Korrelationen oder sie machen Voraussetzungen, die methodischer Kritik kaum Stand halten (Beispiele bei Eysenck & Nias 1982). So zeigte Arno Müller jüngst durch eine Untersuchung von acht Millionen Verkehrsunfällen in Westdeutschland zwischen 1964 und 1986, dass es zwar eine signifikante Korrelation zwischen Mondphase und Anzahl der Verkehrsunfälle gibt (erstaunlicherweise waren aber zu Neumond die meisten Unfälle zu verzeichnen, was der landläufigen Erwartung widerspricht), doch sei diese vermeintliche Korrelation nicht astrologisch zu erklären, sondern mit dem höheren Verkehrsaufkommen zu den christlichen Festen Ostern, Pfingsten, auch Karneval etc., die nämlich streng nach dem Mondkalender angesetzt sind. Kürzt man diese und andere Verzerrungen heraus (etwa die autofreien Sonntage!), verschwindet auch die vermeintliche Signifikanz (s. Müllers Beitrag in der *Zeitschrift für Anomalistik* 2 [2002]).

Die zweite Möglichkeit einer empirischen Quantifizierung richtet ihr Augenmerk auf Horoskopkonstellationen. So ließe sich überprüfen, ob Sportler, Politiker oder andere Berufsgruppen gemeinsame Konstellationen aufweisen, ob bestimmte Konstellationen häufiger krank werden oder wie hoch die Heirats- und Scheidungsrate zwischen einzelnen Konstellationen ist. Da man hierzu eine große Datenmenge braucht, liegt es auf der Hand, dass erst die Entwicklung von Computern das Instrumentarium schuf, zu signifikanten Untersuchungen zu kommen. Dennoch gab es wichtige Vorarbeiten, die vor allem mit dem Namen Gauquelin verbunden sind.

Das Ehepaar Gauquelin Michel Gauquelin (1928–1991) war ein französischer Psychologe, der gemeinsam mit seiner Frau Françoise Schneider Gauquelin (geboren 1929) seit 1955 in jahrzehntelanger Kleinarbeit statistische Daten von über 50 000 Horoskopen erhoben hat (Gauquelin 1970–1971). Ausgehend von einer vernichtenden Kritik an seinen Vorgängern, insbesondere an Paul Choisnard und Karl Ernst Krafft, legte Michel Gauquelin Untersuchungen von ausgewählten Berufsgruppen vor, deren Horoskope er auf gemeinsame Merkmale im Hinblick auf Häuserstellungen abklopfte (Aspekte fand er astrologisch ebenso unwichtig wie Transite). War er zunächst angetreten, die Aussagen der Astrologie zu widerlegen, wurde er durch die erbitterte Feindschaft seiner akademischen Kollegen und dann durch die Ergebnisse seiner Untersuchungen zu einem Anhänger der Astrologie.

Die vielleicht wichtigste Entdeckung der Gauquelins war der so genannte «Mars-Effekt», aus dem sie die so genannte *Professionshypothese* entwickelten. Den Forschern fiel auf, dass bei einer Gruppe von mehreren tausend Spitzensportlern signifikant häufig der Mars knapp über dem Aszendenten oder nach der Kulmination zu stehen kommt (also am Ende des 12. bzw. 9. Hauses). Bei Berufssoldaten und Wissenschaftlern (dabei in Kombination mit Saturn) war das Ergebnis ähnlich auffällig. Bei anderen Berufsgruppen – Schriftstellern, Malern oder Musikern – befand sich der Mars dagegen signifikant selten in jenem Sektor des Horoskops. Dieser in der Tat erstaunliche und erklärungsbedürftige Befund scheint die astrologische Theorie zu bestätigen, dass Personen insbesondere dann zu Spitzensportlern prädestiniert sind, wenn Mars gerade aufgeht oder kulminiert, d. h. seine höchste Position erreicht. Das blieb nicht ohne Wirkung: der «Gauquelin-Sektor» wurde zu einem wichtigen Element astrologischer Deutungspraxis. Nun war die Stellung *vor* den Hauptachsen AC und MC für diese aussagekräftig, und in der Huber-Schule ging man noch einen Schritt weiter, übertrug das Ergebnis auf alle anderen Häuser in ähnlicher Weise und sprach nun vom «Stressbereich» der jeweiligen Häuser, in dem Faktoren dazu tendieren, den Nativen (wie bei Spitzensportlern) zu überfordern.

Im Anschluss an diese Studien nahmen die Gauquelins an, dass bestimmte Planetenstellungen nicht unbedingt einen konkreten Beruf nahe legen, sondern mit Persönlichkeitsmerkmalen korrespondieren, die in jenen Berufen von Vorteil sind. Daraus entwickelten sie die so genannte *Character-Trait-Hypothese,* in der eine Kombination von Charaktereigenschaften, wenn sie in den von den Gauquelins konsultierten Biografien mit einer bestimmten Mindesthäufigkeit genannt wurden, als signifikant für Spitzensportler gilt. Vergleicht man diese jenseits astrologischer Deutung gewonnenen Eigenschaften («willensstark» etc.) mit den Stellungen von Planeten im Horoskop, so lassen sich traditionelle astrologische Zuschreibungen verifizieren oder falsifizieren. Die Ergebnisse schienen durchaus geeignet, die einschlägigen Auffassungen der Astrologie zu bestätigen (F. Gauquelin 1984, s. Niehenke 1994, 247–252). Kritiker bemängelten freilich, dass, wenn in verschiedenen Biografien von «gutmütig», «ungezwungen», «tapfer» o. ä. gesprochen wurde, dies keineswegs jeweils dieselbe Bedeutung haben müsse. Ein weiteres Problem liegt in der Zuordnung von Personen zu einzelnen Gruppen: Lässt sich bei erfolgreichen Spitzensportlern noch recht einfach eine Einordnung vornehmen, sieht es bei «erfolgreichen Politikern», «Künstlern» und anderen Gruppen schon schwieriger aus. Suitbert Ertel zeigte in drei Nachanalysen, dass Gauquelin sich eines *trait-extraction-bias* schuldig gemacht habe, d. h. beim Extrahieren der Eigenschaftsbegriffe habe er sein Wissen um die Planetenpositionen zu Gunsten seiner Hypothese einfließen lassen. Auch Arno Müller prüfte die Character-Trait-Hypothese mit negativem Ergebnis, sodass sie heute als widerlegt gilt (Müller 1996).

Trotz der vielschichtigen methodischen Probleme, die mit den Forschungen der Gauquelins verbunden sind, stellt ihr Werk doch einen erheblichen Fortschritt gegenüber älteren Untersuchungen dar. Eine gesicherte Erkenntnis darüber, ob die Behauptungen der Astrologie zutreffen oder nicht, ist mit ihrer Hilfe allerdings immer noch nicht möglich. Überhaupt scheint es ein Charakteristikum aller quantitativen Analysen zu sein, dass die Anhänger der Astrologie etwaige positive Ergebnisse begeistert aufnehmen, während Gegner sich in dergleichen Weise von ihnen bestätigt sehen. Entscheidend ist nämlich nicht nur die Frage, *ob* ein Befund tatsächlich signifikant ist, sondern was dieser Befund *bedeutet*. Das gilt auch für die statistischen Versuche neueren Datums.

Neuere Studien Die Arbeiten der Gauquelins haben ein breites Echo innerhalb und außerhalb der astrologischen Szene gefunden. Ihre Ergebnisse wurden in Gegenproben geprüft und diskutiert. Dass die Character-Trait-Hypothese nicht bestätigt werden konnte, sagte ich bereits. Die Professionshypothese dagegen wurde verschiedentlich mit einigem Erfolg wiederholt. Als Arno Müller Anfang der 1990er Jahre jedoch den Test mit besonders berühmten Menschen machte, fiel das Ergebnis erstaunlicherweise negativ aus. Zwischen Müller und Suitbert Ertel entspann sich daraufhin eine Diskussion darüber, ob die so genannte «Eminenzhypothese» Gauquelins – «mit zunehmendem Eminenz-, d.h. Berühmtheitsgrad, der Person steigt der Gauquelin-Effekt» – nun widerlegt sei oder ob man sie lediglich modifizieren müsse (Ertel 1995).

Neben dieser Diskussion stellte sich auch die Frage, warum die Forschungen der Gauquelins statistisch auffällige Resultate nur für fünf der zehn wichtigen Himmelskörper der Astrologie erbracht haben, nämlich für Mond, Venus, Mars, Jupiter und Saturn, während für Sonne, Merkur, Uranus, Neptun und Pluto keine Signifikanz festgestellt werden konnte. Aus astrologischer Sicht noch gravierender war das Resultat der Studien, dass die Tierkreiszeichen offenbar keinerlei Relevanz besaßen!

Dieser für Astrologen überaus unangenehme Befund war der Anlass für den Psychologen Peter Niehenke, ein Forschungsprojekt zum Thema aufzulegen. In seiner als Dissertation eingereichten Arbeit (Niehenke 1987) unternahm es Niehenke, mithilfe von ausgedehnten Untersuchungen den Einfluss des Sonnenstandes auf die Charaktereigenschaften der Nativen zu bestimmen. Das Ergebnis war ernüchternd, da quantifizierbare Resultate ausblieben. Die Konsequenz, aufgrund der eigenen Forschungen die Gültigkeit astrologischer Aussagen in Zweifel zu ziehen, zog der Astrologe und langjährige Vorsitzende des Deutschen Astrologen-Verbandes jedoch nicht. Im Resümee der Arbeit führt er aus, dass er ja täglich in seiner astrologischen Praxis bestätigt finde, wie genau und erfolgreich die Sternkunde sei. «[Ich folge] hier meiner eigenen eingeborenen Vernunft, die sich durch die Ergebnisse wissenschaftlicher Untersuchungen zur Astrologie [...] nicht leichtfertig irre machen läßt» (Niehenke 1987, 194). Damit ist Niehenke ein gutes Beispiel für die Irrelevanz statistischer Befunde soziologischer Forschung für die öffentliche Debatte: Egal, was bei Studien herauskommt, Gegner und Anhänger fühlen sich gleichermaßen bestätigt.

Während Niehenkes Arbeit kaum rezipiert wurde, ist Gunter Sachs mit seiner *Akte Astrologie* (1997) ein regelrechter Coup gelungen. Das Buch entwickelte sich zu einem Bestseller, da es in populärer Weise einen «wissenschaftlichen Nachweis» für den Zusammenhang zwischen den Sternzeichen und dem menschlichen Verhalten zu erbringen schien. Ohne die grundlegenden Arbeiten Gauquelins, Eysencks, Smithers (s. u.) und anderer zu kennen, behaupten die Autoren, als Erste wirklich verwertbare Statistiken vorzulegen. Sachs, der keine astrologischen Vorkenntnisse hatte und der Sternkunde zunächst ablehnend gegenüberstand, wertete die Geburtsdaten von Millionen Personen aus und untersuchte, ob für bestimmte Lebensbereiche – Heiratskombinationen, Scheidungsraten, Studienwahl, Suizide etc. – statistisch auffällige Unterschiede zwischen dem Istwert und dem zu erwartenden Durchschnittswert zu beobachten sind. Zwar beschränkte er sich dabei auf den Sonnenstand der Geburten, dennoch ergaben die Kombinationen natürlich eine überaus große Datenfülle. Auf allen Feldern stieß er auf signifikante Abweichungen vom Erwartungswert, was ihn zur Schlussfolgerung führte, dass ein regulativer Zusammenhang zwischen Sonnenstand der Geburt und der Wahl des Partners, des Studienfaches, der Automarke und anderem eindeutig bewiesen sei.

Diese Schlussfolgerung stieß bei Kritikern – allen voran bei Peter Niehenke – zu Recht auf radikale Ablehnung. Es genügt nämlich nicht festzustellen, *dass* die Verteilung verschiedener Gruppen auf die Tierkreiszeichen statistisch auffällig von der Verteilung der Gesamtbevölkerung abweicht, man muss auch eine klare Aussage darüber machen können, ob dies denn tatsächlich auf die Tierkreiszeichen zurückzuführen ist. Unterlässt man dies – wie Gunter Sachs –, so könnte man beispielsweise statt der Tierkreisteilung auch eine Monatseinteilung durchführen und ebenso zu signifikanten Abweichungen vom Erwartungswert kommen; die analoge «Schlussfolgerung» wäre, dass ein regulativer Zusammenhang zwischen Geburtsmonat und Partnerwahl etc. bestünde. Die Abweichung bestreitet niemand, doch das Problem ist: Sie *sagt* nichts.

Um diesen Scheinbeweis – man spricht auch von einem «Artefakt» – zu vermeiden, braucht man eine Ausgangshypothese, die man dann anhand des empirischen Befundes prüfen kann. In dieser Hinsicht seriös war 1984 Alan Smithers von der Universität Manchester vorgegangen (den Sachs ebenfalls nicht zu kennen scheint), als er 2,3 Millionen Daten der britischen Volkszählung von 1971 auswertete. Smithers fragte Astrologen nach ihren Erwartungen, was die Verteilung der Sonnenzeichen auf bestimmte Berufsgruppen etc. angeht, und verglich diese Erwartungen mit dem tatsächlichen Befund. Die Ergebnisse (publiziert im *Guardian* vom 19. bis 23 März 1984) waren zwiespältig: In vielen Fällen lagen die Astrologen vollkommen falsch, in einigen wenigen Fällen (etwa dass Krankenschwestern signifikant häufig Stier, Krebs oder Jungfrau seien) wurden sie bestätigt. Nur: Dies waren britische Krankenschwestern! Der Befund erlaubt deshalb leider keine Verallgemeinerung im Hinblick auf die Gültigkeit der Astrologie an diesem Punkt; ebenso wenig darf man den Schluss ziehen, das Tierkreiszeichen gehe auch in anderen Ländern mit einer solchen Berufswahl einher. Ein Vergleich mit den entsprechenden Tabellen bei Sachs zeigt, dass es in der Schweiz offenbar die Fische sind, welche signifikant häufig Krankenschwester werden, während Stiere diesen Beruf auffallend selten ergreifen (Sachs 1997, 144).

Auch wenn hier nicht der Raum ist, ausführlich auf die quantitativen Studien zur Astrologie einzugehen, dürfte deutlich geworden sein, mit welchen grundsätzlichen Schwierigkeiten derartige Forschungen zu kämpfen haben. Selbst wenn das statistische Handwerkszeug beherrscht wird und ein signifikanter Befund vorliegt (was selten genug vorkommt), ist die sich anschließende Frage, wie der Befund zu interpretieren ist, noch immer Gegenstand heftiger Auseinandersetzung.

Hermeneutik statt exakter Wissenschaft

Eine objektive und konsensfähige Studie, die das «Funktionieren» der Astrologie eindeutig belegen könnte, liegt nicht vor. Dennoch ist nicht von der Hand zu weisen, dass sehr viele Menschen den Aussagen der Astrologie vertrauen und sie vielfach auch durch eigene Erfahrungen bestätigt sehen. Wie ist diese Diskrepanz zu erklären? Einerseits ließe sich argumentieren, dass, weil die Astrologie ein Symbolsystem ist, welches sich nicht auf konkrete Manifestationen der Symbole festlegen lässt, eine exakte Bestimmung von Prognosen und Deutungen, wie sie für quantitative Erhebungen notwendig sind, von vornherein ausgeschlossen ist. Diese Einschätzung, die zumindest für die psychologisch orientierte Astrologie gültig ist, würde bedeuten, dass quantitative Studien grundsätzlich zum Scheitern verurteilt sind, weil sie die Astrologie auf Bedingungen reduzieren und festlegen, die ihr nicht gerecht werden.

Rein methodisch spricht einiges für eine solche Beurteilung. Daneben gibt es jedoch noch eine zweite Argumentation, welche die Diskrepanz zwischen dem negativen Befund quantitativer Studien und dem dennoch vorhandenen «Glauben» an die Astrologie erklären könnte. Dieser Ansatz fragt nach den Gründen, warum Menschen die Aussagen von Astrologen als plausibel, stimmig und evident ansehen. Dafür ist ein Blick auf die Deutungssituation notwendig und die Kommunikation zwischen einem Astrologen und seinem Klienten; außerdem lohnt es sich, die Dehnbarkeit astrologischer Aussagen in Rechnung zu stellen und damit ihre Anpassungsfähigkeit an die jeweiligen Kontexte der Fragenden.

Woher kommt die Evidenz? In einer neuen Studie fragte Edgar Wunder 1700 Personen nach ihrer Haltung zur Astrologie und korrelierte diese Aussagen mit dem astrologischen Wissen und der astrologischen Beratungserfahrung der Befragten. Ein Ergebnis der Untersuchung besteht darin, dass das Ausmaß des Vertrauens in die Astrologie in dem Moment signifikant ansteigt, in dem sich Menschen mit der Astrologie intensiver beschäftigen (ein Besuch beim Astrologen ist jedoch dafür nicht notwendig).

Umgekehrt nährt sich eine starke Ablehnung der Astrologie (im Sinne eines disbelief-Systems) ganz offensichtlich aus der Vermeidung von eigenen persönlichen Erfahrungen mit Horoskopen, verbunden mit einem Mangel an astrologischem Wissen. Letzteres betrifft vor allem Männer, die eine Beschäftigung mit der Astrologie deutlich stärker meiden als Frauen und denen es deshalb tendenziell an entsprechendem Wissen und Erfahrungen fehlt. (Wunder 2002, 209 f.)

Dass Menschen, die sich intensiver mit der Astrologie beschäftigen, in der Regel zu Anhängern der Astrologie werden, dürfte einerseits daran liegen, dass sie die Möglichkeiten und Grenzen der sternkundlichen Diagnose besser einschätzen lernen (und deshalb keine übertriebenen Erwartungen hegen), andererseits aber auch an Mechanismen der Evidenz-Herstellung. Die meisten Menschen stoßen nicht aus reiner wissenschaftlichen Neugierde auf die Astrologie, sondern weil sie sich in einer Situation befinden, in der sie von der Astrologie Antworten auf Lebensfragen erhoffen. Durch die Lektüre von Büchern, Gespräche mit Freunden oder ein Beratungsgespräch lernen sie das astrologische Symbolsystem kennen und wenden es auf ihre eigene Biografie und Lebenssituation an. Dabei steht fast immer der Wunsch nach Verifikation im Vordergrund, also das Interesse, nach zutreffenden Deutungsinhalten im eigenen Leben zu suchen. Da die Astrologie – zumindest in ihrer tiefenpsychologischen Orientierung – keine «fertigen Antworten» anbietet, ist die Wahrscheinlichkeit, passende Deutungen zu erarbeiten und damit ein Evidenzerlebnis zu schaffen, sehr groß. Durch die Kommunikation und Bestätigung vonseiten anderer verfestigt sich diese Evidenz und wird zu einer Überzeugung. Horst Stenger hat diesen Prozess «die soziale Konstruktion okkulter Wirklichkeiten» genannt (Stenger 1993).

Es ist vor diesem Hintergrund nicht verwunderlich, dass zunehmende Beschäftigung mit der Astrologie zu verstärkter Evidenz führt. Im Gegenteil: die soziale Konstruktion von Identität hat *immer* – auch außerhalb der Astrologie – ein starkes kommunikatives und narratives Element (s. dazu Kippenberg & von Stuckrad 2003, 136–146).

Astrologische Deutung und Konstruktivismus Aus konstruktivistischer Sicht ergibt sich die Evidenz einer astrologischen Aussage nicht aus der Wahrheit der jeweiligen Diagnose, sondern aus dem situativen Kontext der Deutung. Was damit gemeint ist, erkennt man leicht, wenn man sich die astrologische Beratungssituation vor Augen führt. Der seriöse Astrologe wird zunächst eine recht allgemeine und auf die jeweilige Symbolik (des Sonnenzeichens, des Aszendenten, einer

Aspektfigur etc.) ausgerichtete Deutung liefern, ohne sich von vornherein auf konkrete Manifestationen der beschriebenen Kräfte im Leben des Klienten festzulegen. *Gemeinsam* mit dem Klienten wird anschließend nach solchen Entsprechungen gesucht. Werden Entsprechungen gefunden (was häufig vorkommt), so kann der Astrologe von dort in seiner Deutung weitergehen; werden sie nicht gefunden, wird sich der Astrologe – selbst wenn er insgeheim skeptisch hinsichtlich der Ehrlichkeit des Klienten sein sollte – auf andere Faktoren des Horoskops konzentrieren, welche die scheinbare Inkongruenz ausgleichen können.

Ein individuelles Horoskop ist ein solch komplexes Gebilde, dass fehlende Verifikationen einzelner Faktoren immer durch die Heranziehung anderer Faktoren kompensiert werden können (deshalb ist eine endgültige Falsifikation von vornherein ausgeschlossen). Eine ausführliche Deutung wird vom Astrologen und seinem Klienten gemeinsam erarbeitet, Irrwege werden fallengelassen zugunsten solcher Deutungen, die der Klient verifiziert. Dies ist auch der Grund dafür, warum so genannte «Blinddiagnosen» notwendigerweise wesentlich allgemeiner ausfallen als eine Deutung, die im Beratungsgespräch entwickelt wird.

Dass der gemeinsam konstruierten Deutung ein hohes Gewicht bei der Entstehung von Evidenz zukommt, findet seine Bestätigung in den vielen Berichten von Astrologen darüber, dass auch falsch berechnete Horoskope bei ihren Klienten Zustimmung finden (Beispiele bei Dean & Mather 1977, 19; Niehenke 1994, 225). Aus diesem Sachverhalt zu schließen, dass eine astrologische Deutung letztlich beliebig ist und grundsätzlich keinen Rückhalt außerhalb des Gesprächs haben *kann,* wäre indes falsch. Dies hieße *Konstruktion* mit *Erfindung* zu verwechseln. Echte Konstruktivisten würden niemals die Aussage machen, dass die Astrologie *falsch* ist, sie würden lediglich darauf bestehen, dass, sollte sie wahr oder falsch sein, wir dies nie werden zeigen können. Sie lassen damit den Anspruch fallen, letztgültige Wahrheiten über die Astrologie zu besitzen und begnügen sich damit, dass astrologische Aussagen offensichtlich in der Lage sind, Menschen in der Deutung ihrer Biografie und ihrer Lebenssituation wichtige Orientierungspunkte zu liefern. Ob dies die «Wahrheit» über ihr Leben ist, interessiert sie nicht. In dieser Charakterisierung trifft sich die Astrologie mit anderen therapeutischen Angeboten. Auch Psychotherapien erheben selten den Anspruch, die «Wahrheit» über den Menschen herauszufinden, sondern konzentrieren sich darauf, den Menschen in seiner Lebenssituation zu festigen und ihm ein plausibles Bild von sich selbst zu vermitteln.

Hier bestätigt sich das, was Girolamo Cardano schon im sechzehnten Jahrhundert wusste: Die Astrologie ist keine mathematische, sondern eine hermeneutische Disziplin. Sie generiert aus objektiv gegebenen Daten (dem Horoskop) ein für Berater und Klienten evidentes Bild der Persönlichkeit. Sie ist nicht Messung der Zeit, sondern Deutung.

Anhang

Literaturverzeichnis

Das Literaturverzeichnis enthält die im Text genannte Primär- und Sekundärliteratur. Es erhebt keinen Anspruch auf Vollständigkeit, sondern möchte Hinweise zum vertieften Studium der Astrologiegeschichte geben. Deshalb wurde bei wissenschaftlicher Literatur der Schwerpunkt auf Neuerscheinungen gelegt, in denen ältere Beiträge in der Regel aufgenommen und verarbeitet sind.

Eine umfangreiche und dennoch gut strukturierte «Bibliografie zur Geschichte der westlichen Astrologie» hat David Juste vom Warburg Institute London im Internet zusammengestellt:

www.sas.ac.uk/warburg/institute/astro_bibliointro.htm

I. Einführung

Baigent, Michael, Nicholas Campion & Charles Harvey: *Mundan-Astrologie. Handbuch der Astrologie des Weltgeschehens,* Wettswil 1989.

Barton, Tamsyn: *Ancient Astrology,* London & New York 1994.

Brand, Rafael Gil: *Lehrbuch der klassischen Astrologie,* Mössingen 2000.

Hürlimann, Gertrud I.: *Astrologie. Ein methodisch aufgebautes Lehrbuch,* Zürich ^{6}1990.

March, Marion D. & Joan McEvers: *Lehrbuch der astrologischen Prognose. Transite – Progressionen – Direktionen – Solare – Lunare,* Freiburg ^{2}1998.

Niehenke, Peter: *Astrologie. Eine Einführung,* Stuttgart 1994.

Stuckrad, Kocku von: *Was ist Esoterik? Kleine Geschichte des geheimen Wissens,* München 2004.

Weiss, J. Claude: *Horoskopanalyse. Band I: Planeten in Häusern und Zeichen; Band II: Aspekte im Geburtsbild,* Wettswil ^{3}1992.

II. Von den Anfängen zum komplexen Deutungssystem

Aveni, Antony F.: *Conversing With the Planets. How Science and Myth Invented the Cosmos,* New York & Toronto 1992.

Boll, Franz: *Sphaera: Neue Griechische Texte und Untersuchungen zur Geschichte der Sternbilder,* Leipzig 1903.

Brown, David: *Mesopotamian Planetary Astronomy-Astrology,* Groningen 2000.

Copenhaver, Brian P.: *Hermetica. The Greek* Corpus Hermeticum *and the Latin*

Asclepius *in a New English Translation with Notes and Introduction* ([1]1992), Cambridge etc. 1998.

Cumont, Franz: *L'Egyptes des astrologues*, Paris 1937.

Freedman, Sally M.: *If a City Is Set on a Height. The Akkadian Omen Series Summa alu ina mēlê sakin*, Philadelphia 1998.

Gundel, Wilhelm: *Dekane und Dekansternbilder*, Glückstadt/Hamburg 1936.

Gundel, Wilhelm & Hans Georg: *Astrologumena. Die astrologische Literatur in der Antike und ihre Geschichte*, Wiesbaden 1966.

Heeßel, Nils P.: *Babylonisch-assyrische Diagnostik*, Münster 2000.

Hornung, Erik: *Das esoterische Ägypten. Das geheime Wissen der Ägypter und sein Einfluß auf das Abendland*, München 1999.

Hunger, Hermann: *Astrology and Other Predictions in Mesopotamia: Mesopotamian Astronomy in the Achaemenid and Hellenistic Periods*, Rom 1997.

Kaul, Flemming: *Ships on Bronzes. A Study in Bronze Age Religion and Iconography*, 2 Bde., Kopenhagen 1998.

Koch, Klaus: *Geschichte der ägyptischen Religion. Von den Pyramiden bis zu den Mysterien der Isis*, Stuttgart etc. 1993.

Koch-Westenholz, Ulla: *Mesopotamian Astrology. An Introduction to Babylonian and Assyrian Celestial Divination*, Kopenhagen 1995.

Labat, René: Un almanach babylonien (V R 48–49), in: *Revue Assyriologique* 38 (1941), 13–40.

Leitz, Christoph: *Altägyptische Sternuhren*, Leuven 1995.

Maul, Stefan: *Zukunftsbewältigung. Eine Untersuchung altorientalischen Denkens anhand der babylonisch-assyrischen Löserituale (Namburbi)*, Mainz 1994.

Menghin, Wilfried: Der Berliner Goldhut und die goldenen Kalendarien der alteuropäischen Bronzezeit, in: *Acta Praehistorica et Archaeologica* 32 (2000), 31–108.

Neugebauer, Otto: *The Exact Sciences in Antiquity*, Kopenhagen 1951.

– *Astronomical Cuneiform Texts. Babylonian Ephemeredes of the Seleucid Period for the Motion of the Sun, the Moon, and the Planets*, London 1955.

Neugebauer, Otto & H. B. van Hoesen: *Greek Horoscopes*, Philadelphia 1959.

Neugebauer, Otto & R. A. Parker: *Egyptian Astronomical Texts*, 3 Bde., London 1960–1969.

North, John: *The Fontana History of Astronomy and Cosmology*, London 1994.

– *Stonehenge. A New Interpretation of Prehistoric Man and the Cosmos*, New York 1997.

Oppenheim, A. Leo: A Babylonian Diviner's Manual, in: *Journal of Near Eastern Studies* 33 (1974), 197–220.

– *Ancient Mesopotamia. Portrait of a Dead Civilization*, revised ed., completed by Erica Reiner, Chicago 1977.

Parpola, Simo: *Letters from Assyrian and Babylonian Scholars*, Helsinki 1993.

Petrasch, Jörg: Mittelneolithische Kreisgrabenanlagen in Mitteleuropa, in: *Bericht der Römisch-Germanischen Kommission* 71, Mainz 1990, 407–564.

Pingree, David: *From Astral Omens to Astrology. From Babylon to Bîkâner*, Rom 1997.

Quack, Joachim Friedrich: Dekane und Gliedervergottung. Altägyptische Traditionen im Apokryphon Johannis, in: *Jahrbuch für Antike und Christentum* 38 (1995), 97–122.

Rochberg, Francesca: *Babylonian Horoscopes*, Philadelphia 1998.

Rochberg-Halton, Francesca: New Evidence for the History of Astrology, in: *Journal of Near Eastern Studies* 42 (1984), 115–140.

– *Aspects of Babylonian Celestial Divination. The Lunar Eclipse Tablets of Enûma Anu Enlil*, Horn 1988.

Swerdlow, N. M. (Hrsg.): *Ancient Astronomy and Celestial Divination*, Cambridge & London 2000.

Thompson, Reginald Campbell: *The Reports of the Magicians and Astrologers of Niniveh and Babylon in the British Museum*, 2 Bde., London 1900.

Waerden, B. L. van der: *Die Anfänge der Astronomie* (Erwachende Wissenschaft II), Groningen o. J. (1968).

– *Astronomie der Griechen. Eine Einführung*, Darmstadt 1988.

Waterman, Leroy: *Royal Correspondence of the Assyrian Empire*, 4 Bde., Ann Arbor 1930.

III. Die Astrologie der Antike

Barton, Tamsyn: *Ancient Astrology*, London & New York 1994.

Beck, Roger: *Planetary Gods and Planetary Orders in the Mysteries of Mithras*, Leiden 1988.

Boll, Franz: *Aus der Offenbarung Johannis. Hellenistische Studien zum Weltbild der Apokalypse*, Leipzig & Berlin 1914 (Ndr. Amsterdam 1967).

– *Kleine Schriften zur Sternkunde des Altertums*, Leipzig 1950.

Bouché-Leclercq, Auguste: *L'astrologie Grecque*, Paris 1899.

Burstein, Stanley Mayer: *The Babyloniaka of Berossus*, Malibu 1978.

Cramer, Frederic H.: *Astrology in Roman Law and Politics*, Philadelphia 1954.

Fögen, Marie Theres: *Die Enteignung der Wahrsager. Studien zum kaiserlichen Wissensmonopol in der Spätantike*, Frankfurt a. M. 1993.

Gundel, Hans Georg: *Zodiakos. Tierkreisbilder im Altertum. Kosmische Bezüge und Jenseitsvorstellungen im antiken Alltagsleben*, Mainz 1992.

Gundel, Wilhelm & Hans Georg: *Astrologumena. Die astrologische Literatur in der Antike und ihre Geschichte*, Wiesbaden 1966.

Hübner, Wolfgang: *Die Eigenschaften der Tierkreiszeichen in der Antike. Ihre Darstellung und Verwendung unter besonderer Berücksichtigung des Manilius*, Wiesbaden 1982.

– *Zodiakus Christianus. Jüdisch-Christliche Adaptationen des Tierkreises von der Antike bis zur Gegenwart*, Königstein 1983.
– Manilius als Astrologe und Dichter, in: *Aufstieg und Niedergang der Römischen Welt* II.32.1, Berlin & New York 1984, 126–320.
Neugebauer, Otto & H. B. van Hoesen: *Greek Horoscopes*, Philadelphia 1959.
North, John: *The Fontana History of Astronomy and Cosmology*, London 1994.
Stierlin, Henri: *Astrologie und Herrschaft. Von Platon bis Newton*, Frankfurt a. M. 1988.
Strobel, August: Weltenjahr, Große Konjunktion und Messiasstern, in: *Aufstieg und Niedergang der Römischen Welt* II.20.2, Berlin & New York 1987, 988–1190.
Stuckrad, Kocku von: *Frömmigkeit und Wissenschaft. Astrologie in Tanach, Qumran und frührabbinischer Literatur*, Frankfurt a. M. etc. 1996.
– *Das Ringen um die Astrologie. Jüdische und christliche Beiträge zum antiken Zeitverständnis*, Berlin & New York 2000.
Ulansey, David: *The Origins of the Mithraic Mysteries. Cosmology and Salvation in the Ancient World*, New York & Oxford 1989.

IV. Bunt statt finster: Das Mittelalter

Anrich, Elsmarie: *Groß Göttlich Ordnung. Thomas von Aquin – Paracelsus – Novalis und die Astrologie*, Tübingen 1989.
Barocelli, Francesco & Graciella Federici-Vescovini (Hrsg.): *Filosofia, scienza e astrologia nel Trecento europeo*, Padua 1992.
Bergier, Jean-Françoire (Hrsg.): *Zwischen Wahn, Glaube und Wissenschaft. Magie, Astrologie, Alchemie und Wissenschaftsgeschichte*, Zürich 1988.
Blume, Dieter: *Regenten des Himmels. Astrologische Bilder in Mittelalter und Renaissance*, Berlin 2000.
Borst, Arno: *Computus. Zeit und Zahl in der Geschichte Europas*, Berlin 1991.
– *Die karolingische Kalenderreform*, Hannover 1998.
Borst, Arno (Hrsg.): *Der karolingische Reichskalender und seine Überlieferung bis ins 12. Jahrhundert*, Hannover 2001.
Brand, Rafael Gil: *Lehrbuch der klassischen Astrologie*, Mössingen 2000.
Caiozzo, Anna: *L'iconographie du zodiaque dans les manuscrits d'astrologie et de littérature pseudo-scientifique du Proche-Orient médiéval (Turcs, persans, arabes) du XII*e au XVe siècles. Doctorat Nouveau Régime, Université de Paris IV Sorbonne 1998.
Carmody, Francis J.: *Arabic Astronomical and Astrological Sciences in Latin Translation. A Critical Bibliography*, Berkeley & Los Angeles 1956.
Curry, Patrick (Hrsg.): *Astrology, Science and Society: Historical Essays*, Woodbridge & Wolfeboro 1987.
Flasch, Kurt & Udo Reinhold Jeck (Hrsg.): *Das Licht der Vernunft. Die Anfänge der Aufklärung im Mittelalter*, München 1997.

Grant, Edward: *The Foundations of Modern Science in the Middle Ages. Their Religious, Institutional, and Intellectual Contexts*, Cambridge 1996.

Grant, Edward (Hrsg.): *A Source Book in Medieval Science*, Cambridge 1974.

Halbronn, Jacques: *Le monde juif et l'astrologie: histoire d'un vieux couple*, Milano 1986.

Haskins, Charles Homer: *Studies in the History of Mediaeval Science*, Cambridge 1927.

Holden, James Herschel: *A History of Horoscopic Astrology. From the Babylonian Period to the Modern Age*, Tempe 1996.

Lemay, Richard: *Abu Ma'shar and Latin Aristotelianism in the Twelfth Century. The Recovery of Aristotle's Natural Philosophy through Arabic Astrology*, Beirut 1962.

– The True Place of Astrology in Medieval Science and Philosophy: Towards a Definition, in: Patrick Curry (Hrsg.), *Astrology, Science and Society. Historical Essays*, Woodbridge 1987, 57–73.

Lindgren, Uta: *Gerbert von Aurillac und das Quadrivium. Untersuchungen zur Bildung im Zeitalter der Ottonen*, Wiesbaden 1976.

Mazal, Otto: *Die Sternenwelt des Mittelalters*, Graz 1993.

Pingree, David: *The Thousands of Abu Ma'shar*, London 1968.

Samsó, Julio: *Islamic Astronomy and Medieval Spain*, Aldershot & Brookfield 1994.

Smoller, Laura A.: *History, Prophecy and the Stars: The Christian Astrology of Pierre d'Ailly*, Princeton 1994.

Sezgin, Fuat: *Geschichte des arabischen Schrifttums VII: Astrologie – Meteorologie und Verwandtes bis ca. 430 H*, Leiden & Köln 1979.

Stegemann, Viktor: *Astrologie und Universalgeschichte. Studien und Interpretationen zu den Dionysiaka des Nonnos von Panopolis*, Leipzig & Berlin 1930.

Stierlin, Henri: *Astrologie und Herrschaft. Von Platon bis Newton*, Frankfurt a. M. 1988.

Tester, S. Jim: *A History of Western Astrology*, Woodbridge & Wolfeboro 1987.

Ullmann, Manfred: *Die Natur- und Geheimwissenschaften im Islam*. Handbuch der Orientalistik, Ergänzungsband VI, 2, Leiden & Köln 1972.

Zambelli, Paola: *The* Speculum Astronomiae *and Its Enigma. Astrology, Theology and Science in Albertus Magnus and his Contemporaries*, Dordrecht etc. 1992.

V. Drehtür in die Moderne: Die Renaissance

Azzolini, Monica: Reading Health in the Stars: Politics and Medical Astrology in Renaissance Milan, in: Günther Oestmann, H. Darrel Rutkin & Kocku von Stuckrad (Hrsg.): *Horoscopes and Public Spheres. Essays on the History of Astrology*, Berlin & New York 2005, 183–205.

Blume, Dieter: *Regenten des Himmels. Astrologische Bilder in Mittelalter und Renaissance*, Berlin 2000.

Brind d'Amour, Pierre: *Nostradamus astrophile. Les astres et l'astrologie dans la vie et l'œuvre de Nostradamus*, Ottawa 1993.

Broecke, Steven vanden: *The Limits of Influence. Pico, Louvain, and the Crisis of Renaissance Astrology*, Leiden 2003.

Cassirer, Ernst: *Individuum und Kosmos in der Philosophie der Renaissance*, Leipzig 1927.

Curry, Patrick (Hrsg.): *Astrology, Science and Society: Historical Essays*, Woodbridge & Wolfboro 1987.

French, Peter: *John Dee. The World of an Elizabethan Magus*, London 1972.

Garin, Eugenio: *Astrologie in der Renaissance*, Frankfurt a. M. & New York 1997.

Goldammer, Kurt: *Der göttliche Magier und die Magierin Natur. Religion, Naturmagie und die Anfänge der Naturwissenschaft vom Spätmittelalter bis zur Renaissance. Mit Beiträgen zum Magie-Verständnis des Paracelsus*, Stuttgart 1991.

Grafton, Anthony: *Defenders of the Text. The Traditions of Scholarship in an Age of Science, 1450–1800*, Cambridge & London 1991.

– *Cardanos Kosmos. Die Welten und Werke eines Renaissance-Astrologen*, Berlin 1999.

Grell, Ole Peter (Hrsg.): *Paracelsus. The Man and His Reputation, His Ideas and Their Transformation*, Leiden 1998.

Klibansky, Raymond, Erwin Panofsky & Fritz Saxl: *Saturn und Melancholie. Studien zur Geschichte der Naturphilosophie und Medizin, der Religion und der Kunst*, Frankfurt a. M. ²1990.

Köhler, Hans-Joachim: Erste Schritte zu einem Meinungsprofil der frühen Neuzeit, in: Volker Press & Dieter Stievermann (Hrsg.): *Martin Luther. Probleme seiner Zeit*, Stuttgart 1986, 244–281.

Koselleck, Reinhart: *Vergangene Zukunft. Zur Semantik geschichtlicher Zeiten*, Frankfurt a. M. ³1995.

Kurze, Dietrich: *Johannes Lichtenberger. Eine Studie zur Geschichte der Prophetie und Astrologie*, Lübeck etc. 1960.

Merkel, Ingrid & Allen G. Debus (Hrsg.): *Hermeticism and the Renaissance: Intellectual History and the Occult in Early Modern Europe*, Washington etc. 1988.

Müller-Jahncke, Wolf-Dieter: *Astrologisch-magische Theorie und Praxis in der Heilkunde der frühen Neuzeit*, Stuttgart 1985.

Newman, William R. & Anthony Grafton (Hrsg.): *Secrets of Nature. Astrology and Alchemy in Early Modern Europe*, Cambridge & London 2001.

Rutkin, H. Darrel: Various Uses of Horoscopes: Astrological Practices in Early Modern Europe, in: Günther Oestmann, H. Darrel Rutkin & Kocku von Stuckrad (Hrsg.): *Horoscopes and Public Spheres. Essays on the History of Astrology*, Berlin & New York 2005, 167–182.

Talkenberger, Heike: *Sintflut. Prophetie und Zeitgeschehen in Texten und Holzschnitten astrologischer Flugschriften 1488–1528*, Tübingen 1990.
Warburg, Aby: Heidnisch-antike Weissagung in Wort und Bild zu Luthers Zeiten (1920), in: *Gesammelte Schriften. Studienausgabe*, Berlin 1998, 199–303.
Yates, Frances: *Giordano Bruno and the Hermetic Tradition*, London 1964.
Zambelli, Paola: *L'ambigua natura della magia. Filosofi, streghe, riti nel Rinascimento*, Milano 1991.
Zambelli, Paola (Hrsg.): *«Astrologi halluzinati». Stars and the End of the World in Luther's Time*, Berlin & New York 1986.

VI. Das Ende der Astrologie? Wissenschaftliche Revolutionen und aufgeklärte Naturforschung

Braunsperger, Gustav: *Beiträge zur Geschichte der Astrologie der Blütezeit vom 15. bis zum 17. Jahrhundert*, Dissertation Universität München 1928.
Capp, Bernard: *English Almanacs 1500–1800*, Ithaca 1979.
Curry, Patrick: *Prophecy and Power. Astrology in Early Modern England*, Cambridge 1989.
Curry, Patrick (Hrsg.): *Astrology, Science and Society: Historical Essays*, Woodbridge & Wolfboro 1987.
Daston, Lorraine: *Wunder, Beweise und Tatsachen. Zur Geschichte der Rationalität*, Frankfurt a. M. 2001.
Dobbs, Betty J. T.: *The Janus Faces of Genius. The Role of Alchemy in Newton's Thought*, Cambridge 1991.
Fauvel, John et al. (Hrsg.): *Newtons Werk. Die Begründung der modernen Naturwissenschaft*, Basel etc. 1993.
Hoppmann, Jürgen G. H.: *Astrologie der Reformationszeit. Faust, Luther, Melanchthon und die Sternendeuterei*, Berlin 1998.
Kippenberg, Hans G. & Kocku von Stuckrad: *Einführung in die Religionswissenschaft. Gegenstände und Begriffe*, München 2003.
Koselleck, Reinhart: *Kritik und Krise. Eine Studie zur Pathogenese der bürgerlichen Welt*, Frankfurt a. M. 1973.
Krüger, Reinhard: *Das lateinische Mittelalter und die Tradition des antiken Erdkugelmodells (ca. 550–ca. 1080)*, Berlin 2000.
Kusukawa, Sachiko: *The Transformation of Natural Philosophy. The Case of Philip Melanchthon*, Cambridge 1995.
Meuthen, Erich: *Das 15. Jahrhundert*, 3., erw. Aufl., München 1996.
Neugebauer-Wölk, Monika (Hrsg., unter Mitarbeit von Holger Zaunstöck): *Aufklärung und Esoterik*, Hamburg 1999.
Oestmann, Günther: *Heinrich Rantzau und die Astrologie. Ein Beitrag zur Kulturgeschichte des 16. Jahrhunderts*, Braunschweig 2003.
– John Flamsteeds Horoskop für die Grundsteinlegung der Sternwarte Green-

wich, in: *Sudhoffs Archiv für Geschichte der Medizin und der Naturwissenschaften* 2003 (= 2003a, im Erscheinen).
Parker, Derek: *Familiar to All*, London 1975.
Schwickert, Friedrich & Adolf Weiss: *Bausteine der Astrologie*, 2 Bde., Leipzig 1925.
Selva, Henri: *La théorie des déterminations astrologiques de Morin de Villefranche*, Paris 1897.
Shapin, Steven: *Die wissenschaftliche Revolution*, Frankfurt a. M. 1998.
Thomas, Keith: *Religion and the Decline of Magic. Studies in Popular Beliefs in Sixteenth- and Seventeenth-Century England*, Harmondsworth 1971.
Trepp, Anne-Charlott & Hartmut Lehmann (Hrsg.): *Antike Weisheit und kulturelle Praxis. Hermetismus in der Frühen Neuzeit*, Göttingen 2001.
Warburg, Aby: Heidnisch-antike Weissagung in Wort und Bild zu Luthers Zeiten (1920), in: *Gesammelte Schriften. Studienausgabe*, Berlin 1998, 199–303.
Westman, Robert S. & J. E. McGuire (Hrsg.): *Hermeticism and Scientific Revolution*, Los Angeles 1977.
Zimmermann, Rolf-Christian: *Das Weltbild des jungen Goethe. Studien zur hermetischen Tradition des deutschen 18. Jahrhunderts*, 2 Bde., München 1969/1979.

VII. Entwicklungslinien der modernen Astrologie

Adams, Evangeline: *The Bowl of Heaven*, New York 1926.
Arzt, Thomas, Maria Hippius-Gräfin Dürckheim & Roland Dollinger (Hrsg.): *Unus Mundus. Kosmos und Sympathie. Beiträge zum Gedanken der Einheit von Mensch und Kosmos*, Frankfurt a. M. 1992.
Bayer, Karl: *Die Grundprobleme der Astrologie*, Leipzig 1927.
Blavatsky, Helena Petrovna: *Die Geheimlehre. Die Vereinigung von Wissenschaft, Religion und Philosophie*, 5 Bde., aus dem Englischen der 3. Aufl. übers. von Robert Fröbe, Den Haag o. J.
Curry, Patrick: *A Confusion of Prophets. Victorian and Edwardian Astrology*, London 1992.
Dean, Geoffrey & Arthur Mather: *Recent Advances in Natal Astrology. A Critical Review 1900–1976*, Subiaco 1977.
Deutsch, David: *Die Physik der Welterkenntnis. Auf dem Weg zum universellen Verstehen*, München 2000.
Ebertin, Baldur R.: *Das ABC der Kosmobiologie*, Freiburg 1989.
– *Reinkarnation und neues Bewußtsein. Das karmische Gedächtnis*, Freiburg ³1995.
Ebertin, Reinhold: *Kombination der Gestirneinflüsse*, Freiburg ¹⁶1996 (¹1972).
Ertel, Suitbert: Die Stärke des Gauquelin-Planeteneffekts: Arno Müllers Bilanz

korrekturbedürftig, in: *Zeitschrift für Parapsychologie und Grenzgebiete der Psychologie* 37 (1995), 3–27.

Eysenck, Hans Jürgen & David Nias: *Astrologie. Wissenschaft oder Aberglaube?*, München 1982.

Gauquelin, Françoise: *Psychologie der Planeten. Astrologie und Persönlichkeit*, Freiburg 1984.

Gauquelin, Michel: Der Einfluß der Gestirne und die Statistik, in: *Zeitschrift für Parapsychologie und Grenzgebiete der Psychologie* 1 (1957), 102–123.

Gauquelin, Michel & Françoise: *Birth and Planetary Data Gathered Since 1949*, Paris 1970–1971 (Reihe A: Professional Notabilities; Bd. 1: Sports Champions, Bd. 2: Physicians, Men of Science, Bd. 3: Military Men, Bd. 4: Painters and Musicians, Bd. 5: Actors, Politicians, Bd. 6: Writers, Journalists. Reihe B: Hereditary Experiment, 6 Bde.).

Greene, Brian: *Das elegante Universum. Superstrings, verborgene Dimensionen und die Suche nach der Weltformel*, Berlin 2000.

Hacking, Ian: *Einführung in die Philosophie der Naturwissenschaften*, Stuttgart 1996.

Hakl, Hans Thomas: *Der verborgene Geist von Eranos. Unbekannte Begegnungen von Wissenschaft und Esoterik. Eine alternative Geistesgeschichte des 20. Jahrhunderts*, Bretten 2001.

Hanegraaff, Wouter J.: *New Age Religion and Western Culture. Esotericism in the Mirror of Secular Thought*, Leiden etc. 1996.

Herbais de Thun, Charles, vicomte de: *Encyclopédie du mouvement astrologique de langue française au XX. siècle*, Brüssel 1944.

Herbert, Nick: *Quantenrealität*, München 1990.

Hiéroz, Jean: *L'astrologie selon J.-B. Morin de Villefranche*, Paris [2]1962.

Holden, James Herschel & Robert A. Hughes: *Astrological Pioneers of America*, Tempe 1988.

Howe, Ellic: *Astrology. A Recent History*, New York 1968.

– *Uranias Kinder. Die seltsame Welt der Astrologen und das Dritte Reich* (engl. 1967/[2]1984), Weinheim 1995.

Huber, Bruno & Louise: *Mondknoten-Astrologie. Innerer Kompass der Evolution*, Adliswil & Zürich [2]1993.

– *Transformationen. Astrologie als geistiger Weg*, Adliswil & Zürich 1996.

Huber, Louise: *Die Tierkreiszeichen. Reflexionen – Meditationen*, Adliswil & Zürich [3]1989.

Jung, Carl Gustav & Wolfgang Pauli: *Naturerklärung und Psyche*, Zürich 1952.

Kippenberg, Hans G.: *Die Entdeckung der Religionsgeschichte. Religionswissenschaft und Moderne*, München 1997.

Kippenberg, Hans G. & Kocku von Stuckrad: *Einführung in die Religionswissenschaft. Gegenstände und Begriffe*, München 2003.

Klöckler, Herbert Freiherr von: *Kursus der Astrologie*, 3 Bde., Dresden 1929–1932.

Knorr Cetina, Karin: *Die Fabrikation von Erkenntnis. Zur Anthropologie der Naturwissenschaft*, erweiterte Neuauflage, Frankfurt a. M. 2002.

Landscheidt, Theodor: *Astrologie. Hoffnung auf eine Wissenschaft?*, Innsbruck 1994.

Latour, Bruno & Steve Woolgar: *Laboratory Life. The Construction of Scientific Facts*, Princeton ²1986.

Laurikainen, Kalervo V.: *Beyond the Atom. The Philosophical Thought of Wolfgang Pauli*, Berlin etc. 1988.

Leo, Alan: *Practical Astrology, Being a Simple Method of Instruction in the Science of Astrology*, new and revised edition, London 1907.

Meade, Marian: *Madame Blavatsky. The Woman behind the Myth*, New York 1980.

Müller, Arno: Ist die Character-Trait-Hypothese Gauquelins endgültig widerlegt?, in: *Zeitschrift für Parapsychologie und Grenzgebiete der Psychologie* 38 (1996), 136–157.

Niehenke, Peter: *Kritische Astrologie. Zur erkenntnistheoretischen und empirisch-psychologischen Prüfung ihres Anspruchs*, Freiburg 1987.

– *Astrologie. Eine Einführung*, Stuttgart 1994.

Noll, Richard: *The Jung Cult. Origins of a Charismatic Movement*, New York 1997.

Peat, F.-David: *The Philosopher's Stone*, New York 1991.

Ring, Thomas: *Astrologische Menschenkunde*, 4 Bde. (Bd. I ¹1954), Freiburg ⁶1990.

Sachs, Gunter: *Die Akte Astrologie. Wissenschaftlicher Nachweis eines Zusammenhangs zwischen den Sternzeichen und dem menschlichen Verhalten*, München 1997.

Stenger, Horst: *Die soziale Konstruktion okkulter Wirklichkeiten. Eine Soziologie des New Age*, Opladen 1993.

Weinberg, Steven: *Dreams of a Final Theory*, New York 1992.

Wulff, Wilhelm: *Tierkreis und Hakenkreuz. Als Astrologe an Himmlers Hof*, Gütersloh 1968.

Wunder, Edgar: Erfahrung, Wissen, Glaube – ihr Beziehungsgeflecht bezüglich der Astrologie, in: *Zeitschrift für Anomalistik* 2 (2002), 201–210.

Zander, Helmut: *Geschichte der Seelenwanderung in Europa. Alternative religiöse Traditionen von der Antike bis heute*, Darmstadt 1999.

Zeittafel

Erste astronomische Tätigkeiten und die Entstehung der antiken Astrologie (ca. 3500–300 v. u. Z.)

Ca. 3000–1500	Kreisbauten, Sonnenkulte und astronomische Tätigkeiten in Europa	Steinzeitliche und bronzezeitliche Relikte zeugen von breitem – v. a. religiösem – Interesse an Sternbewegungen, etwa in der «Himmelsscheibe von Nebra» (um 1600 v. u. Z.). Von «Astrologie» in später gebräuchlichem Sinne sollte man jedoch nicht sprechen.
Ab ca. 2500	Erste astronomische Systematisierungen in Mesopotamien	Unter Hammurapi (1728–1689) kommt es im Zuge einer Kalenderreform zur Zusammenfassung astronomischen Wissens.
Ca. 1500–300	Astrologische Kompendien in Mesopotamien; «Astronomische Tagebücher»; Entwicklung des Zodiakalschemas; erste Horoskope	Kalendarische und astronomische Tafeln werden weiter ausgearbeitet, die rechnerische Kompetenz erhöht. Ab ca. 1350 gibt es die ersten Astrolabien. Wichtige Kompendien sind sodann *Enuma Anu Enlil* (Omenserie, die um 1000 komplett vorgelegen haben dürfte) und *Mul. Apin* (astronomische Serie mit den Laufzeiten der Planeten etc., zwischen etwa 800 und 686 kompiliert). Die astronomischen Tagebücher der babylonischen Königshäuser (erhalten vom 6.–4. Jh. v. u. Z.) dienten späteren Astrologen zur Ausarbeitung ihrer Theorien (Ptolemaios). Die ältesten Horoskope datieren aus dem 5. Jh. v. u. Z.

Ca. 1000–300	Entstehung des Mikro-Makrokosmos-Modells	Dieses für esoterisches Denken fundamentale Erklärungsschema entstand parallel in Mesopotamien, Ägypten und Griechenland, wo die Philosophie (Pythagoras, Empedokles u. a.) es gedanklich absicherte.
Ca. 500–300	Griechische Voraussetzungen für die Astrologie	Platon, Eudoxos und Aristoteles entwickeln grundlegende philosophische Positionen, die auch für die Astrologie zentral wurden. Hipparch (ca. 190–120) berechnet später die Präzession.

Antike (ca. 300 v. u. Z. – 300 u. Z.)

Ca. 300 v. u. Z. – 100 u. Z.	Erste hermetische Schriften in Ägypten	Es kommt zu einer ersten Herausbildung dessen, was später als «Hermetik» bezeichnet wird, nämlich einer Frömmigkeit, die um den göttlichen Offenbarer Hermes-Thot zentriert ist. Hier fließt alte priesterliche Tradition Ägyptens mit hellenistischer Religiosität und Platonismus zusammen.
Ca. 100 v. u. Z. – 400 u. Z.	Aufstieg der Astrologie im Römischen Reich	Die römische Kaiserzeit führt zu einem starken Aufblühen der Astrologie, die als wissenschaftliche Disziplin (*ars mathematica*) das universelle Interpretationsmodell der Wirklichkeit darstellt.
2. Jh. u. Z.	Ptolemaios	In Ptolemaios (um 100–178) kommt die antike Astrologie zum vorläufigen Abschluss. Seine Werke *Syntaxis mathematica* (vermutlich 148 abgeschlossen) und *Tetrabiblos* (nach 150) bilden kanonische Referenzpunkte der späteren Astrologie und Astronomie.

1.–4. Jh.	Wichtige Astrologen der Antike	Manilius (1. Jh.), Dorotheos (1. Jh.), Vettius Valens (2. Jh.), Firmicus Maternus (4. Jh.).
Ca. 200–300	*Corpus Hermeticum*	Abfassung des hermetischen Korpus, bestehend aus christlichen, neuplatonischen und gnostischen Elementen.

Spätantike, frühislamische Zeit und Mittelalter
(ca. 4.–13. Jh.)

4.–8. Jh.	Astrologie in den Religionen	Christentum, Judentum und Islam nehmen in je eigener Weise astrologische Traditionen auf und integrieren sie in ihr religiöses System.
Ab dem 3. Jh.	Mani (216–276) und der Manichäismus	Wichtiger Übermittler esoterischer Lehren Richtung Persien und China. Der Manichäismus wurde zur ernsten Konkurrenz des sich formierenden Staatschristentums.
7.–10. Jh.	Frühe islamische Astrologie im Osten; Übersetzung klassischer Texte; Entwicklung neuer Techniken und Tafeln (*Zîj*)	Unter muslimischen Vorzeichen erfährt die Astrologie wichtige Weiterentwicklungen auf der Grundlage der antiken Lehren. 762 Gründung von Bagdad. Förderung der Wissenschaften durch die Kalifen. Zu den wichtigsten Astrologen zählen Maᶜshallâh (8. Jh.), al-Khwârizmî (9. Jh.), al-Kindî (9. Jh.), al-Battânî (9.–10. Jh.), Abû Maᶜshar (9.–10. Jh.) und al-Birûnî (10.–11. Jh.).

6.–13. Jh.	Pflege der Astrologie in christlichen Klosterschulen	Auch im Christentum kommt es zur Weiterführung der antiken Lehren, wobei v. a. Boethius (6. Jh.), Isidor von Sevilla (7. Jh.) und Beda (8. Jh.) als Vermittler zu nennen sind. Im 9. Jh. sind durch Übersetzungstätigkeiten viele Texte bekannt. Die Astrologie spielt besonders für Kalenderfragen eine wichtige Rolle. Es kommt zu einem regen Austausch mit der islamischen Sternkunde, etwa durch Gerbert von Aurillac (10. Jh.) und Adelard von Bath (12. Jh.). Im 12. Jh. blüht die Astrologie im christlichen Kontext stark auf (Gerhard von Cremona, Bernardus Silvestris, im 13. Jh. Michael Scotus u. a.).
10.–15. Jh.	Spanien wird zur Hochburg der islamischen Astrologie	Fortschreibung der antiken und frühislamischen Astrologie. Zu den wichtigsten Astrologen zählen al-Majritî (10. Jh.), Alcabitius (10. Jh.) und Ali ben Ragel (11. Jh.). Auch Juden treten als bedeutende Astrologen hervor. Entstehung der Alfonsinischen Tafeln im 13./14. Jh.

Renaissance (ca. 15.–17. Jh.)

15. Jh.	Marsilio Ficino (1433–1499) und die Florentiner Akademie	Die Wiederentdeckung des *Corpus Hermeticum* und seine Übersetzung ins Lateinische durch Ficino ist ein Wendepunkt in der Geschichte von Esoterik und Astrologie. Wichtige Wegbereiter sind außerdem Giovanni Pico della Mirandola (15. Jh.) und Pietro Pomponazzi (15.–16. Jh.).

15.–16. Jh.	Blütezeit der *Magia naturalis*	In dieser Zeit entstehen eine Reihe von zentralen Werken der dynamistisch-esoterischen Weltdeutung, welche die Entwicklung von Naturwissenschaft, Alchemie, Astrologie, Magie und Theosophie prägen, u. a. von Agrippa von Nettesheim (1486–1535) und Paracelsus (1493–1541).
16. Jh.	Blütezeit der Astrologie und apokalyptische Zuspitzungen	Wichtige Astrologen, unter ihnen Girolamo Cardano (1501–1575), schreiben Grundlagenwerke zur Astrologie und arbeiten in eigener Praxis. Endzeiterwartungen und die konfessionellen Spaltungen im Christentum führen zu einem regen Interesse an der astrologischen Zeitdeutung. In Flugschriften werden Almanache und Prognosen popularisiert.

Vom konfessionellen Zeitalter zur Aufklärung (17.–19. Jh.)

16.–17. Jh.	Wissenschaftliche Revolutionen als Transformation der Wissenskulturen	Durch die Forschungen von Nikolaus Kopernikus (1473–1543), Johannes Kepler (1571–1630), Galileo Galilei (1564–1642), Isaak Newton (1643–1727) u. a. etabliert sich das heliozentrische Modell des Kosmos sowie ein Wissenschaftsideal, das von mechanistisch-empirischen Grundlagen ausgeht. Die (geozentrische) Astrologie wird dadurch nur teilweise in Frage gestellt, die Naturforscher sind in der Regel zugleich auch Astrologen. Die Krise der Astrologie des 17. und 18. Jh.s besteht eher in der wissenschaftlichen Kritik an okkulten Qualitäten, die mit dem neuen Paradigma nicht in Einklang zu bringen sind. Es kommt zur Trennung von Astronomie und Astrologie.

17.–18. Jh.	Krise und Fortleben	Die Krise der Astrologie betrifft praktisch alle europäischen Staaten mit Ausnahme von Großbritannien, wo die *Professionals* weiterhin große Achtung erfahren und der astrologische Markt floriert. William Lilly (1602–1681) gehört zu den wichtigsten Fachleuten der Zeit; daneben wirken John Gadbury (1627–1704), John Partridge (1644–1715) u. a. Die Aufklärung des 18. Jh.s treibt die Astrologie in die Defensive, die nun als «Pseudo-Wissenschaft» bezeichnet wird; dennoch verbinden sich Esoterik und Aufklärung zu einem eigenen Diskurs.
18.–19. Jh.	Astrologie geht in andere Kulturbereiche über	Die Aufklärung führte dazu, dass astrologische (und esoterische) Traditionselemente aus der anerkannten Wissenschaft verdrängt wurden und in andere Kultursysteme übergingen, insbesondere in Kunst und Literatur der Romantik.

Moderne (19.–20. Jh.)

1781–1930	Entdeckung neuer Himmelskörper	Die Siebenerreihe der astrologisch relevanten Himmelskörper wird durch neue Entdeckungen erweitert, und zwar sowohl durch Planeten (Uranus 1781, Neptun 1846, Pluto 1930) als auch durch Asteroiden (1801–1845).
19. Jh.	Fortleben der Astrologie in Großbritannien	In Großbritannien ist die Astrologie auch im 19. Jh. eine geachtete Disziplin, die von namhaften Astrologen wie John Varley (1778–1842) gepflegt wird. Es gibt großen Bedarf an Fachliteratur und Zeitschriften, in denen Astrologen – oft unter Pseudonymen wie Raphael und Zadkiel – eine breite Öffentlichkeit erreichen.

1875	Gründung der *Theosophischen Gesellschaft*	Die Theosophische Gesellschaft ist der wichtigste Motor der Esoterik im 20. Jh. Gegründet von Helena Petrovna Blavatsky (1831–1891) u. a., sucht sie religionsgeschichtliche Erkenntnisse mit mystischen und esoterischen «Urwahrheiten» in Einklang zu bringen. Die theosophisch-esoterische Interpretation der Sternkunde wird zu einem einflussreichen Strang der Astrologie im 20. Jh. Zu den wichtigsten britischen Vertretern zählt Alan Leo (1860–1917).
20. Jh.	Ausdifferenzierung von Schulen und die Entstehung der psychologischen Astrologie	Von Großbritannien aus wird die Astrologie auch in anderen Ländern Europas und in den USA erneut populär. Bis 1933 werden in Deutschland eine Reihe von neuen Schulrichtungen gegründet, die teilweise für die Folgezeit bedeutsam sind. Neben den theosophisch orientierten Schulen etabliert sich die psychologische Astrologie, die auf den Lehren von Carl Gustav Jung aufbaut und statt einer konkreten Zukunftsprognose das Streben nach Selbsterkenntnis in den Mittelpunkt der Deutung stellt. Die Astrologie ist in den meisten westlichen Ländern durch nationale Berufsverbände präsent.

Glossar astrologischer Fachausdrücke

Anaphoroi: Aufgänge und Aufgangszeit der Fixsterne, besonders des Zodiaks.

Antimesouranema → Immum Coeli.

Antiskia («Gegenschatten», «Gegenstrahl», Spiegelpunkte): hellenistische Lehre von den in Opposition stehenden Graden des Zodiaks.

Aphairetes: Der Planet, welcher den Tod verursacht.

Apokatastasis: Wiederkehr der gleichen Konstellation und damit – in kosmischer Überhöhung – die Spekulation über die Wiedergeburt und Erneuerung der Welt. Im Plural auch als «Weltalter» gebräuchlich.

Apoklima: Das in der Reihenfolge der Tierkreiszeichen vor einem → Kentron stehende Zeichen (wenn z. B. Löwe das kulminierende Zeichen ist, dann ist Krebs das Apoklima); s. auch → Epanaphorai.

Apotelesmata: Spätantiker Fachausdruck für die Astrologie als Horoskopierkunst bzw. für die Lehre von den Konstellationen und ihren Wirkungen vor allem auf den Menschen; Apotelesmatikoi sind demnach die Astrologen.

Aspekt: Neuzeitlicher Ausdruck für den Winkel, in dem sich Fixsterne, Gestirne und/oder Horoskopfaktoren «anschauen»; in der Antike sprach man diesbezüglich von griech. *schêmatismós* oder lat. *radiatio*. Besondere Beachtung fanden die «Hauptaspekte» Konjunktion (0°), Sextil (60°), Quadrat (90°), Trigon (120°) und Opposition (180°). Die anderen Winkel werden «Nebenaspekte» genannt.

Astrologia naturalis (Natürliche Astrologie): Einfluss der Planeten oder Konstellationen auf die Witterung und den menschlichen Körper.

Astrometeorologie: Astrologische Wetterkunde.

Aszendent: Das im Osten aufgehende Zodiakalzeichen bzw. Gestirn. Für die Horoskopierkunst von herausragender Bedeutung; s. auch → Horoskopos.

Augenblicksastrologie → Katarchenastrologie.

Bezirke → Horoi.

Brontologia: Donnerbücher, auch «Tonitrualia» genannt.

Cardines (griech. *kéntra*, bei Ptolemaios *goníai*): Die vier Kardinalpunkte des Horoskops: → Aszendent, → Deszendent, → Immum Coeli (IC) und → Medium Coeli.

Chronokratores: Herrscher über bestimmte Zeitabschnitte.

Dekane: Sterne, die sich im Aufgang nach je zehn Tagen folgen. Die Lehre stammt aus Ägypten und wurde später dahingehend umgewandelt, dass man mit Dekanen Zodiakalabschnitte von 10° bezeichnete bzw. deren Herrscher.

Deszendent: Das im Westen untergehende Zodiakalzeichen bzw. Gestirn.

Direktionen: «Vorschieben» aller Horoskopfaktoren im Tagesbogen ausgewählter Planeten, meist der Sonne. Direktionen werden als «Auslösungen» ähnlich gedeutet wie die → Transite und → Progressionen.

Dodekaeteris: Zwölfjahreszyklus.

Dodekaoros: Zwölfstundenkreis (Doppelstunden), dann Kreis von zwölf Tieren.

Dodekatopos: Lehre von den zwölf Orten (→ Häusern) des Horoskops.

Donnerbücher → Brontologia.

Epanaphorai: Aufsteigende Zodiakalzeichen, die einem → Kentron folgen; s. auch → Apoklima.

Ephemeriden: Tabellen der Gestirnstände für jeden einzelnen Tag.

Erhöhung (griech. *hypsôma*, lat. *exaltatio, altitudo*): Stelle des Zodiaks, an der ein bestimmter Planet stärksten Einfluss hat; sowohl einfach vom Zeichen her gedacht als auch in exakten Gradangaben (z. B. gilt die Sonne im Widder auf 19° als erhöht). S. auch → Tapeinomata.

Genethlialogie: Geburtshoroskopie.

Halbsumme: Moderne Bezeichnung für die «Mitte» zwischen zwei Horoskopfaktoren, also die Hälfte ihres Bogenabstands. Halbsummen werden in manchen heutigen Schulen ähnlich wie die → Aspekte gedeutet.

Haus (griech. *oikos*, lat. *domus, domicilium*): Besonderer Herrschaftsbereich der einzelnen Gestirne im Zodiak, besonders im 15. Grad eines Zeichens. Das Gestirn gilt dann als «Herrscherin/Herrscher» des Zeichens.

Häuser: Durch Einteilung der Ekliptik in zwölf Abschnitte gebildete Einzelbereiche, denen bestimmte Bedeutungen innerhalb der Horoskopierkunst zukommen. Neben der *äqualen* Einteilung in gleich große Abschnitte wurden schon in der Antike auch *inäquale* Systeme entwickelt, die das → Medium Coeli als 10. Häuserspitze zugrunde legen und die Zwischenhäuser in geeigneter Weise berechnen.

Himmelsmitte → Medium Coeli.

Himmelstiefe → Immum Coeli.

Horoi (lat. *fines*): Grenzen oder Gebiete: Abschnitte des Zodiaks in der planetarischen Astrologie; Verteilung der 30 Grade eines Zeichens auf die fünf Planeten nach verschiedenen Systemen.

Horoskopos (griech. für «Stundenschauer»): Aufgehender Ekliptikgrad und damit gleichbedeutend mit → Aszendent. Zugleich als Spitze des 1. Hauses Ausgangspunkt der → Häuser. Später auch im Sinne einer «Momentaufnahme» zodiakaler Konstellationen gebräuchlich.

Hypsomata → Erhöhung.

Iatromathematik: Astrologische Medizin; s. auch → Melothesie.

Immum Coeli (IC, griech. *ántimesouránêma*): Himmelstiefe, untere Kulmination.

Individualastrologie: Sterndeutung für das Individuum, vornehmlich über das Geburtshoroskop. Spätestens seit Ptolemaios der → Mundanastrologie gegenübergestellt.

Katarchenastrologie: Astrologische Deutung von Unternehmungen, «Anfängen» (griech. *katarchaí*, mittelalterlich lat. *electiones*), die sich nicht auf die Geburt beziehen, sondern auf Heirat, Vertrag, Geschäftsgründung, Taufe etc.

Katasterismen: Verstirnungssagen.

Kentron, pl. Kentra → Cardines.

Kleroi: Lehre der → Lose (lat. *sortes*) zur Zukunftsprognose. Die Lose wurden in Verbindung mit dem → Aszendenten ermittelt.

Klima: Die durch die Neigung der Erdachse gegen den Horizont bedingten Parallelzonen zum Äquator und am meisten verwendete Ortsbezeichnung innerhalb der antiken Geographie. Die Anzahl der Klimata ist nicht einheitlich.

Klimaktere: Sieben-Jahres-Perioden, gemäß astrologischer Lehre aufgrund der Saturnzyklen von besonderer Bedeutung.

Konstellation: Gestirnung und Sternbild; doch zugleich Stand der Planeten zu einem bestimmten Zeitpunkt.

Kulmination: Meridiandurchgang eines Sternes.

Lose: Lebenslose; Teilung des Zodiaks zur Prognose vor allem der Lebensaufgaben; s. auch → Kleroi.

Lunare: Mondbücher.

Lunarhoroskop: Für Neumond, seltener auch Vollmond erstelltes Horoskop mit einer Gültigkeitsdauer von einem Mondmonat.

Medium Coeli (MC, griech. *mesouránêma*): Himmelsmitte, (obere) Kulmination.

Melothesie: Lehre von den Entsprechungen zwischen zodiakaler Ebene und Teilen des menschlichen Körpers, für die astrologische Medizin von zentraler Bedeutung. Zu unterscheiden sind Dekanmelothesie, Zodiakalmelothesie und Planetarmelothesie.

Mesuranema → Medium Coeli.

Monomoiriai: Einzelgrade; Lehre von den Schicksalseinflüssen der 360 Gradherrscher des Zodiaks.

Mundanastrologie: Im Gegensatz zur → Individualastrologie die astrologische Deutung des Weltgeschehens, sowohl im Hinblick auf Witterungsverhältnisse, Ernten etc. als auch in Bezug auf größere soziale Verbände wie Städte, Reiche und Völker.

Nativität: Geburtshoroskop. Der «Native» ist also der Horoskopeigner.

Oktatopos: Lehre von den acht Orten (→ Haus/Häuser) des Horoskops, älter als → Dodekatopos.

Orte: Lehre der Orte (→ Haus/Häuser).

Palingenesis: Wiedergeburt, auch Wiederholung.

Paranatellonta: «Begleitgestirne», also Sterne und Sternbilder der sichtbaren Sphäre, die gleichzeitig mit bestimmten Zodiakalabschnitten aufgehen oder kulminieren.

Parapegmata: Steckkalender.

Präzession («Vorrücken»): Langsames Vorrücken des Frühjahrspunktes auf der Ekliptik entgegen der Reihenfolge der Zodiakalzeichen infolge der Kreiselbewegung der Erdachse. Ursache für die Verschiebung von Zodiakalzeichen und -bildern. Zuerst von Hipparch berechnet.

Progressionen: «Vorschieben» von Horoskopfaktoren nach deren jeweiligen Tagesbögen; man unterscheidet primäre und sekundäre Progressionen. S. auch → Direktionen.

Seismologia: Erdbebenbücher.

Selenodromia: Mondbücher, → Lunare.

Solare: Neben der allgemeinen Bedeutung als Sonnenbücher v. a. die Berechnung der exakten Wiederkehr der Sonne auf den Stand eines Geburtshoroskops und das Erstellen eines neuen Horoskops für jenen Augenblick («Geburtstagshoroskop»), welches ein Jahr lang gültig ist.

Sphaera barbarica: Nichtgriechische Sternbildvorstellungen und deren literarische Ausformung.

Stellium: Planetenballung (mit fünf und mehr Planeten).

Sympatheia: Lehre von den Wechselbeziehungen zwischen Kosmos und Erde, besonders in der Stoa ausformuliert.

Synaphai: Mondkonjunktionen.

Synastrie: Moderne Form eines Horoskopvergleichs, vornehmlich in der Partnerschaftsastrologie eingesetzt.

Tagewählerei → Katarchenastrologie.

Tapeinomata (lat. *deiectiones, depressiones*): Als «Fall» im Gegensatz zur → Erhöhung jene Stellen des Zodiaks, an denen die Gestirne ihre geringste Kraft entfalten.

Thema: Horoskop, → Nativität.

Thema mundi (griech. *génesis kósmou*): Lat. für «Horoskop der Welt», sowohl im Hinblick auf die Geburt der Welt als auch deren Untergang.

Transit: Lat. für «Übergang», und zwar für den Übergang eines laufenden Planeten über einen Horoskopfaktor.

Universalastrologie → Mundanastrologie.

Vulgata: Die aus der Tradition überlieferten astrologischen Lehren der Antike, die um 150 v. u. Z. zu einem mehr oder weniger festen Grundbestand zusammengewachsen waren.

Zîj: Persischer Ausdruck für eine «Planetentafel», die sowohl eine Auflistung der Planetenstellungen und -bewegungen als auch Erläuterungen zur Berechnung enthält.

Astrologische Symbole

Zodiakalzeichen

♈	Widder	Aries	♉	Stier	Taurus
♊	Zwillinge	Gemini	♋	Krebs	Cancer
♌	Löwe	Leo	♍	Jungfrau	Virgo
♎	Waage	Libra	♏	Skorpion	Scorpio
♐	Schütze	Sagittarius	♑	Steinbock	Capricornus
♒	Wassermann	Aquarius	♓	Fische	Pisces

Gestirne

☉	Sonne	☽	Mond
☿	Merkur	♀	Venus
♂	Mars	♃	Jupiter
♄	Saturn	⛢	Uranus
♆	Neptun	♇	Pluto

Hauptaspekte

☌	Konjunktion	⚹	Sextil
□	Quadrat	△	Trigon
☍	Opposition		

Sonstige Symbole

AC	Aszendent	DC	Deszendent
MC	Himmelsmitte (Medium Coeli)	IC	Himmelstiefe (Immum Coeli)
☊	aufsteigender Mondknoten	℞	retrograder Planet

Register

1. Namen

Dieses Register enthält Namen von Personen, mythologischen Gestalten, Gottheiten und Orten. Planeten- und Sternnamen sowie Namen von Organisationen und Institutionen finden sich im Sachregister. Zusammengefasste Seitenzahlen (etwa: 96–98) verweisen auf zusammenhängende Ausführungen zum Thema.

2. Sachen

Zusammengefasste Seitenzahlen (etwa: 96–98) verweisen auf zusammenhängende Ausführungen zum Thema.

Abbildungsnachweis

Vor- und Nachsatz:	Das Sternbild Löwe auf dem Himmelsglobus Johannes Stöfflers mit dem Stern Cor Leonis (Regulus), Justingen 1493. Germanisches Nationalmuseum Nürnberg, Inv. Nr. WI 1261.
Abb. 1 und 2:	Sammlung Gundel, aus: Hans G. Gundel: *Zodiakos, Tierkreisbilder im Altertum,* Verlag Philipp von Zabern, Mainz 1992, Seite 207.
Abb. 3:	Kocku von Stuckrad.
Abb. 4:	Landesmuseum für Vorgeschichte Sachsen-Anhalt, Halle.
Abb. 5:	Metropolitan Museum of Art, New York; Inv. Nr. 90.35.2.
Abb. 6:	Bayerische Staatsbibliothek München, Clm 10691, fol. 8v.
Abb. 7:	Aus: Dieter Blume: *Regenten des Himmels. Astrologische Bilder in Mittelalter und Renaissance,* Akademie Verlag, Berlin 2000, Seite 127.
Abb. 8:	Florenz, Soprintendenza B.A.S. Aus: Dieter Blume: *Regenten des Himmels. Astrologische Bilder in Mittelalter und Renaissance,* Akademie Verlag, Berlin 2000, Seite 127.
Abb. 9:	Bayerische Staatsbibliothek München, Res 4° Astr. P. 510/45.
Abb. 10:	Aus: *Opera omnia* ed. Ch. Frisch, vol. I, Frankfurt & Erlangen 1858, Umschlaginnenseite.
Abb. 11:	Aus: Ellic Howe: *Uranias Kinder. Die seltsame Welt der Astrologen und das Dritte Reich,* Beltz Athenäum Verlag, Weinheim 1995, Seite 47.
Karte:	Verlag C. H. Beck.

Religion in der Beck'schen Reihe

Gernot Böhme/Hartmut Böhme
Feuer – Wasser – Erde – Luft
Eine Kulturgeschichte der Elemente
2004. 344 Seiten mit 47 Abbildungen. Paperback
Beck'sche Reihe Band 1565

Florian Ebeling
Das Geheimnis des Hermes Trismegistos
Geschichte des Hermetismus
Mit einem Vorwort von Jan Assmann
2005. 214 Seiten mit 8 Abbildungen. Paperback
Beck'sche Reihe Band 1642

Gudula Linck
Yin und Yang
Die Suche nach Ganzheit im chinesischen Denken
3. Auflage. 2006. 162 Seiten mit 4 Abbildungen. Paperback
Beck'sche Reihe Band 1323

Christoph Markschies
Das antike Christentum
Frömmigkeit, Lebensformen, Institutionen
2006. 271 Seiten mit 10 Abbildungen und 1 Karte. Paperback
Beck'sche Reihe Band 1692

Axel Michaels
Die Kunst des einfachen Lebens
Eine Kulturgeschichte der Askese
2004. 200 Seiten. Paperback
Beck'sche Reihe Band 1600

Pierre Teilhard de Chardin
Der Mensch im Kosmos
Aus dem Französischen von Othon Marbach
Mit einem Nachwort von Günter Schiwy
3., um ein Nachwort erweiterte Auflage. 2005. 336 Seiten
mit 4 Abbildungen. Paperback
Beck'sche Reihe Band 1055

Verlag C.H.Beck München